A FACE HUMANA
DA MEDICINA

Do modelo biomédico ao modelo biopsicossocial

Mario Alfredo De Marco (org.)

A FACE HUMANA
DA MEDICINA

Do modelo biomédico ao modelo biopsicossocial

Casa do Psicólogo®

Aos meus filhos Marcio, Ricardo, Eduardo, Gabriella e Joanna

A Mariella, sempre

© 2003, 2010 Casapsi Livraria e Editora Ltda.
É proibida a reprodução total ou parcial desta publicação, para qualquer finalidade, sem autorização por escrito dos editores.

1ª Edição
2003

2ª Edição
2007

1ª Reimpressão
2010

Editores
Ingo Bernd Güntert e Silésia Delphino Tosi

Revisão
Adriane Schirmer

Editoração Eletrônica
Helen Winkler

Produção Gráfica & Capa
Renata Vieira Nunes

Ilustração Capa
Statuette of a man and centaur; Geometric Greek Metropolitan Museum of Art – New York

Dados Internacionais de Catalogação na Publicação (CIP)
(Câmara Brasileira do Livro, SP, Brasil)

A Face humana da medicina: do modelo biomédico ao modelo biopsicossocial / Mario Alfredo De Marco, (org.). -- 2. ed. -- São Paulo: Casa do Psicólogo®, 2010.

1ª reimpr. da 2. ed. de 2007
Vários autores
Bibliografia
ISBN 978-85-7396-271-0

1. Medicina e psicologia 2. Medicina psicossomática 3. Psicologia da saúde I. De Marco, Mario Alfredo.

10-10561
CDD - 610.19
NLM - WO 062

Índices para catálogo sistemático:

1. Medicina e psicologia   610.19

Impresso no Brasil
Printed in Brazil

Reservados todos os direitos de publicação em língua portuguesa à

Casapsi Livraria e Editora Ltda.
Rua Santo Antônio, 1010
Jardim México • CEP 13253-400
Itatiba/SP – Brasil
Tel. Fax: (11) 4524-6997
www.casadopsicologo.com.br

Agradecimentos

A publicação deste livro só se tornou possível em função da experiência acumulada ao longo de 30 anos de atividade. Desta forma, há que agradecer todos os que tornaram possível e estimularam nosso trabalho ao longo dessa jornada: colegas, professores, funcionários e pacientes da Escola Paulista de Medicina, hoje integrada na UNIFESP e do Hospital São Paulo, espaços privilegiados de nossa prática. Devemos, em grande parte, às características peculiares de nossa instituição, a possibilidade de implementação de um trabalho voltado para uma atenção integral e integrada em saúde, com as dimensões e o alcance que vem sendo atingidos.

O apoio institucional é fundamental e, há muitos para agradecer, mas, em particular, pela importância que teve no crescimento e evolução de nosso trabalho, um agradecimento especial é dirigido a José Roberto Ferraro, Diretor-Superintendente do Hospital São Paulo a quem devemos a possibilidade de criação do Serviço de Atenção Psicossocial Integrada em Saúde (SAPIS-HSP). Seu exemplo é útil para demonstrar como é imprescindível a sensibilidade das instâncias que administram os serviços, para que nosso trabalho possa, de fato, ser implementado de forma plena.

No Departamento de Psiquiatria, o agradecimento vai a todos os colegas, pelo aprendizado neste longo convívio e pela cooperação e tolerância. Um agradecimento especial a Sérgio Luis Blay, chefe do departamento, pela cooperação e pelo estímulo na expansão de nosso trabalho e, durante todo o processo de elaboração do livro e, a Latife Yazigi, cuja assessoria para a publicação, sempre generosamente disponível, foi de grande relevância.

Um agradecimento especial, também, a todo o pessoal da secretaria do departamento: Flávia, Noêmia, Adriana, Gisela e Dª Maria, pelo fundamental apoio e suporte (eficiente e carinhoso) a todas as nossas atividades e, ao Vitor, nosso "assessor-para-todos-os-assuntos-de-computador", pelo suporte constante ao trabalho com esta ferramenta, hoje praticamente indispensável para a realização das pesquisas e trabalhos.

Finalmente, o agradecimento a todos os colegas autores, pela disponibilidade e pelo empenho com que se engajaram na empreitada e, em particular, a Vanessa de Albuquerque Citero pela ampla cooperação na construção dos projetos de trabalho e na elaboração do livro e, a Luiz Antonio Nogueira Martins, colega e amigo, companheiro de jornada e um dos pioneiros, em nosso meio, a desbravar o caminho que hoje percorremos.

Sumário

Prefácio 13

Apresentação 15

Introdução 17
    A arte da cura 17

PARTE I – ASPECTOS HISTÓRICOS 21

A evolução da medicina 23
    • Mesopotâmia 23
    • Egito 24
    • Grécia 26
    • Medicina romana 31
    • Período medieval 32
    • A Renascença 33
    • A era da razão e observação 34
    • O iluminismo 34
    • A construção do modelo biomédico 35
    • O resgate do psíquico e a construção do modelo biopsicossocial no campo médico 38

PARTE II – A REINTEGRAÇÃO DO PSICOSSOCIAL AO MODELO BIOMÉDICO 41

Medicina psicossomática 45
    • A abordagem psicanalítica 46
    • A abordagem psicobiológica 50
    • Abordagem psicofisiológica 52
    • A evolução 55
    • A situação no Brasil 57
    • Perspectivas 58

Interconsulta 61
    • A história da Interconsulta 62
    • Questões Institucionais 65
    • Questões de Identidade 67
    • A situação no Brasil 68

Psicologia da Saúde 71
    • A estruturação e definição do campo 72
    • A situação no Brasil 73

- A capacitação 73
- A inserção 75

Psicologia médica 77
- Histórico 77
- Definição do campo 78
- A situação no Brasil 79
- Reflexões sobre definições e competências 80

PARTE III – A PRÁTICA 81

A formação do médico 83
- Introdução 83
- O currículo médico 83
- A formação 85
- Identidade médica 85
- Angústias do aluno de medicina 85

Cuidando do futuro cuidador 87
- Serviços de atenção psicopedagógica 88
- Cuidados com o ambiente de aprendizagem 89
- Para alunos: 90
- Para professores, supervisores e equipe de ensino 91
- Aperfeiçoamento da dimensão pedagógica 91

A saúde do profissional de saúde 93
- Introdução 93
- As profissões de saúde no Brasil: aspectos sociológicos 94
- A saúde do trabalhador em saúde: modelos conceituais 94
- A saúde do médico 96

A intermediação do trabalho médico 101
- Introdução 101
- O SUS e as políticas públicas 102
- Os Planos e Empresas particulares que oferecem Assistência à Saúde 103
- As atividades de Seguro na área da Saúde 105
- Os meios de comunicação e a divulgação de notícias no campo da Saúde 105

A formação do interconsultor 109
- O encontro do jovem profissional com o cotidiano do hospital universitário 110
- O encontro do interconsultor com a realidade clínica hospitalar 111
- Uma interconsulta, o contexto institucional e as vicissitudes da tarefa assistencial 112
- Formação em interconsulta 115
- O desenvolvimento do papel profissional do interconsultor 119
- Os beneficiários da interconsulta 120

Experiências em supervisão 123

Diagnósticos em interconsulta em saúde mental 129
   • O diagnóstico do pedido 129
   • O diagnóstico situacional 130
   • O diagnóstico psicodinâmico do paciente 131
   • O diagnóstico psiquiátrico do paciente 132

Terapia medicamentosa em interconsulta em saúde mental 135
   • O uso de psicotrópicos em Pediatria 138
   • O uso de psicotrópicos em pacientes grávidas e em período de amamentação 140
   • O uso de psicotrópicos em pacientes transplantados 145

O trabalho em equipe multiprofissional 147

A terapia ocupacional para o doente clínico: ampliação do cuidado com a saúde mental 151

Enfocando a relação e o campo 157

Continuidade dos cuidados 163

A identificação e atenção às situações críticas 169
   • Comunicação dolorosa 169
   • Famílias: clientes do hospital? – o adoecer e a crise familiar 172
   • Alta: momento de crise – otimizando a alta hospitalar 174
   • A morte no hospital 177

Dilemas éticos 189
   • Magnitude do problema 191
   • A Interconsulta e os dilemas éticos 192
   • Comentários e considerações 197

PARTE IV – A EXPERIÊNCIA NO COMPLEXO EPM-UNIFESP-HSP 201

Introdução 203

A psicologia médica na EPM-UNIFESP 205
   • Estratégias de ensino 206

Experiências de Ensino em Psicologia Médica 207
   • Introdução 207
   • A vida como ela é: o hospital e a morte 208
   • Trabalhando à margem... 210
   • Um simples gesto de atenção 212
   • Reflexões sobre a Função Apostólica 217
   • Emoção, Ensino e Prática Médica 219
   • O Filme "Morangos Silvestres" e a Psicologia Médica 222
   • O médico em formação: breves reflexões sobre uma vivência em Psicologia Médica. ... 225

O Serviço de Interconsulta da EPM-UNIFESP 231
   • Equipe 231

- Perfil do atendimento 231
- Dinâmica do Atendimento 234
- Desenvolvimentos 235

A atenção à saúde mental do estudante de graduação na Unifesp 239
- Coordenadoria de Assuntos Estudantis 239
- Serviço de Saúde do Corpo Discente 241

Napreme: Um serviço pioneiro no Brasil na atenção à saúde mental de Residentes e Pós-graduandos 245
- Introdução 245
- Morbidade psicológica e psiquiátrica em residentes 246
- O estresse na residência médica 247
- Napreme: ações institucionais 248
- Napreme: Ensino e pesquisa 249
- Napreme: Atividade assistencial 249

Um projeto de educação continuada 253
- A continuidade da formação individual 254
- A atuação do Sapis 256

Educação continuada: ilustrações 259
- O encontro (ou desencontro) terapêutico 259
- Trabalhando com os visitantes 262
- A capacitação do cuidador 268

Novas perspectivas: o serviço de atenção psicossocial em saúde 271
- Serviço de interconsulta em saúde mental 273
- Programas de ligação em saúde mental 274
- Programa de otimização da alta hospitalar 275
- Programa de atenção às necessidades do acompanhante do paciente internado: grupo psicopedagógico para o acompanhante de longo período do paciente internado 275
- Programa de atenção às necessidades do acompanhante do paciente internado: grupo de acolhimento aos visitantes dos pacientes internados 276
- Programa de atenção aos profissionais de saúde: grupo de orientação e discussão com coordenadores de enfermagem do HSP 276
- Ampliação das ações e desenvolvimento de novas ações do Sapis 277
- A face humana 277

Referências bibliográficas 279

Sobre os autores 293

Prefácio

Humanização na área de saúde compara-se talvez em termos de grandeza com a água potável para o planeta.

A medicina vem sofrendo avanços importantíssimos ao longo das décadas, principalmente nas últimas, os profissionais estão cada vez mais qualificados do ponto de vista técnico e a tecnologia vem avançando cada vez mais em benefício do diagnóstico mais preciso e rápido. Porém, estes mesmos profissionais, de modo geral, do ponto de vista humano se afastaram por demais dos pacientes, o que favorece a abertura de uma lacuna imensa na relação profissional da saúde-paciente.

Até mesmo nos próprios Hospitais de ensino onde esta arte deveria ser ensinada e estimulada, a relação humana ainda está muito distante de onde deveria estar. Chamar o paciente pelo nome e não pelo número do seu leito ou pela sua doença, conhecer seus familiares e suas condições de vida, informar como será sua vida após a alta, fazer com que o paciente saiba qual é sua doença e como ela evoluirá, são atitudes, entre outras, que precisamos resgatar.

Os profissionais da saúde envolvidos com suas inúmeras tarefas, pois a demanda tem sido cada vez mais crescente, tem dado pouca atenção a estes aspectos que são tão importantes como o diagnóstico preciso e a terapêutica correta e rápida. Esta lacuna que nos separa dos pacientes deve ser cada vez mais preenchida, pois com certeza o resultado será mais favorável ao paciente.

Este livro aborda muito bem estes aspectos e mais do que isso é fruto de uma experiência de décadas em hospitais de ensino, o que de princípio, além de tentar mudar as relações atuais, abre perspectiva de mudança futura. Aborda aspectos de ensino, relações com familiares, ética no hospital, enfrenta a situação da morte, que é o desfecho de muitas doenças e que os nossos profissionais têm em geral dificuldades em enfrentar.

O livro traz um conjunto de experiências vividas que poderão servir de orientação a quem tiver necessidade de implantação dessas ações em seus serviços ou quiser mudar seu comportamento com seus pacientes.

Os autores são profissionais muito envolvidos com o assunto, não só do ponto de vista de suas especialidades ou das funções acadêmicas, mas por estarem seguros e acreditar muito na reconstrução desta mentalidade nos profissionais de saúde.

Dr. Mario De Marco nos sensibilizou com este seu projeto, a ponto de estimular a criação no Hospital São Paulo, o hospital Universitário da Universidade Federal de São Paulo, de um serviço, sob seu comando, que se ocupa integralmente desses aspectos. Dr. Mario e sua equipe tem tido ótimo desempenho no assunto e sua atividade está cada vez mais presente nas relações dos profissionais da saúde e seus pacientes em todos os locais do hospital.

Toda essa luta que resultou neste livro temos certeza que será útil a estudantes, e profissionais já formados para que a Humanização da Medicina volte a ser atividade inquestionável nas atividades da área da saúde.

Ulysses Fagundes Neto
Reitor da UNIFESP

José Roberto Ferraro
Diretor-Superintendente do HSP

Apresentação

Este livro é fruto de uma lenta gestação, refletindo e condensando a experiência do Departamento de Psiquiatria da Escola Paulista de Medicina – Unifesp, na área aqui abordada.

O exercício de tornar públicas nossas idéias e experiências envolve uma reflexão, necessária e útil, para nós, que neste momento vivemos uma abertura de novas frentes e novos rumos.

Por outro lado, tornar pública a experiência abre espaços para uma discussão ampliada que, certamente, será de grande utilidade para aprofundar a reflexão.

Temos o privilégio de fazer parte de um departamento que, com todos os conflitos e as crises que isto implica, conseguiu construir e manter um espaço de convivência e respeito à pluralidade.

Nos aspectos que pretendemos abordar ao longo do livro, temos sido pioneiros em várias áreas. Nosso curso de psicologia médica foi criado em 1956 e desde então só tem se ampliado. Somos, também, não só o primeiro serviço de Interconsulta do Brasil como os primeiros a ter um estágio de interconsulta fazendo parte do programa de residência. Os residentes de psiquiatria do 1º ano estagiam em nosso serviço desde os seus começos; há 10 anos, ampliamos nossa participação no programa, recebendo residentes do 1º e do 2º ano.

Inauguramos, também, a participação de estagiários de psicologia no programa de Interconsulta. Mais recentemente, incorporamos profissionais e estagiários de terapia ocupacional que têm trazido contribuições significativas, descortinando evoluções promissoras.

No âmbito da Unifesp observamos crescente abertura e interesse por nosso trabalho. No plano da graduação, houve mudanças consideráveis ao longo dos últimos anos, que foram consolidadas e ampliadas por Helena Nader, em sua gestão na pró-reitoria de graduação, na forma da criação de novos espaços de observação e experiência, sempre com uma grande preocupação com o fator humano.

No Serviço de Saúde do Corpo Discente (SSCD) e no Núcleo de Assistência e Pesquisa em Residência Médica (Napreme), contamos com um trabalho pioneiro que vem se expandindo e aperfeiçoando.

No Hospital São Paulo, conseguimos, na gestão de José Roberto Ferraro, um apoio inestimável à nossa atuação, traduzido não só em abertura e estímulo a nosso trabalho como em ampliação de nosso quadro, por meio da criação de um serviço no próprio hospital. Conquistamos, também, espaços para a implementação de nossos programas. Em um mundo que caminha para uma crescente e necessária especialização, a manutenção de uma visão integral do ser é de fundamental importância. Na realidade, a especialização só se torna um problema quando ela sofre uma perversão que lhe confere colorido ideológico, transformando-a em um *ismo*, no caso o *especialismo*. Utilizamos esse termo para nomear o resultado de uma clivagem, na qual a especialização se dá com perda da visão binocular, que permitiria se concentrar na parte sem perder de vista o todo.

O foco central de nosso trabalho tem sido cooperar para a manutenção de uma visão integral do ser, das relações e do campo, que possa dar ensejo a ações integradas. Nossa preocupação é favorecer essa visão através de práticas que propiciem o espaço para uma educação continuada dos alunos de graduação, residentes, especializandos e pós-graduandos, bem como dos profissionais de saúde em geral, funcionários técnico-administrativos e dos pacientes e seus familiares. Educar para a capacitação e o aprendizado, contínuo e crítico, contribuindo para a construção de espaços para reflexão e mudanças da mentalidade institucional, é função primordial de nosso trabalho. Nossa missão, enquanto instituição comprometida com pesquisa, assistência e ensino, é caminhar cada vez mais para uma avaliação contínua de nosso trabalho, criando modelos, formando quadros e assessorando a implantação de serviços, tendo em vista a ampliação e multiplicação da experiência.

Mario Alfredo De Marco

Introdução

Mario Alfredo De Marco

Os avanços da medicina, acompanhando o progresso da ciência em geral e o desenvolvimento de tecnologias cada vez mais sofisticadas, tem descortinado possibilidades e perspectivas que nem mesmo os mais visionários poderiam prever.

Contudo, hoje, cada vez mais, tem se colocado a questão do fator humano, no sentido de uma preocupação com o perigo da desumanização que pode advir de uma evolução unilateral do conhecimento. A medicina teve um impulso considerável na ampliação de seus conhecimentos a partir da adesão à experimentação e à adoção do modelo biomédico. Isto trouxe muito progresso, mas colocou um problema: o que fazer com a psique? O que fazer com a alma?

Para o cientista orientado a partir da perspectiva biomédica, a psique pode tornar-se um estorvo, uma intromissão indesejada, que atrapalha suas investigações e ações. Seria muito confortador para esse cientista se o ser humano pudesse ser reduzido às mesmas leis do mundo inanimado.

Isto vale para o cientista e para o profissional que funciona dentro dessa perspectiva. Para este profissional, o paciente perturba quando se intromete com questões pessoais, com sentimentos e outras tantas "banalidades" que nada tem a ver com o tratamento da doença que é o interesse primordial desse profissional. Para ele, todas essas questões são acessórias, desnecessárias e nada tem a ver com a arte da cura.

• A arte da cura

A arte de curar parece ser a evolução de capacidades naturais instintivas e intuitivas que já podemos observar nos animais e nos homens primitivos.

O corpo, por outro lado, tem sua própria *sabedoria* e capacidade de equilíbrio e restauração que inspiraram as máximas hipocráticas *vix medicatrix naturae* e *primum non nocere* que indicam a importância concedida aos fatores naturais de cura e da atitude do profissional no sentido de estimular e favorecer ou, pelo menos, não atrapalhar o processo natural. Isto é, muitas vezes, esquecido, pois a percepção dos fatores que estimulam e favorecem as capacidades naturais de cura e restauração está obscurecida.

No início da história humana, os métodos mágicos e religiosos eram os mais importantes agentes de estimulação dos fatores naturais de cura. Neste sentido, é importante sublinhar que não pode haver dúvidas quanto à **eficácia real** dos métodos mágico e religioso, da mesma forma que não pode haver dúvidas quanto à existência e eficácia real do chamado efeito placebo. Esta é uma questão tecnicamente muito simples e passível de compreensão, o que torna surpreendente sua baixa aceitação.

O efeito placebo, por exemplo, é freqüentemente malcompreendido, ganhando muitas vezes, conotações que nada tem a ver com seu real funcionamento: associações com fingimento – "isto é apenas efeito placebo" – conferem a este importante fenômeno e às suas implicações uma conotação de mentira e engano.

Placebo etimologicamente pode ser traduzido como "eu agrado" – destacando, dessa forma, a sensação de bem-estar, fé e confiança que é despertada por um procedimento, e que pode torná-lo efetivo, independente de sua natureza. Pode ser um ritual, uma medicação ou a própria figura do médico ou outro curador. Na realidade, o que é descrito nessa denominação é a propriedade que o envolvimento produzido por certas ações, crenças, etc. tem de despertar reações no organismo que ativam os poderes naturais de autocura. De uma forma mais restrita, a denominação tem sido aplicada à administração de qualquer substância sem um princípio farmacologicamente ativo.

O que não se pode perder de vista é que o efeito placebo é um efeito real que produz mudanças reais não somente no plano psíquico, mas também no plano físico.

Embora estes dados possam ser muito evidentes e aceitos racionalmente, existe uma grande dificuldade em ter presente, de fato, que os poderes de autocura do organismo são de importância fundamental para o equilíbrio do organismo, bem como para a prevenção e a cura das mais diversas condições mórbidas.

Os poderes de autocura e regeneração do organismo não podem, em circunstâncias habituais, ser ativados voluntariamente. Não é possível por meio do pensamento voluntário inibir ou estimular funções orgânicas. Um dos caminhos naturais envolve a participação das emoções.

Hoje em dia já temos acesso a provas experimentais comprobatórias do efeito placebo e já foram identificadas algumas das etapas dos caminhos fisiológicos que conduzem dos estados mentais para os processos orgânicos corporais, que inibem ou estimulam os poderes intrínsecos de cura. A psiconeuroimunologia, por exemplo, é um campo que tem apresentado uma série de provas experimentais e que tem confirmado, amplamente, experiências empíricas e clínicas que se acumulam de longa data.

A área denominada psiconeuroimunologia é um campo de conhecimento e investigação que ganhou destaque e tem contribuído para uma comprovação da visão multifatorial das doenças e do processo de cura, a partir da perspectiva científico-experimental, aproximando o que podemos denominar uma "psicossomática" constituída a partir de um vértice psicológico e uma "psicossomática" de vértice fisiológico. Na realidade, a pedra fundamental para a edificação da psiconeuroimunologia foi lançada em 1926 por Metal'nikov e Korine que, a partir de seu trabalho no Instituto Pasteur, verificaram, estudando a inflamação peritoneal, que a imunidade é um reflexo defensivo e como tal poderia ser condicionado. Esta verificação não impediu que o sistema imune continuasse a ser considerado como autônomo (reagindo tão somente ao antígeno) e auto-regulatório. Quase cinqüenta anos de latência foram necessários para que, em 1975, em um experimento que Solomon [1992] qualifica de "elegante e esplendidamente controlado" Robert Ader e Nicolas Cohen, da Universidade de Rochester, produzissem uma demonstração experimental inquestionável: eles injetaram ciclofosfamida (uma droga imunossupressora) em ratos e ao mesmo tempo adicionaram um novo sabor (sacarina) na água dos animais, observando que, após algum tempo, os ratos suprimiam a imunidade apenas com o sabor da sacarina [DeMarco, 1996].

Se um estímulo condicionado (a sacarina) podia produzir a imunossupressão quando pareado com um estímulo não-condicionado (a droga ciclofosfamida), então, o cérebro e o aprendizado deviam relacionar as respostas imunológicas. Como conseqüência, Ader e Cohen descobriram, pertinentemente, ambos os detalhes clinicamente e com respeito à natureza do efeito placebo. Os ratos com uma enfermidade imune, o lúpus, tratados com sacarina, de acordo com o procedimento descrito, apresentavam imunossupressão e prolongamento da sobrevida [Ader; Cohen, 1985].

Estes são fatos divulgados e incontestados, mas não assimilados em sua plena significação. Só assim podemos explicar uma ocorrência como a que se segue: um médico está atendendo um paciente que apresenta uma condição dolorosa, em função de uma doença grave. Ele desconfia que o paciente está sem dor ou está exagerando a dor e decide aplicar uma injeção sem nenhum princípio farmacologicamente ativo (placebo). O paciente tem uma melhora considerável e fica praticamente livre da dor; o médico, não sem um certo ar de triunfo, conclui que o paciente, de fato, estava exagerando ou fingindo.

Esta atitude não é nada incomum e demonstra a incompreensão do efeito placebo e dos mecanismos naturais de restauração e cura. É a demonstração de uma atitude e postura totalmente afastadas da percepção da importância e efetividade dos fatores psicológicos.

O que esta situação reflete? Este tipo de atitude e postura é característica de nossa mentalidade atual ou sempre foi assim? Se for próprio de uma mentalidade atual, como esta situação se constituiu?

Na minha visão, a abordagem psicossocial era inicialmente exercida, preponderantemente, por meio dos sistemas religiosos que, na evolução das diferentes culturas, pareciam integrar-se perfeitamente a uma abordagem empírico-natural. Os cuidados com a alma estiveram historicamente a cargo das religiões e somente há cerca de 300 anos é que esta situação vem sofrendo mudanças.

Penso que para melhor situar tudo o que será tratado no decorrer dos capítulos é útil iniciar com uma perspectiva histórica da evolução das idéias e dos métodos no campo da medicina, e, a seguir, as diferentes áreas que se constituíram, a partir do século passado, no movimento de reintegração dos aspectos psicossociais ao modelo biomédico. Dessa forma será facilitada a apreciação crítica do que será apresentado: a descrição das principais idéias e ações na área e, finalizando, o trabalho desenvolvido no complexo Unifesp-EPM.

parte I
ASPECTOS HISTÓRICOS

A evolução da medicina

Mario Alfredo De Marco

> *"A história da medicina é uma história de vozes. As vozes misteriosas do corpo: o sopro, o sibilo, o borborigmo, a crepitação, o estridor. As vozes inarticuladas do paciente: o gemido, o grito, o estertor. As vozes articuladas do paciente: a queixa, o relato da doença, as perguntas inquietas. A voz articulada do médico: a anamnese, o diagnóstico, o prognóstico. Vozes que falam da doença, vozes calmas, vozes ansiosas, vozes curiosas, vozes sábias, vozes resignadas, vozes revoltadas. Vozes que se querem perpetuar: palavras escritas em argila, em pergaminho, em papel: no prontuário, na revista, no livro, na tela do computador. Vozerio, corrente ininterrupta de vozes que flui desde tempos imemoriais, e que continuará fluindo".*
> *Moacyr Scliar*

Claro que não é minha intenção fazer uma recapitulação histórica extensiva; a idéia é, a titulo de ilustração, apresentar algumas passagens da história da medicina que evidenciem a forma como caminhou, integrou-se e evoluiu a interação entre as diferentes formas de abordagem; como se instaurou o modelo biomédico e como tem sido as tentativas de implantação de um modelo biopsicossocial do ser e do adoecer.

• Mesopotâmia

O nome Mesopotâmia (significando "a terra entre os rios") refere-se a uma região geográfica situada entre os rios Tigre e Eufrates e não a uma civilização particular.

Várias civilizações desenvolveram-se na região e muitas delas chegaram a um alto grau de sofisticação em termos de arquitetura e arte. Ali surgiram conceitos básicos de matemática e foram feitas contribuições importantes à astronomia e metalurgia [Scliar, 1996].

As origens remetem a grupos humanos que habitavam o sul da Mesopotâmia, os Sumérios. Por volta de 3500 a.C., os Sumérios haviam desenvolvido muitas das características que marcaram as civilizações subseqüentes. Contudo, estritamente falando, o aparecimento de uma verdadeira civilização é situado por volta de 3100 a.C. com o surgimento da escrita cuneiforme.

É por intermédio das inúmeras plaquetas em escrita cuneiforme encontradas e decifradas que temos acesso a uma série de informações sobre os aspectos da vida e das diferentes práticas dessa civilização. Há inúmeras plaquetas que abordam a matéria médica, sendo a vasta maioria prescrições. A existência de atividades cirúrgicas pode ser amplamente comprovada por uma importante fonte de evidência: o Código de Hamurabi.

O código não foi gravado em uma plaqueta, mas em um imponente bloco de basalto negro com 2,25 m de altura (atualmente no museu do Louvre). Ele não é um código de leis no sentido moderno, mas provavelmente uma coleção de decisões legais feitas por Hamurabi no exercício de suas atividades de juiz (c.1792-1750 a.C.).

Entre as leis de Hamurabi há algumas concernentes aos médicos que realizam cirurgias. Estas leis estabelecem o que fazer com os médicos responsáveis por erros ou falhas cirúrgicas. É curioso que as leis mencionam tão-somente a responsabilidade em conexão com o "uso da faca" o que leva a concluir que os erros não-cirúrgicos não eram passíveis de responsabilidade ou punição. É interessante também o fato que, de acordo com o código, havia tanto o castigo para o erro ou insucesso quanto uma recompensa estabelecida para o evento bem-sucedido.

Além das atividades cirúrgicas comprovadas pelo código, existem como fontes elucidativas, entre outras, as plaquetas cuneiformes encontradas na biblioteca de Assurbanipal perfazendo cerca de 12.000 fragmentos, dos quais 600 referem-se à medicina. A vasta maioria destas plaquetas – e de outras encontradas em outros locais – são prescrições, mas há uma série de plaquetas que contém entradas que as interligam e que são denominadas "tratados". O maior destes "tratados" é conhecido como "Tratado de Diagnóstico e Prognóstico Médico" e consiste de 40 plaquetas coletadas e estudadas por R. Labat [apud Oliveira, 1981] que publicou a respeito o livro *Traité akkadien de diagnostie et prognostics medicaux*.

Como esta e outras pesquisas modernas têm demonstrado, as descrições das doenças revelam grande habilidade de observação, sendo os textos essencialmente racionais, e alguns dos tratamentos preconizados, semelhantes aos tratamentos modernos para as mesmas condições.

Por outro lado, as doenças eram freqüentemente atribuídas a causas sobrenaturais – fantasmas, deuses, etc., sendo que havia uma "especialização", na qual cada fantasma ou divindade causava um certo tipo de distúrbio ou moléstia: Nergal trazia a febre; Namtaru, dor de garganta; Tiu, dor de cabeça, etc. [Scliar, 1996]. Também era reconhecido que vários órgãos podiam simplesmente estar disfuncionais, causando as doenças. Tem sido comprovado que as plantas usadas no tratamento eram para combater os sintomas da doença e não primordialmente para fins mágicos, como oferendas aos deuses. É provável que oferendas específicas fossem feitas às divindades, mas elas não estão indicadas nos textos médicos [Bottéro, 1985].

O exame das plaquetas deixa claro que havia dois tipos distintos de profissionais que praticavam a medicina: o ashipu e o asu.

O ashipu era o médico-sacerdote, cuja função mais importante era o diagnóstico da enfermidade. No caso das doenças internas, isto geralmente implicava que o ashipu iria determinar qual deus ou demônio era o responsável. Ele também procurava determinar se a doença era resultado de algum erro ou pecado por parte do paciente. A frase "a mão de..." era usada para indicar qual era a entidade responsável pela doença em questão. O ashipu podia também tentar a cura do paciente por meio de encantamentos e magias que eram destinados a expulsar o espírito causador da doença.

O ashipu podia, ainda, encaminhar o paciente a um tipo diferente de curador, o asu. Este era, principalmente, especializado em remédios (*bultu*: o que traz a vida) à base de extratos de uma série de recursos naturais, mas particularmente plantas, utilizadas em sua forma natural ou ressecadas, e geralmente misturadas com outros compostos, visando multiplicar os seus efeitos. O mesmo ocorria com produtos de origem mineral (sais e pedras) e animal (sangue, carne, pele, ossos, excrementos, etc). As formas de apresentação e administração eram as mais variadas: loções, poções, ungüentos, pílulas, supositórios, tampões. No documento médico mais antigo (2100 a.C.), encontramos referência a técnicas de tratamento de ferimentos por meio de lavagens, bandagens e emplastros [Oliveira, 1981].

O preparo dos medicamentos e os procedimentos estavam a cargo dos próprios médicos que também se incumbiam de realizar uma série de manipulações e cirurgias, praticadas com ou sem a ajuda de instrumentos. No código de Hamurabi vemos o médico reduzindo fraturas e utilizando um estilete para incisão na região ocular.

- ## Egito

Na civilização egípcia, Thoth era considerado o criador das ciências em geral e da medicina em particular.

Espíritos bons e maus, deuses protetores e vingativos explicavam a eclosão de moléstias e epidemias e traziam como conseqüência lógica o uso de processos correlatos para a prevenção e cura desses males. Encantamentos e exorcismos, rituais mágicos e invocações encontrados em papiros e inscrições de monumentos e túmulos, atestam a medicina de cunho religioso em uso pelos egípcios.

Ao lado da medicina teúrgica, verificamos nos documentos, que já existiam desde a 5ª dinastia, dados resultantes da observação objetiva dos doentes, como o reconhecimento do pulso e a concepção dos "vasos" condutores do ar para o coração ou líquidos e humores da economia orgânica, como sangue, urina, esperma e saliva.

Da mesma forma que na Babilônia, a medicina mágico-religiosa e empírico-racional caminharam juntas na civilização egípcia.

Os babilônios eram mais sistemáticos e aplicavam seus conhecimentos de matemática e astronomia à sua erudição médica. Os métodos terapêuticos eram também distintos; os babilônios visavam aos sintomas enquanto os egípcios focalizavam a doença; os primeiros mencionavam os remédios sem discriminar as quantidades, enquanto os segundos, sim. Os textos dos egípcios são longos e explícitos; os dos babilônios, sumários [Oliveira, 1981].

As informações a respeito da medicina egípcia são acessadas por meio de três fontes: papiros, estudos das representações artísticas das doenças no Vale do Nilo e estudos dos restos humanos, tanto esqueleto como tecidos moles.

Há cinco papiros referentes a textos médicos: papiro Ebers descoberto em 1860 e traduzido em 1890; papiro Edwin Smith publicado em 1930 e três outros papiros menos importantes.

Segundo Krause [*apud* Oliveira, 1981], o papiro Ebers permite diferenciar três categorias de praticantes da medicina no antigo Egito: os sacerdotes mágicos, os feiticeiros e os médicos. Os primeiros cuidavam das cortes dos faraós e curavam principalmente com encantamentos. Os feiticeiros recorriam aos amuletos e processos mágicos, enquanto os médicos exerciam seu trabalho talvez dentro de normas mais racionais e tinham, além disso, quase sempre outros ofícios.

A transmissão dos conhecimentos médicos era direta, de mestre para discípulo, quase sempre dentro da mesma família.

Existiam, contudo, as chamadas "Casas da Vida", provavelmente não verdadeiras escolas, mas apenas um conjunto de oficinas onde escribas agrupados em departamentos especializados copiavam textos dedicados à religião, à magia e à medicina.

A farmácia egípcia serve-se de materiais que vão desde o pelo do bode, excremento do leão, gazela ou avestruz até a vesícula biliar da tartaruga; ao lado de ervas, frutos e raízes.

No papiro Edwin, encontramos uma série de referências a procedimentos cirúrgicos: sutura de ferimentos com fios, circuncisão (praticada desde os mais remotos tempos) e trepanação do crânio (praticada raramente).

A traumatologia era, também, um campo de conhecimento e atenção: cuidados especiais na redução e contenção das fraturas, curativos de ferimentos, abertura de abscessos, etc.

No campo da obstetrícia e ginecologia, descobrimos também referência a uma série de procedimentos entre os quais, alguns correspondem a prescrições modernas: o método contraceptivo que utilizava espinhos de Acácia finamente esmagados, misturados com tâmaras e mel, de modo a formar uma pasta a ser introduzida profundamente no canal vaginal, encontra uma correspondência no uso de certos óvulos anticoncepcionais de hoje em dia – o princípio básico é o mesmo (nos espinhos de Acácia existe um látex que desprende ácido lático que é o principal componente dos óvulos vaginais).

- Grécia

Em relação à Grécia, berço da filosofia, considero útil apresentar, além das atividades ligadas à medicina, uma pequena incursão no campo da filosofia e do mito, naquilo que, de alguma forma, se correlaciona com a atividade.

O mito de Asclépio

Inicialmente, é útil uma breve palavra sobre mito: o mito pode ser considerado como uma expressão autoconfigurada da dinâmica psíquica, revelando, em função disso, a profundidade de percepção e elaboração das diferentes questões da vida, alcançada por uma cultura. No caso da cultura grega, percebemos pelo contato com seus mitos a profunda sensibilidade em relação às questões humanas atingida por essa cultura que, não por acaso, foi o berço da filosofia.

No caso do mito da medicina, não é diferente. Percebemos em sua leitura a profunda sensibilidade em relação às questões que envolvem a prática médica e o sofrimento humano. Mas vamos ao mito:

Conta o mito que Coronis, filha única de Flégias, rei da Beócia, é engravidada por Apolo. Tentando reparar a ilegitimidade do filho, ela quer se casar com Isquis. Um corvo, ave branca, naqueles tempos, leva a notícia ao deus, que, tomado por intenso ciúme descarrega, de imediato, seu ódio no portador das más novas, transformando sua cor. Quanto a Coronis, o deus não cogita outro castigo que a morte.

Pouco antes que Coronis arda na pira funerária, o deus, tomado de amor e compaixão pelo filho, retira-o, ainda com vida, do ventre da mãe e entrega-o aos cuidados de Chíron para ser educado.

Chíron era um centauro; um centauro muito especial, tutor de muitos heróis e versado em várias artes, inclusive a arte da cura. É nesta arte que vai iniciar o menino e pupilo Asclépio.

Uma vez completada a iniciação, Asclépio dedicou-se com grande perícia e entusiasmo à arte de cura, mas não se conformou em curar somente os vivos e quis, também, ressuscitar os mortos. Zeus atendendo às queixas de Hades, senhor do mundo subterrâneo e "rei dos mortos", que via seu reino se esvaziando, não permitiu que o hábil médico continuasse violando desse modo as leis da natureza e fulminou-o com um raio. A seguir elevou-o aos céus, convertendo-o na constelação chamada Serpentário.

Como vemos, a natureza de Asclépio foi moldada por uma dupla influência: de um lado Apolo, o pai luminoso e de outro, o mestre e tutor Chíron, que no vale ao pé do monte Pélion familiarizou-o com as plantas e seus poderes mágicos e também com a serpente. O mundo de Chíron é contraditório: inesgotáveis possibilidades de cura e doença eterna. Habitante de uma caverna no cimo do monte Pélion, Chíron embora conhecesse o segredo das ervas que curam tinha, ele próprio, uma ferida incurável. Sua ferida fora provocada por uma flecha envenenada disparada por Heracles (Hércules) que o atingiu involuntariamente.

Heracles é o grande herói dos gregos, herói civilizador por excelência, que realizou uma série de trabalhos dando combate a toda sorte de monstros que assombravam a Grécia. Foi no combate aos centauros, criaturas selvagens, violentas e impulsivas que Heracles atingiu involuntariamente o amigo Chíron que, à diferença dos outros centauros, era bondoso e sensível. A flecha disparada por Heracles atingiu-o na pata traseira, provocando uma ferida que permaneceria para sempre aberta, pois Heracles embebia suas flechas no sangue envenenado da hidra de Lerna, um dos monstros que matara.

Essas são as imagens do corpo principal do mito, imagens moldadas em torno do motivo do curador por uma civilização que nos moldou. Imagens carregadas de uma grande força dramática que nos sensibilizam independentemente de qualquer elaboração intelectual. Por meio do mito, já podemos perceber nos gregos uma percepção e uma previsão refinada e sensível dos dilemas envolvidos na arte da cura [De Marco, 1993].

O episódio em que Asclépio ressuscita os mortos não nos remete a uma série de questões e dilemas com as quais nos deparamos hoje em nossa atividade médica? O drama diário das UTIs e de toda uma série de procedimentos, de toda a tecnologia e esforços utilizados para reanimar e manter os pacientes vivos a qualquer custo, não tem um certo paralelo com o mito?

Mas Asclépio tem uma dupla influência: de um lado o pai luminoso, Apolo e de outro, o mestre e tutor Chíron.

A figura contraditória, quase patética de Chíron, é com certeza a que mais nos sensibiliza: "o deus metade homem, metade animal que sofre eternamente de sua ferida; carrega-a consigo para o inferno, como se a ciência primordial, personificada para os homens de um passado remoto por este médico mitológico, precursor do luminoso médico divino, consistisse apenas no conhecimento de uma ferida eternamente aberta naquele que cura" [Groesbeck, 1983].

O que essas imagens despertavam nos Gregos? O que despertam em nós?

O curador, na figura do centauro Chíron, com sua dupla natureza, que combina o aspecto animal com o apolíneo não expressaria essa dupla natureza da arte da cura? Ou seja, um aspecto instintivo e intuitivo e os aspectos mais espirituais e intelectuais, que envolvem as aquisições teóricas e técnicas?

E a ferida incurável? Como nos colocamos frente a essa imagem? O que ela desperta em nós?

A filosofia

Esta é, naturalmente, uma incursão superficial no tema, destacando apenas os aspectos de interesse para nosso propósito.

Muitos escritores dos tratados hipocráticos, para melhor fundar suas idéias e serem mais persuasivos com seus pacientes, voltavam-se para os filósofos pré-Socráticos. Estes haviam desenvolvido toda uma série de concepções sobre a formação e origem do universo, que se distanciavam do antropomorfismo das concepções míticas, trabalhando com a noção da existência de elementos básicos formadores do universo.

Os pré-socráticos

Os primeiros filósofos surgem na colônia grega de Mileto (situada na moderna Turquia) e são comumente considerados um grupo – os filósofos milesianos; são eles: Tales (c.650-580 a.C.), Anaximandro (c.560 a.C.) e Anaxímenes (c. 546 a.C.). Na condição de um grupo, deram origem a dois conceitos primordiais: *physis* (em latim, *natura*; em inglês, *nature*; em português, *natureza*) e *arqué* (começo, princípio, substância original).

Dos três, Tales é uma personagem semilendária; nenhum de seus textos sobreviveu, mas seus discípulos, bem como escritores e filósofos que o sucederam, referiam que ele afirmava que a terra flutuava na água que para ele era o princípio (*arqué*) de todas as coisas.

A maior importância de Tales está no fato de ter sido o precursor da busca de uma causa natural das origens.

Para Anaximandro, discípulo de Tales, primeiro pré-Socrático de quem temos os escritos, o *arqué* era o *ápeiron* que significa o "sem fronteiras", o ilimitado ou o infinito e que estava no começo de tudo.

Anaxímenes, por seu turno, identificava a substância ilimitada (o *Ápeiron* de Anaximandro) como sendo o ar.

Heráclito de Éfeso (c.500 a.C.) foi outro filósofo iônico que influenciou os escritores hipocráticos. Nascido em Éfeso (não muito distante de Mileto) concebia que o princípio era o fogo (*pyr aeizoon* – fogo sempre vivo). Heráclito já foi cognominado de "o obscuro", em função de seus textos, intencionalmente enigmáticos e expressos por máximas, como por exemplo:
- O caminho para cima e o caminho para baixo é único e o mesmo;
- Não é possível banhar-se no mesmo rio duas vezes.

Pitágoras (c.580-510 a.C.) é outra das figuras semilendárias. Nascido em Samos, uma ilha pouco afastada da costa da Ásia Menor, viveu em Crotona na Itália onde fundou sua escola, na qual era cultivada a medicina ao lado das doutrinas religiosas, de modo a torná-la verdadeira seita. Um conceito central do pitagorismo foi o *arithmos*, o número. Os pitagóricos foram responsáveis pela descoberta dos números como um paradigma conceitual [Edinger, 1999]. A harmonia dos números, a música, a dieta vegetariana e a paz espiritual marcaram essa escola onde o bem-estar físico corria paralelo ao mental – conjugação de higiene e terapêutica psicossomática. A Pitágoras devem-se conceitos matemáticos aplicados à medicina: febres periódicas, terçã, quartã, etc. Autores encontram correlações entre a escola pitagórica e os princípios inspiradores do juramento hipocrático.

Parmênides (c. 475 a.C.) é originário de Eléia, sul da Itália e foi um notável filósofo e legislador. Ao contrário de Heráclito, considerava que a natureza fundamental das coisas é estática. Formulou uma teoria sobre a natureza da *physis* e do universo, e acerca da constituição dos céus, astros e planetas, o mesmo que já haviam feito outros fisicistas, considerando duas vias de conhecimento: a da verdade (*alethéia*) e da opinião (*doxa*).

Anaxágoras (c. 460 a.C.) é contemporâneo de Parmênides. Nascido em Clazômena, na costa da Ásia Menor, viveu a maior parte de sua vida em Atenas, até que foi exilado, quando ancião, por impiedade, aparentemente por professar a doutrina de que o sol é uma pedra aquecida ao rubro. Sua contribuição mais importante é a idéia central de *nous*, que geralmente se traduz por mente [Edinger, 1999].

Empédocles (c. 450 a.C.) é uma figura complexa e misteriosa. Originário de Agrigento, na Sicília, combinou os traços de um filósofo racional com os de um xamã ou mago lendário. A exemplo de Pitágoras, foi consideravelmente influenciado pelo orfismo, que deixou um veio místico que lhe perpassa a obra. A lenda conta-nos que ele resolveu transformar-se em um imortal saltando dentro do vulcão Etna, terminando dessa forma seus dias [Edinger 1999].

Ele foi especialmente importante no desenvolvimento do pensamento médico, talvez em parte, porque ele próprio praticava medicina. A obra de Empédocles é o primeiro exemplo em que se pensou houvesse quatro *arqué*: descreveu os processos cósmicos como a operação de quatro elementos imutáveis e eternos – terra, ar, água e fogo – que iriam influenciar o pensamento médico na Grécia.

De Demócrito de Abdera herdamos a concepção de átomo: ele afirmava que só os elementos indivisíveis ou átomos e o vazio existem. Átomos têm tamanho, forma e densidade; eles não aparecem nem desaparecem, mas estão em constante movimento através do vazio. As coisas individuais são criadas ou desaparecem pela colisão aleatória e conseqüente ligação ou separação de vários átomos.

Os sofistas

Originalmente o termo "sofista" podia ser aplicado a qualquer homem sábio. A partir do século V a.C. o termo ficou ligado especialmente aos professores itinerantes de retórica que viajavam pelas cidades ensinando e educando pupilos, mediante um pagamento. Como eram especializados na fala persuasiva eles também se diziam capazes de ensinar seus estudantes a como ter grande sucesso na vida.

Pós-socráticos

Dentre estes, irei me deter somente no que teve influência mais significativa para a medicina, ou seja, Aristóteles (384-322 a.C.).

Filho de médico, ele nunca praticou a medicina. Nos trabalhos biológicos empregou paciente diligência e produziu contribuição notável, dentre as quais a concepção da crescente complexidade dos seres vivos, cuja origem da matéria inanimada fazia-se por transição. Aceitava a doutrina dos quatro elementos com suas qualidades, acrescendo-lhe mais uma, que, mais tarde, seria chamada de *quinta essentia*.

Suas observações sobre o embrião da galinha são dignas de nota. Nesse campo ligado à questão da reprodução, ele se rebelou contra a idéia de a mulher poder conceber sem a participação masculina.

Contrastando com as minúcias de suas pesquisas nos animais acha-se a deficiência de sua anatomia humana, quase reduzida à superfície do corpo. De fato, Aristóteles jamais praticou qualquer investigação morfológica com cadáveres.

Sua repercussão mais desfavorável foi a convicção da geração espontânea dos seres vivos.

A enorme autoridade desfrutada por Aristóteles constituiu fator de atrasos, segundo Bacon [apud Oliveira, 1981], em virtude do vicioso uso de engenhosos recursos intelectuais no lugar da indução nascida da observação e da experiência.

Na medicina, seu raciocínio dedutivo impregnou profundamente a área, o que teria acarretado danos a seu progresso.

A prática da medicina

Uma das primeiras fontes de conhecimento médico é Homero. Na Ilíada são mencionados aproximadamente 150 diferentes tipos de ferimento, descritos com surpreendente precisão anatômica. Por exemplo, Harpalion, príncipe aliado dos troianos, é ferido pelas costas com uma flechada. Homero explica que a flechada foi fatal porque entrou perto da nádega direita, atravessou os ossos pélvicos e púbicos e perfurou a bexiga.

É dessa forma acurada que ele descreve assim toda uma série de ferimentos. Registra, além disso, os cuidados com os guerreiros feridos que, de uma forma geral, estão focados no conforto do homem ferido e não no tratamento da própria ferida. Entre os guerreiros há alguns poucos considerados especialistas na arte de curar por meio de remédios à base de ervas e bandagens. Um destes é Machaon, considerado filho de Asclépio.

Os santuários

Os templos mais importantes que se dedicavam às artes da cura eram os de Tricca na Tessália, Cnido no litoral iônico e o de Cós na ilha fronteiriça. Contudo, o mais importante e que se imortalizou para as gerações futuras foi o templo de Epidauro na Argólida.

Quem se dirige, ainda hoje em dia, a Epidauro, adentra uma região, em um vale frondoso, que exala uma atmosfera de magia e encantamento. Os sinais ainda imponentes do conjunto arquitetônico do Santuário de Asclépio testemunham um passado glorioso dessa civilização que marca nossas raízes. Construído a 9 quilômetros da cidade de Epidauro, no século VI a.C., manteve suas plenas funções, com altos e baixos, até o século III d.C. O conjunto compreendia uma série de edifícios destinados a diferentes funções no processo de tratamento. O teatro, onde até hoje se encenam espetáculos, é uma testemunha viva da grande sensibilidade da arquitetura grega. Sua localização, disposição e o resultado visual e acústico nos dão uma amostra da preocupação e de uma fina percepção na busca da harmonização entre obra e natureza. A catarse, vivenciada pelo paciente ao assistir às encenações das tragédias, era considerada importante elemento terapêutico. De alguns edifícios não se conhece claramente a função, como é o caso do *Tholos*, um templo redondo com um labirinto em suas fundações. Seguramente tinha um papel significativo nos rituais, por sua localização e pela imponência de sua arquitetura, obra de Polícleto, um dos mais famosos arquitetos gregos. O *Abaton* era o edifício onde se dormia, após as ofertas sacrificiais. Eram admitidos aqueles que obtivessem respostas favoráveis nos sacrifícios. Nesses casos, procedia-se a um ritual de incubação, no qual o paciente se dispunha à espera do sonho ou da visão que lhe anunciasse o seu mal e a cura. Geralmente era o próprio deus Asclépio quem aparecia, como velho ou jovem ou ainda como serpente ou cão, seus aspectos teriomórficos. Aquele que não recebesse na primeira noite a visita da divindade era considerado incurável ou teria de continuar com as ofertas e sacrifícios enquanto não surgisse o sinal que anunciasse o momento da epifania [DeMarco, 1993].

A estrutura global do conjunto, que incluía, também, um ginásio para esportes e competições, é testemunha viva de uma visão nada limitada da concepção do ser e do adoecer.

A medicina empírico-racional

Ao lado da medicina teúrgica, a medicina não sacerdotal vinha já há longo tempo sendo exercida por médicos que se julgavam igualmente herdeiros e filhos de Asclépio, denominados asclepíades, que formavam uma espécie de corporação profissional.

Esses primeiros médicos gregos compartilhavam com os filósofos pré-Socráticos a crença de que o homem é parte do mundo natural e sujeito às mesmas leis que o resto do cosmo. Os médicos gregos usaram o trabalho dos pré-Socráticos inspirando-se e utilizando o conhecimento dos filósofos de uma série de formas (por exemplo, a teoria humoral que se tornou a base da medicina hipocrática é inspirada na teoria dos quatro elementos de Empédocles); os sofistas, também, foram fonte de inspiração. Como eles eram os mestres proeminentes na época, muitos dos médicos usaram os textos sofísticos como modelo quando começaram a escrever sobre sua atividade. Como resultado, muitos dos tratados hipocráticos contêm elementos de argumentação sofística.

Escritos hipocráticos

Embora Hipócrates de Cós (c.460-380 a.C.) seja considerado o "Pai da Medicina" pouco é conhecido sobre ele. Geralmente é aceito que era contemporâneo de Sócrates e era um médico praticante. Nasceu na ilha de Cós e era filho de Heracleides, um médico, provavelmente membro da asclepíades, de quem recebeu instrução. Parece também que Hipócrates teria sido um asclepíade. Estes eram os membros de um corpo de médicos que costumava fazer remontar sua origem a Asclépio, o deus da medicina. Conta a tradição que Hipócrates era o mais famoso médico e professor de seu tempo. Mais de 60 tratados médicos são atribuídos a ele, sendo seu conjunto conhecido como Corpo Hipocrático. A maioria destes tratados, contudo, não foram escritos por Hipócrates. De fato, muitos deles foram escritos bem depois de sua morte, ao longo de um período de 200 anos (c.510-300 a.C.). E provável que Hipócrates tenha escrito algum dos tratados, mas nenhum deles pode lhe ser positivamente atribuído. Em grande parte, eles contêm concordâncias e semelhanças, mas muitas vezes apresentam matérias conflitantes e idéias diferentes. Hipócrates tentou explicar coerentemente as doenças com base em causas naturais. Ressaltava também a importância da natureza para a cura; *vis medicatrix naturae* (é a natureza que cura o paciente) é a grande máxima hipocrática. Ao contrário dos Asclepíades, Hipócrates não hesitava em contar casos malsucedidos. Ele próprio afirmava que 60% dos seus casos tinham desfecho fatal.

A terapia médica atual emprega várias medidas de apoio introduzidas pelos médicos hipocráticos: exercício para os que sofrem de condições crônicas, mas que devem ser usados parcimoniosamente nas doenças agudas. Hipócrates considerava o banho, a dieta e a higiene apropriada como essenciais à manutenção da boa saúde. No que se referia a tratamentos, usava sangria e purgativos, mas só depois de terem falhado outras medidas. Receitava remédios – por exemplo, heléboro, um emético e purgativo, porém o mais importante em seu trabalho era o método utilizado, que se articulava à descrição cuidadosa do conjunto de sintomas para poder traçar um prognóstico da evolução do estado do paciente. Tratava-se, antes de tudo, de considerar a doença como objeto de "observação" e "entendimento" (Adam e Herzlich, 1994).

Hipócrates elaborou uma teoria – o sistema humoral – que marcou o exercício da medicina por séculos. Para ele, a saúde e a doença repousavam no equilíbrio entre a bile negra (melancolia), a bile amarela, a pituíta e o sangue. Estes, por sua vez, interagiam com os quatro elementos cósmicos (fogo, ar, água e terra), com as estações, com os estados climáticos (o quente, o frio, o seco e o úmido) e com os quatro pontos cardeais.

Segundo a teoria humoral, a matéria era formada pelos quatro elementos, com seus atributos; nos organismos geravam os humores e mais tarde, na Idade Média foram considerados responsáveis pelos temperamentos. A simplicidade e sua geral aplicabilidade e a ausência de conhecimentos capazes de melhor explicar os fatos deram a essa teoria uma longa sobrevivência.

A doutrina estendeu-se à explicação dos sintomas, ao funcionamento visceral e às propriedades dos remédios, como veremos em Galeno, em que se revestiu de minúcias e detalhes levados ao limite da imaginação.

Para Hipócrates, contudo, os humores não seriam capazes por si para tudo esclarecer; uma força impulsora era exigida para mantê-los em atividade, expulsá-los ou reequilibrá-los se perturbados nas suas devidas proporções. Essa força foi denominada calor inato (*enfiton termon*) e segundo Hipócrates achava-se situada no ventrículo esquerdo.

O vocabulário e as concepções hipocráticas permanecem ainda vivas na apreensão social que se faz acerca das doenças, como, por exemplo, quando se fala que o "sangue ferve" e que "engolir a raiva faz mal para o fígado". Mas foi mais por sua insistência em fazer coincidir a teoria humoral com a observação do estágio da doença que Hipócrates, até para os médicos de hoje, continua sendo considerado o pai da medicina científica.

• Medicina romana

O desenvolvimento seguinte da medicina foi o aparecimento do maior dos escritores médicos, Claudio Galeno de Pérgamo (131-200 d.C.) cuja autoridade foi praticamente inconteste nos mil e quinhentos anos seguintes, estabelecendo uma espécie de ditadura médica que se manteve, até mesmo, após o advento do Renascimento.

Nascido de pais gregos em Pérgamo, na Ásia Menor durante o período de Adriano, ele possuía dotes pessoais de argumentador e polemista nato, que transferiu para suas obras.

"Eu fiz pela medicina", dizia Galeno, "o que o imperador Trajano fez pelo Império Romano: abri estradas, construí pontes. Eu sou o criador único do verdadeiro método de tratar doenças. Hipócrates já havia esboçado o roteiro, mas não foi muito longe. Seu conhecimento não é muito amplo, falta ordem em seus escritos, torna-se obscuro ao tentar a concisão. Quem abriu o caminho para a medicina hipocrática fui eu" [*apud* Scliar, 1996].

Essas palavras podem dar-nos uma amostra da personalidade de Galeno que, ao lado de sua vasta produção, contribuiu para sua influência na medicina por séculos.

Pelo que se tem notícia, Galeno escreveu pelo menos quatrocentas obras, das quais existem ainda oitenta e três livros e pelo menos quinze comentários sobre os escritos hipocráticos. Sua obra mais importante, que atingiria cerca de 700 páginas impressas, foi *Da Unidade das Partes do Corpo*. Em termos de sua teoria geral, filiava-se aos hipocráticos, adotando a doutrina dos quatro humores [Borstin, 1983].

Ele tinha um bom conhecimento de anatomia que adquiriu pela dissecação de animais, o que lhe trouxe algumas confusões entre anatomia animal e humana. Galeno provavelmente assistiu à dissecação de corpos humanos apenas duas vezes em sua vida, no entanto, fez excelentes descrições de ossos e músculos. Observou, também, que lesões cerebrais em animais produzem perturbações do lado oposto do corpo e localizou sete dos nervos cranianos, distinguindo entre nervos sensores e motores. Demonstrou que as artérias continham sangue, mas, embora soubesse que o sangue era móvel, nunca formulou uma teoria mais completa a respeito; pensava que o sangue fluía do coração direito para o esquerdo através de poros invisíveis.

No campo da terapêutica seguia métodos empíricos, dando ênfase aos preceitos hipocráticos quanto ao uso dos recursos naturais. Sempre em obediência à doutrina humoral, a terapêutica galênica visava anular ou retirar os humores excedentes ou corruptos, donde a indicação de laxativos, eméticos, sudoríficos e, principalmente, das sangrias, mais tarde abusivamente empregadas [Oliveira, 1981].

Seu método de tratamento era a terapia dos opostos, *contraria contrariis*. Aplicava calor quando entendia que a doença era resultado do frio e purgativos quando o organismo estivesse "sobrecarregado". Usava medicamentos preparados principalmente à base de plantas e prescrevia fisioterapia [Scliar, 1996].

Galeno transmitiu ao mundo medieval alguns raios da cultura helenística, mas, por ter codificado as noções primitivas de sua era, contribuiu também para retardar por séculos o desenvolvimento da medicina, pois, mesmo após sua morte, continuou conquistando muitos adeptos. Embora não fosse cristão, o fato de que via o corpo governado pela alma facilitou sua aceitação pela Igreja, pelos árabes e pelos judeus. Gozou, então, da fama que ele, sempre, arrogantemente previra: "Quem quiser chegar à fama nada mais precisa fazer do que estudar aquilo que eu, pela pesquisa, descobri ao longo de minha vida" [Scliar, 1996].

- ## Período medieval

O dogma cristão predominou amplamente neste período. Santos eram reverenciados e, como no passado pagão, invocados para prevenir doenças: São Sebastião, por exemplo, protegia contra a peste, São Jó contra a lepra e Santo Antônio contra toda espécie de distúrbios, desde os intestinais até as fraturas.

O lema medieval *credo quia absurdum est* (acredito porque é absurdo) vigorou por muito tempo, em oposição à posição científica, baseada em observação e razão.

O racionalismo como força social desapareceu ou para ser mais exato precisou agir subterraneamente durante séculos. A tradição do empirismo cético grego, a erudição alexandrina e as adaptações práticas da herança grega pelos romanos foram preservadas em bibliotecas monásticas e pelos árabes.

A ciência e a medicina bizantina assim como o Império Bizantino travaram uma batalha perdida contra o crescente e inevitável destino do declínio helenístico.

Os escolásticos e os monges iam ter seu milênio interrompido apenas, brevemente, pela tentativa de sábios árabes de acrescentar algum conhecimento novo à medicina.

O mais importante impulso na medicina árabe foi o trabalho dos nestorianos, seita religiosa que foi dominada por tribos islâmicas nas terras da Mesopotâmia, Síria e Pérsia.

Um dos mais ilustres dos médicos árabes foi Abu Bakr Muhammad ibn Zakariya al Razi ou Rhazes (c. 865-925 d.C.) conhecido como o Galeno Persa. Por seu brilhantismo como professor e clínico foi nomeado médico-chefe do hospital de Bagdá, um dos primeiros hospitais a terem uma enfermaria dedicada aos doentes mentais. Escreveu uma grande Enciclopédia conhecida pelo nome de *Continens*, na qual depositou o que sabia dos antigos e o que adquiriu pela própria experiência. Foi prejudicado em função do fato de sua cultura, por meio dos preceitos do Alcorão, insistir na aceitação da autoridade intelectual. Como dizia o próprio Rhazes: "Se Galeno e Aristóteles pensam o mesmo sobre um assunto, então naturalmente a opinião deles é certa. Quando diferem, porém, é extremamente difícil saber a verdade" [Oliveira, 1981].

Abu-Ali al-Husain ibn Sina ou simplesmente Avicena (980-1037 d.C.), médico, filósofo, astrônomo, matemático e enciclopedista, foi considerado o mais brilhante de todos os médicos árabes. Seu tratado *Cânon* foi uma tentativa sistemática de correlacionar a filosofia aristotélica a observação hipocrática e a especulação galênica, sendo utilizado amplamente para o ensino da medicina durante séculos. Seu apego à autoridade contribuiu para o dogmatismo que impedia a livre observação e pesquisa.

Há nele páginas de excelente exposição médica ao lado de tolices. Avicena foi o primeiro a utilizar cateter para constrição da uretra causada por gonorréia; no entanto, aconselhava também a colocação de um piolho no meato da uretra para pacientes que sofriam de retenção urinária. Avicena como Rhazes tentava correlacionar reações fisiológicas e estados emocionais [Alexander; Selesnick, 1966].

• A Renascença

A opinião de que o corpo nu é pecaminoso foi superada pelos artistas da Renascença.

Leonardo (1452-1519) compreendeu que o artista precisava ter conhecimento da estrutura anatômica. Estudou corpos vivos e mortos deixando desenhos com uma perfeição e realismo impressionantes, como é o caso do desenho do crânio, realizado em 1489, provavelmente a partir da observação da cabeça de um executado que ele conseguira [Oliveira, 1981].

Rompeu com a autoridade, afirmando que "aqueles que estudam autores antigos e não as obras da natureza são enteados, não filhos da Natureza, que é mãe de todos os autores" [Alexander; Selesnick, 1966].

O mais alto clamor dos que defendiam a autoridade foi erguido contra Andréas Vesalius (1514-1564) e seu *De Humani Corporis Fabrica*, uma obra que inclui todos os aspectos da anatomia humana, com mais de trezentas ilustrações e que ao estudar cadáveres humanos rompia a tradição galênica do estudo em animais, denunciando as falhas e erros contidos nessas descrições.

A confiança na observação mais do que na teoria refletiu-se também no fato de terem os médicos do século XVI começado a olhar seus pacientes de perto e registrar o que viam. Um dos primeiros defensores do método experimental na medicina foi Ambroise Paré (1510-1590), criador da cirurgia francesa, ao lado do tratamento biológico dos ferimentos. Por outro lado, ele ainda acreditava na existência de seres ocultos e consagrou capítulos inteiros aos demônios, aos feiticeiros e às moléstias por eles produzidas [Oliveira, 1981].

Antes de Paré, no entanto, quando a medicina era um mundo de separação entre livros e corpos e entre saber e experiência, outro personagem abriu o caminho para a medicina moderna. Pela natureza de sua contribuição, ele não poderia, obviamente, ter sido algum professor submisso ou de grande eminência [Boorstin, 1983].

Paracelso (1493-1541) foi uma figura ímpar: mistura de vagabundo e visionário, foi o "profeta louco" [Boorstin, 1983] que apontou o novo caminho. Durante sua vida foi objeto de perseguições e acusações de charlatanismo, fama da qual não se livraria até o fim de sua vida.

Theophrastus Bombastus von Hohenheim (seu nome verdadeiro) nasceu na Suíça e durante sua breve vida se dedicou a um programa de solapamento da autoridade dos antigos. Queimou livros de Galeno e Avicena sendo este gesto muitas vezes equiparado ao de Lutero, quando da queima da bula papal, rebelando-se contra o princípio da autoridade [Oliveira, 1981]. A autoridade dos antigos, seus finos raciocínios e as filigranas de sua elaboração mental, bitolada pelas premissas aceitas sem maiores objeções, foram alvo das investidas de Paracelso. Ele foi o marco que assinalou o movimento de renovação terapêutica, fundamentada de modo especial na química (*alquimia*). Patcher [*apud* Oliveira, 1981] cita uma passagem de Paracelso que ilustra a conjugação do espírito positivo ao lado de seu misticismo: "Nos experimentos, as teorias ou os argumentos não contam. Conseqüentemente, pedimos que não se oponham ao método do experimento, mas que o sigam sem preconceito".

Não satisfazia sua curiosidade limitar-se a apreciar o efeito de uma medicação natural; procurava indagar o motivo dessa atividade: que contém este vegetal para possuir semelhante virtude? A tais princípios denominava *arcanos*, substâncias ocultas escondidas que urgia procurar, isolar para chegar-se aos remédios puros e realmente eficazes.

- ## A era da razão e observação

Ao século XVII deve-se o mérito de ter lançado os alicerces do mundo moderno. É impossível atribuir a uma causa a razão de tão grandes avanços do conhecimento científico.

Alexander e Selesnick [1966] atribuem os grandes progressos alcançados à cristalização de dois métodos intelectuais: o primeiro dava ênfase ao raciocínio dedutivo, analítico e matemático; o segundo, ao raciocínio empírico e indutivo. O primeiro seria usado primordialmente por Descartes, Hobbes e Spinoza; o segundo por Francis Bacon e John Locke. O importante, no entanto, é que ambas as escolas de pensamento compartilham uma característica vitalmente importante: a dúvida no conhecimento existente e a crença de que o mundo é governado por uma ordem racional suscetível de descoberta, seja pelo raciocínio dedutivo ou por laboriosa observação [Alexander; Selesnick, 1966].

As duas tendências teriam, na visão deles, encontrado harmoniosa integração em Galileu Galilei (1564-1642).

Outra personalidade de destaque nos progressos dessa época foi William Harvey (1578-1657), que, movido por um método de investigação científica do mais exato rigor, baseou-se em fatos da direta verificação e os tratou pelo prisma da interpretação matemática (cálculos de volumes e capacidades), para estabelecer os princípios da circulação.

Finalmente, René Descartes (1596-1650) foi o mais extremado dos racionalistas dedutivos; segundo Alexander e Selesnick [1966], ele foi ainda influenciado pela Idade Média: de espírito escolástico, tentava resolver o enigma do mundo por raciocínio dedutivo silogístico partindo de abstrações intuitivas que tinham pouca relação com o mundo dos sentidos e terminando com um universo mecanicista no qual os organismos vivos são complexas peças de maquinaria. Às declarações fisiológicas de Descartes faltavam fundamentos sólidos e, segundo esses autores, ele também não era bom observador de fenômenos psicológicos. Dotou o homem de uma "substância pensante", a alma, que disso estava certo, não interagia com o corpo. Separou, assim, completamente o corpo da mente, em uma enganadora dicotomia que ainda obceca o estudo do homem [Alexander; Selesnick, 1966].

- ## O iluminismo

O contínuo desenvolvimento das idéias não pode ser nitidamente dividido em séculos. É por questão de conveniência que se rotula o século XVIII como a época do iluminismo. A característica saliente da época é que a razão substituiu a tradição e a fé em todos os aspectos da sociedade.

Não pretendo me deter em todos os grandes nomes e as importantes contribuições que marcaram este período e a evolução até os nossos dias, a não ser para a finalidade de tentar rastrear o que chamamos de "a construção do modelo biomédico" e o movimento complementar de reintrodução da perspectiva psicológica e social que abriram espaço para as tentativas modernas de construção de um modelo biopsicossocial.

Na realidade esta correlação de tendências e a construção de um modelo multifatorial do ser e do adoecer vem permeando os posicionamentos e as discussões dos últimos 300 anos.

Neste sentido, Lipowski [1986] faz uma consideração interessante quanto aos caminhos que a história acaba tomando, avaliando que certas descobertas de impacto podem alterar rumos e definir perspectivas, deslocando unilateralmente a ênfase para uma determinada área. Ele pondera, por exemplo, que a teoria celular das doenças de Virchow, as descobertas dos microorganismos por Pasteur e os postulados de Koch sobre as doenças causadas por germes contribuíram para abortar um movimento na direção de uma visão mais integral do ser e das doenças, que vinha se delineando, acabando por empurrar fortemente a medicina na direção de um reducionismo biológico [DeMarco, 1996]. Neste campo, uma disputa curiosa envolveu Claude Bernard (1813-1878), o grande médico francês considerado o fundador da medicina experimental; Bernard arrastou por décadas uma controvérsia com Pasteur pelo que considerava um fervor unilateral dos caçadores de micróbios, pois sustentava a convicção de que a doença ameaça constantemente, mas não toma raiz, enquanto o terreno, o corpo, não for receptivo. Para ele, conseqüentemente, o foco principal do estudo deveria ser o terreno. Por outro lado, Pasteur, Koch e muitos outros de sua geração estiveram envolvidos com as valiosas tentativas de identificar e derrotar os germes e com isso libertar a humanidade dessas doenças.

Conta-se que, em seu leito de morte, vítima de um dos germes que tentara erradicar, Pasteur reconheceu que, afinal, Bernard estava certo: o micróbio não é nada; o terreno é tudo. Por outro lado, não há notícias do que teria dito Bernard em seu leito de morte; ficamos livres para imaginar! [DeMarco, 1996].

Bernard enunciou o conceito de *milieu interieur* (meio interno) que desembocaria quase setenta anos depois no conceito de *homeostase* formulado por Cannon, contribuindo para fornecer as bases, a partir da perspectiva fisiológica, para um modelo que poderia cooperar para ultrapassar os reducionismos [DeMarco, 1996].

• A construção do modelo biomédico

A história, evidentemente, como já tem sido reiteradamente formulado, é o reino do inexato, pois, além de ter uma seleção direcionada dos fatos, admite, também, interpretações as mais variadas, dependendo da orientação e das peculiaridades de cada comentador.

É, tendo em consideração esta ressalva, que considero útil examinar alguns diferentes olhares que tem se voltado para a questão da evolução das ciências e do pensamento médico em particular.

Uma questão que costuma ser colocada é: que condições e fatores levaram à constituição do modelo biomédico, com a exclusão do psíquico e a perda de uma visão integral do ser e do adoecer?

Quais os fatos que contribuíram para essa evolução?

Encontramos para essas indagações análises e reflexões as mais variadas.

No exame dos dados históricos há uma relativa concordância de que, inicialmente, parece ter havido um convívio harmonioso entre a vertente religiosa e empírica e que a separação entre doenças físicas e mentais não havia se estabelecido.

Schneider [1986], ao lado de uma série de outros pensadores da área, situa o começo do afastamento já a partir da estruturação de duas escolas distintas, entre os gregos. Uma, a escola de Cós ou hipocrática, que é classificada como tendo uma postura que contemplava as tendências dinâmicas, humorais e sintéticas, estudando o homem em sua totalidade. Outra, a escola de Cnido, percebida por estes autores como mais analítica, claramente específica e mecanicista. O século XIX e o começo do século XX teriam, para eles, inspiração mais *cnidiana*, uma vez que a medicina teria fragmentado o homem enfermo, reduzindo-o a um sistema, um tecido, um órgão e por último a uma célula enferma. O movimento da medicina psicossomática seria um retorno à Escola de Cós [Schneider, 1986].

Alexander e col [1966] analisam o movimento de exclusão do psicológico do modelo biomédico, a partir da questão dos métodos de abordagem. Para eles há três métodos distintos de se abordar a psique e seus transtornos:
- Método orgânico – tentativa de explicar os fenômenos em termos físicos;
- Método psicológico – tentativa de encontrar explicação psicológica.
- Método mágico-religioso – tentativa explicar e lidar por meio da magia e/ou religião.

Eles ponderam que o homem primitivo curava seus males mediante ações instintivas e técnicas empíricas intuitivas e que a medicina primitiva, por seu turno, pode ser considerada principalmente psiquiatria primitiva, pois não havia uma separação nítida entre sofrimento mental e físico.

O homem primitivo estendia a causalidade motivacional de suas próprias ações a toda a natureza e, a medicina progrediu à medida que o homem se libertou, gradualmente, dessas teorias animistas e as substituiu por outro tipo de causalidade – não psicológica e aplicável também à natureza inanimada. As ciências naturais só puderam desenvolver-se depois que o homem substituiu suas idéias primitivas da causalidade motivacional na natureza pelo reconhecimento de certas regularidades no mundo natural. No entanto, tal reconhecimento foi difícil de ser desenvolvido e não foi fácil mantê-lo: os filósofos racionalistas gregos do século VII e VI a.C. introduziram os fundamentos do pensamento científico, mas, na Idade Média, suas revolucionárias descobertas foram substituídas pelo renascimento das tendências demonológicas e mágico-religiosas. Só nos últimos trezentos anos, a partir da Renascença é que o pensamento científico conseguiu verdadeiro predomínio.

Por fim, eles deixam implicitamente sugerido que a luta ainda continua hoje em dia, e que o redutivismo do modelo biomédico seria um reflexo de um funcionamento que, de forma não percebida, guarda relações com o modelo mágico: o papel do demônio, por exemplo, sendo assumido pela química cerebral. O responsável pelo funcionamento mental ou pela doença mental não seria mais um demônio, mas uma química cerebral perturbada e não as próprias experiências de vida da pessoa.

Concluem que a química cerebral não pode ser isolada do homem, do que é o núcleo de sua existência, a sua personalidade, pois, de fato, a química cerebral pode ser alterada por tensão emocional, ansiedade, cólera, medo, desesperança [Alexander; Selesnick, 1966].

Há, por outro lado, uma tendência geral a evocar, constantemente, Descartes e seu método no centro dos dilemas que tem marcado a evolução da ciência.

Considera-se que a influência do paradigma cartesiano sobre o pensamento médico foi um fator determinante na construção do chamado modelo biomédico, alicerce consensual da moderna medicina científica. Descartes propõe por meio de suas concepções, uma separação absoluta entre fenômenos da natureza e fenômenos do espírito e, por conseqüência, uma separação radical entre mente e corpo. A distinção do interno e externo, dos estados psíquicos vivenciados e do acontecer corporal no espaço (dualismo ontológico), abre caminho para a estruturação de diferentes métodos de abordagem (dualismo metodológico) que resultará em duas direções distintas de desenvolvimento. O estudo da natureza e do corpo (*res estensa*) serão imensamente facilitados, à medida que são apartados da complexidade dos fenômenos psíquicos e submetidos ao enquadre mecanicista, cujo procedimento fundamental consiste em promover uma decomposição do complexo em suas partes mais simples. Por seu turno, o estudo dos estados psíquicos vivenciados (*res cogitans*) será abordado a partir de uma metodologia distinta vindo a integrar o campo das chamadas ciências humanas que, para muitos, permanecem excluídas do campo científico. Dessa forma, a psique, a alma, seria remetida ao cuidado religioso ou à especulação filosófica.

Temos, ainda, o pensamento original de Foucault, citação praticamente obrigatória, quando se discute a questão da evolução da medicina e do saber médico e os fatores presentes na construção do modelo biomédico. Ele se detém, no exame da história da evolução da medicina, na questão do nascimento da clínica e as diferentes estruturas perceptivas que sustentaram três tipos sucessivos de teoria e prática médica. Destaca duas mudanças principais. Na primeira, uma *medicina das espécies*, que ainda prevalecia pela altura de 1770 e que cedeu lugar ao primeiro estágio da medicina *clínica*. A medicina das espécies fazia na nosologia o que Lineu fez na botânica: classificava as doenças como espécies; supunha que as doenças fossem entidades sem qualquer ligação necessária com o corpo e a transmissão das doenças ocorresse quando algumas de suas "qualidades" misturavam-se, por meio de "afinidade", com o tipo de temperamento do paciente (ainda se estava próximo de Galeno e suas concepções humorais). Julgava-se que "ambientes não naturais" favorecessem a disseminação de doença, e por isso se acreditava que os camponeses padeciam de menos enfermidades que as classes urbanas (as epidemias, ao contrário das doenças, não eram tidas como entidades fixas, mas, sim, como produtos do clima, da fome e de outros fatores externos). Em contraste, em seus primórdios a medicina clínica foi uma *medicina dos sintomas*: encarava as doenças como fenômenos dinâmicos. Em vez de entidades fixas, as doenças eram consideradas misturas de sintomas. Estes, por sua vez, eram tomados como sinais de ocorrências patológicas. Como conseqüência disso, os quadros taxionômicos da medicina clássica foram substituídos, na teoria médica, por contínuos temporais, que permitiam, em particular, um maior estudo de casos.

Por fim, no limiar do século XIX, surgiu outro paradigma médico: a mente clínica substituiu a medicina dos sintomas por uma "*medicina dos tecidos*" – a teoria anátomo-clínica. As doenças já não denotavam espécies nem conjunto de sintomas. Em vez disso, agora indicavam lesões em tecidos específicos, Os médicos passaram a concentrar-se muito mais – na tentativa de adquirir conhecimentos sobre a patologia – no paciente individual. A *mirada* médica transformou-se em um *olhar*, o equivalente visual do *tato*; os médicos passaram a buscar causas ocultas e não apenas sintomas específicos. A morte – vista como um processo vital – tornou-se a grande mestra da anatomia clínica, revelando, pela decomposição dos corpos, as verdades invisíveis procuradas pela ciência médica [Merquior, 1985].

Foucault [1980] chama a atenção para o fato da construção positivista do saber médico (em plena construção do modelo biomédico), acreditar ter conseguido se libertar das teorias e das quimeras e, finalmente, abordar o objeto de sua experiência, nele mesmo, e na pureza de um olhar não prevenido. Ele inverte a análise, e chama a atenção para a consideração do fato de que não é o olhar que se purificou, inscrevendo o novo contato com os fenômenos em uma categoria de purificação psicológica e epistemológica, mas as formas de visibilidade é que mudaram. Com a mudança das formas de visibilidade, o conhecimento singular do indivíduo doente precisou, também, mudar. Para que a experiência clínica fosse possível, como forma de conhecimento e ação, foi necessária "toda uma reorganização do campo hospitalar, uma nova definição do estatuto de doente na sociedade e a instauração de uma determinada relação entre a assistência e a experiência, os socorros e o saber; foi preciso situar o doente em um espaço coletivo e homogêneo" [Foucault, 1980].

Muito mais poderia ainda ser acrescentado no campo das análises históricas do desenvolvimento da medicina e do modelo biomédico. Não é, entretanto, minha proposta me deter neste tópico, pois considero o material apresentado como meramente ilustrativo de algumas leituras e interpretações.

• O resgate do psíquico e a construção do modelo biopsicossocial no campo médico

Não é minha intenção aprofundar uma discussão a respeito das várias leituras e interpretações da história. Isto seria tema para mais um livro.

O que pretendo é fazer breves comentários e acrescentar algumas indagações e considerações que possam ser úteis para ampliar a discussão.

Uma primeira questão que considero útil ser colocada diz respeito a uma confusão corrente que desemboca em uma crítica indiscriminada à especialização, que costuma ser considerada como um grande mal e a responsável pela fragmentação e pela desconsideração por um modelo integral do ser e das relações. Considero esse posicionamento um equívoco ligado ao que poderíamos denominar um *holismo ingênuo* que nada quer separar ou tudo quer juntar indiscriminadamente.

Quando falamos da importância da perspectiva biopsicossocial, isto não pode ser confundido com a idéia de que tudo deve ser abordado simultaneamente.

Acreditar que a especialização é, em si, um mal é algo totalmente fora da realidade e incompatível com qualquer possibilidade de evolução humana. Seria como lamentar que as ciências tenham se diferenciado da filosofia ou ficarmos saudosos das grandes personalidades do passado que tudo dominavam, da medicina à astronomia, da engenharia à pintura.

A especialização é uma necessidade fundamental para o crescimento e evolução de todos os campos de conhecimento e, na prática, sabemos muito bem disso. Qualquer um de nós quando se defronta com a necessidade de uma intervenção médica mais específica, com certeza desejará ter e, quando possível, procurará, o atendimento pelo melhor especialista na área.

O problema da especialização é quando ela vem acompanhada de condições que lhe acrescentam uma nova peculiaridade, pervertendo-a em algo distinto. Tenho denominado essa perversão de *especialismo*, para colocá-la lado a lado com todos os tipos de *ismos* ancorados em dogmas e alimentados por fatores emocionais.

Em uma acepção mais ampla, associo essa condição a uma configuração do contato com a realidade que tenho nomeado de *complexo de Procusto* [DeMarco, 1995], abarcando os vários aspectos das mutilações da realidade praticadas em função de crenças e dogmas.

Só para lembrar, Damastes ou Polipêmon, apelidado Procusto (aquele que estica) era um bandido que atacava os viajantes e os submetia a um suplício, empregando, para isso, uma técnica perversa peculiar: ele os prendia a um leito de ferro e, se acaso o viajante fosse mais curto que o leito, ele o esticava violentamente; se mais longo, cortava-lhe os pés.

Este mito nos apresenta o famoso leito de Procusto, que tenta reduzir às suas próprias medidas tudo o que se coloca em seu caminho. Um leito que, sem dúvida, é familiar e cotidiano a todos nós, que continuamente oscilamos, vivendo tanto o papel de vítima quanto o de algoz. A violência das idéias preconcebidas, travestidas em teorias científicas, a mutilação da realidade por atitudes redutivas e literalizantes, as idéias salvadoras que reinterpretam o mundo e tentam adequá-lo à sua perspectiva podem ser facilmente vislumbradas, seja na história, seja em nossa realidade cotidiana. A violência pode tanto ficar mais limitada à nossa vida íntima, cerceando uma vida plena e criativa, quanto assumir formas socialmente expressas e o inimigo a ser convertido ou eliminado passará a ser nosso colega, nosso vizinho ou por vezes etnias, grupos religiosos e/ou nações inteiras [De Marco, 1995].

No *especialismo* temos em plena atividade o *complexo de Procusto*: tenta-se conformar e reduzir os fenômenos à visão própria da especialidade, com perda de contato com o todo. Há, neste sentido, a presença de uma clivagem, com perda da visão binocular, que permitiria uma alternância entre figura e fundo, entre a visão do todo e a visão de uma parte em cada ocasião, em acordo com a intenção e a necessidade.

O problema, insisto, não é a fragmentação, mas uma fragmentação rígida e estática que bloqueia o trânsito entre diferentes áreas e aspectos envolvidos em nossa atividade.

O mesmo fenômeno pode ocorrer na questão da separação da abordagem do físico e do psíquico, pois considero que a abordagem dessas dimensões como campos distintos e complementares de conhecimento e investigação não necessita, em si, se transformar em um problema. Pelo contrário, essa distinção pode ser, como tem sido, útil e necessária para o aprofundamento e desenvolvimento dos campos de conhecimento. A necessidade de um reducionismo metodológico é inevitável, uma vez que não é possível uma abordagem concomitante de todos os aspectos. A questão é quando essa separação assume uma feição radical, em função de uma série de fatores, entre os quais os fatores emocionais, transformando-se em outra coisa que a coloca mais próxima às crenças e dogmas.

Neste sentido, uma questão que me parece relevante ser colocada é o quanto as distorções que podem advir das formulações de Descartes são conseqüência do dualismo metodológico ou o quanto elas são muito mais resultado do dualismo ontológico radical, que coloca alma e corpo como totalmente distintos e separados: o corpo, encarado como puro autômato e máquina, totalmente separado da alma, vista como um princípio imaterial que não depende de qualquer realidade material e cuja função essencial é o pensamento. O único ponto de contato entre alma e corpo, para Descartes, é o corpo pineal, órgão ímpar da anatomia cerebral, escolhido por ele como local de atividade da alma.

Descartes certamente foi influenciado em suas idéias pelo espírito da época e pela sua postura religiosa. Ele era um católico convicto que se empenhava em combater o ceticismo em relação à existência de Deus. Para ele, a missão da razão seria, precisamente, ter um poder de convencimento que pudesse levar as pessoas à aceitação da existência de Deus. Pela demonstração analítica, a razão traria as provas que a fé necessitava e, foi através de sua *dúvida metódica* que Descartes retirou Deus da natureza para colocá-lo na consciência humana [DeMarco, 1995]

Para a religião (e para várias escolas filosóficas), a alma precisa separar-se da matéria, fonte de pecado, e ascender à pura espiritualidade; a postura filosófica de Descartes vai ao encontro dessa necessidade.

É sobre essa base que a ciência se dirigiu para o exame do mundo material, deixando a alma aos cuidados da filosofia e da religião. Desenvolveu toda uma metodologia própria para se aproximar do mundo material, que será também objeto de fervor religioso, na postura que podemos denominar como um "endeusamento da matéria": a matéria como a verdadeira realidade.

Esta postura acabou tendo, também, uma repercussão metodológica, à medida que passaram a se considerar os métodos de aproximação à realidade física como os únicos com possibilidade de um acesso real aos fatos.

Na esteira desse movimento, a medicina buscou fundamentar sua pesquisa e seu exercício nessa metodologia, negando a especificidade de seu objeto, na tentativa de se adaptar a um paradigma de cientificidade galiléico; abandona, assim, o paradigma indiciário, próprio das disciplinas eminentemente qualitativas, que tem por objeto casos, documentos e situações individuais, enquanto individuais, e justamente por isso alcança resultados que tem uma margem ineliminável de casualidade; basta pensar no peso das conjeturas (o próprio termo é de origem divinatória) na medicina [Ginzburg, 1989 p. 56 in Souza, 1998]. A valorização exclusiva dos aspectos quantitativos irá distanciar a medicina da possibilidade de acesso às peculiaridades mais próprias da condição humana.

Como contribuição para a reflexão das vicissitudes associadas à discriminação entre o físico e o psíquico, considero útil examinar essa questão a partir de uma perspectiva psicológica, abordando vicissitudes do amadurecimento do indivíduo para a construção do contato com a realidade: Bion [1962] chama a atenção para o que ele denomina um *splitting* (clivagem) forçado, associado a uma relação perturbada com o seio ou seus substitutos. Essa perturbação, que produz a clivagem, está na dependência da forma como o bebê consegue lidar com seus estados emocionais. O bebê recebe do seio o leite e outros confortos corporais; recebe também amor e compreensão. Se a sua iniciativa é obstruída pelo medo da agressão, a própria ou a dos outros e se a emoção é muito intensa, ela pode inibir no lactante o impulso para obter alimento. No entanto, o temor à morte por inanição obriga a retomada da sucção. Tem lugar, então, uma clivagem entre a satisfação material e psíquica que levará à busca das comodidades materiais, sem admitir a existência de um objeto vivo do qual dependem estes benefícios. Finalmente, a necessidade de amor, compreensão e desenvolvimento mental se desvia para a busca de bem-estar material; a ânsia de amor permanece insatisfeita e se converte em uma maldigerida e excessiva voracidade [Bion, 1962].

O dilema do bebê, como apresentado por Bion, guarda semelhança com os dilemas que nossa evolução no contato e conhecimento da realidade tem nos colocado. Os cientistas não sabem o que fazer com as emoções, o que fazer com a alma.

De forma geral, a ciência tenta reduzir a alma à sua dimensão comportamental ou à sua dimensão material, neuroquímica, para tentar capturá-la. Proteicamente, a alma escapa (lembro aqui que Proteu era o deus-profeta que mudava de forma constantemente para se furtar aos que tentavam indagá-lo).

Quando, então, falarmos do resgate do psíquico é preciso ter em conta as formas como isto se dá. Conforme ficará detalhado nos capítulos a seguir, houve movimentos a partir de várias áreas de conhecimento que contribuíram para a construção do modelo biopsicossocial. Este fato trouxe como conseqüência algumas confusões que considero de grande utilidade serem reconhecidas e eventualmente desfeitas.

O campo estruturou-se na forma da cristalização de várias áreas de investigação e prática, muitas vezes corporativizadas e sem critérios de definição claros: psiquiatria, psicologia, psicologia médica, psicossomática, psicanálise, medicina comportamental, interconsulta, só para citar algumas, são áreas que se fundaram ou se estruturaram na virada do século passado com aproximações metodológicas próximas ou distintas, mas voltadas para o mesmo campo, provocando algumas confusões.

As confusões na área podem ser observadas amplamente refletidas em nossa atividade cotidiana. Os médicos quando nos chamam fazem uma distinção peculiar entre psiquiatra e psicólogo. Grosso modo, o psiquiatra é para medicar e o psicólogo para conversar. Isto, evidentemente, está associado à idéia de que os médicos (o psiquiatra sendo um deles) não estão para conversa e que, por outro lado, a intervenção do profissional da área psicológica é pura conversa.

Em nossos consultórios, a confusão é semelhante; não há uma discriminação entre psiquiatra, psicólogo, psicoterapeuta, psicanalista, etc. Os pacientes que nos procuram tem, geralmente, a visão de que o psiquiatra é para atender casos mais graves. "O senhor está me encaminhando para o psiquiatra, então meu caso é grave", costuma dizer o paciente ao médico, quando recebe a indicação. Ser encaminhado para psicólogo tem a conotação para os pacientes e, na maioria das situações para os próprios médicos, de ser um caso mais leve.

No campo da estruturação das atividades, há muitas questões em pauta: A interconsulta deve ser corporativizada ou multiprofissional? Devemos multiplicar as adjetivações – interconsulta psiquiátrica, interconsulta psicológica, interconsulta psicossomática, etc.?

A psicologia médica é uma aplicação da psicossomática? É o braço clínico da concepção psicossomática? [Eksterman, 1992]. E a interconsulta é, também, uma aplicação clínica da psicossomática, como enfatiza Lipowski [1986]?

Psicologia médica é uma atividade exercida por médicos e/ou por psicólogos?

Psicologia da saúde é um campo restrito aos psicólogos?

Uma confusão corrente é tomar a inserção ou reinserção da dimensão psicológica no hospital e na saúde com a inserção do psicólogo, reduzindo um campo de investigação e ação a uma profissão. Confunde-se, igualmente, psicologia com psicologia comportamental.

É sobre essas confusões que tentarei me aproximar nos capítulos seguintes para, a seguir, apresentar nossa visão do campo e a forma como temos construído nosso modelo no trabalho.

parte II
A REINTEGRAÇÃO DO PSICOSSOCIAL AO MODELO BIOMÉDICO

Medicina psicossomática

Mario Alfredo De Marco

A medicina psicossomática como um campo organizado de investigação científica e método de aproximação à prática da medicina e psiquiatria existe desde a década de 1930. Podemos dizer que uma medicina psicossomática "organizada" começou com a publicação da revista *Psychosomatic Medicine* (*PM*) em 1939 e a subseqüente fundação da "American Society for Research in Psychosomatic Problems" em 1943, renomeada "American Psychosomatic Society" (APS) em 1947 [Lipsitt, 2001]. Apesar desse fato, confusões e distorções quanto à sua definição, objetivos, proposições básicas e situação atual continuam. O próprio termo "psicossomático" implica coisas diferentes para diferentes pessoas e é usado em uma grande variedade de contextos: medicina psicossomática, movimento psicossomático, desordens, sintomas, pacientes e outros. Os termos são habitualmente usados em concordância com definições próprias de quem os está usando, o que perpetua a ambigüidade.

Johann Christian Heinroth (1773-1843) em seu livro *Störungen des Seelenlebens* (Desordens da alma, 1818) usa o termo psicossomático para expressar suas convicções de que as paixões sexuais tinham influência na tuberculose, na epilepsia e no câncer. Em 1828, usa o termo somatopsíquico para expressar as modificações que o fator somático produzia no psíquico. Os termos, bem como as questões que levantavam, permaneceram excluídos, de forma geral, de toda literatura científica oficial, particularmente a partir da segunda metade do século XIX, época do fascínio pelas grandes descobertas físico-químicas e bacteriológicas [DeMarco, 1989].

No começo do século XX, ocorre uma retomada do interesse que dará ensejo à estruturação do campo da medicina psicossomática. O uso completo do termo medicina psicossomática é atribuído a uma formulação de Felix Deutsch (1884-1964) em torno de 1922 [Lipsitt, 2001]. Deutsch e sua esposa, Helen, ambos psicanalistas, partiriam, anos depois, de Viena para a América (1935) na onda de emigração que a ascensão do nazismo promoveu.

A moderna medicina psicossomática, fundada no início da década de 1930, reflete, segundo Lipowski [1986], a confluência de dois conceitos: psicogênese e holismo. Ambos os conceitos sempre estiveram, de alguma forma, presentes desde o início da prática da medicina e foram formulados de forma rudimentar na Grécia antiga, há aproximadamente 2.500 anos. Tiveram evolução e penetração distintas ao longo dos tempos e influenciaram os fundamentos conceituais da psicossomática, na forma de duas conotações, também distintas, que o termo psicossomática acabou adquirindo.

O conceito de psicogênese implica a crença de que os fatores psicológicos podem causar doenças físicas.

Desde os primeiros tempos e passando por Hipócrates, inúmeros escritores, médicos e não-médicos têm assinalado a influência que as emoções ou paixões, como eram chamadas inicialmente, exercem sobre todas as funções do corpo e também na causa de doenças. Galeno, um dos mais influentes escritores médicos de todos os tempos, cujos ensinamentos foram seguidos até o século XIX, escreveu no II século que as paixões, como a tristeza, raiva, luxúria, o medo constituem uma classe de causa das doenças e deviam ser diagnosticadas e tratadas.

Dessa forma, podemos afirmar que por pelo menos 1.700 anos houve uma contínua tradição da psicossomática sob o rótulo de paixões. Com a emergência da psicanálise, a noção de psicogênese tomou nova feição.

A segunda conotação para psicossomática deriva de um outro conceito básico: holismo. O termo deriva de *holos* e foi introduzido por Jan C. Smuts (1870-1950) em seu livro *Holism and Evolution* em 1926.

Os filósofos gregos faziam uma distinção entre mente ou alma e corpo, mas nunca de forma estreita e uma visão do homem como unidade mente-corpo prevalecia. Foi somente em 1637 que Descartes formulou uma distinção radical entre mente e corpo. Ele separou... Na sua visão, as paixões eram fenômenos corporais que podiam causar doença. Portanto o dualismo cartesiano é compatível com a noção de psicogênese, mas desferiu um golpe na visão holística do homem e nos conceitos relacionados em medicina. Esta visão exerceu grande influência na medicina, encorajando-a a focar-se predominantemente no corpo como máquina e negligenciar os aspectos psicossociais das doenças forjando um reducionismo biológico. Foi a influência do dualismo cartesiano na medicina moderna que levou, segundo Lipowski [1986], à emergência da medicina psicossomática como uma reação contra ele.

O conceito holístico foi explicitamente endossado por todos os pioneiros no novo campo, independente de sua aproximação a ele. O conceito que assegura unidade mente corpo, antidualista e antireducionista constitui a segunda grande conotação do termo psicossomático e, na ampla opinião da maioria dos profissionais da área, deveria ser o único a ser empregado hoje em dia. Muitas vezes, contudo, a adesão costuma ser muito mais teórica do que refletida na prática.

Lipowski [1986] adverte que este conceito não deve ser confundido com a assim chamada medicina holística, que costuma ser utilizada para um conjunto de práticas e crenças com credenciais cientificamente duvidosas.

A emergência e consolidação da medicina psicossomática costuma ser atribuída a uma reação a um modelo de medicina quase que exclusivamente orientada na direção do reducionismo biológico que se instala particularmente a partir da metade do século XIX, impulsionado pelas grandes descobertas nessa área.

As reações contra o modelo biomédico reducionista começam a tomar forma no começo do século XX e seguiram duas direções:
- um reviver do interesse pelo psicogênico inspirado pela emergência da psicanálise;
- a formulação por Adolf Meyer, um psiquiatra americano de origem suíça, de uma série de conceitos holísticos contribuindo para a estruturação do campo designado como psicobiologia.

Na realidade, três principais abordagens conceituais e metodológicas tomaram corpo a partir da estruturação e evolução do campo da psicossomática: a abordagem psicanalítica, psicobiológica e psicofisiológica [Lipowski, 1986].

Na exposição das abordagens vou situar os pensadores que contribuíram para cada uma delas, acompanhando Lipowski, embora essas inserções possam ser questionáveis e alguns deles poderiam figurar em qualquer uma das outras.

• A abordagem psicanalítica

Os pioneiros

Talvez o desafio de entender a ligação misteriosa entre mente e corpo tenha sido um dos fatores que inspirou Freud no fim do século XIX e começo do século XX a procurar as fundações para os fenômenos mentais que pudessem prometer um tratamento efetivo dos casos enigmáticos e desconcertantes. Os primeiros pacientes de Freud eram os 'pacientes problemas da época', indicados pelos colegas médicos, frustrados pelas tentativas sem fim de tratar estes pacientes com afecções somáticas refratárias a qualquer intervenção. Embora Freud nunca tenha escrito nada aludindo à medicina psicossomática, seus *insights* nos mecanismos mentais, no papel do inconsciente e talvez, acima de tudo, na relação médico-paciente (implicações da transferência-contratransferência na relação terapêutica) forneceram a abertura através da qual a relação médico-paciente e a relação mente-corpo puderam ser vislumbradas. Freud, ele próprio –, não esteve diretamente preocupado com a influência dos fatores psicológicos nas funções somáticas e nas doenças, demonstrando certa ambigüidade em estender o campo psicanalítico para além da esfera dos distúrbios neuróticos. De um lado, por exemplo, mostra admiração pelo trabalho de Georg Groddeck, considerado um dos precursores da medicina psicossomática e que acreditava na influência ilimitada dos processos inconscientes nos distúrbios somáticos. De outro lado, em correspondência a Victor von Weizsacher, em 1923, expressa que, embora aceitasse a existência de fatores psicogênicos nas doenças, preferia ver os analistas limitarem, a título de aprendizado, suas pesquisas ao campo das neuroses [DeMarco, 1989].

Apesar da ambigüidade, alguns de seus seguidores como Groddeck, Deutsch e Ferenczi na Europa e Jelliffe na América, com o seu beneplácito, enveredaram por estes caminhos. Todos eles, com sua prévia experiência como médicos, imediatamente alcançaram o profundo valor dos conhecimentos e preceitos psicanalíticos para uma aproximação psicossomática à prática médica. Já na década de 1920, vários deles estenderam as teorias para tentar abarcar uma série de condições físicas que ainda não haviam sido consideradas.

Georg Groddeck (1866-1934), médico austríaco contemporâneo de Freud, por exemplo, afirmava que os sintomas orgânicos em *qualquer* transtorno físico podiam ser compreendidos como expressão simbólica do *id* (*das Es* – o Isso) no corpo, por meio do processo primário. Groddeck, aliás, foi quem cunhou a expressão *das Es*, incorporada por Freud em sua segunda tópica e impropriamente latinizada na tradução das obras de Freud como *id*.

Felix Deutsch [*apud* Nemiah, 2000], no início da década de 1920, comenta que "o conceito do processo de conversão está ganhando agora uma importância, porque um processo de transformação semelhante dos fenômenos psíquicos em orgânicos pode ser observado, também, nas doenças que não pareciam de modo algum serem psicogênicas... uma parte considerável da sintomatologia orgânica pode ser então reconhecida como resultado do processo de conversão".

A pesquisa adicional evidenciou, para investigadores posteriores, que a transposição direta do mecanismo de conversão da área dos fenômenos histéricos para os chamados transtornos psicossomáticos não era apropriada e que a generalização de Deutsch e Groddeck não era amplamente aplicável. Para eles, como veremos, esse mecanismo não podia ser diretamente estendido às funções viscerais, pois os órgãos internos não reagem a idéias reprimidas específicas como aquelas existentes no fundo dos sintomas histéricos, mas a qualidades emocionais gerais [Alexander F, Selesnick S, 1966].

Sandor Ferenczi (1873-1933) tornou-se o primeiro professor de Psicanálise do mundo, na Universidade de Budapeste. Ferenczi influenciou muitos analistas da geração posterior, entre os quais Melanie Klein e Michael Balint que foram seus pacientes.

Um de seus interesses especiais era procurar descobrir o que a psicanálise podia fazer pelos médicos. Ele expressou em seu pensamento que a personalidade do médico podia ter uma profunda influência sobre o paciente a quem ele prescreve medicamentos. Formulou, além disso, o conceito de introjeção, que – ao lado do conceito de projeção formulado por Freud e do conceito de identificação projetiva formulado posteriormente por Melanie Klein – é fundamental para uma leitura profunda da constituição biopsicossocial do ser e do adoecer.

Smith Ely Jelliffe (1866-1945), um dos primeiros psicanalistas americanos, também passou a se interessar nessa direção, produzindo trabalhos desde o fim da década de 1910. Foi editor do *Journal of Nervous and Mental Disease* de 1902 a 1945 e da *Psychoanalytic Review* de 1913 a 1945. No campo teórico permaneceu mais próximo e afinado com as idéias de Groddeck.

A estruturação do campo

Com a ascensão do nazismo, a emigração de uma série de psicanalistas desloca o centro de interesse pelo campo da Europa Continental para a Inglaterra e Estados Unidos.

Nos Estados Unidos, a psicanálise já gozava de uma boa popularidade. As conferências de Freud na Clark em 1909 já haviam despertado um grande interesse e atraído uma série de profissionais para a área. A esses profissionais, entre os quais Jelliffe era o expoente, vieram juntar-se na década de 1930, emigrados da Europa, vários outros profissionais de renome, entre os quais Felix Deutsch e Franz Alexander. Em 1933, a psicanálise já receberia um reconhecimento institucional importante, na forma de um convite aos psicanalistas para formar uma seção especial na "American Psychiatric Association".

Franz Alexander (1891-1964) foi um dos grandes expoentes na área. Alexander, de origem húngara, foi um dos principais psicanalistas da assim chamada "segunda geração" e durante seu treino psicanalítico em Berlim teve diversos contatos com Freud. Emigrou para os Estados Unidos em 1930 e é o grande responsável pala introdução da psicanálise nas escolas de medicina. Essa aproximação já foi objeto de crítica, pois Alexander teria retirado da psicanálise seu estatuto de força revolucionária, tornando-a uma ciência bem assimilada, em contraposição à postura de Freud que sublinhava seu destacamento em relação à medicina. Alexander era considerado um autor independente, que não via problema em se colocar contra a ortodoxia. Ele foi a figura central da que foi chamada "Escola de Chicago", caracterizada, sobretudo, pela importância que conferia ao contato emocional mais do que ao *insight* intelectual, como principal fator curativo em psicanálise.

Na perspectiva histórica, ele considerava seu trabalho como uma continuação e realização das idéias propostas inicialmente por Ferenczi e Rank (1924), que advogavam uma ênfase na experiência emocional muito mais que na compreensão genética dos sintomas.

No princípio de sua carreira, Alexander foi um fisiologista e, mesmo quando na década de 1920, tornou-se um analista-didata em Berlim, produzindo contribuições para a teoria psicanalítica, seu interesse pela fisiologia persistiu, o que o orientou fortemente na direção de estudos psicossomáticos fisiologicamente orientados, distanciando-o do estilo especulativo psicológico de Groddeck e de Jelliffe. Ele irá repensar a questão da distinção entre a conversão e os mecanismos envolvidos nas doenças psicossomáticas. Alexander acreditava em uma identidade evolutiva entre processos psíquicos e fisiológicos, buscando compreender a articulação do psíquico e do somático.

Neste sentido, é compreensível que para Alexander a era da psicossomática na medicina iniciou-se, verdadeiramente, quando os trabalhos de Walter Cannon (1871-1945) sobre os mecanismos pelos quais as emoções influenciam as funções dos órgãos vitais internos foi aplicado ao estudo da tensão emocional em doenças orgânicas crônicas.

Alexander formulou a distinção entre os mecanismos subjacentes à conversão e aos sintomas psicossomáticos, atribuindo, entretanto, ambos à repressão dos afetos, formulando uma hipótese que relacionava as síndromes psicossomáticas a padrões de conflito e esquemas dinâmicos específicos característicos de certas doenças. Formulou uma teoria de vetor, baseada na direção geral dos impulsos conflitantes envolvidos nas perturbações. Ele distinguiu três vetores:

- desejo de incorporar, receber ou absorver;

- desejo de eliminar, dar, gastar energia para atacar, para realizar alguma coisa e,
- desejo de conservar ou acumular.

Construiu estes conceitos a partir da teoria psicanalítica do desenvolvimento da libido.

Alexander, também vislumbrou aspectos do funcionamento mental dos pacientes que exibiam alterações significativas em suas funções afetivas e cognitivas, abrindo um caminho que será percorrido por investigações posteriores como as de Sifneos e Ruesch nos Estados Unidos e Pierre Marty na França.

Peter E. Sifneos, cujo maior foco de interesse foi o desenvolvimento e aplicação da Psicoterapia Dinâmica Breve, foi quem cunhou, em 1972, a expressão "alexithymia" (literalmente: sem palavras para os sentimentos) chamando a atenção para as evidentes dificuldades de muitos dos, assim chamados, pacientes psicossomáticos para encontrar palavras para exprimir suas emoções. Alexithymia, diz Sifneos, foi um termo que introduzi em 1972 e que envolve uma acentuada dificuldade para o uso de uma linguagem apropriada para expressar e descrever sentimentos e diferenciá-los das sensações corporais, uma grande pobreza de fantasias e um modo utilitário de pensar que Marty tem chamado de *pensée opératoire*" [Sifneos, 2000].

Segundo é postulado, os mecanismos de formação de sintomas nos pacientes alexitímicos são fundamentalmente diferentes dos encontrados nos pacientes com sintomas conversivos. Enquanto o sintoma conversivo manteria uma disfunção com correspondência simbólica com os afetos originais, na alexitimia não haveria esta correlação, sendo a manifestação sintomática final desprovida de qualquer elaboração psíquica da situação que determinou a sobrecarga emocional.

Na França, a psicossomática teve uma constituição mais tardia, particularmente em função de um sentimento de rejeição à influência anglo-saxônica. Pierre Marty (1918-1993) foi um dos grandes representantes do movimento psicossomático na França. Funda em 1962 *l'École Psychosomatique*; em 1968 cria um *Centre de Consultations* que em 1972 se tornará *l'Institut de Psychosomatique* (IPSO). À diferença da "Escola de Chicago" que se centrava na ligação estrutural entre doença e organização psíquica, Marty, retomando as conceituações freudianas de carga de afeto livre e afeto ligado a representações, desenvolve as noções de funcionamento mental e somatização, elaborando os conceitos de pensamento operatório, depressão essencial e desorganização progressiva.

Freud, ao problematizar a relação entre as psiconeuroses e as neuroses atuais, já abrira caminho para pensar um *corpo de transbordamento*, isto é, admitir a possibilidade que nem sempre o corpo biológico está vinculado a um sistema significante, possibilitando, então, pensarmos o sintoma corporal, também, como uma descarga, um excesso que não se organiza necessariamente a partir da lógica da representação [Fernandes, 2002]. Partindo dessa possibilidade, Marty considera que o paciente psicossomático, contrariamente ao psicótico e ao neurótico clássico, apresenta uma vida de fantasia muito pobre, atrofiada ou quase inexistente; como conseqüência, pode apresentar transtornos somáticos por uma insuficiência dos "processos de mentalização". Para caracterizar a dinâmica afetiva desses pacientes, Marty criou o conceito de depressão essencial que, à diferença da depressão neurótica, do luto e da melancolia não denota nenhum trabalho de elaboração; é uma depressão sem objeto "constituindo a essência mesma da depressão caracterizada principalmente por um rebaixamento do tônus libidinal e por um desamparo profundo, freqüentemente desconhecido do próprio sujeito. Este não apresenta nenhuma queixa, quando muito uma profunda fadiga e a perda de interesse por tudo que o rodeia" [Volich, 1998]. Estes conceitos são de grande importância nas visões psicanalíticas atuais, no campo da psicossomática.

Dos psicanalistas que emigraram para a Inglaterra, Michael Balint (1896-1970), nascido em Budapeste, analisando e discípulo de Ferenczi, foi um dos que tiveram contribuições importantes na área.

Já em 1925, trabalhando no departamento de medicina interna em Budapeste, ele começou a publicar suas idéias, desenvolvendo uma série de pesquisas em medicina psicossomática, tratando pacientes que apresentavam sintomas psicossomáticos com psicoterapia.

Em 1932, criou o primeiro grupo de treinamento e pesquisa com médicos em Budapeste. Ele buscava estudar as possibilidades dos médicos incorporarem as idéias psicanalíticas em seu trabalho prático.

Emigrou para a Inglaterra em 1939, em função das crescentes dificuldades que vinham se impondo aos judeus.

Em 1950, reiniciou seus grupos com médicos, desta feita, em Londres. Sua conhecida hipótese de que a droga mais freqüentemente usada na prática médica era o próprio médico guiava suas investigações. Na década de 1960, Balint e sua esposa Enid percorreram a Europa disseminando seu trabalho com grupos de médicos, que seriam conhecidos como "grupos Balint" e que se disseminaram pelo mundo todo. A primeira Sociedade Balint foi fundada na França em 1967. Em 1972, foi fundada a "International Balint Federation" (IBF).

A psicanálise na Inglaterra teve uma considerável evolução, graças principalmente ao trabalho de Melanie Klein (1882-1960). Ela descreveu o mecanismo de identificação projetiva, que considera o mais básico e primitivo de todos os mecanismos psíquicos e a base de todos os relacionamentos, permitindo, conforme já mencionei, uma aproximação profunda à questão da articulação dos aspectos biológicos, psicológicos e sociais na constituição do ser e do adoecer.

A escola inglesa, da qual podemos destacar, além de Klein, outros expoentes como Hanna Segal (1918-), Donald D. Winniccott (1896-1971) e Wilfred R. Bion (1897-1979), desenvolveu uma série de teorias que tem encontrado grande utilidade no campo da psicossomática: as teorias da relação objetal e dos vínculos, do déficit da capacidade de simbolização e do papel da mãe como estruturante psicossomático da criança estão entre as mais expressivas.

Bion, um dos mais brilhantes dessa geração, desenvolveu formulações que vem ganhando grande aplicabilidade na teorização de aspectos da articulação psicossomática; ele postula que os dados sensoriais "brutos", provenientes tanto de fontes internas quanto externas, necessitam ser submetidos a um processo antes que possam encontrar lugar na mente inconsciente e ser utilizados para a atividade mental.

Denomina este material não processado como *elementos beta* que precisam ser transformados em *elementos alfa* para que seja possível utilizá-los para integrar as fantasias inconscientes. Como *elementos beta* não transformados, eles só podem ser descarregados por meio da ação, alucinose ou fenômenos psicossomáticos.

Bion introduz a noção de uma função mental, a ser investigada, que denomina *função alfa* e que estaria incumbida do processo de transformação dos *elementos beta* em *elementos alfa*. O bebê carece da *função alfa* que é desempenhada pela mãe através da capacidade que Bion denomina *rêverie*. A *rêverie* materna desempenha a *função alfa* para o bebê e representa a habilidade para modificar e transformar as ansiedades e tensões da criança. Dessa forma, mãe e criança integram o processo que será o protótipo do processo de pensamento da criança e que continuará a se desenvolver pela vida.

• A abordagem psicobiológica

O termo psicobiologia é freqüentemente utilizado em referência às várias aproximações entre a biologia e a psicologia que emergiram no século XX. O início do uso do termo é incerto, sendo a primeira referência encontrada na literatura, atribuída a Willard S. Small (1870-1943) em 1901.

Na perspectiva histórica, parece que o termo tem sido freqüentemente empregado para designar um número de formas muito diversas de oposição ao excessivo reducionismo característico de várias aproximações biológicas à psicologia [Dewsbury, 1991].

Há um campo de sobreposição e confusão com a aproximação psicofisiológica como adverte Dewsbury [1991] comentando que muitos autores têm tentado restringir o termo para aplicá-lo tão-somente para aproximações fisiológico-reducionistas do estudo do comportamento. No entanto, historicamente, a maioria dos autores tem utilizado o termo advogando a aproximação biológica na medida em que ela se relaciona à dinâmica do organismo total, considerado não redutivamente, mas em toda a sua esplêndida complexidade.

Adolf Meyer (1866-1950) foi um dos grandes expoentes da psicobiologia e contribuiu sobremaneira para unificar o conceito junto aos médicos. Meyer nasceu na Suíça e aos 26 anos recebeu seu título de doutor de medicina, pela universidade de Zurique. Após ser recusado para a posição de professor assistente naquela universidade, Meyer decidiu procurar a oportunidade para a vida acadêmica nos Estados Unidos.

Helen Flanders Dunbar (1902-1959), considerada a "mãe da medicina holística", foi uma das mais importantes seguidoras de Meyer. Fundou a Sociedade Americana de Psicossomática e o primeiro jornal no campo da medicina em 1939.

Advogava a abordagem holística nos cuidados ao paciente e iniciou a pesquisa clínica na correlação entre tipos de personalidade e doenças físicas severas. Seu livro *Emotions and Bodily Changes: A Survey of Literature on Psychosomatic Interrelationships: 1910-1933*, editado em 1935, tornou-se um clássico.

O foco principal da abordagem psicobiológica é o da relação entre eventos e situações na vida do indivíduo de um lado e sua saúde de outro. Uma de suas mais importantes premissas é que a resposta de uma pessoa à sua interação com os outros, assim como sua personalidade, são fatores que influenciam sua doença. Mais especificamente, a abordagem psicobiológica postula que os fatores psicossociais podem através da atividade do cérebro perturbar ou pelo contrário ajudar a restaurar a homeostase e conseqüentemente ter impacto na saúde para melhor ou pior.

Os esforços de pesquisa seguiram duas grandes direções:
1. estudos clínicos dos indivíduos e suas respostas aos eventos da vida como a perda de pessoas importantes, exemplificado pelo trabalho de Schmale e Engel do efeito na saúde do que eles chamam de perda do objeto.
2. estudos epidemiológicos tentando ligar amplo espectro de eventos e situações da vida com a ocorrência de doenças físicas como ilustrado pelos trabalhos de Holmes, Rahe, Brown e outros. Uma linha relacionada de pesquisa que floresceu nos anos recentes está focada na consideração dos aspectos da personalidade de um lado e a predisposição a doenças específicas de outro. Proponentes deste tipo de pesquisa argumentam que padrões específicos de comportamento e interação social que refletem a personalidade do indivíduo contribuem para o desenvolvimento de doenças específicas como doença coronária e câncer.

Enquanto as pesquisas acima inspiradas pelo modelo psicobiológico são etiológicas em sua natureza, na medida em que tentam estabelecer vínculos entre os fatores psicossociais e doenças, esta aproximação também favoreceu estudos da *resposta* psicossocial às doenças ou lesões físicas. Esta área de pesquisa foi largamente negligenciada na primeira fase da Medicina Psicossomática. Os psicobiologistas, entretanto, sempre insistiram que os fatores psicossociais influenciam o curso e o desfecho de toda doença e o seu papel precisa ser investigado, independente da etiologia da doença [Lipowski, 1986].

• Abordagem psicofisiológica

Inspirada pelos estudos iniciais de Pavlov e Cannon, bem como a psicobiologia de Meyer, com a qual em muitas situações é confundida e/ou sobreposta. Seu maior expoente foi Harold G. Wolff (1898-1962), um neurologista e investigador fisiologicamente orientado, cujo livro seminal *Stress and Disease* foi publicado em 1952. No nível teórico, ele elaborou o conceito de estresse psicológico e mudanças de vida estressantes como fatores que contribuem para as doenças. Ele afirmou que a capacidade de o homem responder a ameaças simbólicas, derivadas das interações sociais o torna vulnerável a respostas psicofisiológicas desadaptativas e a doenças, em resposta a uma ampla gama de estímulos psicossociais. Quebra da estrutura familiar e social, privação das necessidades humanas básicas e obstáculos para a satisfação de metas e potencialidades pessoais são exemplos de estímulos estressantes com potencial patogênico. Mais ainda, uma variedade de ameaças e símbolos de perigo, assim como eventos estressantes como morte de uma pessoa amada, casamento, aposentadoria, perda de trabalho, etc. podem também precipitar toda uma série de alterações e doenças físicas.

A pesquisa de Wolff está marcada pela descrição e medição cuidadosa tanto das variáveis psicológicas quanto das fisiológicas sob estudo; sua abordagem ganhou importância junto à comunidade científica, em função de sua aderência ao método científico, traduzida por:
- foco nas emoções conscientes em vez das inconscientes;
- cuidado em generalizar os dados clínicos e experimentais;
- ênfase na necessidade de dados empíricos como base para as formulações teóricas e,
- foco na observação clínica como fonte desses dados.

A abordagem psicofisiológica foca-se em estudos tanto clínicos como laboratoriais das correlações entre variáveis psicológicas e fisiológicas selecionadas.

Um dos seus maiores objetivos foi identificar os processos e caminhos fisiológicos que possibilitam que os eventos e estados mentais possam produzir mudanças nas várias funções corporais.

Postula-se que estas variáveis psicológicas são capazes de provocar mudanças consideradas normais ou anormais em todas as funções fisiológicas por meio de três classes de mecanismos mediadores: neurofisiológico, neuroendocrinológico e imunológico.

A natureza precisa da intervenção desses mecanismos, necessita ser elucidada para contribuir para uma verificação ampliada quanto à contribuição dos fatores psicossociais na etiologia das doenças. Esta contribuição é considerada possível de ser provocada por duas diferentes vias:
- indiretamente, como resultado do comportamento voluntário da pessoa, com respeito a hábitos de dieta, exposição a agentes tóxicos, etc. e,
- diretamente, por meio da ativação de um dos três mecanismos mediadores.

Por exemplo, estudos clínicos e epidemiológicos indicam que certos eventos ou situações na vida de uma pessoa que ela vive como pessoalmente importante, como a perda de uma pessoa amada, são por vezes seguidas pela instalação de uma doença física ou mesmo morte.

Estes achados indicam que a resposta psicofisiológica da pessoa ao evento está causalmente relacionada à doença ou morte.

Enquanto esta hipótese é plausível, ela pode ser dificilmente validada sem a descoberta dos mecanismos e caminhos fisiológicos pelos quais esta relação causal pode ser efetivada. Este desafio difícil e crucial tornou-se o foco maior da pesquisa psicofisiológica.

A evolução do campo deve muito às formulações teóricas e à pesquisa psicofisiológica e epidemiológica de Wolff, bem como a contribuições de teóricos e investigadores como Selye, Grinker, Engel, Lazarus e muitos outros.

Hans Selye (1907-1982) formulou o conceito tão popularizado de estresse e a síndrome geral de adaptação que merecem uma consideração especial, dado seu alto grau de penetração no uso profissional, nas pesquisas e na própria nomenclatura popular.

O termo estresse é derivado do inglês *stress*, originalmente aplicado na engenharia de materiais, significando "condição de tensão existente no interior de um material (substância) elástico em decorrência do esforço (deformador) ou de deformação por forças externas ou expansão térmica não uniforme" [May, 1980; Pontes, 1980 *apud* Della Nina, 1997].

A partir dos estudos iniciados na década de 1920 da relação laboratorialmente comprovável entre as emoções e a alteração da produção hormonal, Walter B. Cannon formulou, em 1939, o conceito de "homeostase"; Selye, seguindo, de certa forma, essa direção, conduziu pesquisas neurofisiológicas que o levaram à formulação da "síndrome geral de adaptação".

Seu trabalho experimental, com pequenos ratos, realizado em 1936, demonstrou que quando os animais eram submetidos a traumas agressivos para o organismo apresentavam reações peculiares que o levaram à formulação do conceito, que paulatinamente foi estendido para a biologia em geral e para a medicina e psicologia social.

Nesse contexto, o estresse passou a ser considerado "o conjunto de reações que um organismo desenvolve ao ser submetido a qualquer situação que exige um esforço de adaptação, e inclusive no caso de pessoas, aos estímulos de mudanças psicossociais" [França e Rodrigues, 1997 *apud* Della Nina, 1997].

A partir da percepção que havia uma reação padronizada, independente do tipo de estímulos, descreveu, então, a síndrome geral de adaptação (SGA) que consiste na sucessão de três fases ou estágios do processo de adaptação neuroendócrina:

- fase de alarme, em que predominam os fenômenos ditados pela hiperatividade do sistema nervoso simpático, provocando taquicardia, aumento do débito cardíaco e vasoconstrição periférica com desvio da circulação para áreas vitais ao desenvolvimento da ação. Ocorrem, também, aumento da freqüência respiratória, dilatação pupilar e diminuição das secreções;
- fase de resistência, que sobrevém quando há uma persistência do estímulo ou das situações emocionais mediadoras, levando o organismo, por necessidade adaptativa, à secreção, por estímulos hipotalâmicos, de novos aportes hormonais (corticóides, hormônios tireoidianos, insulina) visando à manutenção de um estado de metabolismo aumentado;
- fase de exaustão, decorrente da manutenção do estado de resistência por um período prolongado, levando a esgotamento celular parcial, atrofia do sistema linfático, hipertrofia cortical supra-renal que resultam em diminuição das defesas contra infecções, mal-estar generalizado. Na fase de exaustão, há o esgotamento completo desses sistemas adaptativos, sobrevindo fadiga crônica, doenças psicossomáticas e depressão. Nos animais de laboratório, observa-se uma rápida evolução para a morte.

Vale a pena fazer aqui um breve comentário, em função da importância que esses conceitos adquiriram. Vários autores têm assinalado as importantes contribuições aportadas por essas formulações, bem como, também, para o perigo das possíveis distorções.

Della Nina [1997] chama a atenção para o fato de que a popularização do uso do conceito de estresse e a importância que tem conquistado tanto na área médica como psicológica vem, por vezes, de forma injusta, colaborar na dificuldade de apreensão de outro conceito mais antigo, o de ansiedade. Credita este fato, principalmente, à questão da própria natureza da ansiedade que tem um caráter fundamentalmente subjetivo e só pode ser plenamente reconhecida em sua intensidade por quem a sofre, como podemos verificar pela sua definição: "Estado emocional desagradável no qual existem sentimentos de perigo iminente, caracterizado por inquietação, tensão ou apreensão... A ansiedade costuma ser nomeada em suas formas de expressão, como ansiedade propriamente dita, angústia, medo e pânico" [Kaplan e Sadock, 1984 p. 227 *apud* Della Nina, 1997].

A angústia, termo de origem greco-latina, em que a palavra "angor" significa estreitar, oprimir, estrangular, caracterizando a sensação de aperto retro-esternal que freqüentemente a acompanha, é conceituada como a ansiedade que se expressa predominantemente por manifestações corporais e em quase tudo se assemelha às descrições de Cannon e Selye para a reação automática de "luta e fuga". O medo, por seu turno, é a ansiedade já vinculada a uma representação psíquica conhecida e, finalmente, o pânico, muito estudado atualmente, apresenta-se como uma forma aguda e extremamente violenta de ansiedade [Della Nina, 1997].

Penso que essa é uma questão importante, na qual uma ordem de fenômenos é abordada a partir de uma vertente psicológica (subjetiva) e uma vertente fisiológica (objetiva) que, de fato, são complementares.

Contudo o que percebemos é uma nítida preferência pela vertente e pela nomenclatura fisiológica. Credito essa preferência a uma necessidade de afastamento do compromisso com a vida emocional, pelas implicações que isto acarretaria em termos de vivência e responsabilidade pessoal. Percebemos na própria linguagem coloquial como é menos comprometedor dizer estou estressado do que dizer estou ansioso ou angustiado ou com medo. Nessa linha, a meu ver, o uso dos termos *pânico* e *síndrome do pânico* tem se disseminado e ganho popularidade, na medida em que têm sido amplamente remetidos a alterações neurofisiológicas.

Roy Grinker (1900-1997) publicou em 1953 uma crítica das até então mais proeminentes teorias e pesquisas psicossomáticas e apontou a fraqueza dos conceitos tanto de holístico quanto de psicogênico. Ele afirma que enquanto o conceito de holismo representa um avanço necessário no pensamento médico e psiquiátrico, ele não oferece um foco claro para pesquisa, uma vez que o estudo do paciente como um todo é impossível. Existe a necessidade de reducionismo metodológico.

Grinker desenvolveu um importante programa de aproximação multidimensional ao paciente, feita por uma equipe de psiquiatras de distintas tendências, psicólogos, psicanalistas, antropólogos, químicos, sociólogos, coordenando seus esforços e aplicando a teoria dos campos da Gestalt.

George Engel (1913-1999), listado por Lipowski [1986] entre os integrantes da abordagem psicofisiológica, é um dos que nitidamente poderiam figurar, também, em qualquer uma das duas outras abordagens. Engel, figura de grande destaque no movimento psicossomático, desenvolveu um conceito unificado de saúde e doença que chamou de modelo biopsicossocial. Ele realizou estudos psicossomáticos influentes sobre diversas doenças e condições patológicas e ajudou a expandir a pesquisa psicossomática para além do estreito foco inicial dos assim chamados distúrbios psicossomáticos. Ele considerava impróprio e desorientador a aplicação de termos como "desordens psicossomáticas", por implicar a ausência de interface psicossomática nas outras doenças. Neste sentido, foi um dos primeiros a estimular os investigadores em psicossomática a ampliar o espectro das doenças e incluir, por exemplo, câncer que usualmente não era considerado 'psicossomático', assim como os concomitantes fisiológicos de pesar e depressão, isto é, emoções, que até então eram largamente ignoradas.

Integrante do conceituado *Rochester group*, Engel, juntamente com Romano, de quem era assistente, chegaram à Universidade de Rochester em 1946, onde encontraram o caminho aberto para inovações substanciais, seja no plano curricular, seja no campo de assistência e pesquisa. Fizeram numerosas inovações curriculares e criaram um importante programa de ligação (*liaison*) de inspiração psiquiátrica e psicanalítica (Engel nessa época fazia formação no *Chicago Institute for Psychoanalysis*, tendo iniciado sua análise pessoal com Sandor Feldman em 1946).

Engel em suas investigações ocupou-se de um caso que ficaria famoso pelas observações que permitiu: o "caso Mônica":

Mônica era um bebê que havia nascido com uma atresia de esôfago que tornou necessário se fizessem duas fístulas: uma no pescoço para drenar tudo o que ingerisse por boca e outra no estômago para alimentá-la.

Em função dessa situação, era possível acompanhar a atividade gástrica de Mônica nas diversas situações do cotidiano, que permitiu verificar como a atividade gástrica acompanhava nitidamente as variações emocionais: quando Mônica era, por exemplo, exposta à presença de estranhos ela apresentava diminuição dos movimentos e inatividade, ficando largada no leito, com os músculos flácidos; por outro lado, quando estava na presença de pessoas familiares apresentava rapidamente reações de prazer.

Acompanhando essas reações, era possível observar que as funções gástricas seguiam um padrão para cada uma das situações e eram totalmente integradas com seu comportamento global: na primeira situação, a produção de ácido hidroclorídrico estava grandemente reduzida ou até ausente, enquanto no segundo caso estava elevada.

Dessa forma, o evento natural que vitimou Mônica deu ensejo à verificação experimental do funcionamento global do organismo.

Finalmente, temos Richard Lazarus (1922-2002), um psicólogo, que se dedicou ao estudo e investigação das formas de estresse a partir de uma perspectiva cognitiva, elaborando os conceitos de estresse psicossocial, enfrentamento (*coping*) e avaliação (*appraisal*).

Suas primeiras teorias sobre o estresse foram expostas em *Psychological Stress and the Coping Process* (1966), mas o trabalho que o consagrou foi *Stress, Appraisal and Coping* (1984), que foi a culminância de um trabalho em um projeto (*UC Berkeley Stress and Coping Project*) desenvolvido para avaliar a importância de seu conceito de avaliação (*appraisal*) para a explicação do que o estresse representa e o que os mecanismos de enfrentamento (*coping*) envolvem. O conceito de avaliação (*appraisal*) delimita como um indivíduo avalia o impacto de um evento em si mesmo e no seu bem-estar e inspirou uma série de estudos relacionados à importância de preparar as pessoas para a emoção.

• A evolução

Apresentamos abaixo um esboço da alternância e evolução das diferentes perspectivas:
- *anos 30:* O reconhecimento alcançado pela Psicanálise juntamente com a ascensão da psiquiatria e a crescente conexão com a medicina que inclui as tentativas de reformar a educação médica na direção holística contribuem para constituir e consolidar o campo da medicina psicossomática. Um elemento importante impulsionador foi o interesse da filantropia pela área, traduzido na forma de verbas. A fundação Rockfeller foi uma grande impulsionadora: só para citar um exemplo, em 1935 Alexander conseguiu sua primeira dotação da Rockfeller Foundation que atingia o valor de US$100,000 por 3 anos.
- *anos 40:* O campo continua caminhando bem; além do interesse e do patrocínio das fundações, somam-se as oportunidades trazidas pela Segunda Guerra Mundial, particularmente pelas pesquisas patrocinadas pelos militares. O sucesso da medicina psicossomática é amplo, seja na área clínica quanto na área educacional, além do grande sucesso junto à cultura popular.
- *anos 50:* há sinais de perturbação, embora ainda muito sutis inicialmente. Há um foco crescente de interesse que desloca a consideração dos conflitos inconscientes para a observação direta dos comportamentos conscientes ou semiconscientes desadaptados, estudados pelos

psicólogos clínicos e experimentais (cujo número cresceu drasticamente). O grande avanço dos métodos de laboratório e dos modelos derivados da fisiologia e das ciências sociais favorecem este movimento. Os trabalhos fisiologicamente orientados de Wolff e do endocrinologista Hans Selye, que descreve a "Síndrome Geral de Adaptação", ganham espaço, com o estudo do estresse e da hiperexcitabilidade; de outro lado, aparecem os trabalhos de Engel, que enfatizam perda, privação e hipoexcitabilidade adaptativa.

Enquanto isto, a medicina dessa época move-se para uma direção bioquímica e reducionista. A psiquiatria movimentam-se em várias direções ao mesmo tempo – novas versões de terapia psicanalítica, comportamental e terapia de grupo e também para as medicações psicotrópicas. Ao mesmo tempo, a medicina psicossomática passa cada vez mais a ser definida como subespecialidade, tanto em termos de pesquisa como em atividade clínica.

- *anos 60:* A fragmentação aprofunda-se; diversos grupos desenvolvem ênfases subdisciplinares diferentes e "escolas" de programas de pesquisa rivais.

"Stress" torna-se cada vez mais popular; pesquisas e intervenções clínicas tendem a ignorar a psicanálise e enfatizar o biocondicionamento (*biofeedback*).

Com o declínio da psicanálise como inspiração central, o campo tende a declinar e fragmentar.

- *anos 70:* A revolução molecular afeta todos os aspectos da medicina. A psiquiatria entra na era da neurociência os psicossomaticistas tentam importar os últimos achados da psicoendocrinologia e neuroquímica para a pesquisa psicossomática, freqüentemente usando modelo animal como foco principal e generalizando para os humanos.

A ênfase na aplicação clínica é estimulada, particularmente em função de uma atitude política do *National Institute of Mental Health* (NIMH) que através da aplicação de recursos, produz uma mudança drástica na situação da *CL-Psychiatry* que experimenta um crescimento exponencial.

A aplicação das técnicas de biocondicionamento deram ímpeto à criação do campo da medicina comportamental, inaugurado como disciplina em 1977 e que estimula a aplicação e o desenvolvimento de uma série de técnicas terapêuticas aplicadas a doenças físicas e sintomas.

- *anos 80*: Sobrevém o impacto do novo campo da psiconeuroimunologia que surgiu no meio da década de 1970. Para os psicossomaticistas é a confirmação de suas premissas, pois agora é possível demonstrar que há conexões diretas entre sistema nervoso e sistema imune. A influência do cérebro na produção de anticorpos e a identificação de sítios receptores para hormônios neuroendócrinos e neurotransmissores nas células do sistema imune representa a descoberta do elo direto, rigorosamente demonstrado entre os sistemas. Estes achados são considerados pelos psicossomaticistas como a legitimação do modelo biopsicossocial e da perspectiva psicossomática em geral, embora os psiconeuroimunologistas e neurocientistas, muitas vezes, não estejam tão certos disso e pouco dispostos a generalizar ou considerar o que suas descobertas significam.

Lipowski [1986] considera nessa evolução a existência de duas fases: a primeira que vai de 1935 a 1960 na qual houve o predomínio da perspectiva psicanalítica e a segunda, de 1960 até atualmente, em que predominam as duas outras perspectivas. Essa situação é mais contundente nos Estados Unidos e Canadá, principais objetos de sua análise histórica. Para ele, a maior fraqueza da primeira fase foi o fracasso em desenvolver novas técnicas terapêuticas para a prevenção e tratamento das doenças físicas e que, enquanto produtiva na área de pesquisa e teoria, o mesmo não acontecia no reino da prática clínica. Esta última era largamente deixada para os psiquiatras de consultoria e ligação que até os anos setenta eram em pequeno número e exerciam pouca influência e contribuição para novos métodos de tratamento.

A evolução dos conceitos teóricos centrais para ele podem ser assim agrupados:

- Na primeira fase, as hipóteses explanatórias eram freqüentemente entre as ligações causais postuladas, entre fatores psicológicos inconscientes e doenças específicas – conceito de conflito inconsciente e emoções reprimidas;
- com o fracasso, tendência a hipóteses de nível mais baixo de generalização, testáveis;
- conceitos correntes incluem os seguintes: *stress* psicológico (psicossocial), adaptação, *coping*, eventos ou mudanças de vida, perda de objeto, suscetibilidade ou vulnerabilidade individual à doença, especificidade individual ou situacional de resposta psicofisiológica e suporte social;

Lipowski considera que as três abordagens tentam responder às mesmas questões centrais:
- se assumimos que fatores psicológicos (ou psicossociais) podem ter impacto na saúde de um indivíduo, então, quais desses fatores são os mais prováveis;
- Que padrão de resposta psicofisiológica se segue a uma determinada situação ou evento?
- Em que extensão esta resposta é específica do indivíduo ou do estímulo?
- Que eventos ou situações da vida são mais passíveis de provocar o aumento do risco de ficar doente;
- Que atributos psicológicos e comportamentais da pessoa aumentam a suscetibilidade a uma doença específica;
- Que características da personalidade promovem resistência à doença e enfrentamento (*coping*) adaptativo quando ela ocorre;
- Quais os caminhos e mecanismos fisiológicos mediadores pelos quais os fatores psicossociais podem efetuar mudanças no organismo e aumentar ou reduzir a vulnerabilidade às doenças;
- Quais são os efeitos das doenças em geral e de uma doença em particular nas funções psicológicas e comportamentos de enfrentamento (*coping*) de uma pessoa.

• A situação no Brasil

No Brasil, a psicossomática estruturou-se e desenvolveu, graças, principalmente, à participação de psicanalistas, em sua maioria de São Paulo, Rio de Janeiro e Rio Grande do Sul.

Há todo um movimento e uma série de ações que se desenvolvem já a partir da década de 1940. Mas é somente na década de 1960 que ocorrerá uma organização do movimento. Em 1963, Helládio Francisco Capisano funda a Sociedade de Psicossomática de São Paulo, e, em 1965, é fundada na sede da Associação Paulista de Medicina, a Associação Brasileira de Medicina Psicossomática, na qual se reuniram, além de Capisano, Luiz Miller de Paiva, José Fernandes Pontes, Danilo Perestrello, Abram Eksterman e mais 142 médicos principalmente do Rio de Janeiro, Porto Alegre e São Paulo. Seu primeiro presidente foi Danilo Perestrello [Eksterman, 1992].

Historicamente esses cinco profissionais são considerados os fundadores da psicossomática brasileira, ao lado de Durval Marcondes (1899-1981), fundador da Sociedade Brasileira de Psicanálise.

O período de implantação institucional da medicina psicossomática vai de 1965 a 1976. Há uma fase de expansão que vai de 1976 a 1984, tendo como marco inicial a gestão de Capisano à frente da ABMP, quando a Associação inicia um processo de ramificação em Regionais pelo Brasil, iniciado com as Regionais de Marília (liderada por Alfredo Colucci) e de Campinas (liderada por Wilson Vianna e Maurício Knobel). Finaliza com as gestões de Júlio de Mello Fº. e Otelo Correia dos Santos Fº, quando a Associação toma um caráter nacional, com a formação e desenvolvimento de uma série de grupos, dentro e fora das universidades, formados por especialistas de várias disciplinas [Eksterman, 1992].

Finalmente podemos delimitar uma 3ª fase, que se estende até os dias atuais em que há uma consolidação da ABMP, bem como com a consolidação de outras áreas afins (interconsulta, psicologia da saúde), a necessidade da delimitação e articulação dos campos.

• Perspectivas

Qual o objeto da medicina psicossomática? Qual a situação atual? Quais as suas perspectivas? Considerando que medicina psicossomática existe há tantos anos, porque o seu sujeito é matéria de equívocos?

Uma das razões para confusão é que o termo continua sendo usado em pelo menos duas conotações distintas; na primeira, o termo é usado para adjetivar e, como conseqüência, teríamos toda uma série de expressões: doenças ou transtornos psicossomáticos, abordagem psicossomática, etc. Estas expressões carecem de sentido quando consideramos a outra conotação de psicossomática no sentido de postular que mente e corpo são dois aspectos vinculados e inseparáveis do homem que são distinguidos apenas por propósitos metodológicos e comunicacionais. O termo doenças ou transtornos psicossomáticos é inapropriado, pois implica em uma dicotomia de doenças – de um lado uma classe especial de doenças que envolveria a presença de fatores psicogênicos e de outro ausência de interface psicossomática em outras doenças.

Na definição de Lipowski, Medicina Psicossomática designa uma disciplina clínica e científica ocupada com:
– O estudo das correlações entre fatores psicossociais especificados e funções fisiológicas normais e anormais;
– O estudo das interações entre os fatores biológicos e psicossociais na etiologia, tempo de manifestação dos sintomas, curso e desfecho de todas as doenças;
– Propagação de abordagem holística (biopsicossocial) nos cuidados ao paciente;
– Aplicação dos métodos terapêuticos psiquiátricos e comportamentais para prevenção, tratamento e reabilitação das doenças físicas.

Lipowski mostra-se otimista em relação à evolução da medicina psicossomática.

Weiner [apud Holland, 2002] também expressa uma visão otimística sugerindo que os relatos da morte do campo, como anunciado por alguns, estão grandemente exagerados. Na sua visão, a medicina psicossomática como um campo tem feito e continua fazendo significativas contribuições para uma teoria integrativa da medicina. Weiner nota que "os últimos 60 anos têm mostrado que certos conceitos de moda vêm e vão, mas que conceitos e princípios integrativos sobreviveram e se tornaram cada vez mais sofisticados".

Para outros, a medicina psicossomática tem sido vista como um campo que se fragmentou e enfraqueceu. Gottlieb [apud Holland, 2002] está entre os que pensam dessa forma e considera que o enfraquecimento da medicina psicossomática psicanalítica está ligada ao movimento da psiquiatria na direção de um foco voltado para a neurociência e da medicina na direção da biologia molecular.

Eisenberg [1986] observa os fatos de uma forma um tanto diferente: segundo sua percepção, a medicina tem se tornado mais permeável e mais orientada por uma abordagem psicossocial. Ele lamenta, por outro lado, o que considera um estranho paradoxo, que é o fato de a psiquiatria estar se tornando cada vez mais biomédica. Alerta para o perigo de a psiquiatria estar mudando de uma posição unilateral "sem cérebro" para outra unilateralidade, uma psiquiatria "sem mente" que ignora a experiência subjetiva do paciente.

De forma geral, a questão que se coloca é se as definições e contribuições integrativas, tanto da conceituação quanto da prática, têm sido assimiladas. Penso que de uma forma geral elas contam com a simpatia e concordância da grande maioria, mas a verdade, entretanto, é que isto se verifica mais no plano teórico do que na prática. Na prática detectamos em muitos contextos uma grande fragmentação do campo com a perda significativa de uma relação com o todo.

Na verdade, vivemos hoje tempos acelerados. O impacto da imensa revolução tecnológica, entre outros fatores, tem levado a uma intensa aceleração dos processos, que repercutem na questão da escuta. Hoje os profissionais não tem mais tempo para se dedicar à escuta dos doentes; poucos se dispõem a se interessar por uma escuta real, e nós sabemos que quando o foco é a pessoa, sua vida emocional, sua vida psíquica, não se pode poupar tempo para escutar.

Uma das conseqüências importantes dessas mudanças é o abandono do método da observação e da anamnese clínica que parece ter sido concomitante (ou em conseqüência?) à queda de prestígio da psicanálise. O eixo das investigações deslocou-se para o laboratório e toda uma série de questionários e testes psicométricos proliferaram, estimulados, entre outros fatores, pela busca de verbas e em função de carreira e requerimentos institucionais.

Isto ocorreu amplamente e com todas as especialidades. Mesmo os psiquiatras mais afeitos e treinados para a investigação psicopatológica mais rigorosa, obtida por meio de um amplo contato e investigação junto ao doente, passaram a se guiar pela nosologia atual, muito mais prática, principalmente objetivando fins de pesquisa, e que permite a formulação diagnóstica através da coleção de um certo número de sinais e sintomas. Feito o diagnóstico, basta catalogá-lo para fins de pesquisa e/ou instituir a terapêutica adequada!

É claro que estas modalidades de intervenção e investigação trouxeram contribuições significativas ao campo. A questão importante a ser considerada é tão simplesmente a de verificar quando isto se faz sem a manutenção ou em detrimento de uma visão mais global do ser.

Quando iniciei a atividade docente na década de 1970, nossa preocupação era trabalhar com os estudantes de medicina a pouca atenção que eles dedicavam à história de vida do paciente, do ponto de vista dos eventos emocionalmente significativos.

Eles recebiam um amplo preparo para a realização da anamnese que valorizava a investigação da história e dos antecedentes do ponto de vista somático: condições de nascimento, desenvolvimento motor, doenças pregressas, antecedentes familiares, etc. Nossa luta era para que eles estendessem a investigação aos fatores emocionais.

Hoje o quadro está amplamente mudado. Perdeu-se totalmente o interesse pela observação e pela história da pessoa, seja no plano do seu desenvolvimento físico quanto no plano psicológico e social. Hoje, a ampla maioria, tanto dos profissionais dedicados ao ensino quanto dos estudantes e/ou médicos, limita-se a uma investigação restrita dirigida ao problema atual e particularmente àquele ligado à sua especialidade e/ou subespecialidade. Os dados da história, quando existem, são telegráficos, lacônicos.

A proliferação dos instrumentos, na forma de questionários para avaliação de uma série de condições, também merece consideração. Embora os questionários sejam de uma grande utilidade para os fins específicos a que se destinam, é necessário não ceder à confusão de que eles possam substituir as percepções derivadas da observação por intermédio de um contato mais amplo e profundo com o paciente.

Não podemos perder de vista, seduzidos pela facilidade que os instrumentos proporcionam, que o próprio profissional, dependendo de sua capacidade de presença e observação é o instrumento mais sofisticado à nossa disposição quando se trata do contato humano.

Penso que um dos objetivos da medicina psicossomática integrada aos outros campos afins é conscientizar, por meio da apresentação de suas formulações e de seus estudos, os profissionais do perigo que uma aproximação puramente científica e tecnológica ao homem e à medicina encerra, e da necessidade da aplicação em nosso trabalho clínico de uma aproximação humanística ampla que possa integrar e utilizar o conhecimento cientifico de várias áreas, e que possa ir além, mantendo a sua importante característica de arte.

Interconsulta

Mario Alfredo De Marco

Na década de 1930, a atividade de interconsulta (*consultation-liaison psychiatry*) surgiu nos Estados Unidos culminando uma aproximação lenta e tardia entre a medicina e a psiquiatria. Para termos uma idéia das resistências a essa aproximação, basta lembrar que até 1867, nenhum curso sistemático de psiquiatria fazia parte integrante da formação médica; a psiquiatria estava confinada aos asilos. A nova atividade nasce com a finalidade de aproximar a Psiquiatria do trabalho clínico, ensino e pesquisa;

Para Lipowski [1996], a interconsulta é uma subespecialidade da psiquiatria, englobando os planos de trabalho clínico, ensino e pesquisa, na fronteira entre psiquiatria e medicina. No trabalho clínico estaria incluída a disponibilização de "consultoria" aos médicos não-psiquiatras, bem como contatos informais com eles, com o objetivo de ampliar seu conhecimento dos problemas psiquiátricos e psicossociais de seus pacientes. É para esta atividade que foi utilizado o termo ligação (*liaison*) por Billings em 1939.

No plano do ensino, sua função seria proporcionar aos estudantes de medicina, residentes e estagiários o aprendizado dos aspectos psiquiátricos e psicossociais envolvidos na prática médica. No plano da pesquisa sua função seria contribuir com o conhecimento nas seguintes áreas:
1. Reações psicossociais a doenças e ferimentos;
2. Complicações psiquiátricas das doenças;
3. Comportamento anormal frente à doença;
4. Distúrbios factícios e somatoformes;
5. Prevalência de morbidade psiquiátrica no campo médico;
6. Avaliação da efetividade de suas atividades (clínicas e de ensino).

Lipowski [1996] considera a interconsulta parte integrante da medicina psicossomática que, para ele, é uma disciplina envolvida com:
1. Estudo das correlações entre funções fisiológicas e fenômenos psicossociais e seu interjogo tanto no desenvolvimento normal como na instalação e evolução de todas as doenças.
2. Defesa de uma abordagem biopsicossocial nas intervenções terapêuticas.

A título de comparação, cito as premissas definidas quando da constituição da Sociedade Americana de Psicossomática: "A missão essencial da *American Psychosomatic Society* é promover e avançar a compreensão científica da inter-relação entre os fatores biológicos, psicológicos e comportamentais na saúde humana, na doença e na integração dos campos da ciência que os examinam separadamente e promover a aplicação desta compreensão na educação e melhora dos cuidados em saúde" [Wise, 1995].

Na realidade, a questão da articulação entre a interconsulta e a psicossomática não é tão simples; em muitas situações podemos observar que a estruturação dos serviços de interconsulta ocorreu na forma de herança direta da psicossomática, como é o caso de várias universidades em que os serviços de psicossomática se transformaram em serviços de interconsulta. Há muitas confusões na área que me parecem estar relacionadas, entre outros fatores, a uma dupla filiação da *Consultation-Liaison Psychiatry* (C-LP) que emerge, de um lado, diretamente da psiquiatria e de outro da psicossomática. Uma questão paralela que acompanha a evolução e a diferenciação das áreas e que se reveste de grande importância, em função dos conflitos e confusões que tem suscitado, é a da atuação multiprofissional e interdisciplinar, que segue caminhos distintos na evolução das duas áreas.

Para se ter uma idéia da sobreposição e confusão entre as áreas, cito uma pesquisa recente sobre a situação na Europa [Huyse e cols., 2000], na qual há serviços que se denominam *psychosomatic C-L services*, ao lado de outros que se denominam *psychiatric C-L services*. A pesquisa realizada revelou que, entre os serviços estudados, todos, com exceção de um, que se denominam "psicossomáticos" estão na Alemanha. Quanto às suas características, foi verificado que existem serviços C-L monodisciplinares organizados de acordo com o modelo de consultoria médica clássico e outras equipes mais comparáveis em composição às equipes multidisciplinares no campo da saúde mental. Os hospitais ligados aos serviços C-L que participaram podem ser descritos em termos de duas dimensões independentes: seu tamanho e a disponibilidade de serviços psicossociais. Hospitais com serviços psicossociais limitados foram encontrados principalmente na Itália, Grécia, Portugal e Bélgica. Os hospitais com limitada disponibilidade de serviços psicossociais tendem a ter as menores equipes de consultoria monodisciplinares, baseadas no modelo médico e as mais restritas provisões de serviços em saúde mental. Como já referi, a maioria dos serviços de C-L alemães denominam-se "psicossomáticos" sendo tanto serviços monodisciplinares quanto pequenos serviços multidisciplinares de C-L.

Em relação aos pacientes referidos aos diferentes serviços temos a seguinte situação: os serviços que se denominam psicossomáticos receberam a maior proporção (20%) de indicações da neurologia, que corresponde ao dobro dos pacientes referidos aos serviços que se denominam psiquiátricos. Por outro lado, estes, receberam a maioria dos pacientes cirúrgicos (20% *vs.* 10%) e de UTI (3% *vs.* 1%). A distinção mais proeminente entre os dois tipos de serviço foi quanto à indicação de pacientes com queixas físicas não explicadas (48% para C-L psicossomática *vs.* 21% para C-L psiquiátrica). Uma relação inversa é encontrada entre os dois tipos de serviços na proporção de pacientes com sintomas psiquiátricos correntes: 31% para os serviços "psicossomáticos" e 54% para os psiquiátricos. O contraste também é evidente na proporção de pacientes com alteração do estado de consciência (1% *vs.* 15%). Os serviços "psiquiátricos" também vêem um maior número de pacientes com câncer (12% *vs.* 6%) e com ferimentos (8% vs. 4%). Há, também, um contraste considerável entre os serviços "psicossomáticos" e "psiquiátricos" nos diagnósticos psiquiátricos formulados: 5% *versus* 22% para demência e *delirium*, e 13% *versus* 5% para transtornos somatoformes. Estes são dados interessantes que despertam muitas indagações e reflexões.

Quanto à situação nos Estados Unidos, Wise [1995], da *American Psychosomatic Society* (APS), faz uma interessante recapitulação das tensões existentes entre as áreas e as relações entre a sociedade à qual pertence e a *Academy of Psychosomatic Medicine* (APM), mais exclusivamente ligada à psiquiatria de consultoria e ligação. A questão é antiga e precisa ser retraçada para maior compreensão.

Para melhor nos situarmos nas questões, considero útil rever a história da C-LP e seu papel na APS e rever o surgimento da *Academy of Psychosomatic Medicine* (APM), inicialmente uma divergência "rebelde" da APS e agora, segundo Wise, uma vigorosa corporação da C-LP.

• A história da Interconsulta

A C-LP, como já assinalei, surgiu a partir da psiquiatria no hospital geral e em uma menor extensão do movimento psicossomático.

Suas raízes iniciais, conforme assinala Schwab [*Apud* Wise, 1995], podem ser remetidas ao trabalho no Pennsylvania Hospital em 1751 que provia cuidado às "pessoas mentalmente destemperadas e privadas de suas faculdades racionais".

Em 1782, Thomas Guy em Londres organizou o que teria sido a primeira Unidade Psiquiátrica em Hospital Geral (UPHG): a *Lunatic House* no Hospital St. Thomas. Outras unidades semelhantes surgiram em diversos hospitais ingleses, não sobrevivendo, porém além da metade do século XIX.

O início das UPHGs em sentido moderno ocorreu em 1902 no Albany Medical Center em Nova York. No Brasil, foi somente na década de 1950 que se iniciaram as experiências: em 1954 no Hospital das Clínicas da Universidade da Bahia (coordenada pelo Prof. Nelson Pires) e, nesse mesmo ano, no Hospital dos Comerciários de São Paulo sob a coordenação do Dr. Laertes Moura Ferrão [Botega, 2002].

Uma real interface entre psiquiatria e medicina só foi estabelecida nos inícios do século XX. Sem dúvida houve interesse em aplicar a psiquiatria a pacientes com problemas médicos, mas na dependência de interesses pessoais de alguns profissionais sem uma formalização institucional [Lipsitt, 2001]. Os precursores da moderna C-LP foram clínicas ligadas aos hospitais, que atendiam pacientes ambulatorialmente. O Philadelphia General Hospital organizou esta clínica em 1885; o Bellevue em 1902. Em 1909, Philip C. Knapp foi convidado pelo Boston City Hospital a reorganizar uma unidade psiquiátrica no hospital geral que havia sido fechada 30 anos antes. Em 1918, Dr. Thomas Good, um psiquiatra britânico, notou que a clínica psiquiátrica na Radcliffe Infirmary era vantajosa porque "os doentes mentais acorriam mais prontamente para tratamento se eles podiam fazê-lo sem ser discriminados como 'mentais'" [Wise, 1995].

Contudo, esses pioneiros, freqüentemente, cuidavam apenas dos pacientes psicóticos do hospital. Sua dedicação ao que conhecemos atualmente como C-LP era bastante restrita.

Dessa forma, o início da moderna C-LP pode ser situado em 1913 com a entrada de Clarence Oberndorf no Mt. Sinai Hospital para consultar em uma clínica neurológica.

O conceito de ligação (*liaison*) surgiu na década de 1920. Em 1922, Barrett escrevia que a psiquiatria estava conquistando uma posição de ciência de *ligação* entre a medicina e os problemas sociais e, em 1926, G.K. Pratt escreveu que a psiquiatria pode tornar-se o agente de *ligação*, o integrador que unifica e clarifica todo o conhecimento médico [Lipsitt, 2001]. Para Pratt, a psiquiatria era o veículo apropriado de ligação (*liaison*) para a "negociação" entre as outras especialidades médicas.

Em 1929, em um artigo clássico, George Henry marcou claramente a emergência da C-LP como uma subespecialidade da prática psiquiátrica. Ele enfatizou os benefícios de transmitir o aprendizado na área, tanto a alunos quanto a médicos de outras especialidades.

Ainda assim, no princípio, os pacientes psiquiátricos e somatizadores eram o foco e poucos autores se voltavam para a teorização psicossomática. No entanto, já havia a detecção da necessidade de estender esses cuidados e de integrar os serviços. Era enfatizado o custo/efetividade da identificação precoce dos problemas psiquiátricos e os benefícios da educação dos médicos e enfermeiros. Havia, no entanto, uma escassez de profissionais adequadamente treinados em C-LP.

A situação, da mesma forma que para o campo da psicossomática em geral, mudou drasticamente na década de 1930 em função dos financiamentos que o campo passou a receber. Nessa época, Alan Gregg tornou-se diretor da divisão de ciências médicas da Fundação Rockfeller. Gregg, quando ainda era um jovem estudante em Harvard, teve oportunidade de assistir às conferências de Freud na Clark e, depois de completar sua formação médica e seu treinamento, tornou-se um grande visionário do papel que a psiquiatria poderia desempenhar na prática da medicina. Ele acreditava que o tratamento psiquiátrico tinha a mesma urgência que era dada ao tratamento das doenças infecciosas, as doenças mais letais da época. Mais ainda, Gregg considerava que a psiquiatria precisava estar mais próxima das outras disciplinas da medicina e isto deveria ser implementado através do desenvolvimento de unidades psiquiátricas para ensino e pesquisa nos centros médicos. Considerado o maior benfeitor da C-LP do século XX, Gregg conseguiu, como diretor da Rockfeller, que investimentos maciços fossem destinados a patrocinar os programas de C-LP em diversos hospitais [Summergrad e Hackett, 1987]. Foi graças a esse patrocínio que Edward Billings da Universidade de Colorado popularizou o conceito de Psiquiatria de Ligação (*liaison psychiatry*).

A Segunda Guerra, como nos vários campos correlatos, foi também muito importante para o crescimento da C-LP. Unidades hospitalares foram formadas com a orientação de que todas as especialidades, inclusive psiquiatria, trabalhassem juntas. Esta socialização forçada serviu para derrubar barreiras.

O período pós-guerra assistiu a uma rápida expansão dos programas de treinamento. Era também o auge da psicanálise.

Na década de 1970, uma nova aceleração do crescimento da C-LP, desta feita em função da política do *National Institutes of Mental Health* (NIMH). Sob a liderança de James Eaton, um membro da APS, o *Psychiatry Education Branch of the National Institutes of Mental Health* colocou o desenvolvimento de programas de treinamento em C-LP como altamente prioritários.

Para se ter uma idéia da dimensão da priorização, em 1978, 48% de todos os fundos de treinamento eram dirigidos para estas áreas de interface visando criar um quadro sofisticado de educadores, administradores e clínicos em C-LP.

Por essa época, alguns atritos e debates ocuparam a cena após a criação da medicina comportamental em 1977 que passou a oferecer uma outra perspectiva para entender o "paciente psicossomático". Wise [1995] considera que, em grande medida, a rivalidade entre psiquiatras e psicólogos parece estar subjacente a estas divisões e continua ainda em questão.

Na Europa, o desenvolvimento da C-LP foi mais tardio e mais heterogêneo, de acordo com a heterogeneidade cultural, política e social. O Reino Unido e a Holanda abriram caminho. Na Itália, a C-LP tem início como conseqüência do fechamento dos hospitais psiquiátricos e o desenvolvimento de enfermarias psiquiátricas no hospital geral, no fim da década de 1970. É só na década de 1980 que alguns poucos hospitais (particularmente universitários) organizam serviços específicos de C-LP. Ao lado da organização dos serviços, um grande esforço no campo da pesquisa tem sido conduzido na Europa, particularmente pelo *European Consultation-Liaison Workgroup* (ECLW) [Rigatelli e col., 2002].

O esforço de pesquisa tem ocorrido mundialmente visando suprir o que era considerado uma deficiência da C-LP. Wise [1995] salienta que grande parte desse esforço é conseqüência do fato de que, nos tempos atuais, a preservação e evolução da C-LP tem estado seriamente ameaçada por estar enfrentando sérios problemas financeiros, em função da diminuição dos fundos externos. Uma variedade de iniciativas tem sido tomadas tentando preservar o trabalho da C-LP, como, por exemplo, a intensa preocupação em demonstrar seu custo-efetividade. Até os dias de hoje, muita energia tem se investido voltado para essa finalidade.

Kornfeld [2002], por seu turno, destaca algumas das conquistas, avanços e benefícios que a C-LP tem trazido para a área médica:
– Mudanças nos procedimentos das cirurgias de catarata para evitar os quadros de *delirium* que os C-LP verificaram ser conseqüência da privação sensorial induzida pelos procedimentos pós-cirúrgicos.
– Mudanças na estrutura física e nos procedimentos das UTIs para evitar a ocorrência dos quadros de *delirium*, pois, também, foi verificado que certas condições ambientais e determinados procedimentos estimulavam sua ocorrência.

- Mudanças na forma de lidar com a indicação cirúrgica em pacientes com retocolite ulcerativa grave, em função da verificação do significado que a cirurgia e suas conseqüências tinha para estes pacientes.
- Mudanças na forma de lidar com certos dilemas que se apresentam na relação médico-paciente, como, por exemplo, em relação aos pacientes que pedem alta, recusando o tratamento.
- Na área dos transplantes, contribuições importantes na avaliação pré-operatória e na previsão da capacidade de adesão do paciente aos procedimentos e cuidados necessários para a vida após a cirurgia.
- Em relação à importante área dos cuidados com o profissional, foram estudados os efeitos da privação do sono nos médicos internistas; os resultados contribuíram para estimular as instituições a efetuar mudanças de regime de trabalho. Esta foi uma ação pioneira, uma contribuição da mais alta importância, pelas implicações que traz para a saúde do profissional e para o exercício da atividade. Vale a pena examinarmos mais de perto o trabalho e suas conclusões: o estudo foi realizado com 14 residentes de clínica médica do primeiro ano. Os autores submeteram os residentes a um teste de atenção sustentada durante 20 minutos, para avaliar a capacidade de detecção de arritmias cardíacas em um eletrocardiograma. Os resultados revelaram que os residentes eram significativamente menos capazes de reconhecer arritmias quando privados de sono. Houve um significativo aumento do número de erros e os residentes privados de sono precisaram de 7,3 minutos a mais para fazer a leitura adequada do ECG. Paralelamente, os autores estudaram os estados psicológicos e psicopatológicos que se relacionam à privação de sono, sendo encontradas as seguintes alterações: 1) dificuldade em concentra-se (12/14); 2) depressão (12/14); 3) irritabilidade (9/14); 4) despersonalização e desrealização sentimentos de auto-referência com extrema sensibilidade a críticas (6/14); 5) despersonalização e desrealização (6/14); 6) inadequação afetiva usualmente associada a humor negro (5/14) e 7) déficit da memória recente (5/14). Esses dados nos fornecem uma visão clara do prejuízo para o profissional e para o paciente que a situação acarreta e a diferença que a observação e a pesquisa dessas questões pode trazer, no sentido de estimular as mudanças necessárias.

• Questões Institucionais

É útil historiar, também, para a nossa finalidade, as relações entre os "psicossomaticistas" e os "psiquiatras de consultoria e ligação" através da evolução de suas relações institucionais.

Do ponto de vista das revistas, sociedades e serviços, algumas peculiaridades devem ser consideradas. Entre as revistas mais importantes que abordam matérias da PM e/ou da C-LP, algumas são exclusiva ou predominantemente dedicadas à PM (*Psychosomatic Medicine, Psychotherapy and Psychosomatics*), algumas outras à C-LP (*Psychosomatics!!!*) e outras a ambas (*Journal of Psychosomatic Research, Journal of Psychiatry in Medicine*). Não existe nenhuma revista de relevância internacional diretamente endereçada à C-LP. Quanto às sociedades científicas, a nível internacional, temos o *International College of Psychosomatic Medicine* (ICPM) e a *International Organisation of CLP* (IOCLP); na Europa, a *European Conference on Psychosomatic Research* (ECPR) e a *European Association for CL Psychiatry and Psychosomatics* (EACLPP) [Rigatelli e col., 2002].

Nos Estados Unidos, temos a *American Psychosomatic Society* (APS) e a *Academy of Psychosomatic Medicine* (APM).

Nesse país, a evolução histórica da relação entre as áreas e as instituições revela alguns dados interessantes:

A *American Psychosomatic Society* (APS) foi fundada em 1943 (rebatizando a *American Society for Research em Psychosomatics Problems* fundada conjuntamente com a revista *Psychosomatic Medicine* em 1939).

Por seu turno, a *Academy of Psychosomatic Medicine* foi fundada em 1953. Sua história oficial destaca que "em 1953 um pequeno grupo de dedicados médicos com variada experiência na disciplina se uniram para dar especial atenção ao atendimento dos pacientes a partir de um ponto de vista holístico" [Wise, 1995].

Wise traça um panorama das relações entre os grupos e as instituições: ele considera que, embora a *Consultation-Liaison Psychiatry* tenha nascido da psiquiatria no hospital geral, a *American Psychosomatic Society* foi essencial para seu desenvolvimento. Mesmo antes da fundação da sociedade, a revista *Psychosomatic Medicine* em suas proposições introdutórias já expressava sua preocupação com a área, por meio da proposição de que a revista pudesse ser útil aos internistas, psicanalistas e pediatras, assim como aos fisiologistas.

Por outro lado, as contribuições dos psiquiatras voltados para a área da C-LP sempre foram importantes, tanto nos encontros anuais como em publicações na revista. Em 1942, Lawrence Kubie (1896-1977), um renomado psicanalista da época, publicou um importante artigo intitulado "A organização de um Serviço Psiquiátrico no Hospital Geral", no qual descrevia a atuação de seu serviço de consultoria psiquiátrica no Hospital Mt. Sinai, dando conta da relevância do trabalho realizado, que pode ser avaliado no fato de que 6% de todos os pacientes do hospital eram atendidos em consultoria psiquiátrica.

A primeira discussão mais formalizada de um serviço de consultoria psiquiátrico apareceu no volume 3(1943) do *Psychosomatic Medicine*. O termo psiquiatra de ligação (*liaison psychiatrist*), por sua vez, apareceu pela primeira vez em 1961 em um artigo sobre os problemas de contratransferência do psiquiatra de ligação de Mendelson e Meyer. Em 1967, foi publicado o artigo clássico de Lipowski sobre a organização e finalidade de um serviço de *Consultation-Liaison*.

O que pode ser observado na evolução das sociedades é que desde o início, ao lado das diferenças, existem extensas sobreposições que tem se mantido. Em 1991, um levantamento dos membros da APS encontrou que 50% eram psiquiatras que geralmente declaravam C-LP como seu foco profissional primário ou secundário. As listas de membros das sociedades são livremente intercambiadas e a Academia co-patrocinou a palestra do 50° aniversário de APS. Existe, entretanto, um detalhe peculiar na evolução da APM que merece destaque: a partir de 1990, somente psiquiatras de consultoria e ligação podem se tornar membros plenos da Associação. Este é, sem dúvida, um evento que traz uma importante diferenciação que precisa ser refletida, pois a natureza interdisciplinar, inicialmente presente na organização, não mais existe e ela se tornou realmente uma corporação, à diferença da APS que continua mantendo sua natureza interdisciplinar.

A APM conta atualmente com cerca de 1.000 membros e tem um título secundário *The Organization for Consultation-Liaison Psychiatry*. Há uma falta de consenso quanto à abreviatura do termo *consultation-liaison psychiatry*, aparecendo na literatura em várias formas: C-L, C/L, CL, CLP e L/C [Lipsit, 2001]. Há ainda, adicionalmente, um debate quanto à "questão do nome": como deveria a C-LP ser renomeada, se é que deveria? Nas últimas décadas, a denominação *consultation-liaison psychiatry* foi muito criticada, principalmente nos Estados Unidos, pelo fato de descrever um *modus operandi* mais que uma categoria de doenças ou pacientes. No momento, as alternativas sugeridas como *psychiatry of the medically ill* (PMI) ou *psychiatry of the medically–surgically ill* ou *psychiatric medicine* não foram plenamente aceitas pelos psiquiatras da APM [Rigatelli e col., 2002].

Um fato que surpreende é a ambivalência em relação ao termo "psicossomático". Os dois maiores livros de texto dedicados à C-LP raramente mencionam o termo. As duas organizações norte-americanas, a *Academy of Psychosomatic Medicine* e a *American Psychosomatic Society* desentenderam-se com o termo. Esta última formou um comitê para considerar uma mudança de nome, enquanto a Academia votou para manter o nome depois de considerável debate e um consenso básico de que o termo "psicossomático" não é descritivo da C-LP.

Por outro lado, em seu encontro em outubro de 2001, o *American Board of Psychiatry and Neurology*, em resposta a uma solicitação encaminhada pela APM recomendou que a C-LP fosse aprovada como uma subespecialidade com uma nova designação: Medicina Psicossomática!

• Questões de Identidade

Quanto à sua identidade, no sentido de definição de perspectiva e objetivos, a C-LP lida com uma questão que tem paralelo com a que vem se apresentando reiteradamente à medicina psicossomática: psicossomática é uma especialidade ou uma perspectiva de toda a medicina? Existem doenças psicossomáticas ou o ser é psicossomático?

A segunda hipótese, a partir de um certo período, parece ter sido a que mais se afirmou, embora, muito mais no campo teórico que no campo da aplicação, como já tem sido sublinhado: "Parece que quanto mais se proclama que a medicina psicossomática não é uma especialidade mais se tende a convertê-la e a defini-la como tal" [Luchina, 1982]. Esta é uma situação que, evidentemente, dá margem a amplas discussões.

Em relação à interconsulta, há várias formas de se colocar as questões centrais à sua constituição e objetivos. Uma das questões mais importantes é: a interconsulta é mais uma especialidade a "lotear" o atendimento ao paciente ou uma especialidade com função integradora e promotora de mudanças institucionais na atenção à saúde?

Para muitos, essas discussões estão superadas, em função de um posicionamento que se inclina a considerar estas concepções como posturas complementares. No caso da interconsulta, a complementaridade está expressa pelos conceitos de consultoria e ligação.

Na prática, entretanto, da mesma forma que com a psicossomática, a situação não é tão simples; um dos pontos que tem sido destacado é o fato dessa complementaridade ter a tendência a se deslocar para um dos pólos.

Strain [1996] refere que nos Estados Unidos os serviços que se estruturam para oferecer apenas a consultoria (*consultation*) são os mais comuns; os serviços que oferecem a ligação (*liaison*) são mais raros, o que ele atribui ao fato de que estes serviços requerem potencial humano, dinheiro e motivação, pois isto é necessário quando se quer oferecer um serviço que não limite sua tarefa a simplesmente se ocupar de pacientes com perturbações relacionadas à sua especialidade.

Existem, tanto em interconsulta quanto nas atividades ligadas à graduação (psicologia médica), fortes atratores no sentido de restringir a atuação às funções de mais uma especialidade clivada de uma visão global; desta forma, o curso de psicologia médica se encarregaria, estritamente, da transmissão de conhecimentos específicos da especialidade; a interconsulta, por sua vez, se ocuparia com os transtornos mentais dos pacientes internados no hospital.

Isto colocaria a psicologia médica e a interconsulta em sintonia com a tendência dominante, que tem como marca uma especialização (pervertida em *especialismo*) cada vez mais radical, com importante fragmentação rígida dos cuidados, intervencionismo e invasão, lastreados em uma tecnologia cada vez mais sofisticada [DeMarco, 1989]. Em nossas atividades, nos restaria cuidar de nosso "lote", no "loteamento" estanque e cada vez mais pronunciado, do paciente e da atividade médica.

A postura complementar, que representa a resistência a estes "atratores", considera que psicologia médica e interconsulta têm uma contribuição, enquanto perspectiva do ser e das relações, no sentido de influir no modelo da formação e da prática médica. Esta postura tem aplicação mais difícil.

O que observamos na prática é que a situação é carregada de conflitos e paradoxos.

Leigh [1992] lista aquilo que, no seu entender, se configura como situações de conflito ou paradoxo no campo da interconsulta:

- necessidade de cuidados abrangentes *versus* contenção de custos;
- necessidade de intensa educação em interconsulta para todos os psiquiatras *versus* especialização em interconsulta;
- assimilação dos avanços em neurofármaco-psiquiatria *versus* manutenção do modelo biopsicossocial;
- necessidade de integração com medicina comportamental *versus* necessidade de manter a identidade médica para o interconsultor.

Neste último aspecto, ele destaca o fato de que, em muitos centros médicos, tem se formado dois sistemas separados de saúde mental que trabalham em paralelo, tendo, de um lado, os serviços de interconsulta e, de outro, uma série de profissionais que geralmente não pertencem a um serviço de saúde mental, mas se integram, diretamente, a diferentes serviços e enfermarias do hospital, levando muitas vezes à sobreposição ou conflito de tarefas.

Esta é uma questão importante que envolve uma série de fatores, que remetem, de um lado, à definição e conceituação das atividades e de outro a uma série de interesses, incluindo as questões de mercado de trabalho.

• A situação no Brasil

A atividade denominada nos Estados Unidos *Consultation-Liaison Psychiatry* conforme, já mencionei, é empregada para caracterizar dois tipos de atividade: de um lado a consultoria psiquiátrica e de outro a psiquiatria de ligação.

Para Strain [1996] um serviço de consultoria atua como um esquadrão de resgate. Ele responde a pedidos de outros serviços para auxílio com diagnóstico, tratamento e orientações para o paciente. No mínimo, o trabalho de consultoria é uma breve incursão em um outro serviço, terminando usualmente com uma nota no prontuário estabelecendo um plano de ação.

A psiquiatria de ligação, por outro lado, foca-se não somente no paciente, mas no sistema que cuida do paciente. Em conseqüência, a função pedagógica é primária. A psiquiatria de ligação está posicionada na interface entre a psiquiatria e a medicina. Inclui não só a consulta de um paciente individual, mas o profissional vai além desta tarefa essencial para tornar-se um membro *bona fide* da equipe médico-cirúrgica.

Botega [2002] sumariza assim:

Consultoria refere-se à atuação de um profissional de saúde mental que avalia e indica um tratamento para pacientes que estão sob os cuidados de outro especialista. A presença é episódica, responde a uma situação específica.

Ligação implica um contato de forma contínua, com serviços do hospital geral, como uma enfermaria ou unidades especializadas em hemodiálise, transplantes, oncologia, etc. O profissional de saúde mental, nesse caso, passa a ser um membro efetivo da equipe médica, participando de reuniões clínicas, atendendo aos pacientes e lidando com aspectos da relação estabelecida entre equipe assistencial, paciente e instituição.

No Brasil, temos utilizado a denominação *Interconsulta* incluindo nessa designação tanto a consultoria quanto a ligação. O primeiro serviço estruturado no Brasil sob a forma de estágio de treinamento em um programa de residência foi organizado, em nosso departamento, por Nogueira-Martins [Nogueira-Martins e Frenk, 1980] em 1977.

A denominação escolhida foi *Interconsulta médico-psicológica*, tendo em vista que, nessa época, os procedimentos inspiravam-se amplamente no trabalho de Luchina.

Atualmente o número de serviços de interconsulta e de ligação psiquiátricos é desconhecido. Sabemos que em hospitais gerais que contam com uma enfermaria de psiquiatria 86% contam com serviços de interconsulta. A presença dos serviços de interconsulta é maior em hospitais universitários e, em uma pesquisa realizada em 1988 entre os 23 programas de residência médica em psiquiatria reconhecidos pelo Conselho Nacional de Residência Médica, observou-se, nos 18 dos 20 programas que responderam à enquete, que o médico residente atendia a solicitações de interconsulta para pacientes internados no hospital geral. Por outro lado, em apenas quatro programas o residente tinha atividades regulares (*ligação*) com serviços de outra especialidade [Botega, 2002].

Alguns dados interessantes, quanto ao lugar que a interconsulta vem ocupando como área de interesse, são revelados por pesquisa realizada por Botega e cols. [2000]. Eles fazem um levantamento em dois importantes centros de interconsulta (Unicamp-SP e PUC-RS), do direcionamento, dos profissionais formados em psiquiatria pelas duas instituições, para a atividade de interconsulta, obtendo dados significativos: dos 64 psiquiatras formados nos programas de residência médica da PUC/RS (1977-1995) e 52 formados na Unicamp (1986-1995) que foram consultados, 91% responderam às entrevistas sendo que 37% trabalham atualmente nessa área e 30% já trabalharam em IC após a residência, mas haviam deixado de fazê-lo.

Quanto à composição dos serviços, não temos dados disponíveis; a impressão é que a maioria tem uma composição que não contempla a multiprofissionalidade. O serviço de Interconsulta Psiquiátrica de Ribeirão Preto – HCFMRP-USP, além do nosso, é uma das exceções conhecidas: organizado em 1978 sob a coordenação do Prof. Dr. José Onildo Betiolli Contel contava inicialmente com profissionais da área médica; desde 1998, incorporou profissionais de psicologia em seu quadro, sendo que, desde 1989, já contava com profissionais de Terapia Ocupacional.

A denominação dos serviços é muito variada e, por vezes, trabalhos nomeados da mesma forma, na prática, podem ser muito diferentes. Consultoria, por exemplo, pode nomear atividades muito distintas.

As próprias definições propostas pelos autores que mencionei podem dar margem a uma certa ambigüidade, na medida em que, por vezes, parecem contemplar dois critérios distintos: a forma de atenção e a inserção. Em nosso serviço, por exemplo, o atendimento feito em função dos pedidos que nos chegam das enfermarias do hospital e os atendimentos realizados por um profissional do nosso quadro, inserido em uma determinada enfermaria, guardam diferenças, mas não em relação à perspectiva que inspira as ações.

Nunca praticamos consultoria no sentido de uma simples indicação de tratamento para o paciente.

Em ambas as inserções, o trabalho dirige-se não só ao paciente e seus familiares, mas a todos os envolvidos na situação: equipe assistencial, relações entre os diferentes especialistas, questões institucionais, entre outras. Objetiva-se sempre trabalhar as relações e o campo, tendo constantemente presente a perspectiva de capacitação e educação continuada, dirigida aos estudantes e profissionais de saúde bem como ao pessoal técnico-administrativo, no sentido de contribuir para uma transformação da mentalidade institucional, visando a uma atenção integral e integrada ao ser e às relações.

Penso que nesse sentido não pode ser diferente. Não me parece adequado para um serviço que disponibiliza tanto a consultoria quanto a ligação funcionar com um referencial para a consultoria e outro para a ligação; a diferença precisa ser colocada na estratégia das ações e não no referencial que inspira as ações.

Quando Strain coloca a questão a partir de uma outra perspectiva, a ambigüidade parece desaparecer: para ele, em termos epidemiológicos, o psiquiatra de ligação tenta interagir com o denominador da prevalência da morbidade psiquiátrica no *setting* médico enquanto o psiquiatra de consultoria, por sua própria natureza, está envolvido com o numerador.

A questão da denominação que o trabalho recebeu entre nós, no Brasil, também é objeto de discussão. A busca de uma denominação que possa caracterizar a natureza do trabalho tem sido objeto de atenção, pois há uma certa confusão nessa área.

No Brasil, conforme já mencionei, tem sido utilizada a denominação interconsulta incluindo os dois aspectos presentes na denominação utilizada nos países anglo-saxônicos (*Consultation-Liaison Psychiatry*). A adjetivação tem variado, habitualmente, entre psiquiátrica e médico-psicológica.

Em função das peculiaridades do Serviço de Interconsulta do Departamento de Psiquiatria da EPM-Unifesp, a questão da denominação que fosse condizente com o nosso modelo de trabalho foi objeto de reflexão. A vocação do Departamento sempre tem sido o trabalho em equipe multiprofissional. Não foi diferente com a interconsulta. Dessa forma, a denominação interconsulta psiquiátrica ou psiquiatria de ligação não contempla plenamente nossa real atividade, pois, conforme será descrito nos capítulos em que é tratada a estruturação do serviço, a atividade de interconsulta sempre foi exercida por equipe formada por várias categorias profissionais e nosso caminho aponta para uma ampliação cada vez maior dessa multiprofissionalidade.

Isto nos trouxe uma questão com a nomenclatura. No início adotamos a designação Interconsulta Médico-Psicológica, inspirados em Luchina. Com o correr do tempo, sem que qualquer discussão do tema tenha sido realizada, é possível observar nos trabalhos publicados por profissionais do serviço que essa primeira designação passou a ser intercalada com a de Interconsulta Psiquiátrica.

Em um certo momento da evolução do serviço, a questão se impôs e as nossas discussões e elaborações levaram-nos à busca de uma designação que realmente expressasse o perfil do serviço e as características de nossa atividade. Optamos pela designação Interconsulta em Saúde Mental, que em nosso entender contempla nossa constituição e atividade enquanto equipe multiprofissional. No serviço que inauguramos no Hospital São Paulo e que abarca o conjunto das nossas atividades, optamos pela designação *Serviço de Atenção Psicossocial Integrada em Saúde* (Sapis).

A questão da denominação permanece em aberto. A falta de homogeneidade, de âmbito mundial, se repete no plano nacional. Atualmente, está em discussão a constituição desta atividade como uma subespecialidade da Associação Brasileira de Psiquiatria, com o nome de Psiquiatria e Consultoria de Ligação.

Psicologia da Saúde

Mario Alfredo De Marco

A denominação "psicologia da saúde" tem sido utilizada, de maneira geral, para nomear o conjunto de atividades exercidas por profissionais da área de psicologia no campo da saúde, na forma de ensino, assistência e pesquisa. No Brasil tem sido usada, alternadamente, e de forma bastante ampla, a denominação "psicologia hospitalar" para referir-se a uma parte ou ao conjunto desse mesmo tipo de atividade.

Kerbauy [2002] pondera que, no caso da psicologia da saúde, até a denominação é ainda problemática e baseada em referenciais teóricos e discussão de como se denominar uma área que aplica os princípios de psicologia a problemas de saúde e doença: medicina psicossomática, medicina comportamental, psicologia da saúde, psicologia hospitalar.

Yamamoto e cols. [2002] descartam enfaticamente a denominação "psicologia hospitalar" que tem se popularizado em eventos e publicações dos profissionais que atuam nesse campo, pois consideram tal denominação inadequada em função de tomar o lugar de atuação como referência para a denominação da área, nos mesmos moldes que as áreas tradicionais de atuação da psicologia tem sido denominadas de "industrial", "escolar" e "clínica". Isto, segundo pensam, teria como resultado classificações muito pouco elucidativas, podendo levar a uma pulverização de áreas na qual, no limite, teríamos uma "psicologia" específica para cada novo espaço de intervenção do psicólogo, levando a uma dispersão teórica e fragmentação das práticas ainda maior do que a existente e caminhando no sentido oposto à busca de uma identidade para o psicólogo que atua em hospitais como profissional da saúde.

Neste sentido, tem sido colocada uma proposição sugerindo mudança do nome "psicologia clínica" para "psicologia da saúde", em consonância com uma mudança equivalente de "psicologia escolar" para "psicologia educacional" e de "psicologia industrial/organizacional" para "psicologia do trabalho", uma vez que a nomenclatura passaria a denominar um campo e não um local.

Contudo, esta proposta está longe de contar com uma aceitação mais ampla, e a dificuldade de precisar fronteiras é ainda muito grande e não se restringe ao Brasil, como vemos a partir da situação da Espanha onde o Colégio Oficial de Psicólogos (COP) prefere denominar a área de Psicologia Clínica e da Saúde (COP, 1998), definindo o profissional da área como um:

> psicólogo que aplica o conhecimento e as habilidades, as técnicas e os instrumentos proporcionados pela Psicologia e ciências afins a anomalias, aos transtornos e a qualquer outro comportamento humano relevante para a saúde e para a enfermidade, com a finalidade de avaliar, diagnosticar, explicar, tratar, modificar ou preveni-los nos diversos contextos em que os possam se manifestar.

A questão da existência de uma única área abrangente ou de duas áreas distintas – Psicologia Clínica ou Psicologia da Saúde – é tema de debate internacional [Belloch, 1997 *apud* Yamamoto e cols. 2002]

Esta situação se reflete na prática na forma de confusão quanto à definição do papel profissional. Um dos poucos estudos, existentes em nosso meio, enfocando essa questão foi realizado junto a psicólogos atuando em cinco hospitais da cidade de Natal nos quais o serviço de psicologia estava consolidado. Yamamoto e col. [1998] detectaram a grande ambigüidade que ainda está presente quanto à definição da atividade.

Com relação à definição de sua atividade, três das psicólogas entrevistadas não vacilam quanto à definição, considerando-se psicólogas hospitalares, a despeito de uma delas também se qualificar como psicóloga clínica, em função de atividade em consultório.

Uma quarta psicóloga considera-se psicóloga clínica, embora acrescente que também se considera psicóloga organizacional ou como afirma em outra resposta, psicóloga de instituição.

E, por último, temos uma resposta diversa, na psicóloga que afirma ser psicóloga da saúde: "(...) A gente está acostumada a falar em psicologia hospitalar, mas eu me considero uma psicóloga clínica, ou, talvez, como (é) um termo mais atual, (...) psicóloga da saúde. (...) Meu trabalho não é um trabalho clínico tradicional (...), mas tem uma característica clínica, só que é bem mais abrangente" [Yamamoto et al, 1998].

- ## A estruturação e definição do campo

Garcia-Shelton [2002] refere que a psicologia da saúde emergiu como área de especialidade no fim da década de 1970 sendo que, a Associação Psicológica Americana (APA) criou a divisão de Psicologia da Saúde em 1978 em resposta a esta crescente área de prática e pesquisa.

Nos Estados Unidos, como vemos, nasce como Psicologia da Saúde (Health Psychology), sendo a definição clássica de Matarazzo a mais mencionada. Para ele, a psicologia da saúde é definida como a contribuição educacional, científica e profissional da disciplina de psicologia na promoção e manutenção da saúde, na prevenção e tratamento das doenças, na identificação dos correlatos etiológicos e diagnósticos da saúde, doenças e disfunções relacionadas e no desenvolvimento do sistema de saúde e formação da política de saúde [Matarazzo, 1980, p. 815 *apud* Taylor, 1990].

Belar [1997] considera a Psicologia Clínica da Saúde como a especialidade do século XXI, se não a especialidade para a prática profissional da psicologia nos cuidados em saúde. Em uma adaptação da definição de Matarazzo, ela considera que o psicólogo clínico da saúde aplica em sua prática profissional as contribuições específicas – profissionais, educacionais e científicas – da disciplina de psicologia para a promoção e manutenção da saúde; a prevenção, tratamento e reabilitação das doenças, ferimentos e seqüelas; a identificação dos correlatos etiológicos e diagnósticos da saúde, doença e disfunções relacionadas, além da análise e da melhora do sistema de saúde e da formação de políticas de saúde. Considera ainda que uma característica que distingue esta especialidade é o modelo biopsicossocial do comportamento humano, o conhecimento das relações entre comportamento e saúde e a habilidade de trabalhar em uma grande variedade de serviços de saúde com outros profissionais da área [Belar, 1997].

Paralelamente à constituição do campo da psicologia da saúde e em estreita associação, temos a inauguração do campo da medicina comportamental. A primeira utilização do termo medicina comportamental está no livro *Biofeedback: Behavioral Medicine,* de Lee Birk [Birk, 1973], associando-a ao *biofeedback* e colocando-a em um contexto, no qual tenta diferenciá-la da medicina psicossomática, pois, segundo entendem alguns autores, se a medicina psicossomática tivesse cumprido seu papel, adaptando seus métodos e intervenções para ser mais clinicamente útil e relevante, não haveria necessidade da criação do campo da medicina comportamental [Agras, 1982; Brown, 1987].

Em 1977, o campo foi formalizado e, em 1978 e 1979, foram fundadas a *Society of Behavioral Medicine*, a *Academy of Behavioral Medicine Research* e o *Journal of Behavioral Medicine* [Pomerleau, 1982].

• A situação no Brasil

No Brasil, apesar de termos desde a década de 1920 psicólogos em exercício profissional, os primeiros movimentos mais consistentes para regulamentar a profissão datam da década de 1950, mesma época na qual instalaram-se os primeiros Serviços de Psicologia no hospital, mais especificamente de 1954 a 1957, no Hospital das Clínicas da Faculdade de Medicina da Universidade de São Paulo, onde Matilde Neder inicia o desenvolvimento de sua atividade na Clínica de Ortopedia e Traumatologia.

Em 1974, é implantado o Serviço de Psicologia no Instituto do Coração, Faculdade de Medicina da USP, por Bellkis Wilma Romano, a convite do Prof. Euríclides de Jesus Zerbine (1912-1993).

Em 1983, tem lugar o I ENPAH – Encontro Nacional de Psicólogos da Área Hospitalar, organizado pelos psicólogos que trabalhavam vinculados ao Instituto Central do Hospital das Clínicas de São Paulo e ao INCOR, ambos da Universidade de São Paulo.

Há atualmente duas principais organizações na área: a Sociedade Brasileira de Psicologia Hospitalar – SBPH – cuja constituição foi formalizada em 1997 e a Associação Brasileira de Psicologia da Saúde e Hospitalar – ABPSH – formalizada em 1999 e filiada à ALAPSA – *Asociación Latinoamericana de Psicologia de la Salud*.

Quanto à definição do campo, tentativas têm sido feitas, em nosso meio, no sentido de dimensionar a atuação do psicólogo, como profissional de saúde; uma formulação é que o psicólogo teria "papel clínico, social, organizacional e educacional", na forma de assistência psicológica que incluiria, como clientela, além do paciente e seus familiares, a equipe multiprofissional e demais funcionários do hospital; e como atividades, assessorias, consultorias e interconsultas psicológicas [Campos, 1988 *apud* Oswaldo H. Yamamoto e col., 1998].

Em uma definição mais abrangente é sugerido que, além disso, o psicólogo que trabalha em hospitais necessitaria desenvolver uma imagem mais ampla como profissional de saúde, assumindo seu potencial de avaliação e manejo de problemas de saúde, além daqueles usualmente tidos como da alçada do psicólogo, ou seja, o emocional e o psicopatológico, o que implicaria uma revisão dos referenciais da psicologia (teóricos, acadêmicos, práticos e éticos) [Lamosa, 1987 *apud* Oswaldo H. Yamamoto e col., 1998].

Ou ainda, que o psicólogo clínico "atua na área específica da saúde, colaborando para a compreensão dos processos intra e interpessoais, utilizando enfoque preventivo ou curativo, isoladamente ou em equipe multiprofissional em instituições formais e informais" [LoBianco, Bastos, Nunes, & Silva (1994, p. 8) *apud* Yamamoto e col., 1998].

• A capacitação

Observa-se em nosso meio a existência de uma percepção generalizada no sentido de considerar a capacitação fornecida pela graduação em psicologia bastante insuficiente em relação ao campo em pauta.

Na pesquisa já citada [Yamamoto e col., 1998], nos quesitos que fazem referência ao preparo dos profissionais, foi verificado que todas as psicólogas avaliam as suas formações como insuficientes para o exercício profissional, conquanto duas delas, um tanto contraditoriamente, demonstrem satisfação com o seu curso. As queixas não se restringem à precariedade da formação específica para a ação no campo hospitalar, mas espraiam-se para a formação em geral.

Ao lado do reconhecimento da insuficiência da formação em nível de graduação, há uma busca por um aprimoramento profissional que assume, geralmente, a forma de cursos (formais ou não) de especialização. Quatro das cinco entrevistadas afirmam ter especialização em Psicologia Hospitalar e/ou Psicologia e Saúde. A única profissional que não buscou um aperfeiçoamento após a graduação tem uma trajetória peculiar: embora tenha optado pelo estágio curricular na área, sua vinculação à instituição hospitalar é dupla, exercendo uma atividade administrativa ao lado da técnica.

Em pesquisa mais recente e ampliada [Yamamoto e cols., 2002] a situação se confirma: dos 25 profissionais entrevistados, quando indagados sobre a qualidade dos seus cursos de graduação, cerca de 70% (amostra de 25 profissionais) dos entrevistados afirmaram ser insuficientes. Uma das entrevistadas, por exemplo, afirma que "a graduação foi insuficiente, não tem condições de formar para a prática. É necessário uma formação generalista e um pensar crítico". Já uma outra relata que "a minha formação, como a de qualquer outro psicólogo daqui, é falha. Eu sei que não dá para a gente ser generalista, mas eu sinto dificuldade".

Mesmo os profissionais que conferiram uma avaliação positiva à sua formação, apontaram deficiências específicas no que tange ao trabalho em hospitais: "Eu acho que, de uma forma geral (...), a formação foi boa; me deu subsídios para começar a trabalhar como psicóloga, sem grandes dificuldades. Depois, quando eu vim trabalhar aqui no hospital, vi que faltou muita coisa, pois de hospital, não vi nada".

Os relatos, na opinião dos pesquisadores, indicam uma insegurança dos profissionais, quanto à suficiência e quanto à qualidade do conhecimento adquirido na formação básica que traria como decorrência uma procura por uma formação continuada, por meio de outras modalidades de formação, sobretudo, cursos de pós-graduação *lato sensu*, por 80% dos profissionais entrevistados.

Miyazaki e cols. [2002] ponderam que, apesar do crescente desenvolvimento que a Psicologia da Saúde vem apresentando no Brasil os cursos de graduação ainda não desenvolvem no aluno um repertório profissional compatível com as necessidades da área. Ressaltam, portanto, a necessidade de uma preocupação com a inclusão de programas que efetivamente promovam uma capacitação na área, no sentido de assegurar competência profissional na oferta de serviços para atender às necessidades dos usuários do sistema de saúde, para oferecer serviços efetivos de extensão à comunidade e para realizar pesquisas que possibilitem o desenvolvimento da área.

Essa preocupação de como preparar e para o que preparar, evidentemente, não é exclusiva de nosso meio e envolve fatores diversos, que incluem, também, questões de mercado de trabalho, como podemos verificar na proposição que se segue:

"Os sistemas de treinamento e prática em Psicologia precisam responder criativamente às continuas mudanças no sistema de saúde dos Estados Unidos. Treinar estudantes que possam encontrar empregos satisfatórios após sua formatura e mais importante que nunca e os modos para conseguir isso mudaram. Psicologia da saúde e particularmente psicologia da saúde em cuidados primários tem se tornado cada vez mais importante nos sistemas de treinamento e no exercício da prática porque os médicos de família e outros médicos de cuidados primários têm assumido um papel cada vez mais importante na identificação e tratamento dos problemas mentais mais comuns" [Cummings 1986, 1995 *apud* Garcia-Shelton, 2002].

É claro que todos esses dados e relatos merecem uma ponderação cuidadosa, no sentido de discernir que mudanças efetivas seriam desejáveis em um curso de graduação para ampliar a capacitação nessa área e que aspectos da formação precisam ser remetidos a programas de aperfeiçoamento, especialização e pós-graduação, que, por sinal, tem se multiplicado vertiginosamente ao longo dos últimos anos.

Uma iniciativa importante, nesse campo, ocorreu no início da década de 90 por meio da implementação do Programa de Aprimoramento em Psicologia da Saúde subsidiado pelo governo do Estado de São Paulo e que vem sendo desenvolvido em diversas instituições.

A discussão precisa, então, ser estendida à questão do que é importante ser oferecido por esses e outros programas. A subespecialização precoce tem sido um dos aspectos que têm merecido destaque.

Nos Estados Unidos, já há uma grande preocupação em relação a esta questão. Nesse meio, como pondera Garcia-Shelton [2002], uma das maiores discussões no treinamento em psicologia tem sido a questão da (pequena) ênfase no generalista em oposição ao enfoque em subespecialidade, na medida em que com o treinamento em psicologia da saúde tem havido, como no treinamento médico, uma ênfase similar à subespecialidade sobre o treino mais generalista em natureza e orientado para cuidados primários. Este deslocamento, da mesma forma que com a medicina, está vinculado, principalmente, ao maior *status* e reconhecimento encontrado com a crescente especialização.

- ## A inserção

Para podermos tratar de forma mais consistente a questão da inserção, é necessário tentar colocar em pauta uma confusão, quase inevitável, que a denominação Psicologia da Saúde pode favorecer, tendo em vista que ela pode ser utilizada e compreendida tanto como uma referência à atividade do profissional graduado em psicologia que se interessa e trabalha na área quanto como um campo de teoria e ação.

Colocando de uma outra forma, é útil distinguir a evolução de um movimento que toma maior envergadura a partir do início do século XX e que engloba, entre outras, as áreas que estamos descrevendo (psicologia médica, interconsulta, psicossomática, psicologia da saúde) e que tem por função a reintegração da dimensão psicológica e social à prática das atividades em saúde, no sentido de contribuir para uma visão integral do ser e das relações e o exercício dessa atividade por uma determinada categoria profissional.

Se psicologia da saúde é definida como campo, ela não seria exclusividade do psicólogo, da mesma forma que psicologia médica, interconsulta e psicossomática não deveriam ser exclusividade de médicos ou outros profissionais. Essa é uma questão que não é simples e que envolve uma série de fatores, até mesmo questões de mercado de trabalho.

Essa questão perpassa toda a discussão quanto à inserção do profissional graduado em psicologia nos diversos cenários das práticas em saúde e sua integração com os outros profissionais das áreas afins.

Colocando em termos práticos: Qual a diferença entre um serviço de psicologia da saúde e outros serviços afins? Estaria no fato de que esses serviços seriam constituídos exclusivamente por psicólogos? Ou seria importante que esses serviços (independente de sua denominação) abriguem diferentes profissionais da área de saúde mental? Quais as vantagens e desvantagens de cada uma dessas possibilidades?

Esses são temas que precisam ser refletidos, pois o que temos observado é uma proliferação desordenada das mais diversas formas de inserção.

A título de ilustração citamos a experiência do Hospital São Paulo, no qual, como disciplina de Psicologia Médica e Psiquiatria Social do Departamento de Psiquiatria, exercemos nossa atividade há mais de vinte e cinco anos.

Nos últimos quinze anos, houve uma absorção considerável de profissionais de psicologia nas atividades do hospital, realizadas de forma independente pelos diferentes setores e enfermarias e obedecendo a critérios os mais distintos de atendimento de demanda e seleção. Em levantamento que realizamos em 2001, constatamos que a inserção institucional desses profissionais é muito heterogênea, havendo uma série deles que há muitos anos prestam serviços voluntariamente, outros que foram deslocados de sua função original (secretários, escriturários, etc.) sem uma mudança de sua situação contratual, alguns que estão vinculados por meio de programas de pós-graduação e, finalmente, alguns poucos que têm um contrato formalizado com a instituição. O tipo de trabalho desenvolvido é, também, muito heterogêneo e apresenta um nível muito baixo de integração.

Nossa observação preliminar tem visualizado a ocorrência de alguns possíveis desvios na atuação isolada do psicólogo nos serviços, entre os quais, uma atuação dissociada, na qual o psicólogo se ocupa dos aspectos psicológicos dos atendimentos, ficando o médico a cargo, exclusivamente, dos aspectos biológicos. Esta postura tende a cooperar com o sistema vigente de *loteamento* estanque do paciente entre as especialidades. Uma outra conseqüência da atuação isolada do profissional de psicologia, nos serviços é a subordinação aos profissionais médicos que coordenam os serviços, o que pode gerar situações de limitação de autonomia e/ou submissão a diretrizes que desfigurem sua atividade.

Ao lado do funcionamento isolado de psicólogos em enfermarias e setores do hospital, contamos com um serviço estruturado que vem atendendo à demanda geral do hospital há mais de vinte e cinco anos. Como sempre consideramos vantajosa a vinculação dos profissionais de saúde, incluindo os psicólogos, a um serviço que centraliza o planejamento e atendimento à demanda, há alguns anos iniciamos, com o pedido e aval da Superintendência do Hospital, um processo de integração das atividades.

Miyazaki e cols. [2002] relatam, também, uma preferência por uma centralização dos serviços enfatizando que "os psicólogos da instituição estão organizados em um único Serviço, atualmente ligado ao Departamento de Psiquiatria e Psicologia" e que, "embora em muitas instituições os psicólogos estejam formalmente ligados aos diferentes departamentos ou serviços onde exercem suas atividades (ex: clínica médica, cirurgia), a união de todos em *um* serviço, ligado a *um* departamento favorece o estabelecimento de uma política para o desenvolvimento da área, fortalece o grupo e possibilita maior integração no desenvolvimento de atividades de extensão, ensino e pesquisa".

Os psicólogos em nossa equipe, além de intervenções específicas, participam de toda uma série de atividades que são realizadas, indistintamente, por psicólogos ou psiquiatras. Professores de psicologia médica, interconsultores, coordenadores de equipe, profissionais de ligação, são atividades e funções desempenhadas, indistintamente, por um ou outro profissional, ao lado das atividades específicas de cada profissão.

Taylor [1990] já na década passada chama a atenção para o fato de que, nos Estados Unidos, a situação do psicólogo que atua em saúde tem mudado. Se, no princípio, eles atuavam quase que exclusivamente como consultantes, assessores estatísticos ou membros periféricos de uma equipe de pesquisa, atualmente, um número significativo ocupa posições de coordenação nos projetos de pesquisa e na sua implementação e que muitos já desenvolveram uma situação de integração muito consistente com os outros profissionais de saúde.

Psicologia médica

Mario Alfredo De Marco

• Histórico

Embora Zilboorg, em seu *History of Medical Psychology* (1941), remeta a origem da psicologia médica aos albores dos tempos, reconhecendo sua presença nas diferentes práticas de cura, os seus inícios, como disciplina diferenciada, podem ser situados no século XIX.

De fato, o termo psicologia médica foi cunhado na metade do século XIX [Rossmanith, 1990] por Ernst Freiherr von Feuchtersleben (1806-1849). São de sua lavra, também, os termos psicose, psicopatologia e psiquiatria.

Psiquiatra e homem de letras, o barão Feuchtersleben publicou em 1845 um livro no qual descreve a psicologia médica em seu aspecto de conteúdo e de didática. Ele insiste na idéia de que o conhecimento das relações entre a mente e o corpo é indispensável não somente para aqueles que praticam a psiquiatria, mas para todos os médicos em geral.

A justificativa para a existência de uma nova disciplina é em função de que o conjunto das manifestações somáticas da atividade humana na enfermidade atraem de forma tão poderosa os médicos que os fatos psicológicos ficam como que obscurecidos e em segundo plano, resultando a necessidade de clarificar e insistir na importância destes fatos para a saúde humana global, ensinando o médico a valorizá-los e atuar sobre eles [Rivera y Revuelta, 1999].

A psicologia médica é descrita como uma forma de psicologia cuidadosamente planejada para os propósitos médicos, sendo sua finalidade o treinamento das aptidões psicológicas dos médicos, independente da sua especialização,

Na França, em 1918, Maurice de Fleury (1860-1936), especialista em psiquiatria e criminologia, publica o importante tratado *Introduction a la Médicine de L'Esprit* e insiste na necessidade de inclusão da psicologia médica como disciplina regular do curso médico. Na mesma época, na Alemanha, Ernest Kretschmer (1888-1964) lança o *Tratado de Psicologia Médica*, que teria uma enorme influência, impulsionando sobremaneira o estudo e desenvolvimento da matéria.

Kretschmer entendia que o estudo da psicologia tem um interesse óbvio para o psiquiatra, mas que seria necessário conscientizar os médicos que esse interesse deve ser estendido para a medicina em geral.

Kretschmer, que acabou sendo cognominado "Patriarca da Psicologia Médica" teve seu livro editado sucessivamente e pronta tradução para os mais diversos idiomas; a psicologia médica, gradativamente, foi abrindo espaço e se inserindo nos currículos médicos em âmbito mundial.

Nos Estados Unidos, em 1911, John Broadus Watson (1878-1958) considerado o fundador do movimento *Behaviorista* na América e Shepard Ivory Franz (1874-1933) propuseram que o ensino de psicologia era tão essencial para o ensino dos estudantes de medicina quanto a anatomia, farmacologia, cirurgia e outras ciências básicas e clínicas. Em 1957, a *University of Oregon Medical School* foi a primeira escola médica a criar um departamento de psicologia médica.

Por outro lado, Freud, em 1919 chamava a atenção para o conteúdo e objetivo desses cursos, que começavam a ser incorporados ao ensino médico. Para ele, à medida que "o conteúdo desses cursos fosse determinado pela psicologia acadêmica ou pela exame detalhado da psicologia experimental, ele seria impróprio para atender seu propósito e, portanto, insuficientes para conduzir os estudantes à compreensão dos problemas humanos em geral e aqueles de seus futuros pacientes" [Freud *apud* Rossmanith, 1990].

Na Europa, já no século XIX, tivemos a introdução da psicologia médica no currículo. Na Prússia (entre 1825 e 1861), o ensino de psicologia médica era tema obrigatório no treinamento médico. Contudo, a reinserção da matéria nos currículos ocorreu só muito recentemente [Rossmanith, 1990].

- ## Definição do campo

É claro que, ainda hoje, está em discussão o que vem a ser a psicologia médica, pois, evidentemente, várias respostas e definições são possíveis, dependendo de orientações e tendências.

López-Ibor [*apud* Rivera y Revuelta, 1986] em um primeiro momento considera que a "psicologia médica não é uma disciplina, mas apenas um recorte que se opera nos temas psicológicos, selecionando os que têm interesse para os médicos" para, em um segundo momento, acrescentar que, na verdade ela "lança sobre os temas genuinamente médicos uma perspectiva especial".

Alonso Fernández [1973], por seu turno, afirma que: "Devemos considerar a psicologia médica como uma disciplina nutrida ao mesmo tempo pelas duas correntes – psicológicas e psiquiátricas – que se caracteriza por ter seu campo de projeção no âmbito da medicina".

Rivera y Revuelta [1986] propõe que a psicologia médica é um conhecimento adequado das estruturas e funções do comportamento dos seres humanos sadios e enfermos, assim como as relações entre o estado de saúde do homem e seu entorno físico e social".

Destacando outros aspectos, autores como Jeammet [1982] consideram "a psicologia médica como a parte da medicina encarregada de informar e formar o médico para melhor realizar seu trabalho em geral, proporcionando-lhes uma conceitualização ampla do contexto psicobiológico e psicossocial da saúde e da enfermidade e facilitando-lhes o desenvolvimento de suas habilidades de interação interpessoal".

Para Jeammet [1982], dois tipos de acontecimentos que se conjugam tornam o surgimento da psicologia médica possível e até mesmo necessário:
- Os progressos realizados nas ciências psicológicas e as descobertas daí decorrentes.
- Os próprios sucessos da medicina do órgão e do método anatomoclínico, que permitiram perceber os limites desse enfoque e assim melhor perceber o lugar ocupado pelos outros fatores – genéticos, socioeconômicos, ambientais e mais particularmente psicológicos, isto é, de inter-relação.

Ele considera que, como todo ato médico implica o homem em sua totalidade, o impacto psicológico que nele se desenvolva dependerá profundamente da personalidade dos participantes e da qualidade de sua interação. Entorpecida simultaneamente pelas experiências burocráticas e pela progressiva tecnificação, a medicina toda necessita de uma revisão profunda que modifique nosso conceito da enfermidade, do enfermo, do médico e do contexto em que tem lugar a interação de tal maneira que, sem perder nenhum de seus avanços, cumpra sua vocação de ciência centrada no ser humano.

Dessa forma, embora considere que o objeto e os métodos da psicologia médica não sejam facilmente delimitáveis, em uma primeira abordagem, a psicologia médica seria a consideração na relação médica do papel de tudo o que está no âmbito da psique, ou seja, o funcionamento mental do médico e do paciente ou, de forma mais ampliada, de todos os que ocupam uma relação terapêutica.

Para Schneider [1986], a psicologia médica é uma disciplina que se pode ensinar, dando ao médico informações e conhecimentos suficientes para que possa compreender seu enfermo como ser humano que padece de uma enfermidade e, mesmo assim, tratá-lo melhor, segundo os dados científicos habituais, porém, levando em consideração esses dados psicológicos. A relação médico-paciente seria, então, o objeto privilegiado da psicologia médica, sem excluir, no entanto, outros, dos quais também trata. Um conjunto de conhecimentos toma corpo e desemboca em uma prática centrada no homem enfermo, suas reações à enfermidade e a relação psicológica com seu médico.

Ele tece considerações quanto às relações da psicologia médica com os campos afins. Em relação à medicina psicossomática entende que estes dois campos não se superpõem, pois, mesmo quando eles se tocam, apresentando domínios comuns, não são idênticos, uma vez que a medicina psicossomática tem um objeto de estudo bem preciso que é a relação etiopatogênica entre a vida psíquica (conflitos emocionais) e os transtornos somáticos funcionais, orgânicos (incluindo os lesionais). A psicologia médica, por seu lado, tende a formar, melhor psicologicamente, o médico para que possa compreender melhor o paciente a quem trata, qualquer que seja sua afecção, as considerações teóricas e a etiologia da enfermidade.

Em relação à psiquiatria, entende que, também, existem territórios limítrofes, mas a diferença é que a psicologia médica é uma disciplina fundamental nova e não uma especialidade como a psiquiatria que pelo caminho da psicopatologia estuda as enfermidades mentais, as reações psíquicas anormais e as evoluções psíquicas mórbidas. A psicologia médica interessa-se pelas reações psicológicas de todo enfermo acometido por uma ou outra afecção e, sobretudo, tende a fornecer ao clínico ou a qualquer especialista esclarecimentos quanto ao que ocorre entre ele e seu paciente.

Em relação à psicologia clínica ligada à saúde, entende que este campo não poderia se definir como um novo campo de conhecimento ou prática, ou mesmo, de uma nova disciplina de investigação. Para ele, a questão passa muito mais por saber o lugar que o psicólogo ocupa no seio do mundo médico no exercício de sua profissão. Antes de tudo, afirma, se trata de uma questão profissional, talvez deontológica [Schneider, 1986].

Eksterman [1996] pondera que definir a psicologia médica como o estudo sistemático da relação médico-paciente, por um lado fornece as bases conceituais de uma disciplina do currículo médico, mas, por outro, ainda mantém pouco clara a elucidação de seus elementos essenciais. Propõe, então, a necessidade de responder às seguintes perguntas: 1º) Qual seu campo epistêmico específico; 2º) Como estão articuladas a Medicina Psicossomática e a Psicologia Médica; 3º) Qual a importância do estudo da relação médico-paciente; 4º) Sob que forma participa do ato assistencial e 5º) Como pode contribuir para a Medicina da Pessoa.

Ele entende, também, que a situação da psicologia médica diante do ato clínico é a de ser uma "Teoria do Observador", pois, nesse caso, melhor do que em nenhum outro, o objeto da observação está em evidente transação com o observador, sendo impossível, a rigor, separar-se o fato clínico do contexto interacional.

• A situação no Brasil

No Brasil, a psicologia médica aparece como curso pela primeira vez em 1956, na Escola Paulista de Medicina e na Faculdade de Ribeirão Preto.

Contudo, é somente na década de 1960 que os programas de psicologia médica serão implantados de forma mais ampla e efetiva, propagando-se significativamente e atingindo atualmente quase uma universalização.

Pesquisa desenvolvida em 1981 por Giglio [1983] indicou que 73% das escolas médicas que responderam a seu questionário mantinham um curso de Psicologia Médica.

Botega [Botega, 1994] em levantamento realizado por uma enquete postal verificou que 93% das respostas (73% das 78 escolas de medicina consultadas responderam o questionário) foram positivas quanto à existência da disciplina no currículo, sendo que a carga horária variava entre 30 e 300 h (média 95h). A disciplina, geralmente, estava sendo oferecida nos três primeiros anos do curso, sendo em 12 escolas no 1º ano. O referencial teórico predominante é psicodinâmico e a equipe docente formada majoritariamente por psiquiatras.

Não encontrei dados na literatura quanto à forma de estruturação dos serviços e a composição das equipes de professores.

• Reflexões sobre definições e competências

Várias questões podem ser despertadas pelas definições do campo e delimitação de competências: o objeto da psicologia médica é a transmissão de um conteúdo específico de conhecimentos e/ou o desenvolvimento de capacidades e a formação e/ou mudança de mentalidade? Qual a relação da psicologia médica com a psicossomática? E com a psiquiatria? E com a interconsulta? É um campo próprio de conhecimento e/ou a aplicação de conhecimentos de outras áreas? De quem é a competência pelo ensino de psicologia médica?

A situação, evidentemente, encontra respostas muito diversas e funcionamentos na prática das mais variadas características. A constituição dos serviços espelha essa diversidade. Há, por exemplo, serviços de psicologia médica dirigidos e compostos exclusivamente por psicólogos. Há os que, por outro lado, advogam que a psicologia médica deveria ser competência exclusiva dos que têm formação médica.

Em nosso departamento, em seus períodos iniciais, a psicologia médica se restringia à transmissão teórica de aspectos do desenvolvimento da personalidade, por meio de aulas semanais durante um semestre. A evolução que o trabalho teve será exposta no capítulo pertinente.

O trabalho inicialmente era desempenhado exclusivamente por médicos; atualmente, acompanhando nossa característica de funcionamento multiprofissional e multidisciplinar, participam da atividade tanto psiquiatras quanto psicólogos.

Na realidade temos, cada vez mais, funcionado em uma perspectiva de educação continuada aos estudantes e profissionais de saúde, que exercemos, integradamente, por meio das atividades da psicologia médica e da interconsulta em todas as ocasiões de contato com os estudantes e com os profissionais. O curso regular de psicologia médica é articulado para funcionar em sua parte prática (que temos introduzido cada vez mais precocemente) em integração com as demais atividades que desempenhamos no hospital e em outros cenários de atendimento. Dessa forma acompanhamos e/ou estamos disponíveis para acompanhar os estudantes ao longo de todos os momentos de sua evolução na formação.

Em nosso trabalho, o que almejamos é capacitar os estudantes e profissionais, teórica e praticamente, para a percepção do ser e do adoecer em sua realidade integral, biopsicossocial. A capacitação envolve, também, de forma privilegiada, o estudo das relações e dos vínculos, bem como do processo de observação. Neste sentido, consideramos uma tarefa essencial contribuir para a evolução da capacidade de observação e o desenvolvimento de um enfoque crítico, epistemológico, do processo observacional.

parte III
A PRÁTICA

A formação do médico

Julieta Freitas Ramalho da Silva

• Introdução

Este capítulo não pretende contar a história da formação médica e tão pouco a história da Medicina Ocidental. Existe uma vasta literatura sobre esse assunto que o leitor poderá consultar, parte dela sugerida nas referências bibliográficas deste capítulo. Tratarei das questões que estão intrinsecamente ligadas ao jovem aluno, quando se depara com o ensino da Medicina, à maneira que se ensina Medicina e a filosofia que permeia nossos tempos e nossa cultura, o que nos conduz a um tipo característico de médico.

A arte médica é conhecida desde a Antiguidade, exercida por sacerdotes, feiticeiros e xamãs. Porém, alguns querem crer que a ciência médica nasceu no século XIX com a possibilidade das experimentações como método de buscar a verdade.

Segundo Friedman & Friedland [1999] em *As Dez Maiores Descobertas da Medicina*, foi a elucidação das funções do coração e da circulação do sangue no corpo humano, feita por William Harvey no século XVII, a primeira descoberta a introduzir esse princípio da experimentação na pesquisa médica. Seguiram-se os achados de Jenner –vacinação contra varíola, Roentgen – os raios X, Anichkov – o colesterol, e Wilkins Watson e Crick – o DNA. No caminho da experimentação, chegamos também ao conhecimento da narcose, em 1846, eliminando a dor no ato cirúrgico como relata Thorwald em *O Século dos Cirurgiões*. Assim a cirurgia teve sua fantástica evolução.

Ao longo dos três últimos séculos, comenta Damásio [1994], o objetivo da Medicina e da Biologia tem sido a compreensão da fisiologia e da patologia do corpo, esquecendo a mente e as emoções humanas. O resultado de tudo isso tem sido a amputação do conceito de natureza humana com o qual a medicina deveria trabalhar. Este autor supõe que a maior parte das razões subjacentes ao viés da medicina moderna de tratar as doenças e não os doentes provêm de uma visão cartesiana da condição humana. O erro de Descartes, sobre o qual Damásio comenta em seu livro, seria afirmar "penso, logo existo", em função da supremacia da razão na valorização filosófica de sua época, o que influenciou a ciência até hoje. De maneira diferente, "sinto, logo penso" permitiria uma integração entre emoção, razão, cérebro e corpo humano.

É a partir dessa visão que colocarei as questões da formação do nosso jovem médico, lembrando também o Dr. Krokowski em *A Montanha Mágica* (1924), de Thomas Mann, que ensinava a seus pacientes do Sanatório Berbhof, na aldeia de Davos-Platz. Dizia ele: "o sintoma da doença nada é senão a manifestação disfarçada da potência do amor; e toda doença é apenas paixão transformada".

• O currículo médico

A Escola Paulista de Medicina foi fundada em 1933 e desde então é reconhecida em todo o país como um núcleo competente e de excelência na formação médica. Em 1994, transformou-se em Universidade Federal de São Paulo, compondo com as áreas de Enfermagem, Ciências Biológicas – modalidade médica, Fonoaudiologia e Tecnologia Oftálmica, uma Universidade da Área de Saúde. Hoje, continua sendo considerada umas das principais escolas médicas brasileiras, com forte renome internacional.

Em 1997, sob a gestão da Professora Helena Bonciani Nader, Pró-Reitora de Graduação, tivemos a reforma curricular que adotamos no momento. Segundo documento oficial desta reforma, o curso médico propõe-se a formar indivíduos com perspectiva humanista, que além da aquisição de conhecimento, adquiram a capacidade de auto-aprendizagem e desenvolvam atitudes e habilidades que possibilitem os desempenhos profissionais competentes, críticos e éticos. O currículo possui uma extensa área nuclear, uma área de disciplinas eletivas e um tempo pró-aluno. O aspecto fundamental desta reforma foi a proposta de integrações horizontais (básico-básicas e clínico-clínicas) e verticais (básico-clínicas). O Programa de Iniciação Científica para alunos ganhou espaço e consolidou-se.

O currículo nuclear está dividido em três grandes blocos: 1) o ciclo básico que compreende os 1º e 2º anos; 2) o ciclo profissionalizante nos 3º e 4º anos e 3) o internato no 5º e 6º anos. Esta mudança visou integrar o conhecimento por meio da reunião de diversas disciplinas de tal forma que se criaram módulos.

No primeiro ano, por exemplo, o Módulo Bases Morfológicas da Medicina integra as disciplinas de Anatomia Descritiva, Embriologia, Histologia e Anatomia Patológica. Assim, em um mesmo momento ensinam seus conteúdos sobre o mesmo objeto de conhecimento, a normalidade anatômica macro e microscópica do corpo humano e também os processos patológicos gerais e sua identificação macro e microscópicos.

Já no 4º ano, por exemplo, há o Módulo de Atenção Integral à Saúde da Mulher e da Criança, com as disciplinas de Pediatria, Ginecologia, Obstetrícia, Nutrição, Psicologia Médica e Ciências Sociais em Saúde Coletiva, com atendimento sendo realizado no Centro de Saúde de Vila Mariana, ligado ao complexo assistencial da Unifesp, que visa discutir e trabalhar, à luz das diretrizes e princípios do SUS, as ações de saúde da mulher e da criança.

No internato há a integração da clínica e cirurgia, assim módulos como: Cardiologia-Cirurgia Cardíaca, Pneumologia-Cirurgia Torácica, Nefrologia – Urologia e outros.

Estas citações pretendem ilustrar o objetivo da integração, fator fundamental para o aprendizado de uma medicina mais humanística que também é objetivo dessa reforma. A fragmentação que assistimos em nossa cultura, com a superespecialização de áreas do conhecimento faz com que nosso jovem aluno se crie em um sistema de compartimentos, dificultando seu olhar integrado do ser humano, da pessoa sobre a qual pretende dedicar seus cuidados.

Não basta reunir disciplinas. Tentamos integrar também os professores em um objetivo único. Este é um longo processo que está se fazendo nesses últimos anos.

A área de disciplinas eletivas oferece ao aluno a oportunidade de complementar seu currículo privilegiando seus interesses e identidade. Podem escolher disciplinas, que uma vez aprovadas pela Pró-Reitoria de Graduação, contemplem desde áreas específicas da medicina como também aquelas voltadas para a formação da pessoa do médico como Sociologia, Psicanálise, História da Medicina e Cinema.

Em 2002, após uma ampla avaliação das mudanças propostas, um novo eixo foi organizado, denominado Aproximação à Prática Médica, que como o próprio nome sugere, pretende trazer a experiência e vivência com os pacientes desde o primeiro ano médico. Iniciou-se neste ano e tem sido muito rico para alunos e professores, pois tem tornado as vivências em graus diferentes de complexidade e responsabilidade, a chave do aprendizado e da motivação do aluno.

• A formação

Estamos preocupados com a informação e com a formação do médico. Chamarei de formação tudo o que atinge e compõe o indivíduo, ou seja, a pessoa do médico, além da informação que lhe é oferecida e proporcionada durante os 6 anos de seus estudos.

• Identidade médica

A identidade de uma pessoa se faz ao longo dos anos e a partir das identificações com pessoas importantes ou com papéis significantes vivenciados. Ela se compõe de diversas partes que vão se desenvolvendo e se integrando no decorrer da vida.

Nosso jovem aluno chega, geralmente, idealizando uma medicina que fantasiou a partir de dados que estavam no seu cotidiano e do seu mundo psicológico, seu mundo interno. Depois de um ano, mais ou menos, se desilude. A realidade apresenta-se forte, poderosa e sofrida. Muitos se deprimem nesse momento e questionam sua escolha e vocação. Nesse momento necessitam ser acolhidos pelos seus mestres, a fim de que possam vislumbrar um futuro menos assustador e com possibilidades de realizações e sucesso.

Nos primeiros anos, notamos que o aluno se identifica mais com os pacientes do que com os médicos. O evoluir do processo para uma identificação com o médico será feita através dos anos seguintes. Inicia-se por volta do terceiro ano quando se aproxima mais da prática clínica. No momento inicial está sensível, aberto e cheio de esperanças e expectativas. Esta preciosidade deve ser cuidada, pois aí reside o humano. O que observamos é que isto corre o risco de ser perdido se o estresse e a violência de suas vivências não forem suficientemente bem digeridas por sua mente. Caso não encontre figuras de professores dedicados, presentes, humanos e compreensivos, além de competentes, a continência emocional não poderá ocorrer e as defesas psíquicas necessárias ganharão espaço. Assim, a negação, a dissociação, a intelectualização que são mecanismos de defesa do ego diante das angústias, poderão tornar-se tão freqüentes que uma parte do jovem estudante se aliena do humano.

• Angústias do aluno de medicina

Certamente as angústias do aluno de medicina são inúmeras e dependem tanto de sua personalidade como das situações a que está exposto. Não poderia de forma alguma esgotar esta questão e longe de mim querer abarcá-la em toda sua complexidade. Apenas citarei algumas que tenho observado nos meus anos de dedicação à graduação.
- Aprender em seu semelhante: esta situação própria da medicina mobiliza vários sentimentos no aluno, principalmente quando começa o contato com os pacientes. Muitas vezes, ao obter história de vida ou examinando o corpo deste na presença de outros colegas, sente-se invasivo ou abusando do paciente. Desconfia que o paciente sinta-se cobaia e que tal situação seja por demais agressiva.
- O dilema vida e morte: a princípio a maioria dos alunos pensa na vida, percebem-se como aqueles que lutam por ela, porém conforme o tempo passa, deparam-se com a morte. A angústia de não poder evitá-la e de estarem constantemente em sua presença permeia toda formação médica.
- O sentimento de impotência: as situações de pacientes terminais e crônicos também levam o aluno ao sentimento de impotência. Muitas vezes o próprio aluno não se sente com recursos emocionais para confortá-los. Outras vezes é a própria instituição que não possui recursos materiais ou humanos para a tarefa de atendimento, como, por exemplo, a questão das unidades de terapia intensiva.

- A sexualidade: é dado ao médico e ao estudante de medicina o direito de acesso ao corpo do outro. Tal situação mobiliza sentimentos profundos, tanto amorosos quanto agressivos. Alguns se sentem inibidos ou constrangidos diante do corpo erótico, isto é, quando algo da sexualidade permeia a situação clínica, como o exame ginecológico, o exame urológico e outras situações semelhantes.
- A falsa posição de doutor vivida pelo aluno no Hospital-Escola: identificar-se como aluno em uma Enfermaria de Clínica ou no Pronto-Socorro é às vezes muito difícil, pois a demanda do paciente é por alguém que alivie sua dor, coisa que os alunos nem sempre estão aptos a fazer. Para evitar angústia para o paciente, identificam-se como médicos, o que só piora seus conflitos e auto-estima; sabem que não sabem.
- As preocupações hipocondríacas e de contaminação: ao aprenderem certas patologias ou a entrarem em contato com pacientes portadores de moléstias transmissíveis, os alunos sentem medo. Pensam com freqüência que estão doentes também ou ainda que identificam sintomas em si próprios.
- O eterno recomeço: sempre se atualizar e aprender. É assim que o ritmo do conhecimento médico se apresenta aos alunos. Um constante vir-a-ser. Movimento contínuo como a própria vida.

Cuidando do futuro cuidador

Maria Cezira Fantini Nogueira Martins

Frente ao acelerado processo de desenvolvimento tecnológico na área da Saúde, a singularidade do paciente – emoções, crenças e valores – ficou em segundo plano; sua doença passou a ser objeto do saber reconhecido cientificamente e a assistência se desumanizou [Nogueira-Martins, 2001].

A formação do profissional de Saúde, cada vez mais especializada, e suas difíceis condições de trabalho restringem sua disponibilidade tanto para o contato com o paciente quanto para a busca de formação mais abrangente.

Por outro lado, sabe-se que muitos problemas dos pacientes podem ser resolvidos ou atenuados quando se sentem compreendidos e respeitados pelos profissionais; a falta de acolhimento e de continência a seus aspectos emocionais pode conduzir ao abandono ou à rejeição ao tratamento e favorecer a busca de caminhos sociais alternativos, que ofereçam maior receptividade e compreensão. A relação profissional-paciente tem especial importância no processo de adesão ao tratamento [Nogueira-Martins, 2002a].

A atividade assistencial constitui-se, para os profissionais de Saúde, em fonte de gratificação e de estresse. São fatores gratificantes: diagnosticar e tratar corretamente; curar; prevenir; ensinar; aconselhar; educar; sentir-se competente; receber reconhecimento. São fatores estressantes: o contato freqüente com dor e sofrimento; lidar com as expectativas dos pacientes e familiares; atender pacientes "difíceis" (não aderentes ao tratamento, hostis, agressivos, depressivos, autodestrutivos), lidar com as limitações do conhecimento científico.

O complexo processo adaptativo frente aos fatores estressantes inerentes à prática profissional pode tomar diferentes caminhos. O resultado final da exposição à radiação psicológica estressante depende do indivíduo e de seus mecanismos e recursos subjetivos. Assim, poderá haver tanto uma adequada adaptação do profissional dentro dos limites possíveis ou, ao contrário, uma inadequada adaptação, com efeitos indesejáveis tanto no plano profissional como no pessoal [Nogueira-Martins, 2002b].

O contato direto com seres humanos coloca o profissional diante de sua própria vida, saúde ou doença, dos próprios conflitos e frustrações. Se não tomar contato com esses fenômenos, correrá o risco de desenvolver mecanismos rígidos de defesa, que podem prejudicá-lo tanto no âmbito profissional quanto no pessoal. Os profissionais da Saúde, por se submeterem, em sua atividade, a tensões provenientes de várias fontes, precisam também receber cuidados [Nogueira-Martins, 2002c]; cuidar de quem cuida é condição *sine qua non* para o desenvolvimento de projetos e ações em prol da humanização da assistência.

Desde a graduação, vários são os problemas vividos pelos futuros profissionais [Nogueira-Martins, 1996; 1998a]. Os estudantes em sua época de formação têm de lidar com:
– esquema de estudo (diferente de colégio e cursinho);
– as sensações experimentadas nos laboratórios, enfermarias, ambulatórios;
– sentimento de desamparo do estudante em relação ao poder dos professores (percepção, em algumas situações, do uso arbitrário deste poder);
– medo de contrair doenças ao entrar em contato com os pacientes;

- falta de tempo para lazer, família, amigos, necessidades pessoais;
- preocupações sobre seus próprios conflitos/problemas emocionais desencadeados pelo contato com os clientes;
- dúvidas e preocupações sobre sua capacidade de absorver todas as informações dadas ao longo do curso;
- preocupação com seus ganhos econômicos no futuro.

- ## Serviços de atenção psicopedagógica

Podemos observar, portanto, que a vida universitária exige um grau de mobilização interna considerável, podendo levar o indivíduo a passar por situações de crise, entendida aqui como processo atípico na vida do sujeito, com elevação do nível da tensão psíquica e com tempo de duração limitada [Hahn, Ferraz & Giglio, 1999]. E diante de pressões emocionais intensas desencadeadas pelas situações críticas, há risco de prejuízos para o universo pessoal [Simon, 1989]. Esses são momentos privilegiados para intervenções preventivas e terapêuticas. A maiorias das faculdades públicas e algumas faculdades privadas que formam profissionais da área da saúde mantêm serviços de orientação, educação e aconselhamento em saúde mental. Esses serviços se reuniram em vários encontros recentemente realizados, os Encontros Estaduais Paulistas de Serviços de Assistência Psicológica ao Estudante Universitário, quando foi possível discutir e compartilhar experiências e traçar metas e objetivos comuns, adaptados à realidade de cada Serviço [Millan e cols., 1999]. De uma maneira geral, as principais atividades que têm sido realizadas pelos serviços de apoio psicopedagógico e de atenção à saúde mental dos estudantes são:

- orientação aos professores para encaminhamento precoce de alunos com dificuldades;
- diagnóstico precoce (entrevistas com primeiranistas);
- aplicação de questionários para rastrear dificuldades adaptativas;
- atendimento psiquiátrico;
- atendimento psicológico;
- apoio psicopedagógico para alunos com baixo rendimento;
- encaminhamento para outras instituições;
- reorientação vocacional e colocação ocupacional;
- orientação sobre como conciliar lazer e estudos;
- grupos de apoio para alunos que vêm de outras cidades, estados e países;
- grupos de discussão para resolver algum problema comum a vários alunos;
- entrevistas e/ou atendimentos a familiares dos alunos, quando necessário;
- entrevistas com alunos que apresentam problemas como questões de natureza socioeconômica, número de faltas preocupante, busca por trancamento de matrícula, reprovados por mais de uma vez, risco de não integralizar o curso.

A maioria dos serviços conta com psicólogos e psiquiatras. Alguns contam com assistentes sociais e pedagogos. Outros, ainda, estão inseridos em um Serviço de Saúde mais amplo, contando com outras especialidades, apresentando a multiprofissionalidade e multidisciplinariedade como forma de trabalho e como modelo de atenção holística. Nesse tipo de serviço, há oportunidade para a integração de dados médicos e psicológicos, por meio de reuniões formais e informais para discussão de casos e para estabelecimento de condutas conjuntas, quando necessário.

• Cuidados com o ambiente de aprendizagem

Além dos serviços, medida humanizadora importante ao nível da graduação é a que se refere ao cuidado com o ambiente de aprendizagem. No aprendizado de papéis novos, tal como o de "cuidador", é muito importante a atenção ao ambiente de aprendizagem, que deve ter a capacidade de conter o excesso de ansiedade que o aluno tem dificuldade de enfrentar, principalmente quando começa a entrar em contato com os pacientes, para que ele possa compreender, elaborar e integrar a situação difícil. As condições que circundam o aprendizado (*learning environment*) são determinantes para esse processo [Aach e cols., 1988]. A criação de uma atmosfera aberta e facilitadora atenua o estresse ligado ao processo de profissionalização; ao contrário, um clima educacional de intimidação tende a agravar o estresse dos alunos [Nogueira-Martins, 1998b].

Do ponto de vista psicológico, portanto, é necessário criar condições para que o aluno possa ser ouvido e compreendido, ao falar de seus sentimentos em relação a si mesmo e em relação ao cliente; é importante que ele perceba seus erros técnicos, mas também seus acertos, já que estes últimos serão elemento fundamental na constituição da identidade profissional. Se o aluno percebe que há no ambiente de aprendizagem uma restrição, uma crítica à veiculação dos aspectos emocionais do aprendizado, apresentará resistências para falar sobre seus problemas e sentimentos, principalmente para reconhecer em si alguns sentimentos não condizentes com os esperados de um profissional, como, por exemplo, o de não ter vontade de atender a um determinado cliente. Terá receio, ainda, de que, ao expor esses sentimentos para o professor e para os colegas, seja criticado e mesmo reprovado ou considerado fraco. Poderá construir uma imagem do professor (que será incorporada ao seu funcionamento psicológico) como a daquele que está somente em busca dos erros.

Como a maioria das atividades é realizada em grupos, faz-se mister destacar algumas questões relacionadas a grupos. O grupo psicológico é aquele em que seus membros, em determinado período, estabelecem uma interação sistemática. As pessoas conhecem-se, identificam-se (ao mesmo tempo em que se diferenciam), criando uma percepção coletiva de sua unidade. A estruturação e a organização do grupo psicológico dá-se pela convivência, pelo compartilhar de atividades comuns, resultando em uma dimensão grupal que é algo mais do que a soma das partes; é uma integração de distintos elementos, que constituem uma totalidade. O grupo psicológico difere, portanto, do ajuntamento de pessoas [Nogueira-Martins, 2000].

Os grupos podem evoluir de várias formas. Podemos dizer que um grupo está sadio quando mantém sua identidade grupal, tem flexibilidade quanto às posições e opiniões individuais, não cristaliza funções e papéis, permitindo que todos exerçam e assumam aspectos existentes em si mesmos. Pode-se dizer que quando os papéis ficam cristalizados, o grupo está doente, isto é, não está criativo, não permite que a energia circule, represando-a. Os grupos também não estão bem quando estão fechados em si mesmos, sem permeabilidade, mantendo contato muito tênue com a realidade circundante.

Os grupos jovens geralmente são depositários, por parte das instituições, tanto das esperanças e desejos de progresso como de suas partes fragmentadas, não integradas. Seria, grosso modo e guardadas as diferenças, semelhante ao que acontece nas relações pais-filhos. Os filhos devem, em tese, aprender com os pais, seguir suas orientações, continuar seu caminho, superá-los. Ao mesmo tempo, constituem terreno psíquico privilegiado para o trânsito das fraquezas dos pais, de seus aspectos não resolvidos, não integrados e, às vezes, de seus núcleos melancólicos, destrutivos. Como as crianças (e novamente muito bem guardadas as devidas diferenças), os alunos precisam, nas situações novas (tanto na entrada na Universidade como no início de cada nova atividade), de um tempo e um espaço para se perceberem, tomarem consciência de que estão em um novo contexto, conhecerem-se enquanto grupo, poderem fazer identificações, compartilhamentos de expectativas, ansiedades e de experiências anteriores à situação nova.

A experiência inicial acolhedora e agregadora cria um campo mais propício para a resolução ou, pelo menos, para a explicitação de dificuldades. Assim, se houver espaço e continência para a desintoxicação das angústias grupais, das rivalidades, da competição, o grupo pode tornar-se fonte de colaboração e compreensão, com a diminuição do receio de críticas. É fundamental, pois, o cuidado com a dimensão grupal no ambiente de aprendizagem.

É importante criar um clima de continência grupal por intermédio do fortalecimento dos laços entre seus integrantes [Navarro e cols., 1999]. O trabalho grupal, sendo focado no problema percebido como central pelos participantes, que estão vivendo situações semelhantes, cria coesão e companheirismo, que constituem os sustentáculos para minimizar os sentimentos de medo, fraqueza.

É função da equipe de ensino criar um ambiente de aprendizagem continente e facilitador, para que os alunos possam trabalhar suas dificuldades, compreender experiências, elaborar vivências.

Inclusão da dimensão psicológica na formação

As seguintes sugestões de atividades, voltadas tanto à inclusão da dimensão psicológica na formação como ao desenvolvimento da sensibilidade para o exercício da intersubjetividade, serão divididas em dois itens, conforme a população a que se destinam (alunos ou professores).

- ## Para alunos:
- cursos de Psicologia da Saúde, aproveitando os elementos da Psicologia Médica, adaptados à realidade de cada curso (Fonoaudiologia, Enfermagem, Nutrição, Fisioterapia, Tecnologia Oftálmica, Odontologia);
- grupos de reflexão sobre a tarefa assistencial; estes grupos podem ser montados tanto em áreas específicas de assistência, quando alunos poderão discutir os aspectos emocionais ligados aos atendimentos que realizam naquela área, como no programa do curso como um todo, quando poderão discutir suas vivências relacionadas a todas as áreas de atendimento;
- grupos de teatro pedagógico, com a utilização de *role-playing* do papel profissional, quando serão desempenhados papéis de profissional e de cliente em várias situações sugeridas pelo grupo (por exemplo, as situações mais temidas); as dramatizações são sempre seguidas de discussões, evitando-se sempre o exibicionismo, a crítica exagerada, a estereotipia;
- cursos teórico-vivenciais, com textos e *role-playing* sobre relação profissional-cliente; tanto pode haver discussão prévia de textos teóricos, seguida de *role-playing* comentado, como o inverso;
- cursos teórico-práticos sobre a comunicação com os clientes; nesses cursos, podem ser indicados textos sobre os aspectos comunicacionais da relação profissional-cliente[1] e também podem ser realizadas atividades práticas, de *role-playing*;
- cursos, seminários sobre a relação do aluno com tipos específicos de clientes considerados "difíceis";

---

[1] Para referências bibliográficas, ver Abdo (1996).

- grupos de sensibilização[2] sobre aspectos vários da relação profissional-cliente;
- *workshop*, oficina ou clínica[3], com temas específicos ou gerais
- oficinas de humanização, em que são combinados dois ou mais dos elementos anteriores, sempre tendo em vista a especificidade do grupo a que se destina [Nogueira-Martins, 2002b].

- ## Para professores, supervisores e equipe de ensino
  - grupos de reflexão sobre a tarefa assistencial;
  - grupos de teatro pedagógico, com a utilização de *role-playing* do papel profissional, abordando o tema da relação profissional-cliente;
  - grupos de teatro pedagógico, com a utilização de *role-playing* do papel profissional, enfocando questões relativas à relação professor-aluno, relação professor-grupo;
  - cursos teórico-vivenciais, com textos e discussão de vivências sobre a relação profissional-cliente e sobre a relação professor-aluno;
  - cursos teórico-práticos sobre a comunicação com os clientes;
  - seminários, *workshops*, grupos de sensibilização abordando temas como dinâmica de grupo, relação professor-aluno, com o objetivo de desenvolver conhecimentos, habilidades e atitudes quanto ao manejo das relações interpessoais em grupo, favorecendo o clima de supervisões e aulas (metas: criar clima colaborador, lidar com as dificuldades, manter o interesse dos alunos, favorecer a participação de todos os envolvidos, lidar com a competição, a rivalidade, os momentos difíceis do grupo);
  - com os especializandos, estagiários, pós-graduandos e residentes envolvidos nas atividades de ensino e supervisão, grupos de discussão e *role-playing* sobre seu papel formador frente aos alunos e sobre sua importância como modelo de profissional;
  - com os mesmos do item anterior, discussão de textos sobre os aspectos psicológicos envolvidos na tarefa assistencial;
  - grupos de discussão com supervisores – e demais encarregados das supervisões – para integração (primeiro, para si mesmos, visando à posterior transmissão aos alunos) dos aspectos psicológicos inerentes à atividade assistencial (reflexões sobre os aspectos emocionais presentes nos atendimentos; elaboração das frustrações e decepções com os atendimentos difíceis e com os abandonos do tratamento);
  - oficinas de humanização, em que se combinam dois ou mais elementos anteriores, com objetivos adequados às características do grupo.

- ## Aperfeiçoamento da dimensão pedagógica

  Além da dimensão psicológica, como parte de um processo amplo de formação profissional com vistas à humanização das práticas assistenciais, é imprescindível considerar a dimensão pedagógica da

---

[2] Também chamado "laboratório de sensibilidade", o grupo de sensibilização é o somatório de várias técnicas grupais para veicular uma experiência de treinamento e aprendizado de papéis. Combinam-se exercícios de comunicação, aulas, palestras, filmes, vídeo, dramatizações (Almeida, 1999).

[3] Trata-se da troca de experiências que permite treinamento em torno de uma teoria, de uma técnica ou de um método, ocupando espaço de tempo relativamente longo, como um fim de semana, por exemplo (Almeida, 1999).

função docente; esta, habitualmente, não é priorizada no ambiente universitário, pois, em geral, parte-se do princípio de que o professor que teve uma sólida formação na especialidade em que deve atuar como docente encontra naturalmente os meios para ensiná-la. Batista [1998] faz várias recomendações para o bom desempenho didático-pedagógico do professor universitário. Destaco aqui algumas, relacionadas diretamente à humanização do ensino:

- preocupar-se com a dimensão interpessoal do relacionamento professor-aluno; ser consciente do significado de sua atuação como referência ao futuro profissional;
- nas atividades docentes perante o cliente, estimular os alunos à humanização do atendimento;
- capacitar os alunos para orientar, adequadamente, os clientes e familiares quanto a tratamento, profilaxia e prognóstico das doenças;
- utilizar a tecnologia como recurso auxiliar do profissional de saúde, evitando desenvolver nos alunos o fascínio e a supervalorização em detrimento de uma adequada semiologia e relacionamento profissional-cliente;
- explicitar, discutir, conscientizar os alunos acerca dos determinantes curriculares do curso, possibilitando formação não dissociada do sistema de saúde vigente;
- discutir a participação e o engajamento dos alunos como elementos integrantes de uma equipe de saúde;
- enfatizar a dimensão sociobiológica do processo saúde-doença;
- desenvolver nos alunos o processo de Educação Permanente, empregando metodologias adequadas de auto-aprendizagem;
- estimular o interesse do aluno pela pesquisa.

Uma das necessidades verificadas na entrada dos alunos na Universidade é a preparação para novas técnicas de estudo. As mudanças ocorridas nas áreas da informação e comunicação influenciam diretamente a educação. O impacto das novas tecnologias altera a relação ser humano/conhecimento, exigindo novas formas de abordagem e metodologias de ensino. O volume da produção científica obriga a atualizações constantes e para isso devem ser desenvolvidas competências e habilidades específicas como: leitura crítica, estratégias de seleção, independência de referências externas (autodisciplina). A prática e incorporação destas competências e habilidades ocorre durante o ato de estudar e deve ser exercitada desde o período de educação formal. Assim, é importante:

- proporcionar maneiras interativas de estudo e aprendizagem;
- oferecer oportunidades para a incorporação de diferentes tecnologias neste processo;
- estabelecer interfaces com bibliotecas e centros de informação;
- criar um espaço de reflexão, estudo e atualização sobre diferentes abordagens, estratégias e alternativas para o processo de estudar e aprender;
- desenvolver pesquisas sobre o processo de estudo e aprendizagem do aluno universitário em Saúde.

A saúde do profissional de saúde

Luiz Antonio Nogueira Martins

Introdução

Atualmente, existem dados suficientes [Stanton e Caan, 2003] apontando para a necessidade de dedicarmos maior atenção ao tema referente à saúde dos profissionais de saúde, em especial à saúde mental. Estudos têm mostrado que médicos e enfermeiros apresentam níveis mais elevados de distúrbios emocionais do que outros profissionais de nível superior.

Neste capítulo, será abordada a questão da saúde mental dos profissionais de saúde, considerando o exercício profissional da medicina como modelo ilustrativo das outras áreas. Um dos motivos desta abordagem se deve ao fato de que, entre as profissões de saúde, o trabalho do médico é o que tem sido mais estudado tanto do ponto de vista psicológico como sociológico. Vale aduzir também que, embora conservando características próprias de cada profissão, vários aspectos da atividade profissional em saúde são compartilhados por médicos, enfermeiros, assistentes sociais, terapeutas ocupacionais, psicólogos, fisioterapeutas, fonoaudiólogos; no que diz respeito à saúde ocupacional, por exemplo, o sofrimento psíquico inerente ao trabalho no âmbito hospitalar [Pitta, 1991] é comum a todos esses profissionais.

Um exemplo desta assertiva pode ser constatado em uma antiga pesquisa sobre o trabalho de enfermeiras, realizado em um hospital de Londres, a respeito dos efeitos do estresse associado à tarefa assistencial [Menzies, 1970]. Nesse estudo, observou-se que havia um alto nível de tensão, angústia e ansiedade entre os enfermeiros, com faltas e abandonos da tarefa, mudanças freqüentes de emprego e uma alta freqüência de pequenos problemas de saúde que requeriam alguns dias de ausência de trabalho.

A autora refere que a situação de trabalho suscita sentimentos muito fortes e contraditórios nos enfermeiros: piedade, compaixão e amor; culpa e ansiedade; ódio e ressentimento contra os pacientes que fazem emergir esses sentimentos fortes; inveja do cuidado oferecido ao paciente. Menzies observou também que os pacientes e seus parentes nutrem sentimentos complexos em relação ao hospital, que são expressos particularmente e mais diretamente aos enfermeiros e que, freqüentemente, os deixam confusos e angustiados. Os pacientes e seus parentes demonstram apreço, gratidão, afeição, respeito; uma comovente crença de que o hospital funciona; solidariedade e preocupação para com os enfermeiros em seu difícil trabalho. Mas os pacientes freqüentemente se ressentem de sua dependência; aceitam de má vontade a disciplina imposta pelo tratamento e pela rotina hospitalar; invejam as enfermeiras pela sua saúde e competência; são exigentes, possessivos e ciumentos.

Este breve retrato psicodinâmico da tarefa profissional de enfermeiros com pacientes hospitalizados pode ser aplicado, em graus variados, ao conjunto dos profissionais que compõem a equipe de saúde. Diversas pesquisas sobre as relações entre o estresse ocupacional, as ambigüidades da profissão, o sofrimento psíquico e a saúde mental dos enfermeiros e auxiliares de enfermagem têm sido desenvolvidas recentemente em nosso meio [Angelo, 1989; Bianchi, 1992; Silva & Bianchi, 1992; Aquino,

1993; Chaves, 1994; Silva, 1996; Labate, 1997; Campiglia, 1998; Bianchini, 1999; Pedrosa & Vietta, 1991]. A profissão de Fonoaudiologia também tem sido contemplada com estudos quanto ao estresse profissional de seus primeiros atendimentos, ainda no curso de graduação [Nogueira-Martins, 1998].

Lado a lado com as semelhanças com a profissão médica, caminham as diferenças, as especificidades profissionais. Algumas profissões de saúde, por serem constituídas por população predominantemente feminina (Enfermagem, Serviço Social, Fonoaudiologia, Psicologia), têm acrescido ao desgaste estritamente profissional, a dupla jornada de trabalho e a tendência, infelizmente ainda existente, apesar dos grandes avanços dos movimentos de mulheres, de não se valorizar o trabalho feminino. As mulheres médicas, que atualmente constituem quase a metade do contingente médico [Machado, 1997], ainda sofrem preconceitos, obstáculos familiares e sociais para exercer a profissão.

Some-se a esses fatores a questão da hegemonia do discurso médico com relação aos demais profissionais de saúde e, conseqüentemente, as difíceis relações estabelecidas nas equipes interdisciplinares e teremos um panorama psicodinâmico bastante complexo sobre os profissionais de saúde.

Antes de passar aos aspectos específicos sobre a saúde mental do médico, observemos o que a abordagem sociológica das questões de saúde podem nos oferecer para melhor compreensão da realidade das profissões de saúde.

• As profissões de saúde no Brasil: aspectos sociológicos

Quanto às características da força de trabalho em saúde, Bordin e Rosa [1998] apresentam dados comparativos entre as décadas de 1980 e 1990:

– Crescimento acelerado da força de trabalho, com concentração geográfica dos profissionais e serviços de saúde na áreas metropolitanas e região sudeste;
– Aumento da participação feminina no emprego em saúde tanto entre os profissionais com formação universitária (de 18% para 35%), entre os médicos (de 12% para 21%) e entre profissionais sem formação universitária, sendo majoritária nas categorias de baixa qualificação na tarefa assistencial (atendentes) ou nos serviços gerais (serventes);
– Rejuvenescimento da força de trabalho em saúde, sendo mais pronunciada entre os profissionais de nível superior, em que os profissionais com idade entre 20 e 29 anos passaram de 14% para 26%;
– Aumento de absorção de empregos no setor privado, cuja participação passou de 23% para 34%, embora de caráter seletivo ao pessoal de nível superior nas atividades médico-hospitalares (entre os médicos passou de 22% para 37%);
– Extensão da jornada de trabalho e múltiplas ocupações do pessoal de nível superior (33% de todos os profissionais universitários e 46% dos médicos trabalhavam mais de 50 horas semanais) como mecanismo de compensação para perdas salariais e para substituição da ocupação autônoma.

• A saúde do trabalhador em saúde: modelos conceituais

Em função do conhecimento adquirido a partir de pesquisas sobre as relações entre a atividade laboral e a saúde física e mental do trabalhador em geral, diversos estudos se desenvolveram buscando conhecer e desvendar eventuais correlações entre a prevalência de distúrbios emocionais e disfunções profissionais em médicos e a natureza estressante do trabalho em saúde [Burbeck e cols., 2002; Sutherland e cols., [1993].

Diversas pesquisas têm mostrado que os profissionais de enfermagem se constituem em grupo de risco para o desenvolvimento de distúrbios emocionais e disfunções profissionais e que certas características do exercício profissional e da organização do trabalho podem contribuir para o desencadeamento de distúrbios emocionais [Aguir e cols., 2000; Bianchi, 2000; Stechmiller e Yarandi, 1993]. No campo de estudo sobre as relações entre o trabalho em saúde e a saúde mental do trabalhador, habitualmente três modelos conceituais têm sido utilizados na elaboração de pesquisas: estresse-adaptação, *burnout* e demanda-controle.

Resumidamente, o modelo conceitual de estresse apóia-se em uma concepção interacional que compreende o binômio *estresse-adaptação*. Em sua origem, o termo *stress*, que veio da Física, se refere ao grau de deformidade que uma estrutura sofre quando é submetida a um esforço. O termo foi introduzido em medicina para nomear o conjunto de reações que um organismo desenvolve ao ser submetido a uma situação que exige um esforço adaptativo. Assim, o conceito de estresse está intimamente ligado à noção de *adaptação*. Uma definição operativa de estresse pode ser assim formulada: "Estresse é a resposta adaptativa do nosso organismo (corpo e mente) às pressões internas (conflitos, desejos, ambições, expectativas, etc.) e externas (pressões vinculadas ao exercício profissional, às condições de vida, entre outras).

Embora os fatores que produzam a resposta adaptativa de estresse sejam inerentes à vida (*"viver é muito perigoso", nos ensina o médico e escritor Guimarães Rosa)*, na atualidade, os estímulos estressantes oriundos do mundo do trabalho vêm adquirindo um papel extremamente importante na vida das pessoas. O nível de e*stresse profissional* está cada vez maior em virtude das rápidas mudanças tecnológicas, às inovações de métodos de trabalho, aos mercados extremamente competitivos, à busca incessante de metas e resultados, das vicissitudes da atividade econômica (recessão) e, em particular, ao desemprego (ou subemprego). Este último fator – o desemprego ou o temor da perda do emprego – é provavelmente uma das maiores ameaças ao equilíbrio adaptativo das pessoas e responsável, em parte, pelo estado de *stress* negativo (distress) dos profissionais. O inevitável aumento da carga de trabalho, a expectativa dos resultados, os prazos curtos e o temor de fracassar tendem a gerar um estado de tensão contínuo. Do processo de avaliação (percepção, reconhecimento e identificação) dos fatores estressores ou estressantes participam as variáveis individuais (características de personalidade, estilo de vida, experiências anteriores, etc.) que definem as assim chamadas estratégias de enfrentamento (*coping*) que são as formas habituais que os indivíduos utilizam para lidar com as situações estressantes.

Um outro modelo conceitual utilizado no campo de pesquisa sobre a saúde mental dos trabalhadores em saúde é conhecido pela expressão em língua inglesa *burnout*. A chamada síndrome do *burnout* ou síndrome do estresse profissional tem sido reconhecida como uma condição experimentada por profissionais que desempenham atividades em que está envolvido um alto grau de contato com outras pessoas. Esta síndrome tem sido definida como uma resposta ao estresse emocional crônico intermitente. A síndrome do *burnout* caracteriza-se por exaustão emocional, despersonalização (no sentido de despersonalizar o atendimento dos pacientes), redução da realização profissional, da eficiência e da produtividade. A sintomatologia é variada e habitualmente composta por sintomas somáticos, psicológicos e comportamentais.

Os sintomas somáticos compreendem: exaustão, fadiga, tensão muscular, cefaléias, distúrbios gastrointestinais e alterações do sono. A sintomatologia psicológica costuma manifestar-se por humor depressivo, irritabilidade, ansiedade, rigidez, negativismo, ceticismo, alheamento e desinteresse. A sintomatologia característica de um quadro disfuncional expressa-se no comportamento profissional: fazer consultas rápidas, evitar os pacientes e o contato visual e colocar rótulos depreciativos são alguns exemplos ilustrativos.

Um profissional que está *burning-out* tende a criticar tudo e todos que o cercam, tem pouca energia para as diferentes solicitações de seu trabalho, desenvolve frieza e indiferença para com as necessidades e o sofrimento dos outros, tem sentimentos de decepção e frustração e comprometimento da auto-estima [Rodrigues, 1998].

Termo objeto de controvérsias na literatura, o *burnout* tem sido utilizado para definir um quadro de exaustão emocional que é compreendido como decorrente de uma resposta ao estresse emocional crônico intermitente associado à atividade assistencial-cotidiana. Nesse sentido, alguns autores consideram *burnout* como sinônimo de *estresse ocupacional assistencial*. Uma outra vertente, que tem procurado chamar a atenção para a importância de se identificar este quadro de exaustão emocional em profissionais da área da saúde que prestam assistência aos pacientes, tem denominado o quadro de *burnout* de "*síndrome do assistente desassistido*".

Um terceiro modelo conceitual que merece ser destacado, tanto pela sua importância como elemento contributivo para o gerenciamento da organização do trabalho em saúde como pelo caráter dinâmico e interacional da sua concepção, é o modelo Demanda – Controle [Karasek, 1979]. Neste modelo, a demanda psicológica do trabalho do profissional é relacionada com o grau de autonomia e controle que ele tem sobre a sua atividade podendo-se portanto caracterizar atividades que apresentam maior ou menor grau de insalubridade psicológica e de risco de desenvolvimento de problemas de saúde. De acordo com esse modelo é possível se fazer uma categorização das atividades laborais segundo o grau de insalubridade psicológica da tarefa. Karasek classifica a atividade laboral em quatro grupos:

– **alta exigência de trabalho** (que se caracteriza por uma alta demanda psicológica no exercício profissional e com baixo controle sobre a atividade, por exemplo plantonistas de serviços de emergência);
– **trabalho ativo** (alta demanda psicológica e alto controle da atividade, por exemplo cargos de direção em instituições de saúde como diretor clínico de um hospital público);
– **trabalho passivo** (baixa demanda psicológica e baixo controle, por exemplo trabalho burocrático repetitivo com pouco responsabilidade da tarefa) e
– **baixa exigência** (baixa demanda e alto controle, por exemplo profissionais em particular no serviço público que, em função dos baixos salários, apadrinhamento político ou caracteropatia não compareçam ao local de trabalho ou quando o fazem não trabalham).

• A saúde do médico

Os dados disponíveis sobre a saúde do médico têm indicado que certos hábitos nocivos à saúde como o hábito de fumar e o sedentarismo estão em declínio o que tem contribuído para uma diminuição na morbi-mortalidade em virtude das doenças associadas a esses hábitos. Na área da saúde mental no entanto os dados não são animadores. Uma alta prevalência de suicídio, depressão, uso de substâncias psicoativas, distúrbios conjugais, estresse, *burnout* e disfunções profissionais em médicos, assim como altos índices de estresse e depressão em residentes de medicina (em especial residentes de primeiro ano) têm sido descritos na literatura médica [Nogueira-Martins, 1989, 1990; Nogueira-Martins, 2002]. Um sentimento de infelicidade manifestado por médicos tem sido objeto de preocupação de associações profissionais e órgãos reguladores do exercício profissional [Smith, 2001; Edwards e cols., 2002].

No Brasil, pode-se afirmar, sem receio de errar, que certas condições do trabalho médico na atualidade fazem com que o exercício profissional em saúde, principalmente em alguns serviços de emergência da rede pública de assistência médica, seja considerado como uma atividade extremamente insalubre, penosa e perigosa para a saúde física e mental do médico [Nogueira-Martins, 2002].

Machado [1997] em excelente estudo sobre o perfil do médico brasileiro, realizado pela Fiocruz, salienta que as relações de trabalho, o tempo dedicado à atividade profissional, as formas de remuneração e as questões éticas têm uma influência significativa na saúde do médico; adverte, ainda, que o médico está entre as categorias que menos valoriza estes fatores de risco no trabalho.

Há dados oriundos de estudos nacionais demonstrando que as condições de saúde do médico no Brasil não estão dentro de parâmetros recomendáveis de bem-estar. O mais extenso e aprofundado estudo sociológico sobre o médico brasileiro [Machado, 1997] revelou que 80% dos médicos brasileiros consideram a atividade médica desgastante e atribuem esse desgaste aos seguintes fatores: excesso de trabalho/múltiplos empregos, baixa remuneração, más condições de trabalho, alta responsabilidade profissional, relação com os pacientes, cobrança da população e perda da autonomia.

Um estudo sobre a mortalidade em médicos, realizado em Porto Alegre [Agosto e cols., 1998], mostrou que as principais causas de morte de médicos falecidos em 1996 foram: doenças cardiovasculares (40%), neoplasias (30%), causas externas (12%), doenças do aparelho respiratório (9%), doenças do aparelho digestivo (4%), outras doenças (6%). Vale assinalar que em relação às causas externas (12% das mortes), os homicídios representaram 5%, os suicídios 5% e a morte por afogamento 2%.

Estudo recente realizado pela Fundação Seade e pelo Conselho Regional de Medicina do Estado de São Paulo revelou um dado preocupante ao constatar que 11% dos óbitos de médicos na faixa etária entre 20 e 39 anos foram causados por suicídio. Embora o suicídio seja universalmente conhecido como uma das principais causas de morte em médicos, o que chama a atenção nessa pesquisa é a faixa etária, atingindo médicos relativamente jovens, ao contrário de estudos realizados em outros países, que mostram uma incidência maior na faixa entre 45 e 60 anos.

Pesquisa realizada pelo Sindicato dos Médicos de São Paulo [Oliveira e Tomé, 2000] sobre a violência no local de trabalho revelou os seguintes dados: 40,8% dos médicos relataram ter sofrido algum tipo de violência no local de trabalho, sendo que 80% dos atos violentos ocorreram em hospitais públicos, principalmente em unidades de Pronto-Socorro (62%).

O comprometimento do estado de saúde do médico brasileiro é multideterminado, ou seja, deve-se à interação de diversos fatores. O exercício atual da medicina no Brasil tem se tornado cada vez mais difícil em conseqüência de um conjunto de fatores que têm conduzido ao aumento do estresse profissional do médico [Nogueira-Martins e Nogueira-Martins, 1998; Nogueira-Martins, 2002]. Assim, a desordenada criação de novas escolas médicas (com o conseqüente crescimento do número de profissionais e aumento da competição entre os médicos), o acelerado desenvolvimento de novos recursos diagnósticos e terapêuticos (que leva a uma necessidade constante de atualização), a crescente presença das empresas compradoras de serviços médicos (que levaram à perda do caráter liberal da prática profissional) e a promulgação de novas normas e leis, como, por exemplo, o Código de Defesa do Consumidor (que levaram a um aumento do número de denúncias e processos tanto na esfera judicial como no âmbito ético-profissional), são fatores que pressionam os profissionais e que têm produzido profundas transformações na profissão médica.

Essas pressões e mudanças levaram à perda da autonomia do profissional, perda de remuneração (que conduz ao multiemprego), aumento da competição com mudanças no comportamento ético na disputa profissional (o império do "salve-se quem puder"), maiores dificuldades no relacionamento com os pacientes (em virtude de uma maior cobrança social), aumento do risco profissional (aumento dos processos éticos e judiciais), insatisfação com a profissão (perda ou diminuição da auto-estima) e conseqüentemente maiores riscos para a saúde física e mental.

Os riscos ocupacionais para a saúde do médico podem estar ligados às relações de trabalho ("proletarização", perda da autonomia, competição "selvagem"), riscos biológicos (exposição a fluidos orgânicos como sangue e secreções), físicos (radiações), químicos (gases anestésicos), ergonômicos (condições de trabalho em especial nos plantões como iluminação, conforto térmico e acústico, alimentação). Assim, toda atividade profissional que exponha o médico a esses riscos deve ser considerada insalubre. É importante salientar que a questão da insalubridade ocupacional não pode e não deve ser resolvida somente com compensações trabalhistas como adicionais de periculosidade ou de insalubridade na medida em que, embora justos e merecidos, tais adicionais podem eventualmente, mascarar o problema ou mesmo protelar medidas necessárias para tornar o ofício menos insalubre e arriscado.

Uma situação ilustrativa é a questão da violência no local de trabalho. É absolutamente legítimo que sejam criados estímulos pecuniários para estimular os médicos a trabalharem nas zonas periféricas dos grandes centros urbanos, recebendo adicionais pertinentes. No entanto, considerando-se que a violência é uma questão social extremamente grave e obviamente de difícil resolução a curto prazo (por envolver medidas socioeconômicas e educacionais que incluem, entre outras, a criação de postos de trabalho e a capacitação educacional e profissional de uma larga parcela da população), há necessidade de medidas imediatas para proteger o profissional. Outras medidas, tão importantes quanto garantir a integridade física dos profissionais, compete às entidades médicas, no sentido de dar continuidade às denúncias sobre os riscos das condições de trabalho e aumentar as pressões junto aos gestores públicos para a implementação de políticas emergenciais de combate à violência, à exclusão social e aos seus desdobramentos no campo da saúde dos profissionais e da população.

Medidas preventivas

As associações de classe e os órgãos reguladores do exercício profissional têm tido um importante papel, informando e estimulando o debate sobre os fatores de risco para a saúde dos médicos e propondo o desenvolvimento de modelos de intervenção e de ajuda. Nesse sentido, merecem ser destacadas várias iniciativas do Conselho Regional de Medicina de São Paulo (CREMESP), como a promulgação de uma resolução (090/2000) que normatiza preceitos para a melhoria das condições de saúde ocupacional dos médicos, a criação de uma rede de apoio para médicos com dependência química e a recente edição de um *Guia da relação médico-paciente*, que contém várias informações e recomendações valiosas e úteis tanto para o médico como para os pacientes, objetivando a estimular e facilitar a quebra de preconceitos e, conseqüentemente, contribuir para atenuar a crescente desconfiança recíproca que vem ocorrendo no relacionamento entre médicos e pacientes. O desarmamento recíproco, por meio da informação e conhecimento dos direitos e deveres de pacientes e médicos, busca facilitar a construção de uma parceria entre profissionais e usuários, elemento fundamental para a melhoria do exercício profissional.

No âmbito do aparelho formador, as boas escolas médicas têm, cada vez mais, procurado conscientizar o jovem estudante em relação ao estresse inerente à formação durante o curso médico e às vicissitudes do exercício profissional, assim como quanto às dificuldades adaptativas e aos distúrbios emocionais e comportamentais associados (depressão, uso de substâncias psicoativas, etc); vários serviços de assistência à saúde dos estudantes e médicos têm sido criados nas escolas médicas [Millan e cols., 1999]. Na Residência Médica e na Pós-Graduação (*lato* e *stricto sensu*), são de extrema importância a adoção de medidas que contribuam para a redução do estresse do treinamento e a criação de serviços de atenção à saúde mental de residentes e pós-graduandos, que promovam e facilitem o crescimento profissional e pessoal dos residentes e pós-graduandos; são objetivos a serem atingidos por esses serviços: prevenir disfunções profissionais e distúrbios emocionais, oferecer atendimento psicológico e psiquiátrico, assessorar os supervisores e coordenadores de Programas de Residência Médica e Programas de Pós-Graduação; desenvolver projetos de pesquisa para identificar os fatores de estresse, as disfunções profissionais e os distúrbios emocionais que ocorrem durante o treinamento [Nogueira-Martins e cols., 1997].

A saúde do estudante, do médico e de todos os profissionais da área da saúde são um bem inalienável merecedor de uma especial atenção por parte dos responsáveis pela formação dos profissionais e dos gestores dos serviços públicos e privados em saúde. O ônus de se descuidar do bem-estar do estudante e do profissional recairá, como vem já vem ocorrendo, sobre os profissionais e sobre os usuários. Trata-se, portanto, de uma questão de saúde individual e de saúde pública.

A intermediação do trabalho médico

Raul Gorayeb

• Introdução

A relação entre o médico e seu cliente sempre foi, historicamente, uma questão pessoal, de foro íntimo, quase que excluída de elementos outros que remetiam a considerações de ordem coletiva. Mesmo entre os gregos, na antiguidade, cuja vida social e comunitária na *polis* tinha um peso muito grande, as questões de saúde participavam da construção de valores e normas sociais, mas o adoecer era tido como uma questão que merecia tratos especiais para a preservação da privacidade e intimidade do doente e sua relação com seu médico. Os textos que compõem o *Corpus Hipocraticus* e que contêm o famoso Juramento de Hipócrates, cujo modelo seguimos até hoje, são abundantes em exemplos do cuidado que se tinha ao recomendar sigilo, discrição e outros procedimentos para proteger e resguardar a intimidade do doente.

Para datar alguns elementos da nossa exposição, podemos dizer que foi no fim do século XVII, com a transformação do Hospital no centro da cena médica, que estas questões começaram a mudar, tendo a sua consolidação se dado ao longo do século XVIII. Se antes o médico ia à casa do doente e era o quarto de dormir com seu leito habitual o palco mais comum da cena de relação entre ambos, tendo geralmente como platéia participante a família, aos poucos este cenário foi se deslocando para o leito do hospital instalado nos quartos ou enfermarias do mesmo. Até no que diz respeito às consultas e atendimentos ambulatoriais, foi ocorrendo gradualmente a mudança de cenário da casa do cliente para os consultórios, que começam a surgir na mesma época. Com a crescente complexização dos procedimentos, da infra-estrutura que está por trás do mais simples dos atos médicos nos dias de hoje, temos uma cena transfigurada quanto aos seus padrões originais de intimidade e privacidade. A assistência médica e o acesso aos benefícios oferecidos pelos Serviços de Saúde passaram a ser assunto de políticas públicas e de governos em todas as esferas. O surgimento de hábitos de seguridade, a contratação de seguros para cobrir riscos eventuais com gastos pessoais com a saúde, tudo isso veio imprimir características novas ao relacionamento entre os protagonistas da cena médica, que acabamos por nos acostumarmos a nomear de modo diferente: os usuários e os prestadores de serviços de Saúde, bem como as instâncias intermediadoras quase sempre presentes entre eles.

Como no plano geral deste livro a intenção é exercer um olhar psicológico sobre as mais variadas características do processo de relacionamento do profissional de saúde com o seu cliente, achamos que surgem vários tipos de problemas peculiares diante desta crescente intermediação nas relações entre ambos que merecem atenção à parte. Algumas que escolhemos para uma observação mais acurada por nos parecerem relevantes são:
1. O Sistema Único de Saúde (SUS) e as políticas públicas
2. Os Planos e Empresas particulares que oferecem assistência à Saúde

3. As atividades de Seguro na área da Saúde
4. Os meios de comunicação e a divulgação de notícias no campo da Saúde

Todas estas questões, embora pareçam distantes umas das outras, têm em comum, no entanto, o fato de que se introduz um terceiro elemento entre o profissional e seu cliente, mudando vários aspectos de uma relação que antes se fazia diretamente entre os dois. A situação psicológica ganha novos elementos que devem passar a ser considerados. Muitos de seus componentes têm seu valor relativo alterado, a responsabilidade de cada um, a confiança, as expectativas, tudo tem de ser redistribuído e com isto também se criam outras variáveis que devem ser incluídas em nossa observação. Tentemos analisar mais de perto algumas delas.

• O SUS e as políticas públicas

Nos países que têm uma visão paternalista do Estado, como o Brasil, encara-se há muitos anos a assistência à Saúde como um Bem que os governos têm a obrigação de oferecer à população e esta passa a ser confundida com mais um dos serviços públicos, criando aos poucos, sem que ninguém perceba, uma certa acomodação em aceitar o que se recebe sem a respectiva atitude de discernimento e avaliação acerca do que é oferecido, como ocorre com a maioria dos recursos públicos em nosso país. Quase ninguém se dá conta da atitude passiva, quase inercial, que vai se instalando na população e faz com que a clientela dos serviços de saúde deixe de exercer sua parcela de responsabilidade na vigilância da qualidade e adequação do serviço que recebe. Um aspecto saudável das relações entre o cliente e o profissional de saúde depende da possibilidade do primeiro não assumir uma atitude de extrema dependência e conservar certa autonomia, o que lhe possibilita avaliar minimamente o tipo de atenção que está recebendo e fazer as reivindicações que desejar. Na relação médico-paciente sabemos que é necessário conservar um equilíbrio de forças para que nem o paciente nem o médico se sintam, por qualquer motivo, inferiorizados. Sabemos que a condição de doente que vem pedir ajuda já cria certa tendência a uma atitude submissa da parte do cliente. Em um sistema com visão paternalista do Estado, há certa tendência a se considerar tudo que vem desta fonte como algo que se deve agradecer e de que não se deve queixar. Temos então o Estado funcionando como um Terceiro na relação entre ambos e, neste caso, a função deste Terceiro é criar um clima de submissão que freqüentemente passa desapercebido por ambas as partes e prejudica o resultado do trabalho. Para o médico, muitas vezes resta um clima de acomodação que pode minimizar esforços em várias circunstâncias; para o cliente, por sua vez, a acomodação se reflete no conformismo que freqüentemente toma conta da clientela que freqüenta os serviços públicos de saúde. Estamos tão acostumados a esta situação que hoje em dia fica difícil que qualquer das partes se aperceba do que ocorre. Há que lembrar que na verdade o serviço de Saúde oferecido pelo Estado à população não é gratuito, uma vez que os cidadãos contribuem com sua manutenção por meio do pagamento dos Impostos; ainda assim a maior parte das pessoas encara como uma espécie de doação aquilo que é ofertado. Por sua vez, em nosso país, o Estado costuma desrespeitar a ambos, médicos e clientes, ao oferecer remuneração profissional aos que trabalham na área da Saúde que fica aquém de um mínimo respeitável. Com isto, vemos que no caso dos serviços públicos de assistência à Saúde da população as condições para o desenvolvimento de uma boa relação entre seus protagonistas fica bastante comprometida.

A ilustrar estas idéias temos visto alguns pesquisadores analisando a qualidade dos serviços de saúde à população que começam a dar maior importância à qualidade afetiva das relações entre médicos e clientela como um dos fatores que podem promover aumento do nível desta qualidade. Não é apenas através de recursos tecnológicos que esta melhora pode ocorrer. A qualidade do fator humano, ou seja, as qualidades pessoais do médico possibilitando-o a se relacionar bem com os clientes nos serviços públicos influi significativamente nos resultados finais da assistência prestada. Embora isto seja aparentemente óbvio para muitos, parece que em um mundo onde impera uma linguagem altamente racionalizada, é necessário que uma pesquisa formal evidencie o óbvio para que ele possa ser levado em conta novamente.

Tem que ser dito que, de um modo geral, com a unificação dos serviços públicos de Saúde houve uma grande melhora na utilização racional dos recursos, pois com uma centralização administrativa e certa dose de integração entre os mesmos, os clientes se beneficiam e até poderiam ser mais bem assistidos. Antes, com uma grande quantidade de serviços e institutos de previdência e assistência médica, quem mais sofria as conseqüências da fragmentação era a própria população, que muitas vezes deixava de ser assistida por não saber identificar os serviços a que tinha direito. Outras vezes, observava-se um reflexo de certas disputas políticas na definição de competências entre as instâncias municipais, estaduais e federais, isto sempre levando a lacunas na rede assistencial cujos prejudicados eram sempre os usuários. Com o SUS, muitas destas questões podem ser superadas e pode de fato haver grandes benefícios ao atendimento da população. Resta poder incluir nos critérios de qualidade o reconhecimento de boas condições de trabalho para os profissionais de Saúde em geral e a percepção da importância de uma boa relação entre os profissionais e a clientela como fatores fundamentais a permitir melhorias significativas nesta qualidade.

• Os Planos e Empresas particulares que oferecem Assistência à Saúde

A assistência médica ganhou nos últimos anos um incremento de insumos tecnológicos que a transformou em prática altamente sofisticada e, na maioria das vezes, muito dispendiosa, tirando mais uma vez da dupla médico-paciente a possibilidade de ambos decidirem o destino e a forma de suas relações. O lucro entra aqui como o Terceiro desta relação.

Se saímos fora do âmbito das obrigações estatais cujo grande perigo é, como vimos, o fantasma do paternalismo excessivo, entramos neste outro caso na questão do lucro a reger as formas de relação entre médicos e clientes quando os serviços contratados têm de ser remunerados diretamente.Mais uma vez devemos lembrar alguns fatos históricos para não nos perdermos ou fazermos interpretações muito distorcidas. O pagamento dos serviços do médico e dos outros profissionais da Saúde não é nenhuma novidade e existe desde sempre. Por mais que valorizemos os aspectos altruístas da profissão e que abusemos da imagem da medicina como um sacerdócio, o médico sempre foi visto como um profissional que vive do seu trabalho e merece remuneração por ele. Neste aspecto particular me parece que pouca coisa mudou, uma vez que em nossa cultura ainda permanece o hábito de a remuneração do médico ser assunto decidido entre ele e o seu cliente. O que entra em jogo como novidade nos tempos atuais são justamente os procedimentos e recursos disponibilizados à prática da medicina para diagnósticos e alguns tratamentos que muitas vezes não pertencem ao próprio médico e são oferecidos por terceiros que obrigatoriamente passam a protagonizar a cena médica. Talvez os próprios médicos não tenham se dado conta até hoje das implicações destas mudanças, mas seus reflexos se fazem sentir cada vez mais.

Não se trata de fazer qualquer tipo de julgamento moral quanto ao lucro, mas se agora temos um intermediário entre o médico e seu cliente e o seu interesse é obter lucro das relações entre ambos, ainda que propiciando a eles os recursos materiais para atingirem seus objetivos comuns, este intermediário modificará por completo a situação como um todo. Se estas questões estão sendo aqui lembradas não é por outra razão senão a de que somente com a clareza da sua existência é que podemos compreender as distorções que vemos freqüentemente se instalarem nas relações entre os protagonistas da nova cena médica nos dias atuais. Poderemos também extrair ensinamentos sobre outros aspectos da psicologia desta nova configuração.

O primeiro ponto a ser destacado é o seguinte: tendo os serviços de assistência à saúde se tornado muito dispendiosos, as empresas que oferecem planos de assistência o fazem baseando-se em cálculos estimativos dos gastos médios com uma dada população e, a partir disto, repartem os custos entre todos os potenciais usuários, de forma igual. Como a vida não é previsível, nem sempre os fatos ocorrem como desejamos e, neste caso, os cálculos estimativos perdem seu valor. Se o assunto tivesse de ser resolvido entre os diretamente implicados, no caso o médico e seu cliente, ambos chegariam a pontos comuns de concordância. No caso de haver um intermediário e sua lógica ser a lógica do lucro, não temos como exigir dele nem sequer uma referência ética a nortear suas atitudes, como podemos fazer com o médico, e sua ação acabará por ser a de interferir na relação médico-paciente para proteger seu lucro. Com isto, muitos aspectos importantes daquela relação se vêem ameaçados, já que a liberdade de discernimento do médico não pode ser exercida e que ambos acabam por ter de se mover dentro de um universo delimitado pelo que permitem os recursos colocados à disposição de ambos pelo patrocinador material da relação.

Não tenho dificuldades em perceber que estou opinando claramente por considerar que do ponto de vista ético a intermediação do trabalho médico fere certos princípios básicos desta ética e a mim parece que este é um dos fatores mais importantes a alterar a tranqüilidade das relações entre o médico e seu cliente nos dias de hoje, uma vez que, fora dos recursos do Estado, estas relações sofrerão ingerências de seus patrocinadores. Como isto não é explicitado, são inúmeros os movimentos de disfarce e inverdade que permeiam as trocas entre estes protagonistas levando a muita decepção e sofrimento. Quando o bem em questão é a saúde ou a própria vida não se pode ter como referência o modelo de uma transação que envolve bens de outra natureza, como bens materiais.

Psicologicamente esta situação cria constrangimentos tanto para o médico como para os clientes, que freqüentemente vêem ser ameaçadas suas expectativas de receber a assistência adequada às suas necessidades. Muitas vezes os médicos e a equipe de saúde acabam por ter de exercer uma delicada ação de continência sobre as angústias que se instalam em certas situações quando as restrições burocráticas impedem o exercício livre das ações assistenciais. Devemos mencionar também o desconforto por que passam muitos médicos quando têm de exercer a clínica com restrições de uso de recursos por motivos de economia. Poderíamos não estar lembrando estas questões, pois não fazem parte da imagem idealizada que se costuma cultivar das práticas médicas; no entanto, todos sabemos que na realidade do cotidiano estas coisas acontecem e se não se puder começar a falar abertamente destes incômodos teremos maiores dificuldades para criar condições de superá-los.

Não devemos nos esquecer do que foi dito em muitas outras partes deste livro a respeito da fragilidade psicológica a que é submetido o indivíduo que fica doente e precisa contar com a ajuda dos outros para se recuperar. A falta de sensibilidade para estes aspectos da prática clínica muitas vezes leva a se instalarem complicações no curso clínico de um processo de tratamento, fato que é bem conhecido de todos nós. Chamando a atenção do médico para estes aspectos imaginamos que ele possa perceber melhor os fatos e interferir de modo adequado, além de evitar que estes fatores de perturbação permaneçam encobertos, mas agindo de forma negativa dentro da relação com o cliente.

• As atividades de Seguro na área da Saúde

Quase tudo que foi dito na sessão precedente se aplica também à questão dos seguros na saúde. Principalmente nos aspectos relacionados à situação de ser a Seguradora a responsável pela cobertura dos custos dos procedimentos médicos. Muitas seguradoras, além de fazer seguros propriamente, oferecem os chamados planos de saúde, o que foi alvo de nossas considerações na sessão precedente deste texto. Mas também elas oferecem outras modalidades de serviços com características de seguro propriamente, dando cobertura a acidentes e eventualidades quanto à saúde do segurado. Os mesmos problemas de ser uma relação regida pela lógica do lucro estão aqui presentes.

Uma novidade que sabemos ser um hábito difundido em outros países, particularmente nos EUA, vem ganhando espaço entre os médicos brasileiros, que são as modalidades de seguros para os médicos se protegerem de eventuais processos judiciais que venham a ser promovidos por seus clientes contra eles para serem compensados de danos ou insatisfações decorrentes do tratamento recebido. Há que se falar algo dos aspectos psicológicos destas situações.

Quando um cliente decide processar um médico que o assistiu, independentemente dos motivos e razões que o levam a isto, deve ser reconhecido que a relação de confiança que deveria existir entre ambos se perdeu. Portanto o processo judicial já é em si um atestado da falência das relações médico-paciente naquele caso. A confiança é o pilar básico sobre o qual repousam todos os outros aspectos psicológicos desta delicada relação. A prática médica não é e nem pode ser comparada a um jogo de adivinhações sobre o futuro e um ato médico não pode ser capaz de prescrever os resultados de seus efeitos antes de ser executado. Sabemos que, sendo o médico um ser humano e falível, pode haver, como de fato há, ocasiões em que ele falha, e estas falhas podem ser tanto decorrentes de negligência ou imperícia de sua parte como também devidas a fatores outros que escapam ao seu controle. Já dizia Aristóteles há mais de dois mil anos, que pode haver cobrança ética por um ato humano que foi decorrente de uma escolha, mas não se pode cobrar de alguém a responsabilidade por algo que não dependeu de sua vontade ou escolha. Muitos processos judiciais promovidos contra médicos são decorrentes não de um desejo de reparar um erro e sim uma reação de inconformismo diante de uma realidade que não se quer aceitar. Estes aspectos delicados que estão presentes nestas situações devem ser bastante trabalhados pelo médico, principalmente quando há necessidade de proceder a intervenções de risco ou quando se acompanha situações graves que modificarão significativamente a vida do cliente no futuro. Nunca é demais esclarecer ainda que por várias vezes, e não ter receio de retomar o assunto com o cliente e seus familiares, informando com clareza dos riscos a que cada procedimento médico pode expor as pessoas.

Embora este possa parecer ser o procedimento mais protetor, não vemos com bons olhos esta corrida desenfreada aos seguros da parte dos médicos com o intuito de se proteger de futuras complicações. Acreditamos sim que o médico deva investir em sua boa formação profissional e compreender que esta inclui a possibilidade de aprender a se preparar para enfrentar situações difíceis também no que diz respeito ao seu relacionamento com o cliente, com os colegas e consigo mesmo, como sempre foi proposto no âmbito da Psicologia Médica como treinamento essencial do aprimoramento profissional do médico.

• Os meios de comunicação e a divulgação de notícias no campo da Saúde

Este tópico foi incluído em nossas discussões por possuir um ponto em comum com os precedentes: a intervenção de um Terceiro nas relações entre médico e cliente. Neste caso, no entanto o

Terceiro fica mais difícil de explicitar, ainda que exista. Talvez seja uma figura nebulosa, quem sabe de difícil personificação, ainda que se recorra a imagens figuradas. Todas as relações humanas são influenciadas pelas fantasias e pela imaginação e uma das mais características dos tempos atuais tem a ver com aspectos de Verdades Absolutas, Perfeição e Liberdade. As crenças subjacentes ao modelo Positivista de Ciência fazem as pessoas acreditarem que a Ciência produz uma Verdade que, ao ser grafada com letra maiúscula, pretende indicar a qualidade superlativa que é atribuída a este conceito pela própria Ciência, evitando assim o reconhecimento de suas limitações quanto ao que produz. Por outro lado, a relativa eficácia atingida pela tecnologia ao ampliar nossas capacidades de interferir na realidade também leva à crença fantasiosa de que com a técnica poderemos eliminar todas as imperfeições indesejáveis do âmbito de nossas vidas. Como a vida humana continua sendo finita assim como as nossas capacidades, e não parece que isto possa ser modificado, tem sido conferida ao médico a função de lidar mais de perto com estas limitações e suas conseqüências.

Aos profissionais dos meios de comunicação em geral estas questões e muitas outras de importância vital nem sempre parecem importar, pois por trás do tão propalado conceito de "liberdade de Imprensa" freqüentemente usado como sinônimo de Liberdade em Geral o que eles defendem é apenas a possibilidade de expressar publicamente qualquer coisa que queiram, sem se ater a qualquer senso ético de responsabilidade pelos efeitos do uso dos instrumentos que possuem para influenciar coletivamente as opiniões. Com isto temos assistido ao fato de os meios de comunicação serem hoje usados em primeiro lugar como fonte de influência mercadológica para promover a venda de produtos e no caso das questões de saúde em geral este fato se dá por meio do disfarce da informação "bem-intencionada".

É evidente que em um mundo globalizado os meios de comunicação podem transformar-se em poderosas armas no combate a inúmeros problemas de saúde, auxiliando na mobilização de populações inteiras em uma campanha de vacinação ou divulgando informações úteis no combate de doenças relevantes. Mas não devemos nos esquecer de que, ao mesmo tempo, este instrumento pode também influenciar de modo a prejudicar a saúde individual ou coletiva.

O que os meios têm feito nos últimos anos na verdade é tratar a saúde como um bem de consumo assim como tudo que esteja relacionado a ela e que possa ser transformado em um produto vendável. Remédios, aparelhos, tratamentos geralmente anunciados como "milagrosos" para rejuvenescer ou combater fatos que são naturais na vida cotidiana ainda que desagradáveis. Tudo isso, de um modo ou de outro, entra na grande feira de ofertas que se instala nos meios de comunicação.

Em meio a esta babel de informação e estímulos pouca gente se pergunta por possíveis efeitos desta liberalidade nas mentes das pessoas. Ao tratar os assuntos relativos à Saúde como outra matéria qualquer, cujos objetivos geralmente se regem pela avaliação do grau de impacto e pelo sensacionalismo, os profissionais de imprensa em geral não imaginam que pessoas mais influenciáveis acabam por prejudicar sua saúde ao decidirem seguir sugestões que freqüentemente são feitas por todos os meios e que não passam de propaganda disfarçada.

Um outro aspecto mais delicado desta questão diz respeito à colaboração que freqüentemente é solicitada aos profissionais de Saúde para a produção de matérias e programas na nossa área. O profissional sente-se inclinado a dar sua contribuição uma vez que ninguém melhor que ele para apresentar um assunto ao público leigo. O que ocorre, no entanto, é que, mais uma vez, não é o médico que decide como nem o que, daquilo que ele informou, será divulgado, e em meio a tantos cortes e mutilações em nome da estética ou do curto tempo disponível, o que é usado são mais os fragmentos que vão de encontro aos objetivos do meio e que nem sempre coincide com o que possa ser útil à população. Não é quase nunca a idéia que o médico quis passar ao público que chega a ele, mas, sim, a idéia já preconcebida pelos profissionais dos meios de comunicação e de acordo com o que eles acham que vai causar mais impacto ou vender mais o seu veículo de comunicação ao público.

Ainda há que considerar que as pessoas não se dão conta que o trabalho do médico e dos profissionais de Saúde não se baseia apenas em informação. Hoje temos difundida a idéia de informar tudo a respeito de qualquer coisa pelos meios eletrônicos e quando um cliente vai ao médico pode iludir-se com a sensação de que, por ter se informado a respeito da doença, está mais bem preparado para enfrentá-la. Muitas vezes na verdade as informações que ele colecionou o impedem de se preocupar em avaliar os sinais que deve observar para verificar se o seu médico lhe inspira confiança, se cuida dele com consideração e atenção adequadas e todas aquelas coisas que só se pode saber por meio de um relacionamento franco, aberto e ético entre duas pessoas. Às vezes os clientes de hoje já vêm achando que têm o diagnóstico de seus problemas e fazem uma reivindicação do tipo de tratamento que desejam. Não entendem que o discernimento clínico de um médico é fruto de anos de experiência e observação e que estes elementos ele não encontra na internet nem nos livros, mas apenas na possibilidade de realizar um encontro significativo com a pessoa do médico e desenvolver com ele uma relação de confiança proveitosa para ambos.

Por estas razões acreditamos que as relações dos profissionais da Saúde com os meios de comunicação em geral deveriam ser revistas e olhadas com mais critério e cuidado, para que possam servir aos interesses da saúde coletiva e não a interesses outros como tem sido na maioria das vezes hoje em dia. O médico não pode se responsabilizar pelo trabalho dos outros. Não pode impedir que a indústria farmacêutica aja fora de princípios éticos nem que os profissionais da comunicação façam o mesmo. Mas pode refletir sobre seu papel enquanto fonte das informações que freqüentemente são veiculadas e exercer sua influência de modo a fazer que suas informações não sejam usadas indevidamente.

A formação do interconsultor

Luiz Antonio Nogueira Martins

Uma interconsulta (IC) é, acima de tudo, uma atividade interprofissional e interdisciplinar [Nogueira-Martins, 1980, 1989, 1992, 1993]. O interconsultor, ao ser consultado por um colega de trabalho (médico, enfermeiro, estudante, etc.), tem pela frente uma delicada e árdua tarefa.

Muito embora os avanços sejam alentadores, o campo da saúde mental tende ainda hoje em dia a ser visto como uma espécie de corpo filosoficamente diferente dos demais ocupantes do território médico, o que acarreta, por vezes, algumas dificuldades na relação entre os interconsultores e os colegas que solicitam pedidos de interconsulta no Hospital Geral.

O pedido de interconsulta é, em essência, um pedido de ajuda feito por um colega que necessita do parecer de um profissional da área de saúde mental sobre algo que está ocorrendo com seu paciente ou em sua relação com ele ou com a família. Este colega, ao pedir ajuda, de alguma forma, explícita ou implicitamente, consciente ou inconscientemente, expressa um desejo e um temor. Está inseguro e provavelmente vive um conflito entre a necessidade de receber ajuda e o receio de pedi-la.

Vale lembrar que essa dinâmica conflitiva é inerente à relação de ajuda e se expressa, em maior ou menor grau, na relação paciente-médico, consultante-interconsultor e interconsultor-supervisor. Assim, por exemplo, a experiência com IC mostra que o adoecer produz reações psicológicas que levam, por vezes, o paciente a projetar nos profissionais de saúde fortes sentimentos de raiva e hostilidade derivados da impotência diante do adoecer, com sentimentos ambivalentes em relação à situação de dependência. Menzies [1970], psicanalista inglesa, se referindo ao estresse ocupacional dos enfermeiros traça sucinto retrato psicodinâmico das relações dos pacientes com os profissionais:

"Os pacientes demonstram apreço, afeição, respeito e gratidão; uma comovente crença de que o hospital funciona; solidariedade e preocupação para com os enfermeiros em seu difícil trabalho; mas os pacientes seguidamente se ressentem de sua dependência; aceitam de má vontade a disciplina imposta pelo tratamento e pela rotina hospitalar; invejam os enfermeiros pela sua saúde e competência; são exigentes, possessivos e ciumentos."

Um ponto, portanto, merece ser destacado (e ensinado aos jovens interconsultores) em relação ao trabalho em interconsulta: o caráter altamente ansiogênico do exercício profissional no hospital geral e, em particular, no hospital geral universitário [Nogueira-Martins, 1984].

Há, como regra geral, com pequenas variações, intrínseca ao trabalho assistencial, a exposição a poderosas radiações emanadas do contato íntimo com o adoecer humano. As pequenas variações, decorrentes das características próprias de algumas especialidades médicas e unidades de saúde mais protegidas, não invalidam essa avaliação. Cumpre enfatizar este aspecto já que, em certos momentos e em especial no trabalho assistencial em serviços de emergência, ocorrem situações tão dramáticas como talvez em nenhum outro campo da atividade humana em tempos de paz.

Dentro de um hospital geral universitário encontramos serviços médicos que apresentam peculiaridades quanto à população assistida, a patologia prevalente e às situações clínicas vividas.

Assim, por exemplo, um serviço de hematologia assiste um número grande de jovens com patologias cancerosas. Em uma enfermaria de hematologia, onde a morte é um evento freqüente, estão internados pacientes que, além da gravidade da doença, são submetidos a terapêuticas que provocam alterações significativas no esquema corporal como, por exemplo, queda de cabelos. Certa ocasião, uma jovem médica residente pede consulta para uma adolescente com leucemia, após a paciente, revoltada, já com acentuada perda de cabelos, ter-lhe inquirido: "Por que eu tenho esta doença e não você?".

Em uma unidade de cirurgia vascular, onde as amputações são freqüentes, um jovem paciente, culto e arrogante, diante de um grupo composto de médicos cirurgiões vasculares e interconsultores do Departamento de Psiquiatria que estavam tentando apoiá-lo naquele difícil momento em que se impunha uma amputação como única medida terapêutica, dirige-se ao grupo com uma expressão irônica e sentencia: "Eu não entendo esta atividade pastoral dos médicos. Detesto rebanhos. Sou um lobo solitário que não precisa de pastores".

Em um serviço de Obstetrícia, onde a morte é um evento pouco freqüente, uma paciente com um óbito fetal intra-útero, descarrega, movida por fatores internos, violentas acusações à equipe médica, responsabilizando-a pela morte do feto.

As tentativas de suicídio com todo o cortejo de intensas reações emocionais que acarreta nos circundantes são eventos freqüentes no hospital geral, em especial no PS. "O senhor está me dizendo que eu não vou morrer!?", repetia, perplexa, uma jovem que havia disparado um tiro no ouvido, ao ser notificada por um residente, igualmente perplexo, de que o projétil não atingira o cérebro.

Situações clínicas que envolvem complexos fatores socioeconômico e culturais se apresentam de forma crua. Uma menina de 10 anos é atendida no PS com um quadro de obstrução intestinal; a etiologia da obstrução: um bolo de *Ascaris lumbricoides*. Um menino de 2 anos é internado no serviço de pediatria com grave mutilação dos órgãos genitais provocada por mordedura de rato enquanto dormia sozinho em um berço em um barraco de uma favela paulistana. Esta dura realidade do terceiro mundo, conhecida pelos índices e estatísticas, corporifica-se em uma situação médico-hospitalar na qual os profissionais encarregados da assistência aos pacientes sofrem um inevitável e poderoso impacto emocional.

Situações particularmente ansiógenas ocorrem quando membros da instituição – estudantes, residentes, professores ou funcionários – são os pacientes. O adoecer de pessoas próximas suscita inevitáveis comparações. Situações fortemente mobilizadoras de sentimentos e emoções ocorrem quando estudantes apresentam quadros psicóticos ou médicos se suicidam – eventos relativamente freqüentes em populações acadêmicas na área da saúde – provocando agudas crises institucionais [Nogueira-Martins, 1990].

• O encontro do jovem profissional com o cotidiano do hospital universitário

Os profissionais que cuidam da assistência aos pacientes em um hospital universitário são habitualmente jovens recém-formados que estão em programas de capacitação e especialização. O jovem profissional – em particular os residentes de medicina – carregado de ambições terapêuticas, em boa parte decorrentes de fantasias infantis onipotentes, defronta-se com uma realidade médico-hospitalar que o frustra de forma impiedosa. A elaboração profunda dessas feridas é longa, penosa e está na dependência de múltiplos fatores. Concorrem favoravelmente para esta elaboração as gratificações obtidas no trabalho. Os êxitos terapêuticos estimulam o profissional relativizando as vivências de impotência.

Algumas especialidades médicas, em especial na área cirúrgica, graças ao desenvolvimento de técnicas operatórias, possibilitam resultados altamente gratificantes a curto e médio prazo. Citam-se, entre outras, a ortopedia e traumatologia, a cirurgia plástica reparadora, a cirurgia cardiovascular, a urologia e a gastroenterologia cirúrgica. As modernas técnicas de transplantes de órgãos representam recursos terapêuticos que proporcionam experiências muito satisfatórias. Citam-se em especial os transplantes: cardíaco, de córnea, renal, hepático e de medula óssea. Os trabalhos desenvolvidos no campo da prevenção e diagnóstico precoce de doenças como os serviços de pré-natal, puericultura, detecção de câncer ginecológico, aconselhamento genético e outros trabalhos multidisciplinares favorecem o desenvolvimento da auto-estima e da valorização profissional.

No entanto, para além das gratificações quanto ao resultado dos procedimentos técnicos, é a possibilidade de experienciar e refletir sobre os limites da atuação terapêutica que permite ao jovem residente atingir uma maturidade emocional e profissional. As experiências de contato com a morte em suas múltiplas expressões; o conviver com as deformações, mutilações e traumatismos fazem com que o iniciante na profissão tenha de aceitar, profunda e dolorosamente (ferida narcísica), que seus atos terapêuticos não se concretizam na forma e na velocidade que desejaria.

É o se dar conta, com toda a dor que isto acarreta, da vulnerabilidade e fragilidade humana que lhe permite resgatar as possibilidades de continuar exercendo uma tarefa terapêutica. Ao se conscientizar de que as situações clínicas vividas com seus pacientes lhe despertam sentimentos e emoções de variada natureza e intensidade, o jovem profissional estará em condições de valorizar e examinar o papel desempenhado por esses sentimentos e emoções na sua vida pessoal e profissional.

Concorrem negativamente, dificultando a possibilidade de elaboração das frustrações profissionais, as instituições de saúde que exercem radicalmente um mandato social, por meio de um regime de trabalho que privilegia a ação e restringe o tempo de reflexão e elaboração.

Pesa sobre os profissionais de saúde (em especial sobre o médico) uma expectativa social que espera dele um comportamento idealizado. Ao oferecer precárias condições de trabalho (baixos salários, equipamentos sucateados, insalubridade ocupacional), os gestores da área de saúde tratam os profissionais como se fossem seres despojados de necessidades e cuidados.

Ocorre que, com freqüência, o neófito, com suas ambições pouco realistas, estabelece um binômio com as exigências institucionais idealizadas e tenta, inutilmente, satisfazê-las. Trata-se de um contrato ou conluio onipotente, consciente ou inconscientemente articulado entre a sociedade (representada pelas instituições) e os jovens profissionais. Desta equação resultam pautas estereotipadas de conduta acompanhadas, via de regra, de sentimentos de impotência, fracasso e hostilidade.

Vale salientar que participa, de modo altamente prejudicial, o ensino médico e o modelo de gestão institucional que não reconhecem e não refletem sobre o homem que há no médico. O título deste livro é eloqüente em seus propósitos. O resgate da face humana na formação e no exercício profissional é *conditio sine qua non* para a melhoria da qualidade do exercício profissional e da qualidade da assistência prestada aos pacientes. O lema pode ser expresso da seguinte forma: cuidar do cuidador para que ele possa cuidar melhor dos pacientes.

• O encontro do interconsultor com a realidade clínica hospitalar

O jovem interconsultor, no nosso serviço um residente de psiquiatria ou um estagiário de psicologia, ao ser consultado por um colega seu (habitualmente um residente de medicina) para ajudá-lo em uma determinada situação clínica, tem pela frente um estimulante desafio. Isto se deve ao fato de que o interconsultor também está iniciando sua capacitação profissional e está carregado de ambições terapêuticas, em grande parte reflexo de fantasias infantis onipotentes, e, ao se defrontar com esta realidade também se frustra e necessita fazer uma elaboração das suas frustrações para poder auxiliar o seu colega.

Os jovens profissionais em seu processo de capacitação e especialização vivem um processo de desenvolvimento e crescimento profissional no qual devem aprender a lidar com sentimentos de vulnerabilidade, a fazer um balanço entre o desejo de cuidar e o desejo de curar, a lidar com sentimentos de desamparo em relação ao complexo sistema assistencial e estabelecer os limites de sua identidade pessoal e profissional [Brent, 1981].

O interconsultor tem, em tese, de percorrer uma trajetória a passos rápidos em busca da construção da sua maturidade pessoal e profissional para poder ajudar o colega que está lhe pedindo ajuda. Um dos riscos inerentes a esse trabalho (em particular no início do treinamento) diz respeito a eventuais reações paralisantes ou negativas que podem ocorrer quando o interconsultor excessivamente identificado com o consultante ou com o paciente, confunde-se com eles e não encontra alternativas terapêuticas para oferecer ao solicitante.

Assim como a análise da contratransferência que os profissionais sentem em relação aos pacientes e familiares e a criação de possibilidades de elaboração é de capital importância para uma melhor adaptação profissional com melhoria da qualidade da assistência, o interconsultor precisa estar em permanente observação da suas reações contratransferenciais durante o seu exercício profissional.

Do ponto de vista sociológico, os profissionais em formação no hospital geral universitário vivem uma mesma realidade: estão inseridos em uma instituição que é regida por um conjunto de normas e rotinas. Esta instituição, por sua vez, está submetida às leis e padrões sociopolíticos que presidem as relações da sociedade como os profissionais de saúde e as instituições de saúde. O panorama institucional atual do sistema de saúde pública em nosso meio é crítico. Um clima de insatisfação e desconfiança tem freqüentemente permeado a relação profissional-paciente e, em especial, a relação entre paciente/familiares e os médicos [Nogueira-Martins e Nogueira-Martins, 1998]. Acontecimentos recentes envolvendo crimes cometidos por médicos têm contribuído para reforçar esta desconfiança. Entre vários aspectos relevantes, é relativamente comum observar-se a divulgação de temas médicos nos meios de comunicação, de forma algo sensacionalista e pouco reflexiva, centrada no chamado erro médico, o que tem colocado os médicos e hospitais na berlinda. Esta realidade do sistema público assistencial se expressa de forma latente ou manifesta em alguns pedidos de interconsulta.

- ## Uma interconsulta, o contexto institucional e as vicissitudes da tarefa assistencial

Uma interconsulta é solicitada para o atendimento em uma unidade da Clínica Médica. A médica residente de primeiro ano (R1) que solicitou ajuda informa que o paciente havia sido internado em função de um quadro de febre, emagrecimento e queixas respiratórias que tivera início há cerca de três meses, tendo já passado por outros serviços médicos sem que fosse estabelecido um diagnóstico. O exame radiológico de tórax era sugestivo de uma pneumopatia por micoplasma. Em resumo, tratava-se de um caso de pneumopatia a esclarecer e as investigações prosseguiam.

No terceiro dia de internação, o paciente subitamente havia ficado agitado, falando coisas desconexas e havia saído da enfermaria caminhando pelo corredor, desorientado, não reconhecendo o próprio pai. Havia referência da enfermagem a um provável episódio convulsivo na noite anterior. Em função desse quadro, a R1 solicitara uma consulta à Psiquiatria.

Seguindo a sistemática do nosso serviço, após esse contato com a médica que havia solicitado a consulta, o interconsultor (um R1 de Psiquiatria que estava em término de estágio no serviço de interconsulta) dirigiu-se ao leito do paciente. À beira do leito havia um senhor e no leito um jovem negro, emagrecido, sonolento, vestes desalinhadas, balbuciava algumas palavras inaudíveis e ininteligíveis, com fala algo pastosa. O exame psíquico sinteticamente revelou um estado de obnubilação da consciência, lentificação e incoerência do pensamento, desorientação temporo-espacial e comprometimento importante da atenção espontânea e voluntária.

Reunindo os dados clínicos fornecidos pela médica consultante e os dados psicopatológicos encontrados no exame psíquico, o interconsultor constrói um diagnóstico sindrômico: estado confusional agudo associado a um provável quadro cérebro-orgânico.

Após fazer uma sucinta anamnese com o pai do paciente – aquele senhor que estava no quarto – o interconsultor volta a procurar a médica que havia solicitado a consulta. Transmite-lhe sua impressão diagnóstica e levanta a hipótese de um eventual quadro de abscesso cerebral. Diz também à médica que teve a impressão de que o paciente poderia ser um usuário de drogas, apesar desse uso ter sido negado de forma categórica pelo pai. Em função dessa hipótese diagnóstica, discutiu com ela a possibilidade de pedir um exame de HIV, relatando-lhe o caso de um paciente, com quadro semelhante, que atendera recentemente na enfermaria de Moléstias Infecciosas que estava com toxoplasmose cerebral.

A médica disse que já havia pedido consulta para a Neurologia e achava adequado solicitar o exame HIV. O interconsultor transmitiu à médica consultante orientação quanto ao uso de medicação tranqüilizante e de como lidar com um paciente que está confuso; ao final, comunicou que retornaria na manhã seguinte.

Na supervisão, logo após o atendimento, o interconsultor relatou a situação para o supervisor. Mostrava-se tranqüilo, acreditando ter elaborado um raciocínio clínico correto e satisfeito em poder ajudar sua colega. Supunha que a Neurologia iria indicar uma tomografia e que, a partir daí, seria estabelecida uma conduta clínica ou cirúrgica.

De uma forma algo inesperada, um conjunto de eventos sucedeu-se a seguir: na mesma noite, o psiquiatra de plantão no PS de Psiquiatria foi chamado para atender o paciente e, na manhã seguinte, foram feitos novos pedidos de consulta tanto por escrito como por telefone.

Um desses telefonemas havia sido da direção clínica do hospital solicitando com urgência a presença de um psiquiatra. Dadas as circunstâncias e na ausência do interconsultor, que estava atendendo outro pedido, o supervisor (professor do Depto. de Psiquiatria), que havia discutido o caso, dirigiu-se à enfermaria.

Em contato com a médica residente que estava cuidando do paciente, o supervisor soube que no dia anterior, após a consulta da Psiquiatria, a Neurologia havia feito uma avaliação e indicara uma tomografia, que, no entanto, não fora possível realizar. A demora da realização do exame e o estado do paciente haviam aumentado a ansiedade dos familiares. O exame psíquico do paciente permanecia compatível com a hipótese de um quadro confusional. Foram reafirmadas, verbalmente e por escrito, as orientações e conduta.

Ao deixar a unidade, o supervisor se percebia preocupado. Uma significativa ansiedade circulava no ambiente. Ela se expressava nos gestos da residente, nos seguidos pedidos de consulta, no telefonema da direção clínica do hospital, no olhar desconfiado do pai do paciente.

A seguir, supervisor e interconsultor reuniram-se para discutir o caso. O interconsultor não compreendia o porquê daquele alvoroço e sentia-se irritado e injustiçado. Havia atendido prontamente o pedido, fizera um diagnóstico correto e dera orientação verbal e por escrito no prontuário. "Afinal, o que querem de mim?", desabafou.

Nesse encontro, supervisor e interconsultor compartilharam algumas impressões e ambos destacaram um fato que lhes chamara a atenção: o pai do paciente tinha se apresentado como sendo funcionário de uma pessoa muito conhecida, ligada aos meios de comunicação (apresentador de um programa de televisão) e durante as entrevistas fizera questão de enfatizar esta condição mais de uma vez.

Uma indagação básica impunha-se: considerando-se que quadros confusionais são eventos freqüentes em hospitais gerais, o que haveria de específico e particular nesta situação que mobilizara tanto a equipe médica e a família do paciente?

Construindo um diagnóstico situacional

A construção de um diagnóstico situacional envolve dois níveis: o macroscópico e o microscópico.

Do ponto de vista macroscópico, os diferentes atores desta cena institucional estão imersos em um ambiente social. A articulação dos fatos desta novela institucional foi reconstruída e os papéis dos diferentes atores foram se tornando mais transparentes:

- A internação deste paciente (transferido de outro hospital) havia sido intermediada por uma importante personalidade da mídia televisiva junto à direção do hospital, o que transformava este paciente em alguém especial; alguém que tinha um "padrinho" importante;
- Esse tipo de internação costuma despertar irritação nos residentes, que reagem com ironia, apelidando os pacientes de "pacientes VIPs" ou "particulóides"; esses sentimentos, de forma disfarçada, se atualizam na relação com o paciente e familiares;
- O pai do paciente, por sua vez, não perdia uma oportunidade para alardear sua condição de funcionário de fulano de tal e desde o início do quadro confusional do filho manifestava desconfiança quanto ao tratamento, levantando dúvidas sobre o que os médicos teriam feito para o seu filho, que "sempre fora normal";
- Em um contexto social em que os médicos e as instituições médicas estão na berlinda, sob a mira atenta da imprensa, o medo de errar e o temor de fornecer um bom pretexto para a campanha antimédicos amplificaram a ansiedade da equipe médica;
- A demora na realização da tomografia aumentou a insegurança e o medo. A pressão familiar aumentava. O pai do paciente passava das ameaças veladas para a culpabilização direta. A equipe médica, obrigada a "engolir" uma internação, tinha ainda de suportar acusações e tratar de um paciente com distúrbio do comportamento.

Ao nível microscópico da dinâmica interna da interconsulta, merecem ser destacados os seguintes aspectos:

- Um paciente com alteração do comportamento em uma unidade clínica desperta angústia e provoca muitos problemas, perturbando e incomodando a todos os que estão na unidade, tanto pacientes como profissionais. É natural, portanto, que, ao chamar o psiquiatra, o médico clínico espere a adoção de uma conduta que atenue os distúrbios do paciente, preferentemente por meio de medicamentos sedativos;
- Neste caso, o psiquiatra, ao contrário do esperado, além de não sedar o paciente – o manejo terapêutico de pacientes com quadros confusionais internados em hospitais gerais é delicado e o uso de medicamentos psicotrópicos precisa ser cauteloso – formulou uma hipótese diagnóstica de patologia orgânica;
- A elaboração de um diagnóstico de patologia orgânica por um psiquiatra, talvez tenha sido sentido pela médica (R1) como um ataque à sua competência profissional;

– Além de elaborar uma hipótese de abscesso cerebral, o que pode ter sido sentido como "invadir seara alheia", o interconsultor desvendou uma realidade que a família tentava negar.

O exame HIV revelou-se positivo e a tomografia mostrou uma imagem compatível com toxoplasmose cerebral. Segundo a família, o paciente era um "bom menino" que havia sido mal-atendido em um outro hospital e que ficara "doente da cabeça" devido a algum erro médico durante a internação atual. Era muito difícil aceitar a idéia de um filho aidético e usuário de drogas. Este diagnóstico situacional é uma hipótese que permite tentar compreender porque uma atuação profissional do interconsultor, tecnicamente correta em relação à formulação diagnóstica e orientação do caso, provocou tantas reações adversas.

O caso, acompanhado pela Neurologia, apresentou uma boa evolução, com tratamento específico para a toxoplasmose, o que contribuiu sobremaneira para atenuar os medos, ansiedades e desconforto de todos os envolvidos, incluídos os membros do serviço de interconsulta que estavam também muito aflitos com o desenrolar dos acontecimentos.

Vale ressaltar as angústias que experimenta o interconsultor ao atender um paciente em *delirium* (quadro confusional agudo). Se por um lado a elaboração do diagnóstico é relativamente fácil, já o manejo terapêutico apresenta um significativo nível de dificuldade, em especial quanto ao uso de psicofármacos que podem eventualmente interferir no estado de consciência e prejudicar o acompanhamento do quadro na medida em que um dos parâmetros utilizados é justamente a evolução do estado de consciência.

Assim, além de conviver com uma situação de proximidade com a morte e a psicose, o interconsultor depara-se com o potencial risco de uma sedação indesejável com possibilidade de perda de parâmetros do estado de consciência.

À luz do exemplo apresentado cumpre destacar alguns aspectos em relação à formação dos profissionais em IC.

• Formação em interconsulta

A formação em IC deve oferecer informação e supervisão [Nogueira-Martins e cols., 1995]. O interconsultor precisa ser treinado para perceber e diagnosticar resistências – em si mesmo e nos outros – assim como evitar despertar novas resistências no processo de atendimento de uma determinada situação hospitalar. Ciente das dificuldades inerentes ao trabalho em IC cabe-lhe uma complexa tarefa de, simultaneamente, ser coerente com os dados apurados, transmitir sua impressão diagnóstica/conduta e estar capacitado a suportar frustrações de diversa natureza.

É mister repetir que o fim último da tarefa em IC é contribuir para uma melhoria da qualidade da assistência prestada aos pacientes/familiares e um aperfeiçoamento do exercício profissional dos membros da equipe de saúde. Em muitos casos, a IC pode contribuir no sentido de renovar o interesse do profissional consultante pelo seu paciente, aliviar a crise da relação profissional-paciente/família, para torná-la novamente operante no sentido terapêutico.

No exemplo relatado acima, a despeito do interconsultor ter operacionalizado com competência a sua função, a magnitude das ansiedades envolvidas na situação tornaram-no depositário dos desejos e medos da equipe de saúde e dos familiares do paciente.

A função da supervisão merece ser destacada na medida em que pôde conter e elaborar as reações contratransferenciais do interconsultor, utilizando-as como instrumento diagnóstico e terapêutico.

Em relação à formação em IC [Nogueira-Martins e Botega, 1998; Botega e Nogueira-Martins, 2002], os seguintes aspectos devem ser considerados:

1. A Interconsulta é uma situação emergencial e requer dedicação de tempo

Uma característica básica e fundamental em IC é a natureza aguda dos problemas no hospital geral e, em especial, no hospital geral universitário, dada a gravidade dos casos. Os estados confusionais agudos são exemplos eloqüentes. Outro aspecto a ser considerado em relação ao caráter emergencial e à necessidade de disponibilidade de tempo é que a decisão de pedir ajuda ao interconsultor pode ter sido postergada ao máximo. Ocorre, então, de, às vezes, essa decisão ser tomada em um momento em que o médico consultante já atingiu o seu limite de suportar a angústia desencadeada por uma situação clínica. Quando solicita a interconsulta, quer a presença urgente do interconsultor, pois urgente é sua aflição.

A interconsulta é, vale repetir, uma situação emergencial; o serviço de IC deve dispor de uma estrutura que possa atender à demanda com rapidez. Em nosso serviço, trabalhamos em um sistema que utiliza um *pager*, por meio do qual os pedidos são recebidos e atendidos prontamente. A previsão de disponibilidade de tempo para a realização da IC é fundamental na medida em que além do tempo necessário para colher informações com o médico consultante há que se dispor também de tempo para colher informações com outros informantes como outros membros da equipe de saúde e os familiares do paciente. Além disso, é preciso também tempo para analisar o prontuário do paciente e deve-se considerar que por vezes ocorrem algumas dificuldades em virtude de fatos como não se encontrar o médico consultante ou o paciente não estar no leito porque foi fazer um exame; por vezes, também ocorre de a avaliação do paciente ser interrompida em função de necessidades dele ou da equipe de enfermagem.

Dada a velocidade com que os fatos se sucedem no hospital geral, impõe-se um acompanhamento diário das situações. Não é raro que ao atender a um paciente, em determinada unidade médica, o interconsultor se depare, no dia subseqüente, com mudanças significativas na situação. A morte do paciente, a piora do quadro clínico com mudança de uma enfermaria para uma UTI, a realização de uma cirurgia em caráter emergencial, a alta hospitalar por decisão médica ou por solicitação da família do paciente são alguns exemplos relativamente freqüentes.

É importante ressaltar que uma IC não termina quando o paciente vem a falecer. As circunstâncias em que o óbito ocorreu devem ser pesquisadas, assim como as repercussões e desdobramentos desse evento no médico consultante e na equipe de saúde. Vivências de fracasso ou de incompetência profissional com intensos sentimentos de culpa tendem, às vezes, a desencadear verdadeiros "tribunais" em busca dos culpados pelo doloroso evento. Em casos de suicídio, as repercussões tendem a abranger a instituição como um todo. Um aumento transitório de pedidos de IC tende a ser uma das repercussões mais freqüentes.

Outra característica vinculada à natureza aguda dos problemas que ocorrem no hospital geral diz respeito à necessidade de decisões rápidas, em curtos períodos de tempo. Essa questão se reveste de significativa importância econômica, dado o alto custo de uma hospitalização. Muitos esforços têm sido feitos para diminuir esse custo. Assim, o pronto atendimento aos pedidos de interconsulta e o acompanhamento diário contribuem para uma diminuição do tempo de internação, com conseqüente redução de custo.

2. A importância da supervisão

O *Resident Services Committee* [Aach e cols., 1988] classificam o estresse durante o período de treinamento de residentes em Medicina em três categorias:
- *estresse profissional:* é o estresse associado aos processos de profissionalização e desenvolvimento do papel de médico na sociedade. O estresse profissional está vinculado a: administrar o peso da responsabilidade profissional, lidar com pacientes difíceis e situações problemáticas

geradas por estes pacientes, supervisionar estudantes e residentes mais jovens, gerenciar o crescente volume de conhecimentos médicos e planejar a carreira profissional.
- *estresse situacional:* é o estresse decorrente de certas características do treinamento, tais como privação do sono, fadiga, excessiva carga assistencial, muitos pacientes difíceis, excesso de trabalho administrativo, corpo auxiliar insuficiente e problemas relativos à qualidade do ensino e ao ambiente educacional.
- *estresse pessoal:* é o estresse que está vinculado a características individuais e situações pessoais, como sexo, características de personalidade, vulnerabilidades psicológicas (por exemplo, maior ou menor suscetibilidade à privação do sono, maior ou menor dificuldade em lidar com situações emergenciais e com determinados tipos de pacientes), situação socioeconômica, problemas familiares, eventos de vida, etc.

O interconsultor, em especial durante o primeiro ano do seu treinamento, também está sujeito a essas situações estressantes e experimenta as agruras inerentes a esse processo.

Para a realização desse trabalho, o interconsultor em formação precisa ser amparado, mesmo que às vezes ele resista a aceitar esse cuidado por se julgar, às vezes, suficientemente competente e apto a dar conta da tarefa.

Assim, as supervisões durante o período de estágio em IC devem ser oferecidas diariamente, em consonância com a conceituação anteriormente enfatizada de a IC ser uma situação emergencial que requer disponibilidade de tempo.

As supervisões representam a coluna mestra no processo de ensino-aprendizagem em IC. Os supervisores devem ser profissionais da área de saúde mental com experiência e familiaridade com o trabalho médico em hospitais gerais, onde o atendimento se faz em condições especiais, geralmente à beira do leito, na presença de outros pacientes e com freqüentes interrupções, em virtude de sintomas do paciente ou necessidades do corpo de enfermagem relativas ao cuidado dos pacientes (administração de medicação, coleta de material para exames, etc.).

Em função dessa experiência em hospital geral, o supervisor estará apto a instruir o interconsultor em formação a valorizar, em todo o atendimento de IC, o criterioso esclarecimento das condições clínicas do paciente (Hipóteses Diagnósticas, Tratamento, Prognóstico), destacando-se a importância de estar informado sobre o uso atual de medicamentos, visando nortear eventual terapêutica psicofarmacológica.

O supervisor deve, em especial no início do estágio em IC, acompanhar o interconsultor no atendimento das primeiras interconsultas, comparecendo com o interconsultor à unidade médica onde foi solicitada a IC. Os objetivos desse acompanhamento são: poder avaliar o estado psicopatológico do paciente e reunir elementos para construir um diagnóstico situacional, o que requer uma acurada percepção da atmosfera psicológica que envolve o paciente, os familiares e a equipe de saúde, capacidade esta ainda incipiente em um jovem interconsultor. A presença do supervisor no serviço médico que solicitou a IC cumpre também funções pedagógicas e institucionais. Ao mesmo tempo em que procura facilitar o contato do interconsultor com o médico consultante, o supervisor estará servindo como modelo de identificação profissional para o interconsultor em formação. No plano institucional, a presença do supervisor tende a conferir e favorecer a credibilidade do serviço de IC frente aos serviços médicos solicitantes.

Outro aspecto a ser considerado pelo supervisor diz respeito às repercussões que o contato com o ambiente hospitalar provoca nos interconsultores em formação. A gravidade dos casos, o receio de contrair doenças, o convívio com pacientes que exalam odores que causam repugnância, o contato com visões impactantes (mutilações, escaras, deformações), com a perspectiva de morte, com reações de desespero de pacientes, familiares e profissionais costumam reatualizar conflitos ligados à escolha profissional e de especialidade nos interconsultores.

Cumpre ainda assinalar que na relação supervisor-interconsultor pode ocorrer a reprodução de fenômenos psicológicos que estão ocorrendo na relação paciente-médico ou médico consultante-interconsultor. O manejo dessa situação exige alguns cuidados, especialmente se o interconsultor não está em tratamento pessoal.

O supervisor deve também estar atento às eventuais identificações que o interconsultor pode fazer com as pessoas envolvidas em cada situação. Tal interesse está ligado ao objetivo de capacitá-lo a desenvolver um papel profissional baseado em identificações empáticas tanto com os pacientes como com os colegas que solicitam os pedidos de IC.

3. Psicoterapia pessoal

Paralelamente às considerações e recomendações anteriores, a importância de o interconsultor trabalhar o seu universo vivencial em psicoterapia pessoal merece ser salientada e estimulada, na medida em que o trabalho em IC produz forte impacto emocional gerando intensas reações contratransferenciais que precisam ser elaboradas sob o risco de interferir na percepção dos fenômenos que pretende examinar.

O interconsultor é um profissional que se introduz como observador participante de situações clínicas tocantes, podendo, eventualmente, tornar-se o depositário de poderosas ansiedades e reagir de forma inapropriada. O interconsultor tem contato com a dor e a fragilidade humana e as expressões psicológicas de desamparo, medo, desespero, pânico, depressão, agressividade e tantas outras que estão associadas ao fenômeno do adoecer e da hospitalização. Por isso, ele deve estar atento a identificações que eventualmente possa fazer com as pessoas envolvidas em cada situação clínica da qual participa. A importância desta questão está ligada à possibilidade de haver uma identificação de tal ordem que sua ação fique paralisada ou demasiadamente influenciada por seus sentimentos contratransferenciais.

As ansiedades geradas no trabalho em IC, por outro lado, identificadas e elaboradas em um trabalho pessoal com o auxílio de um psicoterapeuta, podem ser estímulos enriquecedores para o autoconhecimento, auxiliando o crescimento pessoal e profissional do interconsultor.

4. Seminários teóricos, reuniões clínicas e relatórios de conclusão do estágio

Outra coluna que sustenta o ensino e a formação em IC são os seminários, as reuniões clínicas e os relatórios de conclusão de estágio. O programa de seminários deve incluir temas básicos e temas complementares associados aos atendimentos. Como temas básicos destacam-se: a) o processo de IC; b) o papel profissional do interconsultor; c) *burnout* em interconsultores em formação; d) modelos de ação e estratégias em interconsulta; e) estados confusionais agudos e síndromes cérebro-orgânicas; f) dinâmica da relação médico-paciente internado; g) elementos de psicologia e psicopatologia institucional; h) elementos de psicoterapia breve.

Como temas complementares devem ser destacados: a) o exercício profissional em saúde: fatores estressantes e gratificantes; b) a saúde mental dos profissionais de saúde; c) mecanismos psicológicos adaptativos e desadaptativos em profissionais da área da saúde.

As reuniões clínicas, nas quais são discutidas as situações de atendimento e acompanhamento das interconsultas, desempenham importante papel na formação do interconsultor na medida em que o jovem profissional em treinamento tem a oportunidade de expor os casos e receber contribuições de diferentes profissionais (psiquiatras, psicólogos, terapeutas ocupacionais) com diferentes graus de experiência institucional. Os relatórios individuais de conclusão do estágio permitem ao interconsultor elaborar, ao término do seu treinamento, um trabalho reflexivo sobre a sua experiência profissional apoiado em casos que atendeu, complementado e confrontado com dados da literatura.

• O desenvolvimento do papel profissional do interconsultor

A ambigüidade quanto ao papel profissional é uma das principais características do trabalho em interconsulta. Enquanto os outros profissionais – médicos, enfermeiros, assistentes sociais, fisioterapeutas, técnicos operadores de instrumentos diagnósticos, laboratoristas e outros – têm papéis profissionais relativamente bem-estabelecidos, o interconsultor é assaltado por freqüentes dúvidas sobre o alcance e limites de suas funções profissionais. Um psiquiatra que trabalha em hospital ou ambulatório psiquiátrico tem função claramente definida e delimitada. O mesmo se aplica ao psicólogo que exerce seu trabalho profissional de estudo de caso ou psicoterapia. Igualmente isso ocorre com os terapeutas ocupacionais em saúde mental que desempenham suas atividades profissionais em hospitais psiquiátricos, serviços ambulatoriais de atenção psicossocial e consultórios.

Essa desestruturação do papel profissional ocorre porque paralelamente ao atendimento de pedidos de consulta de pacientes com alterações psicológicas e psicopatológicas – quadros depressivo-ansiosos, estados confusionais associados a diversas patologias orgânicas e ao uso de medicamentos, álcool e drogas, tentativas de suicídio e outras – o interconsultor é também chamado para atender a diversas outras situações, algumas verdadeiramente inusitadas.

Em geral, atendendo a uma solicitação do médico – são raros os pedidos feitos pelos pacientes – para prestar assistência a pacientes internados em unidades do hospital geral, o profissional de saúde mental, ao trabalhar como interconsultor, se percebe em outro contexto, em uma situação diversa daquela em que exerce suas funções habituais. Ao se defrontar com essa nova situação, tenta se adaptar segundo os seus modelos de atuação e transporta para a nova situação o seu modo conhecido de trabalhar. No entanto, com o tempo, passa a perceber que esse novo contexto impõe, por suas características, uma série de reflexões que exigem uma nova adaptação.

Alguns exemplos de pedidos de interconsulta vinculados a situações hospitalares ilustram esse novo contexto:
- O paciente que oferece resistência a uma intervenção cirúrgica, mutiladora, necessária e impostergável;
- O paciente que se recusa a continuar o tratamento quimioterápico ou a hemodiálise;
- O paciente que, por razões religiosas, não aceita a transfusão de sangue;
- A família do paciente que quer retirá-lo do hospital e ameaça a equipe médica, acusando-a de negligência e omissão;
- O paciente gravemente enfermo que, ambivalentemente, pede alta hospitalar;
- O pedido de avaliação psiquiátrica/psicológica para indicar ou não uma intervenção cirúrgica ou um transplante de órgão;
- O pedido de avaliação psicológica para indicar ou não uma cirurgia de alteração de sexo;
- O pedido para que o interconsultor comunique a um paciente internado que sua mãe faleceu, pedido esse que a família fez ao médico assistente por não se sentir em condições de comunicar ao paciente essa triste notícia;
- O médico que se recusa a prestar assistência a pacientes com doenças infecto-contagiantes ou a um paciente que o agrediu verbalmente;

- O pedido de uma médica que não sabe o que fazer com uma adolescente – portadora de grave doença hematológica – que lhe perguntou agressivamente: "Por que eu tenho esta doença e não você?";
- O pedido de consulta em que, na parte destinada ao motivo da consulta, está escrito: "A consulta não é para o paciente que está com câncer. É para mim" e vem assinado por um estudante do sexto ano de medicina;
- O médico que pede ajuda frente a situações em que tem de fazer comunicações dolorosas aos pacientes, como por exemplo, em um pedido no qual o motivo da consulta era: "Paciente com *aids*. Como contar?".

O que eu tenho para oferecer ao médico que me pede ajuda? E ao paciente? E à família do paciente? De que maneira os meus conhecimentos psicológicos, psicopatológicos, psicofarmacológicos e psicotrópicos podem auxiliar-me para lidar com essas complexas situações? Como posso contribuir e colaborar com quem me solicita ajuda frente aos "dilemas éticos" que ocorrem no cotidiano da prática médica hospitalar? Qual o alcance e os limites da minha atuação profissional como interconsultor? Essas indagações que o interconsultor se faz sobre o uso dos seus recursos terapêuticos, ao se deparar com essas e tantas outras situações do cotidiano da vida hospitalar, são os elementos fundamentais para a formação de sua identidade profissional de interconsultor.

Nesse processo de desenvolvimento profissional, novas indagações surgem a partir das sucessivas experiências assistenciais – discutidas nas supervisões, estudadas nos seminários e nos relatórios de conclusão de estágio, compartilhadas nas reuniões clínicas, aprofundadas e elaboradas na intimidade do trabalho psicoterápico pessoal – que vão gradativamente moldando e construindo o papel profissional de interconsultor. As respostas a essas indagações permitem delinear e fundar os alicerces de uma identidade profissional com alcance e limitações. Vale salientar que a construção do papel profissional está intimamente associada à natureza de inserção institucional e do referencial teórico que organiza a sua prática e norteia as ações do interconsultor.

• Os beneficiários da interconsulta

Os beneficiários da IC [Nogueira-Martins, 1995] podem ser divididos em três grupos:

a) Os pacientes – e seus familiares – são os beneficiários imediatos em termos de uma assistência direta prestada por um profissional especializado. A possibilidade de contar com o auxílio de recursos psicológicos e psicofarmacológicos pode proporcionar, muitas vezes, notável alívio para as angústias do paciente e seus familiares relacionadas ao adoecer e à hospitalização;

b) Os médicos, a equipe médica e a unidade de serviço médico são os beneficiários em termos de uma assistência indireta, na medida em que podem contar com outros profissionais para compartilhar a árdua tarefa assistencial. A possibilidade de adquirir conhecimentos de psicopatologia, a utilização de psicofármacos e o treinamento no desenvolvimento de atitudes frente às reações vivenciais dos pacientes e familiares são outros produtos desse trabalho interdisciplinar. Em algumas situações, o médico consultante pode beneficiar-se diretamente mediante a possibilidade de compartilhar angústias pessoais – ligadas ao exercício profissional – com um interlocutor receptivo e estimulador da auto-reflexão;

c) Finalmente, é o interconsultor, a nosso ver, o maior beneficiário do trabalho de IC, na medida em que pode ampliar sua formação profissional, seja no campo da observação dos fenômenos ligados ao adoecer, seja no campo da psicologia e da psicopatologia (individual, grupal e institucional), assim como no aprendizado das complexas interações entre os fatores biológicos e psicossociais que coexistem no ser humano. Esse trabalho proporciona rara oportunidade para profissionais da área de saúde mental conhecerem a intimidade das instituições assistenciais e a possibilidade de desenvolvimento de projetos, estudos e programas na área da otimização dos recursos humanos no trabalho assistencial e na organização dos serviços de saúde. Ao atender a um pedido de consulta no hospital geral, o interconsultor, além de conhecer melhor do ponto de vista clínico um grande número de patologias, tem acesso a situações com características que, às vezes, nunca supusera existir. Ao conhecer a intimidade organizacional dos serviços médicos e as peculiaridades microinstitucionais, estará o interconsultor aparelhado a poder estabelecer, com maior propriedade, as relações entre as políticas de saúde e assistência. Esse conhecimento poderá lhe ser útil quando estiver ocupando cargos e funções diretivas ligadas ao ensino, à assistência e à pesquisa.

Em última instância, a Medicina é a beneficiária maior na medida em que o convívio institucional aproxima profissionais de diversas áreas do conhecimento contribuindo para que sejam desformatados preconceitos recíprocos, ensejando a possibilidade de exercitar a difícil tarefa do trabalho multiprofissional.

Experiências em supervisão

Julio Ricardo de Souza Noto

De modo semelhante ao que procedo em uma primeira reunião de supervisão, inicio este capítulo com a explicitação de alguns conceitos, visando a uma uniformização do referencial teórico sobre o qual o trabalho irá acontecer.

Entendo por supervisão, no caso, em interconsulta em saúde mental (IC) um processo de ensino em que um profissional de maior capacitação (supervisor) utiliza, como matéria-prima, o relato de um atendimento (material clínico) feito por outro profissional que se disponha a apreender (supervisionando).

Quando enfatizo que a matéria prima da supervisão em IC é o relato de um atendimento, tenho em mente que ele já ocorreu sob determinadas circunstâncias e com determinadas variáveis que talvez não se repitam mais.

A especificidade da IC, tal como proposta por Luchina [Ferrari & Luchina, 1971], começa aqui, já a ficar delineada. O modelo que norteia os pedidos de consulta entre especialidades médicas diferentes (denominado simplesmente de Interconsulta) tem como alvo unicamente o paciente em sua dimensão somática. Dentro deste modelo médico, o processo de supervisão tem como paradigma a chamada "visita à enfermaria" na qual um aprendiz "apresenta o caso" a um profissional hierarquicamente superior, que, com o paciente, repete ou não algum procedimento, como etapa de uma nova "consulta". Parte-se do pressuposto que as condições patológicas do paciente ainda estejam presentes nessa nova "consulta" o que possibilita o supervisor de ampliar, modificar, corrigir, etc., os dados apresentados pelo supervisionando e conseqüentemente o raciocínio clínico deste, materializando-se assim o processo de aprendizado.

Entretanto, o modelo de supervisão proveniente de instituições que se ocupam do ensino de Psicologia, na maioria da vezes, baseia-se exclusivamente no relato da experiência vivida pelo aluno no ato de atendimento. Aqui o paradigma é a supervisão psicanalítica, que não permite a possibilidade do supervisor refazer a "consulta" ficando a objetividade do material clínico restrita a basicamente três métodos: uso de gravador, notas colhidas durante a sessão e reconstrução da sessão *a posteriori* [Grinberg 1975].

Estes dois modelos, o médico e o psicanalítico, constituem os alicerces sobre os quais irá apoiar-se a supervisão em Interconsulta em Saúde Mental. Do mesmo modo, a forma como é concebida (esquema referencial teórico) a IC também constitui um pano de fundo do ato de supervisão. Já foi mencionado que, como assinalou Luchina, a IC diferencia-se da Interconsulta em outras especialidades, por ocupar-se de outros aspectos, além da condição patológica do paciente. De fato é a tarefa (ato) médica, em sua totalidade, que se torna o objeto da consultoria e deste modo, a partir de uma noção de "campo de forças", esta condição patológica do paciente é considerada apenas como uma das variáveis presentes. As outras variáveis estariam, então, constituídas, dentre outras, pela personalidade do médico (em seus aspectos tanto positivos como negativos) pela família do paciente, pela estrutura da instituição, pela equipe de saúde (enfermeiros, auxiliares, outros) e são postas todas em um nível de igualdade para uma análise mais abrangente.

No processo de supervisão parte-se do pressuposto que, se um pedido de IC ocorre, é porque a ação médica foi, por alguma razão, obstaculizada cabendo ao interconsultor intervir no sentido de restabelecer as condições necessárias para um fluir satisfatório da relação médico-paciente. Estes obstáculos são de diferentes naturezas e podem assim ser classificados:

a. Insuficiência de treinamento e/ou conhecimento especializado do médico assistente diante de uma condição psíquica do paciente;
b. Falta de condições emocionais do médico assistente para lidar com uma situação determinada;
c. Falta de continência da família;
d. Problemas no entrosamento da equipe de saúde;
e. Tipo de estrutura da Instituição e sua adequação ao paciente;
f. Variáveis diversas como, por exemplo, o momento histórico, podem ocasionalmente intervir como dificultadoras da ação médica (sucessão de óbitos; suicídio prévio; antecedente de fracassos, etc.).

O exame destes, e eventuais outros aspectos da ação médica, constitui o eixo do aprendizado em um contexto de supervisão.

A forma pela qual é trazido o material clínico a ser supervisionado corresponde ao relato de anotações dos itens que irão constituir o protocolo de atendimento do Serviço de Interconsulta do Departamento de Psiquiatria da Unifesp no qual constam os seguintes itens: identificação do paciente, motivo declarado do pedido, qualificação do solicitante (médico, enfermeiro, aluno, familiar, o próprio paciente), diagnóstico global da situação, intervenções do interconsultor (prescrição, acompanhamento psicodinâmico, psicoterapia focal, orientação à equipe, intervenção familiar) e condutas de encerramento (alta, encaminhamentos, etc.).

A ordem na qual os itens são relatados, usualmente, segue a cronologia dos fatos, sendo interessante observar, aqui, a tendência a prevalecer o modelo médico de Interconsultas em que toda a ação é focalizada no paciente. Nesse sentido é bastante comum o supervisionando, após identificar o paciente e explicitar o motivo da solicitação da IC, passar diretamente à descrição do exame psíquico do paciente sem nenhuma observação da patologia de base que levou essa pessoa a um atendimento médico (dissociação mente – corpo: os médicos cuidam do corpo e os interconsultores, da mente). É fundamental pontuar que o foco da IC, como já foi referido, é a relação médico-paciente ou, se assim se preferir, a tarefa médica, sendo portanto imprescindível que quem haja solicitado a intervenção do interconsultor explicite a razão de tal solicitação esclarecendo assim onde o ato médico ficou travado. Na maioria das vezes, o médico atendente aponta para algum aspecto do universo psicológico do paciente (por exemplo: depressão, ansiedade, recusa em colaborar, agitação/agressividade, risco de suicídio, insônia, etc.); embora pouco freqüente, outras vezes o médico solicitante faz referência a algum aspecto da sua própria estrutura psicológica ou, até mesmo, alguma dificuldade mais explícita, o que facilita a abordagem mais integral da interconsulta.

De qualquer maneira, sendo o primeiro passo de uma IC uma entrevista com o médico (ou outro membro da equipe) solicitante, este fato também facilita o enquadramento da interconsulta, pois permite ao interconsultor obter os dados clínicos do paciente, o histórico da internação, a natureza da patologia somática motivadora da atenção médica. As informações sobre o diagnóstico, prognóstico e tipo de tratamento serão fundamentais para o raciocínio do interconsultor e, com o motivo da solicitação da IC, constituirão o ponto de partida do trabalho.

Lipowski [1983] define a Interconsulta Psiquiátrica (ou Psiquiatria de Ligação) como uma "subespecialidade da Psiquiatria... na fronteira da Psiquiatria e da Medicina", o que coloca o interconsultor na obrigação de ter um razoável conhecimento dos aspectos médicos do caso abordado. Se o interconsultor é graduado em Medicina a compreensão dos dados clínicos não é tão difícil como o é para um interconsultor proveniente da Psicologia. Nestes casos, boa parte da supervisão destina-se a analisar como o psicólogo busca o conhecimento e a compreensão dos dados clínicos do paciente. Em sendo médico, o supervisor, muitas vezes acaba, ele próprio, transmitindo tais conhecimentos ao supervisionando. Este sinergismo entre Medicina e Psicologia também faz-se necessário quando a conclusão da IC envolve uma prescrição medicamentosa, atribuição exclusiva do médico.

A junção das peças – esclarecimento sobre o pedido da IC; dados fornecidos pelo médico atendente; entrevista com o paciente; eventual entrevista com algum familiar; eventual entrevista com outro membro da equipe de saúde; considerações sobre a estrutura da Instituição – começa a permitir à dupla supervisor/supervisionando estabelecer um raciocínio visando à elaboração de um diagnóstico situacional com o conseqüente encaminhamento e proposta terapêutica. Correspondendo à natureza multideterminada da tarefa médica, o diagnóstico poderá focalizar um ou mais destes determinantes; assim, existem casos em que a mera condição psicopatológica do paciente é a que funciona como obstáculo (quadros depressivos, ansiosos, distúrbios adaptativos, distúrbios de consciência / confusão mental, abstinências, etc). Em outras situações, porém a dificuldade está mais centrada na relação Médico-Paciente (com os correspondentes diagnósticos de falha no processo de informação, insuficiência de continência afetiva, etc.) ou na própria pessoa do médico (problemas contratransferenciais; identificações excessivas com o paciente, etc.) ou em outro membro da equipe. Existem casos, também, nos quais a origem do obstáculo à tarefa médica localiza-se na própria estrutura da Instituição ou do Setor que alberga o paciente (Unidades de Terapia Intensiva, Serviços de diálise, setores de transplante, enfermarias específicas para patologias com alto índice de mortalidade, natureza escolar de um hospital, etc.).

Tendo sido atingido um diagnóstico global, a supervisão ocupa-se de discutir as intervenções do interconsultor em um sentido terapêutico. É importante, aqui, uma entrevista devolutiva com o médico solicitante, pois se nosso objeto de estudo é a relação médico-paciente (ou a tarefa médica) este personagem é um dos protagonistas e como tal o agente de mudanças. Freqüentemente este profissional tenta omitir-se acreditando que ao solicitar uma IC a responsabilidade pelo aspecto emocional não é mais sua e sim de alguém mais capacitado (o psicólogo ou o psiquiatra). Mesmo naqueles casos em que o diagnóstico global da situação aponte apenas um diagnóstico psiquiátrico do paciente, o médico clínico deverá estar envolvido no processo de sugestões terapêuticas, dentre outras coisas até para ponderar sobre possíveis interações medicamentosas.

Até aqui foram examinados aspectos da IC mantendo-se o foco no desempenho de uma equipe de saúde junto a um paciente acometido de alguma patologia somática. Porém, tratando este capítulo do processo de supervisão em IC, a análise deverá também recair sobre o trabalho e desempenho da dupla supervisor/supervisionando. Assim sendo, ao acompanhar o relato dos passos dados pelo interconsultor um supervisor poderá detectar alguns elementos que merecerão um seguimento posterior:

a. Insuficiência de conhecimentos (tanto na área médica quanto na psiquiátrica): já foi feita a referência ao pouco domínio das patologias médicas por um interconsultor-psicólogo. Este fato que decorre da própria formação, não constitui nenhum impeditivo, visto que o importante é o esclarecimento que o médico assistente fornecerá durante a interconsulta esclarecendo a patologia do paciente. Da mesma forma um interconsultor-psiquiatra, muitas vezes, também não detém um conhecimento mais pormenorizado e específico de determinadas patologias, necessitando, assim, dos mesmos esclarecimentos.

A insuficiência de conhecimentos psiquiátricos, freqüentemente em conformidade com a etapa de profissionalização do interconsultor (estágio, residência), pode ser corrigida com os métodos tradicionais de ensino, incluindo-se aqui a, já referida, "visita à enfermaria" na qual um novo exame psíquico pode ser feito visando a uma maior objetivação do distúrbio do paciente.

b. Dificuldades emocionais do interconsultor: Sob esta denominação podem ser encontrados os problemas originados da identificação com o paciente, as situações contratransferenciais e todas as dificuldades provenientes de aspectos da personalidade do supervisionando. Nunca é demais frisar o cuidado devido em manter-se respeitada a fronteira entre supervisão e psicoterapia. Na tradição húngara, para a formação de psicanalistas, é o próprio analista do candidato quem, também, ministra as supervisões: este proceder facilita o trabalho de formação, pois permite que as situações emocionais que estejam emergindo no trabalho clínico sejam trabalhadas em um sentido terapêutico. Esta tradição não vigora no nosso meio, de forma que, uma vez surgido o problema emocional do supervisionando, a situação deve ser apontada e devidamente encaminhada para a elaboração no contexto privado da própria psicoterapia.

c. Delimitação do papel de interconsultor: Esta é uma preocupação que deve ser central no trabalho de supervisão e, talvez, por isso mesmo, uma das mais difíceis. Já foi assinalado que a Interconsulta é um trabalho de fronteira: entre a Psiquiatria e a Medicina na definição de Lipowski; entre Psiquiatria e Psicanálise no referencial de Luchina [1971] e de Balint [1988]. A própria noção de consultoria envolve certa ambigüidade entre as funções de consultor e executor, como será mais amplamente discutido no fim do capítulo.

Dentro da delimitação de papéis se inclui a dificuldade de respeitar a especificidade da função de clínico e a de interconsultor; tanto em uma direção como na outra, estes dois profissionais freqüentemente atravessam ou pelo mesmo tentam atravessar os limites de cada um. Assim um interconsultor deverá frear seus ímpetos de interferir na condução da terapia clínica do paciente; por outro lado deve ficar claro que a indicação (se vai ser acatada ou não, é outro assunto) do que deve ser feito no campo psiquiátrico/psicológico é da alçada do interconsultor. O que é pertinente, ou não, a um interconsultor fazer, também é parte integrante da definição do papel. Freqüentemente, ao ser solicitada uma interconsulta, a expectativa que está na cabeça de quem solicita não corresponde ou extrapola a atividade de Psiquiatria de Ligação. A título de exemplo pode-se citar algumas funções que, por vezes, erroneamente, são esperadas de um interconsultor: assistência social; terapia ocupacional; atividades de voluntários; recreacionistas; consultor religioso, etc. É em um cenário de supervisão que, freqüentemente, são elucidadas todas estas superposições e o supervisionando é então orientado a não fazer-se cargo de outras funções que não as suas.

d. Treinamento para a abstinência: Foram examinados anteriormente alguns itens que envolvem uma ação do interconsultor; ainda que seja um certo jogo de palavras será visto aqui quando o importante é não ter ação nenhuma. Em Medicina, muitas vezes a atitude mais prudente é a expectante; o estado ansioso que freqüentemente acompanha o adoecer e que clama pela cura pode exercer uma premência sobre a equipe de saúde podendo induzir intentos terapêuticos apressados e desnecessários, quando não prejudiciais [Noto, 1996]. Tais cenários devem ser identificados pelo interconsultor e a ansiedade circulante devidamente contida. Esta ansiedade que, na origem, é do paciente pode estar deslocada para o médico assistente (identificação projetiva) e, continuando a cadeia de deslocamento, contaminar o interconsultor e até mesmo o supervisor. Evidentemente que a supervisão estando naturalmente mais distanciada da origem da cadeia (paciente) é quem mais condições reúne para identificar este mecanismo e assim incentivar a continência em vez da atuação pseudoterapêutica.

Acredito que o exemplo seguinte ilustrará tal situação:

Paciente masculino, 67 anos, internado na enfermaria de Gastroenterologia clínica. A justificativa do pedido de IC é do paciente estar deprimido. Na entrevista com o médico solicitante, o interconsultor é informado que o paciente havia sido internado 20 dias antes, para esclarecimento de um quadro ictérico. O médico residente que solicitou o pedido de IC esclarece que algo precisa ser feito para o paciente, pois está deprimido. Solicita que venha a ser prescrito antidepressivos, pois tem conhecimento, pela literatura, de que há uma grande associação entre Depressão e Neoplasia de Cabeça de Pâncreas, que foi o diagnóstico clínico do paciente, após realizado o exame de ultra-sonografia (grande massa tumoral comprometendo estruturas vizinhas). Baseando-se então nesse dado de literatura e no estado de ânimo do paciente, o médico residente insiste com o interconsultor para o início da terapia medicamentosa antidepressiva.

Entretanto o dado mais relevante para a interconsulta constitui-se no fato de o paciente ter apresentado problemas renais sendo submetido à diálise, mas que, na evolução, o nefrologista, considerando a extensão da massa tumoral (causadora, por compressão, do problema renal), deu o caso como "fora de possibilidade" terapêutica cancelando a indicação de diálise.

O médico residente que cuidava do paciente na enfermaria estava visivelmente ansioso com a interrupção da diálise considerando tal atitude como um abandono da nefrologia; daí a insistência que a psiquiatria fizesse algo, no caso a medicação.

O interconsultor optou por não iniciar nenhuma medicação trazendo o caso para a supervisão: aqui foi confirmado o acerto da conduta expectante girando a discussão em torno do tema que o paciente ao não ser dialisado teria uma evolução rápida possivelmente com um quadro de rebaixamento da consciência resultante da uremia. Esta evolução para o óbito, provavelmente, seria mais rápida que o tempo de carência necessário para qualquer antidepressivo iniciar seus efeitos. Foi preconizada uma intervenção com o médico residente no sentido de fornecer uma continência ou até mesmo algum grau de elaboração da sua ansiedade. Na semana seguinte, em uma nova supervisão foi constatado o acerto da orientação assumida com a constatação do óbito do paciente.

e. O término da intervenção do interconsultor: Item importante de ser trabalhado em um processo de supervisão, este momento envolve algumas posturas ideológicas que fazem parte do esquema referencial de cada supervisor. Evidentemente escreverei sobre a minha posição tentando, não obstante, fazer a devida referência às outras, por vezes, discordantes.

Parto da proposição que um processo de consultoria não se confunde com a execução da tarefa em si; a tarefa médica para a qual foi solicitada uma ISM tem como executor principal o médico que aqui foi denominado de atendente ou assistente. Cabe a ele o cuidado do paciente e quando algum obstáculo surge, a consultoria específica é solicitada. Esta posição é bastante clara no campo empresarial: nunca é esperado, por exemplo, de uma consultoria contábil que ela execute o livro-caixa de uma empresa, pois esta é uma função específica do contador. Ao consultor em contabilidade é atribuída a função de ter uma visão mais macroscópica com a sugestão de políticas mais apropriadas. Na área médica também deveria ser assim, cabendo ao médico (ou equipe) atendente a função executora dos atos médicos e aos interconsultores a função de um diagnóstico mais amplo da situação e a proposição de medidas terapêuticas especializadas.

Uso freqüentemente a metáfora, utilizando a química, que a interconsulta é como um catalisador: fornece as condições para que ocorra uma determinada reação química, sem entretanto fazer parte dela. O médico e o paciente são os reagentes e ato médico é a reação química cabendo ao interconsultor o papel do catalisador. Com esta visão o interconsultor entra no processo de atendimento ao paciente, faz um diagnóstico global (que inclui até um diagnóstico psiquiátrico do paciente) propõe algumas medidas terapêuticas e alguns encaminhamentos e retira-se. Do momento de entrada ao de retirada pode-se interpor tantos passos (entrevistas, sessões, provas terapêuticas, testes psicológicos, intervenções de apoio ou cognitivas, etc.) quantos forem necessários para que a tarefa seja cumprida.

A diferença ideológica acima referida acha-se na extensão do processo de interconsulta. No meu ponto de vista, a ISM é pontual, dentro de um modelo já descrito de catalisador. Em uma posição diferente encontramos aqueles que postulam que, uma vez tendo entrado no processo de atendimento, o interconsultor permanece acompanhando o paciente até a alta dele. Tal posicionamento baseia-se em uma necessidade sempre presente de acompanhamento psicológico do paciente. Acredito que uma intervenção famacoterápica ou mesmo uma psicoterapia focal possam ser necessárias para que a tarefa médica possa readquirir as condições satisfatórias de funcionamento. A discordância centra-se no fato de o interconsultor continuar assistindo o paciente apenas porque tal acompanhamento seja proveitoso, independentemente da tarefa médica já haver sido restabelecida. Para esses casos a recomendação é que o médico atendente encaminhe o paciente durante a alta para um processo de psicoterapia ou algum outro Serviço Psiquiátrico. Em se trabalhando em hospitais escolas esta orientação nem sempre é seguida visto que existe o interesse acadêmico dos interconsultores em conhecerem a dinâmica psicológica de um paciente hospitalizado, o que faz que muitos continuem entrevistando os pacientes quando a rigor o processo de IC, tal como foi aqui proposto, já haja sido concluído.

Diagnósticos em interconsulta em saúde mental

Vanessa de Albuquerque Citero

Podemos afirmar, atualmente, que o Serviço de Interconsulta em Saúde Mental da Unifesp-EPM/HSP funciona estruturado sobre um referencial teórico de base psicodinâmica (psicanalítica) e de enfoque psiquiátrico; atua em dois focos de igual importância – relação médico-paciente centrado e paciente centrado – tem como usuário do serviço o paciente e como beneficiários do atendimento, o próprio paciente e sua família, o médico solicitante e o próprio interconsultor (estes dois últimos em fase de formação profissional). Tais características do serviço têm sido profundamente discutidas nos últimos anos [Nogueira-Martins, LA., 1989; Andreoli PBA., 1998; Citero VA., 1999; Citero, VA, Andreoli, SB, Lourenço, MT e Andreoli, SB., 2003], propiciando a adaptação e crescimento de um serviço em funcionamento há mais de 25 anos.

A crescente importância que temos dado ao processo diagnóstico em interconsulta é reflexo dessa discussão conceitual. Chamamos de processo diagnóstico o ato de diagnosticar em interconsulta porque entendemos que o interconsultor trabalha simultânea e progressivamente com 4 níveis diagnósticos:
1. diagnóstico do pedido,
2. diagnóstico situacional,
3. diagnóstico psicodinâmico do paciente,
4. diagnóstico psiquiátrico do paciente.

• O diagnóstico do pedido

O pedido de interconsulta é feito por algum membro da equipe de saúde do hospital pelo *pager* do serviço, sendo manifestada, neste pedido, qual a necessidade de avaliação. O primeiro movimento do interconsultor é explorar, com o profissional de saúde solicitante, qual o motivo do pedido. Ao explicitar o manifesto, o interconsultor tem elementos para diagnosticar qual a real motivação da solicitação, isto é, de perceber o pedido latente (ainda não percebido pelo próprio solicitante) e integrá-lo ao manifesto [Kunkel e Thompson, 1996]. Diversos padrões de pedidos de avaliação em interconsulta já foram estudados [Botega, 1989, 2002], mostrando o quanto é importante o interconsultor ter uma percepção clara e abrangente do diagnóstico.

Um exemplo de diagnóstico do pedido é exposto a seguir. Neste registro [Citero, 1997], o pedido de atendimento veio da enfermaria de doenças infecto-parasitárias, com a seguinte observação: "paciente com diagnóstico HIV positivo com mais de 20 dias de internação vem apresentando vários episódios de distúrbio de comportamento, com períodos de depressão e agressividade".

No primeiro contato, a médica solicitante (residente de 1º ano da Clínica Médica) relatou para o interconsultor: "... tratar-se de uma paciente, de 24 anos, internada há 20 dias com diagnóstico de *aids* e tuberculose pulmonar. Relatou que ela era drogada, traficante, prostituta. Era natural do Rio Grande do Sul, estando em São Paulo há 2 anos foragida da polícia. Referiu que ela era manipuladora (tentava provocar pena das pessoas para conseguir o que queria) – saía do quarto embora estivesse em isolamento respiratório, andava nua pela enfermaria, perguntava se as pessoas tinham nojo dela. Era, então, trancada no quarto e, na véspera do atendimento, havia quebrado deliberadamente o vidro da porta e, quando uma atendente se aproximara, picou-a com uma agulha."

Neste relato podemos observar que a médica solicitante imprimiu, no pedido manifesto, uma linguagem médica para descrever uma situação muito mais complexa. A exploração do pedido, antes mesmo de efetuado qualquer atendimento à paciente, já evidenciava o incômodo que a paciente causava na enfermaria. Mais do que alteração de comportamento, depressão e agressividade, a paciente despertava julgamento moral em relação à sua pessoa (manipuladora, quebrou deliberadamente o vidro, picou a enfermeira por maldade).

Sem dúvida, o entendimento do pedido de interconsulta é elemento primordial para nos ajudar a desenvolver o diagnóstico situacional. No caso acima, a percepção do sentimento despertado pela paciente na equipe permitiu um rápido desenvolvimento do diagnóstico situacional e os primeiros elementos para uma avaliação psicodinâmica da paciente.

• O diagnóstico situacional

Baseado no processo de análise institucional, o diagnóstico da situação de interconsulta é a impressão do todo após o atendimento do paciente e complementação dos dados com a observação e entrevista da equipe profissional, dos familiares dos pacientes e dos outros pacientes da enfermaria, se for pertinente. É uma análise do funcionamento global da unidade tendo como foco a relação do paciente com o solicitante em questão e com o ambiente como um todo. O interconsultor beneficia-se do referencial psicodinâmico para desenvolver um raciocínio profundo das relações estabelecidas, neste aspecto os conceitos psicanalíticos de transferência e contratransferência são enriquecedores para o entendimento diagnóstico do interconsultor [Ferrari, 1989; Andreoli, 1998]. Por fim, o interconsultor deve traduzir tal entendimento em um diagnóstico situacional e sugerir condutas plausíveis e práticas que possam ser compreendidos pelo profissional de saúde, e efetuados no ambiente hospitalar [Citero, 1997].

No caso descrito abaixo, vemos o desenvolvimento do diagnóstico situacional e o processo reflexivo pelo qual o interconsultor passa para lidar com tal diagnóstico [Lima, 2001]:

"Seria fácil discorrer sobre o caso de um paciente, R.C., de 58 anos, portador de mieloma múltiplo, estádio III, cuja avaliação foi solicitada por um residente da Nefrologia, dia 20/6/2001, por causa de uma possível depressão. Já falar de seu Roberto, um senhor casado, pai de três filhos, avô, evangélico, muito simpático, que estava com uma doença sem cura, e ainda assim preferia agir como se não tivesse nada a não ser 'pedra nos rins' é mais difícil. Além de uma equipe de residentes médicos, em que um não sabia como lidar com a situação e resolveu pedir ajuda a outra [a interconsultora] que fingia saber... Em minha primeira entrevista com o paciente, conheci uma pessoa muito animada, nem um pouco deprimida, que gostava de conversar e que estava incomodado por estar há tanto tempo internado, longe da família. Ainda assim mostrava bastante 'otimismo' e muita 'fé', acreditando não ter nada grave e que Deus o curaria. Conheci também um médico jovem, cansado da Residência Médica, que perguntou se eu, como interconsultora, também podia atendê-lo. Em tom de brincadeira, semelhante ao dele, respondi que claro que sim... Não era preciso ser psiquiatra para perceber que o motivo do pedido daquela interconsulta não era a 'depressão' do seu Roberto."

No decorrer deste atendimento ficou claro que conhecer as dificuldades pelas quais passam os médicos residentes na instituição, o modelo de ensino a que são submetidos (no qual não há tempo para o aprofundamento da relação médico-paciente e o entendimento do que esta relação desperta) mobilizaram o médico solicitante a fazer o pedido de interconsulta (diagnóstico do pedido). A continuidade do atendimento mostrou que o médico solicitante estava angustiado com o prognóstico do paciente e angustiado pelo próprio paciente não se apresentar angustiado (diagnóstico situacional). Esta situação pode ser traduzida pela interconsultora que sentiu e expressou a mesma angústia para o médico solicitante. A expressão do problema situacional permitiu ao médico solicitante elaborar sua dificuldade em lidar com o paciente.

• O diagnóstico psicodinâmico do paciente

Da mesma forma que o raciocínio psicodinâmico do interconsultor contribui com o desenvolvimento do diagnóstico situacional, o conhecimento da estrutura de personalidade do paciente, principalmente nas relações que ele estabelece, nos seus mecanismos para lidar com os conflitos da internação e do adoecer, favorecem o desenvolvimento de intervenções centradas no paciente. A abordagem dinamicamente informada é fundamental para amplificar o senso de percepção do profissional.

No exemplo descrito a seguir, temos um pedido de interconsulta feito pela própria paciente, e encaminhado por uma aluna do 5º ano do curso de Medicina [Citero, 1997]:

"A aluna... descreveu a paciente como uma pessoa de difícil relacionamento, manipuladora, infantil, que ameaçava se jogar pela janela ou fugir do hospital (o que já havia feito em outro serviço), e que estava acostumada a constantes internações, pois era portadora de doença congênita hemorrágica (Von Willebrand). No momento estava internada para fazer o tratamento da tuberculose pulmonar tipo miliar já com áreas de fibrose pulmonar e importante limitação funcional, complicada com hepatite medicamentosa. Com freqüência se recusava a fazer exames ou arrancava o cateter de O^2 e tentava barganhar com a equipe, exigindo a alta.

"M. [a paciente] me expôs sua dificuldade em aceitar a internação prolongada e o isolamento respiratório a que estava submetida há 2 dias. Referiu não agüentar a solidão, não estar acostumada a ficar sozinha e não querer mais viver, pois não podia ter uma vida normal. Sentia-se na obrigação de ser forte, não chorar, não se angustiar. M. nasceu em São Paulo, tinha 31 anos e era a mais nova de uma prole de quatro. Com um ano, seu pai faleceu, dizia nunca ter sentido sua falta. Dos 4 aos 11 anos viveu em um colégio interno, porque sua mãe precisava trabalhar e seus irmãos já eram bem mais velhos. Quando voltou para casa sentiu-se "uma estranha no ninho", seus irmãos não a aceitaram porque tinham ciúmes dela com a mãe. Tinha problemas principalmente com o mais novo, com quem competia muito e se achava mais inteligente. Conta que aos 15 anos ele havia tentado estuprá-la. Quando tinha 17 anos tirou uma nota, na escola, um pouco mais baixa do que costumava, discutiu então com o professor que lhe disse que ela não morreria por isso. Sentiu-se desafiada e resolveu provar que se quisesse "morreria por isso" sim. M. então se jogou do segundo andar do prédio da escola. Ficou várias semanas em coma em conseqüência de hemorragias incontroláveis, sendo diagnosticada a doença de Von Willebrand... Durante as 7 semanas em que esteve internada, escondeu os sintomas, mentiu quando tinha epistaxe e melena. Fazia questão de ser uma paciente especial, sentia-se preterida quando os médicos davam atenção a outro paciente. Passou por duas equipes médicas, somente aceitou os cuidados da interna que fez o pedido, solicitando constantemente sua presença, mesmo após ela ter saído do estágio (quando ela foi se despedir da paciente, M. disse-lhe ter gostado dela porque era fácil manipulá-la). Com o restante da equipe o tratamento sempre foi conduzido na base do confronto. Houve um episódio, na quinta semana, em que o médico responsável pela enfermaria teve uma discussão com a paciente, dizendo-lhe que ela nunca teria uma recuperação completa e que se persistisse com as ameaças de fuga ou de pedir alta, que o hospital tiraria seu poder pela própria vida judicialmente... Durante as cinco semanas em que estive com M. nosso contato sempre foi bom, nunca se recusou a conversar comigo, exigiu muito do meu tempo e atenção. Foi difícil estabelecer um contrato ou aliança com a paciente. Ela desrespeitava o contrato, tentava fazer-me ir vê-la fora do horário ou ficar após o encerramento; eu saía do quarto me sentindo sugada. O tempo todo a aliança foi triangular, sendo necessário que eu restabelecesse o contato continuamente entre equipe e paciente... Entendi que M. ativamente participava de um acordo (que provavelmente ela é quem havia imposto) com os médicos, no qual ela não melhorava a despeito de todos os esforços diagnósticos e terapêuticos, impedindo que qualquer médico tentasse tratá-la, pois ninguém conseguia assumir a responsabilidade pelo seu tratamento. E era assim que M. fazia com todos que se dispunham a cuidar dela, confrontava um com o outro, demonstrava uma dependência que induzia aos maiores esforços para ajudá-la, mas criava uma situação em que se via como vítima, de forma que nada era capaz de funcionar. Para evitar o confronto, surgiu o conluio, favorecido por ambas as partes, a paciente e a equipe. A paciente, por seu lado, propôs várias formas de ajudá-la (e ao mesmo tempo minou-as, o que estabeleceu um clima paranóico como, por exemplo, o da ameaça judicial); e a equipe, por seu lado, aceitou o papel de agressor... Estar em contato com M. significou participar deste conluio, dissociar-me da equipe para ter a sua confiança. A aliança feita com M. continha nas entrelinhas um acordo que separava a equipe do interconsultor e este da equipe. Não havia mais possibilidade de diálogo e a troca de informação deixou de ser feita, pois estava implícito que havia queixas de um para o outro. Diante desta compreensão, optou-se por desenvolver um trabalho junto à paciente neste momento de crise, em contato com as dificuldades mórbidas existentes. Adotou-se, assim, uma atitude de conivência com o conluio, e esta consciência possibilitou restabelecer um trabalho como integrador da equipe junto à paciente, na medida do possível. Objetivou-se a alta da mesma e a sensibilização desta para uma psicoterapia, preparando assim um campo de exploração do seu funcionamento dinâmico."

Neste relato podemos observar que, embora o pedido de interconsulta tenha sido sugerido pela paciente, havia um pedido latente da equipe que ainda não conseguira ser manifestado (diagnóstico do pedido), conforme foi exposto no primeiro parágrafo do relato do caso. O interconsultor, pela própria natureza do seu trabalho, aguarda o pedido manifesto [Strain, 1996], mas esta atitude passiva o impede de se embrenhar em diversas situações nas quais a equipe de saúde não consegue se expressar. O diagnóstico situacional foi rapidamente percebido a partir dos confrontos que se estabeleceram entre paciente e equipe. Mas o manejo desta situação problemática somente pode ser resolvido a partir da compreensão psicodinâmica que o interconsultor teve da personalidade da paciente e dos seus padrões relacionais (diagnóstico psicodinâmico do paciente). A estratégia de interconsulta para lidar com a problemática foi a de centralizar as condutas sobre a paciente, em uma psicoterapia focada na crise da internação, o que permitiu restabelecer o vínculo terapêutico entre equipe de saúde e paciente.

- ## O diagnóstico psiquiátrico do paciente

Concomitante à compreensão da situação e da psicodinâmica do paciente, o exame psíquico é realizado pelo interconsultor, e a anamnese inclui a exploração de antecedentes psiquiátricos pessoais e familiares, assim como história atual de sintomas psiquiátricos. Havendo a suspeita de um quadro psiquiátrico, o interconsultor prossegue a investigação, formulando a hipótese diagnóstica, os diagnósticos diferenciais e as condutas pertinentes, como sugestão de solicitação de exames e de introdução de medicação. Se o interconsultor não for psiquiatra, ele solicitará que um psiquiatra da equipe de interconsulta faça a avaliação psiquiátrica (no nosso modelo assistencial o interconsultor é um profissional da área de saúde mental com especialização em saúde mental na área hospitalar, podendo não ser necessariamente um psiquiatra, mas, sim, um psicólogo ou um terapeuta ocupacional).

No treinamento que realizamos com o interconsultor psiquiatra, procuramos que ele entenda e siga os três princípios comentados por Kontos e cols. [2003]: não ter medo de discordar da avaliação psicopatológica do médico solicitante; não ter medo de descontinuar o uso de psicotrópicos desnecessários; não ter medo de encerrar o atendimento em interconsulta quando suas sugestões não são seguidas, comprometendo a evolução do paciente.

O paciente muitas vezes chega ao interconsultor estando excessivamente medicado. A agitação, por exemplo, é contida com doses horárias de haloperidol endovenoso, em doses altas, ou com benzodiazepínicos, também endovenosos, sem se considerar as contra-indicações que devem ser ponderadas em pacientes pneumopatas, cardiopatas, neuropatas, etc. Nestas situações, procuramos ensinar o médico solicitante a manejar adequadamente os psicotrópicos, a realizar uma avaliação psicopatológica correta e discutimos a conduta a ser tomada no caso em si.

É conhecido que o médico apresenta dificuldade no entendimento do diagnóstico psiquiátrico e, principalmente, no seu manejo terapêutico [Huyse; Strain; Hammer, 1990] [Boland; Diaz; Lamdan; e col., 1996] [Citero; Andreoli; Lourenço; Nogueira-Martins, 2001]. Dificuldade no reconhecimento e compreensão dos sintomas psicopatológicos, das mudanças de condutas em função do agravamento do quadro clínico e o desconhecimento das interações medicamentosas com psicotrópicos são aspectos freqüentemente encontrados pelos interconsultores. Também percebemos haver um desconhecimento do prejuízo que as comorbidades psiquiátricas causam no processo de recuperação do paciente na internação [Strain; Hammer, e Fulop, 1994] [Furlanetto; von Ammon Cavanaugh; Bueno e col., 2000] [Furlanetto; da Silva e Bueno, 2003], assim como da alta prevalência dos transtornos mentais no hospital geral [Strain, 1996] [Smaira, 1998], [Smaira e cols. 2003]. Mesmo os quadros clínicos que apresentam manifestações psiquiátricas associadas com grande freqüência, como por exemplo os quadros de lúpus eritematoso sistêmico, de meningoencefalites, de demências, etc., passam despercebidos.

Por outro lado, quando o interconsultor fecha o diagnóstico psiquiátrico, seja este primário ou secundário, não é incomum que o médico solicitante queira pedir a transferência do paciente para a enfermaria de psiquiatria do hospital. No entanto, é nossa conduta fazer a transferência apenas quando o paciente corre risco de se ferir ou expõe outros ao mesmo risco, pois entendemos que o manejo da condição psiquiátrica deve ser feito pelo clínico ou cirurgião responsável pelo tratamento do paciente, sob nossa orientação.

Um exemplo de como pacientes psiquiátricos são cuidados é ilustrada a seguir, no relato de dois casos:

Paciente A., 40 anos, internada na UTI de Clínica Médica por fratura em bacia, fêmur e arcos intercostais após pular de uma ponte. Foi solicitada a avaliação da interconsulta para avaliação de depressão. No contato com a equipe, o interconsultor identificou que solicitaram avaliação de quadro depressivo, pois a equipe interpretava que a paciente havia tentado o suicídio. Identificou também que a equipe tinha dificuldade em lidar com a paciente, pois esta não seguia a recomendação de ficar imóvel no leito. Na avaliação do interconsultor junto à paciente, os seguintes dados foram coletados: a paciente fazia uso irregular de clorpromazina 250mg, há 20 anos fazia tratamento para esquizofrenia em postos de saúde e relatava ter pulado da ponte por estar angustiada e perdida, sem ter noção do risco que corria. O exame psíquico revelou que a paciente estava com pensamento delirante de cunho persecutório e desagregada, sem alteração de senso-percepção e humor, com afeto distanciado. A introdução de medicação antipsicótica, a orientação da equipe em relação ao real diagnóstico psiquiátrico (transtorno esquizofrênico e não transtorno depressivo) e em relação à dificuldade da paciente de entender qualquer recomendação médica (por apresentar-se delirante) permitiu à equipe cuidar da paciente, estando mais atenta aos movimentos dela e mais continentes à sua angústia. Assim que o quadro clínico permitiu, A. foi transferida para a enfermaria de Ortopedia.

Concomitante a esta transferência, foi internada outra paciente, proveniente do pronto-socorro de Ortopedia, também com o diagnóstico de esquizofrenia. R. foi internada por fratura em tornozelos após saltar também de uma ponte. A paciente tinha história de esquizofrenia há 15 anos, atualmente sem tratamento. Em surto caracterizado por alucinações auditivas e delírios persecutórios há 15 dias da internação, R. referiu ter pulado da ponte seguindo o comando de Deus. Com os cuidados que já estavam sendo dispensados na enfermaria de Ortopedia para a paciente A., R. foi transferida pela enfermagem para o mesmo quarto com o intuito de receber maior atenção da equipe enquanto aguardava cirurgia. Ambas as pacientes eram atendidas pelo nosso serviço de interconsulta e, com as orientações que recebia, a enfermagem mostrava-se tranqüila nos atendimentos. Enquanto A. melhorou dos sintomas psiquiátricos, R. continuava em surto esquizofrênico e, diante da proposta de alta desta paciente (a cirurgia ocorreria dali há dois meses apenas), optamos por transferi-la para nossa unidade psiquiátrica no hospital geral.

O processo diagnóstico descrito é um divisor claro entre o papel do interconsultor em saúde mental e a do psiquiatra que faz consultas no hospital geral. Entendemos que o interconsultor é aquele profissional de saúde mental inserido na instituição de saúde, que conhece a fundo a instituição e a dinâmica de funcionamento das unidades de internação, está apto a explorar com o solicitante as reais necessidades de intervenção, de estabelecer prioridades no atendimento e desenvolver estratégias de intervenção que, ao mesmo tempo, responde às necessidades do solicitante, da instituição e do paciente [Kunkel and Thompson, 1996]. Com este olhar, o interconsultor é o profissional indicado para lidar com a saúde mental no hospital geral, diagnosticando e tratando os transtornos mentais apresentados pelo paciente assim como desenvolvendo elementos para a prevenção de doença mental, seja no atendimento de solicitações pontuais, seja ao estimular o desenvolvimento de programas de ligação nas unidades de internação.

Terapia medicamentosa em interconsulta em saúde mental

Vanessa de Albuquerque Citero

O uso de psicofármacos em pacientes com doença clínica é sempre um assunto abordado com muita cautela, uma vez que estamos tratando do uso de substâncias que ultrapassam a barreira hematoencefálica e modificam o comportamento em pacientes que já fazem uso de outras medicações (para o tratamento da doença de base) e que apresentam alterações orgânicas em função do próprio adoecer. Portanto, a terapia medicamentosa no âmbito da interconsulta em saúde mental deve ponderar uma série de aspectos para não ser maléfica, em vez de benéfica para o paciente [Jachna; Lane; Gelenberg, 1996] [Mattos, 2002] [Kontos; Freudenreich; Querques e col., 2003] (Bazire, 2001).

O paciente internado no hospital geral apresenta uma ou mais doenças e está sendo submetido a um tratamento curativo e/ou sintomático. Esta condição significa que ele pode estar fazendo uso de substâncias que afetam o funcionamento cerebral diretamente (por exemplo, as medicações anestésicas centrais) ou indiretamente (beta-bloqueadores, imunossupressores, etc.). Além disso, as próprias alterações orgânicas (desequilíbrio hidro-eletrolítico, infecções, insuficiência de órgãos, etc.) podem modificar as características farmacocinéticas e farmacodinâmicas das drogas, com alteração de *clearance*, nível sérico, capacidade de ligação protéica, quantidade de metabólito oxidante produzido, nível de inibição e indução das enzimas do citocromo p450. Assim, o interconsultor (psiquiatra) deve conhecer não somente os princípios da psicofarmacologia, como ter uma clara noção da interferência que o adoecer físico e o tratamento geram sobre tais princípios.

Dentro deste contexto, o diagnóstico psiquiátrico realizado deve ser visto sempre como uma comorbidade do paciente frente à patologia de base, o que auxilia o profissional a tomar decisões terapêuticas com menor risco de complicações. Isto não significa que as reações adversas poderão ser evitadas totalmente (pois são inerentes a qualquer intervenção médica), apenas que serão minimizadas.

Enumeramos algumas considerações que o interconsultor deve sempre ter em mente antes de introduzir psicotrópicos, e durante o uso dos mesmos:

1. A anamnese (em especial os antecedentes pessoais) e o exame psíquico devem ser bem-feitos, não apenas para um diagnóstico psiquiátrico atual correto, mas para avaliar possíveis usos de psicotrópicos que o paciente já fez, qual a dose e o tempo de tratamento.

Isto impedirá a escolha de medicações com as quais o paciente não se adaptou anteriormente.

2. Avaliar se há realmente a necessidade de introduzir uma medicação ou se a situação pode ser contornada com outras intervenções não medicamentosas.

Por exemplo, alguns pacientes com confusão mental apresentam discreta agitação no leito e alteração da senso-percepção que não causa angústia, medo ou desconforto intensos, podendo-se optar em manter o paciente sob observação enquanto se trata a causa do quadro, sem que seja necessário introduzir um psicotrópico.

Uma situação real ocorreu em uma unidade de coronarianos, na qual um senhor de 50 anos foi internado após ter enfartado. O paciente apresentava placa de ateroma em carótida esquerda, e no segundo dia de internação apresentou agitação psicomotora importante: tentava retirar os instrumentos aos quais estava ligado e se levantar. O paciente passou a ser medicado com uma ampola de haloperidol endovenoso a cada 12 horas e após 3 dias mantendo o mesmo quadro e medicação passou a apresentar sinais de impregnação neuroléptica. Somente no sexto dia de internação o interconsultor foi chamado, e sua medida diante do quadro foi suspender o neuroléptico e orientar a equipe médica em relação a: 1. diagnóstico de confusão mental, 2. necessidade de uma avaliação neurológica (pequenos ataques isquêmicos transitórios poderiam justificar o quadro confusional), 3. diagnóstico de impregnação neuroléptica e 4. administração correta do neuroléptico nos casos de agitação psicomotora. Após 24 horas o paciente apresentava melhora importante da impregnação, a avaliação neurológica havia sido feita confirmando a hipótese do interconsultor e a terapia clínica adequada havia sido instituída. O quadro confusional havia melhorado, o paciente mantinha-se desorientado e querendo se levantar da cama, mas a contenção leve no leito e a presença de um familiar 24 horas por dia eram suficientes para acalmá-lo. Após 2 dias, o paciente não apresentava mais o quadro confusional e evoluiu com melhora até a alta hospitalar.

3. Descontinuar a medicação sempre que for possível.

Algumas vezes o paciente já está sendo medicado pelo médico responsável e um ajuste da dose, apenas, ou mesmo a suspensão da medicação podem ser a melhor intervenção. Outras vezes o próprio interconsultor introduziu uma medicação para o paciente e, devido ao surgimento de intercorrências clínico-cirúrgicas, o uso da medicação pode se tornar não apropriada.

4. Lembrar que nenhuma droga é inócua, isto é, efeitos adversos sempre poderão ocorrer e cabe ao interconsultor reduzir a possibilidade destes efeitos surgirem, além de conhecê-los bem.

Não se deve ter a preocupação de decorar todas as medicações, interações e efeitos, mas saber como acessar as informações rapidamente, isto é, ter à mão fontes seguras e recentes de interação medicamentosa.

Uma paciente de 18 anos, que havia sido submetida a quimioterapia intratecal por apresentar linfoma em tálamo, evoluiu com remissão da massa tumoral e alteração do comportamento importante, caracterizada por compulsão alimentar e agressividade (a paciente agredia fisicamente a equipe que a atendia, assim como seus familiares, e ganhou mais de 30kg em 2 meses). Após várias tentativas de terapia medicamentosa, sem sucesso, a paciente apresentou melhora importante do quadro de impulsividade quando introduzido olanzapina 10mg. Durante dois meses a paciente passou a ter uma alimentação regular, perdeu peso, convivia com os familiares tranqüilamente. Subitamente a paciente apresentou uma piora clínica importante do quadro de impulsividade. A investigação do tratamento global da paciente mostrou que a volta dos sintomas psiquiátricos estavam temporalmente associados ao uso da medicação bromocriptina (que foi introduzida devido ao aumento da prolactina sérica). Após conversa entre o interconsultor psiquiátrico, o endocrinologista e o oncologista, optou-se por retirar a bromocriptina e manter a olanzapina. Os familiares foram orientados quanto à inibição farmacológica da olanzapina pela bromocriptina, e sobre a pouca importância da prolactinemia alta em função do benefício gerado pelo controle da impulsividade da paciente, uma vez que a prolactina estava aumentada em decorrência do próprio uso da olanzapina.

5. Deve-se, sempre que possível, evitar a polifarmácia (uso de diversas medicações concomitantes).

A polifarmácia aumenta o risco de interações medicamentosas, mas quando inevitável deve-se avaliar as interações possíveis.

6. Usar a dose mais baixa possível.

A experiência mostra que doses abaixo da considerada terapêutica no paciente puramente psiquiátrico podem ser altamente efetivas no paciente com patologias orgânicas e em uso de outros medicamentos, justamente em virtude das alterações farmacocinéticas e farmacodinâmicas que ocorrem pelo adoecer e pelas interações medicamentosas.

7. Existem situações em que as medicações podem ser prescritas "a critério médico" ou "se necessária" em vez de serem prescritas de horário.

São situações nas quais a medicação é puramente sintomática e o perfil farmacológico da droga permite essa forma de uso. Por exemplo, a administração de benzodiazepínico de curta duração de 30 minutos antes de iniciar a quimioterapia; administração de neuroléptico injetável se o paciente agitar-se. É claro que se o quadro de ansiedade ou de agitação forem constantes e não situações isoladas, passa a ser mais recomendável o uso de medicação de horário. A vantagem da administração a critério do médico responsável ou se considerada necessária pela equipe é a diminuição do risco de interações em relação ao uso contínuo da droga.

8. Deve-se conhecer qual a interferência das alterações orgânicas geradas pelo adoecer que podem modificar o perfil farmacológico tradicional da droga escolhida.

Da mesma forma como no item 4, as informações básicas devem ser conhecidas pelo interconsultor, mas ter acesso rápido a informações mais recentes e sofisticadas é fundamental.

9. A prescrição de um medicamento deve sempre ser acompanhada de uma orientação clara para o paciente e para o médico responsável.

O paciente tem de entender por que está sendo medicado, o que poderá sentir com a medicação e entender a importância da adesão terapêutica. O médico também tem de saber o porquê da decisão terapêutica e da dose recomendada, qual o plano terapêutico estabelecido, tempo que deve aguardar para ver resultados. O médico responsável deve sentir-se seguro e compartilhar da decisão de medicar, isto facilitará para que ele dê o seguimento às orientações feitas pelo interconsultor. Também facilitará que ele procure o interconsultor sempre que tiver dúvidas, em vez de tomar decisões sozinho, e possibilitará que ele aprenda o manejo adequado para usá-lo futuramente.

10. A escolha do medicamento está subordinada ao que o hospital dispõe em sua farmácia interna ou ao que o hospital ou a família do paciente se dispõe a adquirir em uma compra externa.

Esta possibilidade deve ser considerada, principalmente em hospitais públicos, nos quais a população internada é carente, no entanto, em nenhum hospital a compra externa deve ser considerada para situações de emergência.

11. É necessário avaliar se o paciente tem condição de continuar fazendo uso da medicação quando sair do hospital (se pode comprar ou se o remédio é distribuído na rede pública).

A menos que o interconsultor planeje suspender o uso do medicamento antes da alta (por exemplo, antipsicótico prescrito para quadro confusional), cabe a ele avaliar que medicação psicotrópica é possível de ser usada pelo paciente quando estiver de alta.

12. Paciente que recebeu alta medicado equivale a paciente que receberá um encaminhamento para algum serviço médico que dê continuidade à terapia medicamentosa.

A menos que o paciente vá continuar o tratamento com o mesmo psiquiatra (o que é raro no âmbito da interconsulta), ele deverá receber alta com uma carta de encaminhamento explicando o diagnóstico, motivo da introdução de medicação e plano terapêutico idealizado pelo interconsultor.

Diversos grupos de doenças compõem situações especialmente problemáticas no manejo medicamentoso, como o uso de psicotrópicos em pacientes pediátricos, em período gestacional, com doenças cardiovasculares, insuficiência renal, insuficiência hepática, doenças neurológicas, etc. Destacamos, neste capítulo, três dessas áreas de interesse especial: o uso de medicações psicotrópicas em Pediatria; em pacientes transplantados e em pacientes grávidas ou no puerpério.

• O uso de psicotrópicos em Pediatria

Danielle Herszenhorn

Ao lidar com pacientes pediátricos deve-se levar em conta sempre que crianças diferem de adultos, tanto na avaliação diagnóstica quanto no manejo terapêutico, ou seja, não devemos considerá-las "pequeno adulto" já que todo um processo de crescimento e desenvolvimento está envolvido.

Inicialmente, deve-se objetivar o sintoma-alvo a ser tratado. Em crianças torna-se menos importante o diagnóstico em si, mas é priorizado o impacto de determinado sintoma, que deve ter severidade suficiente e interferir de forma significativa no desempenho atual, no amadurecimento e desenvolvimento da criança, sendo que os benefícios potenciais da droga devem justificar os riscos de sua administração [Green,1997]. Por exemplo, hiperatividade pode ser sintoma de outras patologias além do TDAH, daí a necessidade de uso criterioso de estimulantes e da certeza diagnóstica uma vez que esta medicação poderia piorar o sintoma em outras doenças, como quadros psicóticos.

Também se faz fundamental o entendimento e adesão por parte dos pais, principalmente para o seguimento pós-alta. Quando a criança é pequena são os pais que relatam sintomas e resposta ao tratamento, portanto são eles que devem ser esclarecidos em relação ao diagnóstico e perfil de efeitos colaterais, inclusive sobre possibilidade de cronificação da doença. O mesmo cuidado deve ser observado quando se trata de crianças maiores, valorizando o relato destas.

Alguns princípios devem ser observados na escolha da medicação:

– tempo de uso: deve-se ter a preocupação com efeitos de uso crônico de medicação como discinesia tardia, além de efeitos – conhecidos ou não – sobre a ação de algumas substâncias no crescimento e desenvolvimento de crianças. Assim, a medicação deve ser usada pelo menor tempo possível, por exemplo, até controlar determinado sintoma-alvo. Algumas medicações devem ser descontinuadas a cada determinado período regular (6 a 12 meses) e reavaliada a necessidade de reintrodução.

– efeitos adversos: ajudam na escolha da medicação e podem ser utilizados de forma benéfica, como usar medicações mais sedativas para pacientes agitados.

– horários de administração: a medicação deve ser administrada de acordo com sua farmacocinética, por exemplo, crianças pequenas são mais sensíveis aos efeitos cardiotóxicos de antidepressivos tricíclicos, daí a necessidade de fracionar a dose ao dia.

– dosagem sérica: é importante quando existe proporção entre dosagem e resultado clínico, como ocorre com o lítio através da litemia, sendo útil também para evitar doses tóxicas. Crianças em idade escolar têm metabolização e excreção mais eficientes que o adulto, podendo receber doses subterapêuticas de determinada droga. Assim, o ideal seria a dosagem desta antes de sua suspensão por falta de resposta clínica.

– doses iniciais baixas: em virtude da farmacocinética da criança ser diferente entre faixa etária e entre indivíduos, o uso de doses iniciais altas podem desconsiderar bons respondedores, além de exacerbar o perfil de efeitos colaterais. Em crianças pequenas, doses iniciais altas podem causar toxicidade comportamental com hipo ou hiperatividade, piora dos sintomas-alvo, agressividade, irritabilidade, labilidade de humor ou apatia [Green, 1997].

– aumento lento de dose: deve ser feito até o controle dos sintomas ou até alcançada a dose máxima. Se há evidência de efeitos colaterais importantes ou ausência de resposta clínica ao aumento da dose, esta não deve prosseguir.

– dose ideal: menor dose possível que controle os sintomas-alvo e pelo menor tempo possível.

– forma da medicação: importante avaliar se o paciente consegue deglutir, nestes casos preferir formulações líquidas, por exemplo.

- suspensão da medicação: reduzir gradualmente a dose, principalmente de medicações com meias-vidas longas.
- uso de drogas aprovadas pelo FDA para crianças: nem sempre na prática clínica acabam sendo as únicas utilizadas. Deve-se avaliar com cautela o uso destas medicações ou seu uso para outra indicações não aprovadas.
- particularidades das drogas em crianças:

1. Farmacocinética:

- absorção: a acidez gástrica é menor em crianças, diminuindo assim a absorção de drogas ácidas como antidepressivos tricíclicos.
- *clearance*: é maior para drogas de metabolização hepática, além de maior efeito de primeira passagem pelo fígado.
- distribuição: maior proporção de líquido extracelular em crianças pequenas, diminuindo assim os níveis de medicação sérico e cerebral.
- barreira hemato-encefálica: é mais permeável que de adultos facilitando o acesso da medicação, ao mesmo tempo que esta é dificultada pela maior concentração de proteínas que se ligam a medicação no líquido cérebro-espinhal.

2. Farmacodinâmica:

Com o desenvolvimento ocorrem mudanças em relação ao número e proporção de receptores, assim a mesma droga pode ter efeitos diferentes em crianças e adultos, por exemplo, estimulantes que causam euforia em adultos e em crianças no máximo disforia [Goodman e col.,1997]. Assim, fica clara a necessidade de doses relativamente maiores de medicação em crianças por unidade de peso corporal (50 a 100% maiores que de adultos). Esta necessidade diminui com a idade, sendo que na adolescência é semelhante a do adulto.

Por fim devemos lembrar sempre que os princípios gerais de intervenção em interconsulta psiquiátrica também se aplicam à Pediatria, associados às inúmeras particularidades deste tipo de pacientes, como no caso relatado a seguir:

Paciente M.E., sexo feminino, 12 anos, branca, cursa a 6ª série, mora com os pais. Foi internada na enfermaria de Neuropediatria para ajuste medicamentoso do tratamento que faz para epilepsia. A interconsulta psiquiátrica foi chamada para avaliar quadro de importante irritabilidade e inibição psicomotora.

Na entrevista com a paciente, esta se mostrou bastante quieta, apenas respondendo a perguntas, por vezes chorosa, fornecendo poucas informações. Já a mãe informa que há 1 ano, M.E. começou a ter baixo rendimento escolar, freqüentes brigas em casa e na escola, com importante isolamento, irritabilidade e insônia, influindo também em seu tratamento já que não mais aceitava tomar medicação regularmente. Isso tudo decorreu após o anúncio da separação dos pais, os quais, ao perceberem as alterações na criança, optaram por não se separar mais (mas continuavam discutindo em casa). A hipótese diagnóstica realizada foi de episódio depressivo e uma vez que os sintomas estavam causando importante prejuízo na área escolar, social e de saúde avaliou-se a necessidade de medicação. Optou-se por introdução de 25 mg de cloridrato de sertralina pelo baixo perfil de efeitos colaterais e pouca interação medicamentosa, com posterior aumento da dose em conjunto com a neuropediatra.

Três semanas após a alta, a paciente foi reavaliada no ambulatório com importante melhora da insônia e irritabilidade. A medicação foi mantida, e a paciente encaminhada para psicoterapia.

• O uso de psicotrópicos em pacientes grávidas e em período de amamentação

Luciana Yamaguchi

A gravidez e a amamentação são duas situações que demandam uma atenção especial, por serem estados delicados não só quanto à abordagem da interconsulta, como quanto ao uso de medicações psicotrópicas. Trata-se de situações delicadas, nas quais freqüentemente encontramos não só importantes alterações fisiológicas, mas também emocionais.

No período gestacional, a mulher apresenta uma alta incidência de alterações metabólicas, como diabete gestacional, alterações tireoidianas e anemia. Nestas situações podem surgir transtornos mentais secundários. Além disto, observamos inúmeras alterações de humor, características do período gravídico, que podem se sobrepor aos sintomas de um episódio depressivo, conforme descrito a seguir:

1. transtornos de ansiedade e de humor são comuns no período de "maternagem";
2. alta prevalência de transtornos depressivos durante a gestação, comparado com mulheres não gestantes;
3. pacientes com transtorno afetivo bipolar geralmente desestabilizam neste período;
4. desregulação do humor no pós-parto, principalmente em mulheres que já tiveram alteração do humor anteriormente;

Desta forma, a introdução de medicação psicotrópica deve ser feita com muito critério e cuidado uma vez que tais medicações atravessam a barreira hemato-encefálica, não só da paciente, mas também do feto ou da criança que está sendo amamentada.

A avaliação do risco/benefício quanto à introdução de uma terapia medicamentosa deve ser sempre discutida, tanto com o ginecologista/obstetra, como com a paciente. Podemos lembrar outras questões que o interconsultor deve estar atento ao decidir pelo uso de psicotrópico durante o período gestacional ou puerperal:

1. Influência do psicotrópico sobre o trabalho de parto: é necessário avaliar se a medicação pode aumentar ou diminuir a probabilidade do início do trabalho de parto;
2. Se há risco de trabalho de parto prematuro ou aborto espontâneo com a medicação;
3. Qual o risco de toxicidade ou de sintomas de abstinência, tanto para o feto como para o neonato;
4. Se há risco de toxicidade para a mãe, pelas alterações fisiológicas que sofre durante a gestação;
5. Qual o risco de amamentar durante a terapia medicamentosa;
6. Qual o risco de transtornos psiquiátricos no pós-parto;
7. Qual o risco de teratogenicidade morfológica;
8. Qual o risco de teratogenicidade sobre o comportamento futuro do recém-nascido;
9. Qual o risco, tanto para a mãe como para o feto, de um transtorno psiquiátrico não tratado ou inadequadamente tratado.

Frente a todas estas questões, muitas vezes torna-se necessário o uso de medicações psicotrópicas. O "Food and Drug Administration" (FDA) definiu 5 categorias de drogas, de acordo com o seu potencial de teratogenicidade, que devem ser consideradas na hora de serem prescritas:

CATEGORIA	INTERPRETAÇÃO
A	Estudos controlados mostram nenhum risco. Estudos adequados e bem controlados em mulheres grávidas não mostraram qualquer risco para o feto.
B	Sem evidência de riscos em humanos. Ou estudos em animais mostram riscos, mas em humanos, não; ou nenhum estudo adequado, em humanos foi realizado e os achados em animais são negativos.
C	O risco não pode ser desconsiderado. Faltam estudos em humanos, e estudos em animais ou são positivos para risco fetal, ou não se tem estudos suficientes. Entretanto o potencial benefício pode justificar o potencial risco.
D	Evidência de risco positivo. Dados de investigação ou de pós-*marketing* mostram risco para o feto. Entretanto, um potente benefício pode se sobrepor ao risco.
X	Contra-indicado na gestação. Estudos em animais e humanos ou relatos de pós-marketing ou de investigação mostraram riscos fetais que claramente se sobrepõem a qualquer benefício possível para a paciente.

Uso de antipsicóticos

Temos observado um aumento na prevalência de quadros psicóticos no pós-parto, fazendo-se necessário o uso de antipsicóticos durante a gravidez (também utilizado por pacientes que necessitam do uso contínuo da medicação para manter um funcionamento mental adequado). Apesar de poucos dados de literatura quanto ao potencial de anormalidades no desenvolvimento fetal ou mesmo de teratogenicidade, alguns cuidados são propostos:

1. evitar os antipsicóticos fenotiazídicos de baixa potência, se possível, durante o período de maior risco de teratogenicidade (por exemplo, 4 a 10 semanas);
2. se possível, ir diminuindo a dosagem do antipsicótico duas semanas antes da data prevista do parto, para minimizar possíveis sintomas de abstinência no neonato;
3. dar preferência ao uso de pantipsicóticos de alta potência (por exemplo, haloperidol), minimizando sedação, ortostase, lentificação gastrointestinal, taquicardia e teratogenicidade morfológica;
4. se a paciente desenvolver síndrome neuroléptica maligna, descontinuar imediatamente o antipsicótico e, se necessário, usar a bromocriptina;
5. reiniciar o antipsicótico imediatamente após o parto, para evitar um possível episódio na paciente psicótica crônica;
6. evitar os anticolinérgicos de rotina, pois associam-se a anomalias congênitas. A suplementação de cálcio pode ser uma alternativa útil e o propanolol ou o atenolol podem ser usados para melhorar a acatisia, se a parte cardiovascular estiver estável.

Grupo de antipsicótico	Medicação	Classificação do FDA
Butirofenonas	Haloperidol	C
	Droperidol	C
Tioxantonas	Sulpiride	Não disponível
Fenotiazinas	Clorpromazina	C
	Levomepromazina	C
	Tioridazina	C
	Trifluoperazina	C
Atípicos	Risperidona	C
	Olanzapina	X
	Sertindol	C
	Quetiapina	C
	Clozapina	B

Classificação dos antipsicóticos para o uso de gestantes segundo o FDA:

Uso de antidepressivos

A incidência de transtornos de humor durante a gestação é muito alta, com até 70% das pacientes apresentando sintomas depressivos. Aproximadamente 10% destas mulheres desenvolvem quadros depressivos graves. Desta forma, o uso de antidepressivos nestas pacientes muitas vezes faz-se necessário. Formas de manejar estas situações são apresentadas a seguir:

1. dar preferência a abordagens não medicamentosas, quando possível (por exemplo, psicoterapia focal, terapia cognitivo-comportamental);
2. se for necessário o uso de alguma medicação, dar preferência para substâncias mais estudadas, e que tenham menos efeitos colaterais (como, fluoxetina);
3. dentre os antidepressivos tricíclicos, a nortriptilina e a desipramina são as mais comumente usadas durante a gestação, além de terem um nível sérico terapêutico bem conhecido (que sempre deve ser dosado);
4. se um antidepressivo for suspenso durante a gestação, sua retirada deve ser gradual a fim de evitar sintomas de abstinência, tanto no feto como na mãe;
5. se for clinicamente possível, começar a reduzir a dosagem do antidepressivo 3 semanas antes da data provável do parto;
6. aquelas pacientes com antecedente de depressão têm maior probabilidade de vir a desenvolver um episódio depressivo no pós-parto; neste caso, é interessante considerar a manutenção do tratamento medicamentoso antidepressivo.

Grupo de antidepressivo	Medicação	Classificação do FDA
Inibidores seletivos de recaptação de serotonina	Fluoxetina	B
	Fluvoxamina	C
	Paroxetina	B
	Sertralina	B
Tricíclicos	Amitriptilina	D
	Amoxapina	C
	Clomipramina	C
	Desipramina	C
	Maprotilina	B
	Nortriptilina	D
Inibidores da monoaminaoxidase	Tranilcipramina	C
	Fenelzine	C
	Isocarboxazida	C
Outros	Mirtazapina	C
	Trazodona	C
	Nefazodona	C
	Venlafaxina	C

Classificação dos antidepressivos para o uso de gestantes segundo o FDA:

Uso de estabilizadores do humor:

O transtorno afetivo bipolar é uma doença recorrente cujo curso fica ainda mais complicado durante a gestação. Além disso, as principais drogas utilizadas (lítio, valproato e carbamazepina) apresentam um importante risco, não só pelas suas características farmacocinéticas, mas também quanto ao risco teratogênico.

As estratégias seguintes visam minimizar os riscos tanto para a mãe como para o feto:
1. deve-se sempre discutir sobre o planejamento familiar;
2. o início, a continuação ou a interrupção do tratamento medicamentoso deve ser avaliado cuidadosamente, sempre se levando em conta o risco-benefício;
3. considerar outras possibilidades de tratamento, sempre que possível – como antipsicóticos ou eletroconvulsoterapia (ECT);
4. caso o lítio seja necessário no primeiro trimestre, a ultra-sonografia pode ajudar na avaliação da presença ou da gravidade de anormalidades como a valvopatia tricúspide de Ebstein;
5. o lítio deve ser administrado em doses menores e dividido ao longo do dia, para evitar picos séricos na paciente;
6. se a paciente tiver sido exposta ao valproato ou à carbamazepina, deve-se avaliar no feto se há defeitos do tubo neural (por exemplo, com a dosagem da proteína alfa, amniocentese, ultra-som), principalmente se foram usadas juntas;
7. no caso da paciente usar anticonvulsivantes, a administração de folato diariamente pode diminuir a chance de defeitos no tubo neural, e de vitamina K pode prevenir sangramento induzido pela medicação;

8. o risco aumentado de um episódio de alteração do humor no pós-parto, pressupõe a reintrodução da medicação logo após o parto.

Classificação dos estabilizadores do humor para o uso de gestantes segundo o FDA:

Medicação	Classificação do FDA
carbamazepina	C
gabapentina	C
topiramato	D
valproato	D
lítio	D

Uso de ansiolíticos:

A experiência de gravidez, por si, já é uma situação ansiogênica, sendo muito comum a necessidade de uma abordagem medicamentosa. Além dos ansiolíticos, podemos utilizar também a buspirona ou mesmo antidepressivos no tratamento destes sintomas. Dentre as maneiras de lidar com esta situação, podemos citar:

1. uma abordagem não medicamentosa sempre é preferível para lidar com ansiedade (como, terapias comportamentais, técnicas de relaxamento, psicoterapia, parada de estimulantes como cafeína, sempre que possível);
2. se for necessário o uso de um benzodiazepínico, dar preferência ao lorazepam, que acumula menos metabólicos no tecido fetal; evitar o diazepam até a 10ª semana de gestação para evitar defeitos orais;
3. diminuir gradativamente o benzodiazepínico antes do parto para minimizar os sintomas de abstinência neonatal;
4. utilizar o flumazenil para reverter a toxicidade fetal ou neonatal.

Classificação dos ansiolíticos para o uso de gestantes segundo o FDA:

Medicação	Classificação do FDA
Alprazolam	D
Clordiazepóxido	D
Clonazepam	C
Diazepam	D
Lorazepam	D
Oxazepam	D

Em relação ao período da amamentação devemos sempre lembrar que existe a possibilidade de interromper a amamentação caso o neonato apresente efeitos adversos ou nível sérico plasmático elevado.

• O uso de psicotrópicos em pacientes transplantados

Manuella Rodrigues de Araújo Lima

O desenvolvimento do transplante de órgãos é um dos trunfos da medicina cirúrgica, graças ao avanço do manejo medicamentoso da falência aguda e crônica de órgãos, do diagnóstico e tratamento de infecções, além da imunologia clínica e imunossupressão. O transplante de órgãos é também uma das mais complexas intervenções médicas, depende de um sistema nacional de captação e distribuição de órgãos, além de uma grande equipe multidisciplinar, em que se inclui, cada vez mais, o psiquiatra.

O papel do psiquiatra no cuidado desses pacientes inclui o diagnóstico e tratamento de transtornos psiquiátricos nos candidatos ao transplante, bem como nos transplantados. Este profissional pode também ser solicitado para participar da decisão de se realizar ou não o transplante em determinado paciente, bem como para avaliar aspectos psicossociais que interfiram na adesão do paciente ao tratamento.

Assim sendo, a atuação do interconsultor frente a um paciente de transplante não difere, de forma geral, da postura a ser tomada diante de outros pacientes. Ou seja, o processo diagnóstico (diagnóstico do pedido, situacional, psicodinâmico do paciente e psiquiátrico do paciente) e as considerações a serem feitas antes de se introduzir um psicotrópico, já mencionadas, também se adequam à avaliação de um paciente transplantado ou de um candidato ao transplante. Atenção especial deve ser dada a esses pacientes pelo fato de eles, geralmente, utilizarem polifarmácia.

- Medicações não-psicotrópicas mais utilizadas pelos pacientes transplantados:

A ciclosporina é uma medicação bastante utilizada como imunossupressor e é significativamente neurotóxica, podendo causar algumas síndromes neuropsiquiátricas, como: *delirium*, convulsões, cefaléia, cegueira cortical, alucinações visuais, sintomas semelhantes a quadros demenciais, alterações de humor, ansiedade ou do pensamento, transtornos do movimento, disfunção sexual, dentre outros.

Outras medicações comumente utilizadas no transplante de órgãos na imunossupressão, tais como corticosteróides, OKT 3, FK 506, também podem estar associados a essas síndromes e sintomas.

Antibióticos, antivirais (ganciclovir, aciclovir) e antifúngico podem estar relacionados a alucinações visuais isoladas e convulsões.

O uso concomitante de outras medicações pode elevar os níveis séricos de ciclosporina, incluindo eritromicina, contraceptivo oral, metilprednisona, cetoconazol, fluconazol, cimetidina, e verapamil, diltiazem e certos antidepressivos ISRS (fluoxetina e paroxetina), e isso intensificaria os seus efeitos colaterais.

Além das medicações, o interconsultor não poderá esquecer-se de outras possíveis causas para as síndromes citadas, como infecções, distúrbios hidroeletrolíticos, lesão cerebral em decorrência da falência do órgão ou da cirurgia, dentre outras.

Uso de psicofármacos em pacientes transplantados:

Na escolha do psicofármaco, alguns cuidados são necessários:
- avaliar se a medicação é mesmo necessária, ou se outras providências seriam suficientes para a remissão dos sintomas (por exemplo, reposição hidroeletrolítica, redução da dose de medicações associadas aos sintomas, etc.);
- optar por medicações que não piorem as condições clínicas do paciente (como, evitar benzodiazepínicos em paciente com encefalopatia, evitar antidepressivos tricíclicos em cardiopatas, evitar carbamazepina e outros medicamentos hepatotóxicos em hepatopatas);

- observar vias de metabolização e excreção da medicação a ser introduzida, e evitar a medicação caso o órgão em falência seja o principal envolvido em tais vias (por exemplo, evitar o uso de lítio na insuficiência renal);
- optar por medicações que ofereçam perfil de interação medicamentosa mais restrito.

Os efeitos colaterais dos antidepressivos tricíclicos geralmente não são tolerados, inibidores seletivos de serotonina e bupropiona são habitualmente bem tolerados por paciente com disfunção crônica de algum órgão.

Quando necessário o uso de benzodiazepínicos, deve-se dar preferência àqueles que não tenham metabólitos ativos, como oxazepan, temazepan e lorazepan. Lembrando que os benzodiazepínicos são minimamente dialisáveis, podem piorar a confusão na encefalopatia hepática, e diminuir a perfusão sanguínea em estados associados à falência cardíaca. A buspirona e neurolépticos de alta potência são alternativas ao uso do benzodiazepínico no tratamento de ansiedade e quadros de agitação.

Medicações com efeitos anticolinérgicos (antidepressivos tricíclicos, akineton, neurolépticos de baixa potência) devem ser evitados em pacientes mais propensos a terem quadro de *delirium*, pois essas medicações exacerbariam os sintomas.

O trabalho em equipe multiprofissional

Paula Costa Mosca Macedo

O presente trabalho destina-se a todos os profissionais de saúde, que desenvolvem seu trabalho nas instituições, e que em seu dia-a-dia de contato com os pacientes e profissionais de saúde podem criar condições e instrumentalizar-se para uma visão compartilhada e harmônica do trabalho multiprofissional.

As orientações a seguir garantem as especificidades de cada área e propõem uma necessária integração entre elas, como instrumento facilitador na abordagem dos pacientes, em sua complexidade, possibilitando uma atuação mais dinâmica e multidimensional.

Neste modelo, busca-se o aproveitamento máximo de cada componente da equipe multiprofissional, por meio de ações gerais que promovam saúde e bem-estar para seus participantes, pacientes e familiares [Catropa, 1987].

A utilização do trabalho em grupo de profissionais, como forma preferencial de atendimento, é indicada pelo seu comprovado e inegável valor terapêutico, além de que, levando-se em consideração a realidade da demanda de atendimento na área de saúde, que é volumosa, este parece ser um meio de atingir um maior número de pessoas, otimizando os recursos já existentes [Fernandes, 1986].

As ações terapêuticas são distribuídas entre os componentes da equipe, segundo a formação e capacitação profissional de cada um. Isto transcende a formação profissional específica e remete à questão da necessidade de fornecer ao profissional de saúde, o respaldo de que necessita para a realização de seu trabalho e a ampliação da percepção em relação ao paciente, sua doença e a forma como ele se relaciona com ela, o que sugere um treinamento constante e a disposição para a reciclagem pessoal do profissional a respeito de seus pontos de vista e seus conceitos. A experiência tem mostrado que, sem esses elementos, pode ser difícil para o profissional encontrar um ponto de equilíbrio na abordagem do paciente e seus familiares, correndo riscos de fragmentar suas vivências de forma a dissociar as dimensões biológica, psicológica e social do indivíduo, que, por sua natureza humana, são indissociáveis.

As vivências de trabalho em equipe multiprofissional permitem e encorajam o intercâmbio de informações e a construção de uma unidade, pois criam perspectivas únicas de trabalho, com o investimento integrado de conhecimentos em favor do paciente e de seu tratamento [Bianchini, 1999].

Uma questão que parece ser de grande importância é a da viabilidade de se trabalhar com o formato de equipes multiprofissionais, uma vez que isto se sustenta tanto do ponto de vista do encaminhamento de uma melhor assistência à população, bem como parece contemplar os aspectos relacionados ao resgate da potência terapêutica da equipe de saúde, pelo reconhecimento oficial e social desta capacitação. É lícito pensar que na medida em que uma equipe de profissionais promotores de saúde realiza constante intercâmbio de experiências e conhecimentos, vividos e adquiridos na tarefa assistencial, eles poderão desenvolver um trabalho mais integral, mais gratificante, e também propiciador de crescimento profissional e desenvolvimento pessoal [Menziens, 1970].

A repercussão desta progressiva interação intra-equipe dar-se-á diretamente nos vínculos terapêuticos com os pacientes, com provável melhoria do ambiente de tratamento e de trabalho. Também damos ênfase à necessidade de um investimento em um trabalho centrado no estímulo ao crescimento e aprimoramento dos profissionais, mediante atividades em equipe, como grupos de discussão de casos, com a participação das diversas áreas de conhecimento envolvidas na assistência, propiciando então a circulação das informações e a tomada de melhores condutas.

As diversidades de formação dos profissionais de cada área poderão ser adaptadas e integradas na forma de desenvolvimento de protocolos ou programas terapêuticos, elaborados pela própria equipe técnica, e oferecidos à clientela de forma organizada e produtiva, dentro do real e do possível, garantindo um bom fluxo na utilização dos recursos, nos quais os campos do conhecimento não se sobrepõem e as condutas e procedimentos integram-se de maneira harmoniosa e eficiente para pacientes e equipe [Pitta, 1991].

No tocante aos recursos humanos das equipes multiprofissionais, é fundamental que qualquer que seja a área de atuação mobilize-se todo seu potencial teórico e terapêutico que se concretiza e se manifesta no atendimento integral às necessidades dos participantes do sistema.

Também é preciso que a instituição se organize internamente e que se adotem formas mais adequadas de planejamento terapêutico, seguindo diferentes esquemas para os diferentes graus e tipos de complexidades clínicas e sociais, mas por fim viabilizando a inserção de diversos profissionais nas equipes e aprimorando a qualidade do serviço prestado.

A grande variedade de especialidades médicas, aliada a diversidade de outros profissionais da área de saúde, oferece a oportunidade da criação de vários formatos de equipes multiprofissionais e associações que promovam saúde, bem-estar, e qualidade de vida para os beneficiários internos (equipe) e externos (pacientes e familiares). As profissões inseridas neste contexto de colaboração junto à tarefa médica são: psicólogos, assistentes sociais, terapeutas ocupacionais, enfermeiros, fonoaudiólogos, fisioterapeutas, nutricionistas, etc...

No Departamento de Psiquiatria da Universidade Federal de São Paulo (Unifesp-EPM), é oferecido um tipo de formação aos Médicos Residentes de Psiquiatria, especialização em Psicologia da Saúde, Terapia Ocupacional e Serviço Social. Durante toda a trajetória desses profissionais, a ênfase é dada ao trabalho em equipe multiprofissional, durante os vários estágios em que rodiziam, como o setor de interconsulta, a enfermaria psiquiátrica e o ambulatório. Esta característica de convivência e troca entre os profissionais é balizadora de todas as ações desenvolvidas pelo departamento.

Outra frente de trabalho multiprofissional que está em plena expansão é desenvolvida no Sapis (Serviço de Atenção Psicossocial em Saúde) da Unifesp, e que propõe que as várias intervenções em saúde tenham a integração dos aspectos biopsicossociais como prioridade absoluta no trato com os pacientes, seus familiares, com efeitos diretos sobre a própria equipe de saúde. Os chamados Programas de Ligação visam à inserção de profissionais da área de Saúde Mental nas equipes de saúde das várias unidades de internação do Hospital São Paulo, e têm como meta de trabalho propiciar o melhor bem-estar do paciente durante o processo de adoecimento e tratamento. Entendemos que tal sensação de bem-estar está intimamente ligada a:

- questões médicas (diagnóstico, prognóstico, tolerância ao tratamento, etc.);
- características pessoais de personalidade do próprio paciente satisfação das necessidades percebidas pelos acompanhantes (principalmente de informação sobre o paciente e confiança no atendimento oferecido);
- bom relacionamento profissional de saúde-paciente;
- bom relacionamento entre os profissionais de saúde.

Objetivos

1. praticar a prevenção primária, secundária e terciária;
2. dar educação continuada para o profissional de saúde não psiquiatra a fim de promover avaliação, tratamento e encaminhamento correto dos transtornos mentais, desenvolvendo conhecimento biopsicossocial básico e adotando metodologias de detecção de problemas e triagem;
3. promover mudanças estruturais ou metodológicas no ambiente de trabalho para melhorar a detecção e tratamento dos transtornos mentais.

Prevenção: primária (antecipação e prevenção do desenvolvimento de sintomas psiquiátricos e psicológicos dos pacientes), secundária (tratamento dos sintomas manifestos) e terciária (evitar a recorrência dos sintomas, adaptar o paciente à nova situação de vida com as limitações que tem). Educação continuada para o profissional de saúde não psiquiatra:

1. desenvolvimento de conhecimento biopsicossocial básico: ensinar o cuidado, entrevista e terapêutica de simples intervenções psicossociais e psiquiátricas para o profissional não psiquiatra, ampliando o papel de atuação do médico. O profissional de ligação desenvolve na equipe a capacidade de adquirir e interpretar dados sobre a saúde mental do paciente, assim como detectar em que situações o cuidado com o paciente deve ser maior, necessitando de uma interconsulta psiquiátrica. Isto permitirá uma maior autonomia da equipe de saúde.
2. adoção de metodologias de detecção de problemas e triagem: a implantação de metodologias que ajudem o médico a identificar sintomas psiquiátricos é importante no processo de educação continuada e é o profissional de ligação quem tem condições de decidir que instrumento é mais adequado na unidade. Tal decisão caminha junto do desenvolvimento de fontes de registro de serviços, do desenvolvimento de bancos de dados completos, permitindo a avaliação do impacto do serviço ofertado.

Este é um exemplo real de nossa prática diária de assistência, que reforça a importância do trabalho no formato de equipes multiprofissionais, e que vem a contemplar a integração dos recursos técnicos e humanos disponíveis na instituição, com objetivos de qualificação dos serviços prestados à população e melhoria das condições de trabalho dos profissionais da saúde.

A terapia ocupacional para o doente clínico: ampliação do cuidado com a saúde mental

Solange Tedesco
Tatiane Luize Ceccato
Ana Márcia Nori
Vanessa de Albuquerque Citero

A experiência com pacientes clínicos no hospital geral mostra a necessidade crescente de ampliarmos o cuidado com a saúde mental, que se expressa tanto no sentido da busca da possível autonomia e melhor independência iniciada mesmo na situação de internação, como também na manutenção dos vínculos e papéis sociais para além do de paciente.

Morais [2001] em um estudo de revisão de literatura apresenta uma tendência na qual a atuação do terapeuta ocupacional nos Serviços de Interconsulta em Saúde Mental é apresentada como um procedimento utilizado para o manejo da situação do estresse provocado pela doença. A autora discute esta função como básica, mas suplantada pela construção de uma articulação ambiental promovida por uma nova articulação no meio hospitalar. Articulação esta construída pela mudança da posição "passiva" do paciente frente à equipe, tratamento, ambiente para alguém participativo e ativo na experimentação dos processos de saúde e doença, bem como dos procedimentos terapêuticos.

Ao profissional do serviço de interconsulta em saúde mental impõe-se sempre a relação entre a história de vida do doente e a situação atual fundamentada no diagnóstico situacional, que inclui a tríade médico-paciente-interconsultor e os múltiplos efeitos das inter-relações com os membros da equipe, da família e da instituição [Botega, 2002]. O valor que a terapia ocupacional tem dado para a melhoria das condições do paciente no tratamento tanto em relação ao seu bem-estar e aquisição de autonomia e participação no seu tratamento resultou em uma reestruturação do Serviço de Interconsulta em Saúde Mental da Unifesp-EPM/HSP, que passou a incluí-la em junho de 2002. Estruturou-se um núcleo de atenção assistencial em terapia ocupacional que oferece suporte ao programa de interconsulta.

Os procedimentos da terapia ocupacional como processo de excelência da reabilitação entendida aqui como função física, mental, social e territorial demonstra uma grande afinidade com os pressupostos do Serviço de Interconsulta em Saúde Mental. A função do terapeuta ocupacional na equipe de Interconsulta em Saúde Mental se diferencia da função do terapeuta ocupacional que atende clínicas específicas no hospital geral. Apesar de acreditarmos que toda e qualquer intervenção de terapia ocupacional se fundamente nos pressupostos da saúde, do bem-estar e da inscrição social e participativa do sujeito, encontramos nas equipes de interconsultores parceiros importantes para desenvolver estratégias tanto de prevenção como de tratamento e reabilitação.

O atendimento em terapia ocupacional amplia os aspectos do diagnóstico situacional feito pelo interconsultor para o diagnóstico do contexto, em que além dos fatores anteriores, acrescenta-se a relação do sujeito-paciente e suas necessidades, tendo como foco construir uma nova articulação do sujeito no meio hospitalar, possibilitando uma atitude mais participativa/desejante do paciente. A terapia ocupacional objetiva a diminuição da situação de estresse e funciona como elemento integrador, tanto para o paciente e seus familiares, bem como para a equipe de saúde. Esta avaliação contextual se apresenta como um recurso capaz de analisar, orientar e conduzir intervenções e ações introdutórias e promotoras de mudanças em contextos desfavoráveis [Benetton, 1999, Morais, 2001] para todos os agentes envolvidos no processo (paciente, equipe, familiar, o interconsultor, etc.).

Para cada paciente procura-se particularizar sua situação de adoecimento e hospitalização a fim de construir um ambiente terapêutico. As estratégias da clínica da terapia ocupacional, promovendo a realização de atividades, instituindo a relação terapeuta-sujeito-atividades mesmo no leito e em condições adversas imposta pela doença, pela hospitalização e procedimentos terapêuticos (necessários, porém, muitas vezes, restritivos e dolorosos) mantêm a atenção sobre os aspectos relacionais do paciente tanto no que se refere ao *ser-ativo* como na participação social que não se interrompe no percurso da internação.

O pedido para o atendimento de um terapeuta ocupacional neste serviço ocorre a partir do diagnóstico feito pelo interconsultor seja o diagnóstico do pedido, situacional, psicodinâmico e psiquiátrico do paciente.

Observamos que as solicitações para os procedimentos da terapia ocupacional estão ligadas principalmente aos seguintes aspectos:

1. **períodos longos de internação**: as internações prolongadas promovem um sentimento de vazio no paciente – a queixa mais freqüente é de que o tempo não passa, além de ter de suportar a angústia de esperar pelo resultado de exames, ou que determinado medicamento termine de ser administrado, ou de ter de ficar em repouso absoluto. As internações prolongadas associam-se com freqüência com doenças crônicas graves e incapacitantes, embora ocorram também em situações agudas; sintomas depressivos compatíveis com um quadro reativo muitas vezes surgem em função do tempo de internação; nestas situações a reorganização do cotidiano, em função do desenvolvimento de atividades, ajuda o paciente a ocupar o tempo. Tal ocupação não é lúdica, mas protetora, no sentido de preservar a capacidade do paciente para manter as atividades de vida diária e atividades de vida prática.

2. **facilitação no manejo clínico com o paciente**: diversos pacientes apresentam, por característica de personalidade, dificuldade na interação com equipe, despertando sentimentos hostis por parte desta. A relação entre o cuidador e o paciente torna-se tumultuada pelas hostilidades; a terapia ocupacional contribui para o alívio e, muitas vezes, eliminação destas dificuldades no manejo terapêutico por meio do trabalho associativo que é promovido com o paciente, permitindo que ele elabore a dificuldade de lidar com a internação e o adoecimento.

3. **ampliação do campo relacional (paciente-familiar, paciente-equipe, paciente-paciente)**: a internação, muitas vezes, é vivenciada pelo paciente como um processo de desvalorização pessoal, uma vez que o paciente deixa de ser um individuo produtivo e auto-suficiente, passando a ser dependente dos cuidados físicos e da atenção emocional. A fragilidade vivida estreita as relações interpessoais; o paciente que é também, por exemplo, marido, pai, chefe de família, trabalhador, amigo, passa a ser em todas as dimensões apenas um paciente. A terapia ocupacional promove que o paciente encontre uma nova possibilidade de ser produtivo, de recuperar a auto-estima pela execução de atividades, ampliando assim seu papel no campo relacional, muitas vezes, reconstruído ou construído no fazer.

4. **criar condições de melhora e adaptação do paciente aos procedimentos necessários ao tratamento e internação:** é comum recebermos encaminhamentos de pacientes com restrições motoras

em virtude de procedimentos e/ou equipamentos utilizados; ou com seqüelas físicas muitas vezes irreversíveis, o que compromete muito a independência nas atividades de vida diária e atividades de vida prática. A terapia ocupacional contribui com intervenções tanto para adaptações de equipamentos, materiais e atividades como na organização de uma rotina possível (que se inicia no período da internação, e orientação para o período pós-alta), considerando as limitações impostas pela doença.

Alguns atendimentos da terapia ocupacional em interconsulta exemplificam estas situações:

Exemplo 1:
- situação encaminhada: *M., sexo feminino, 55 anos, tem como doença de base câncer de mama com metástases ósseas. Internada na enfermaria da ortopedia em conseqüência de fratura de fêmur há três meses, aguarda cirurgia para colocação de prótese. O interconsultor diagnosticou episódio depressivo e solicitou avaliação da terapia ocupacional em razão do longo período de internação.*
- Diagnóstico e procedimentos da terapia ocupacional: *Bastante comunicativa nos atendimentos assim como era com a equipe. Não recebia visitas de familiares e amigos. Mostrou-se totalmente dependente dos cuidados básicos, necessitando de auxílio em virtude da imobilização e fortes dores que sentia nos braços. Antes da internação, permanecia a maior parte do tempo em casa, inativa no leito, assistindo à televisão, com poucos amigos e atividades significativas por acreditar não ter tempo mais para viver e fazer coisas. Durante os atendimentos trabalhou-se com a equipe e com a paciente a construção de adaptações e modificações no leito que possibilitassem à M. realizar atividades apesar de sua condição. A princípio, durante os atendimentos de terapia ocupacional, embora mostrando interesse em pintar uma tela, a paciente refere o temor de arriscar-se, o medo do novo, questionando a terapeuta sobre a realização da atividade, já que dispunha de movimentos em apenas uma das mãos. Durante os atendimentos, através da experiência do fazer, ampliou-se os recursos, com adaptações de materiais e posicionamentos, tornando o processo de realização de atividades mais confortável e possível, promovendo bem-estar e aumento de sua autoconfiança. Durante o processo estabelecido na relação terapeuta-paciente-atividades, M. pôde experimentar, misturar, combinar cores que lhe agradavam, passando a fazer exigências nos projetos em relação à estética e utilização de seus produtos. A paciente passa a fazer associações entre o fazer e o prazer de produzir. Este processo possibilitou à M. a experimentação de um espaço saudável, capaz de transformar o ambiente, bem como as relações nele estabelecidas. Pôde tornar-se mais ativa no tratamento, conversando com os médicos esclarecendo dúvidas que temia tirar acerca de sua doença, do tratamento e das restrições de sua dieta. Com a melhora do quadro depressivo (decorrente do tratamento psiquiátrico) e um ambiente terapêutico construído na relação do fazer com a terapeuta e da realização de técnicas de pintura em tela, a paciente passa a vivenciar o aprendizado a partir da adaptação a sua nova realidade. Consegue perceber que tem condições para aprender, ter satisfação em algo que faz,. ampliando, com ajuda, esta experiência para o alimentar-se e higienizar-se com menor dependência da equipe de enfermagem.*

Exemplo 2:
- situação encaminhada: *V.,sexo feminino, 37 anos, internada na enfermaria de Gastrocirurgia há três meses, com lesão condilomatosa extensa em regiões perianal, crural e glútea, recidivante, com queixa de dor crônica que se intensifica com a limpeza diária dos curativos. O interconsultor avaliou que a situação de dor constante dificultava a relação das equipes de enfermagem e médica com a paciente pois essas interpretavam a experiência da dor como fruto de ansiedade da*

paciente. O interconsultor solicitou a avaliação da terapia ocupacional em função da paciente ter um contato difícil, dificultando o manejo clínico necessário (em algumas situações foi para o Centro Cirúrgico e não permitiu o debridamento da lesão), assumindo uma postura regredida e solicitava o alívio imediato da dor.

– Diagnóstico e procedimento da terapia ocupacional: *Está em tratamento há cinco anos o que a faz ter um cotidiano comprometido: não trabalha, possui uma rede social precária, não tem lazer nem familiares que a ajude. Avaliou-se que o período de maior crise ocorria quando todas as medicações prescritas haviam sido administradas e a paciente aguardava sozinha no leito a reavaliação do Grupo da Dor. Nestes momentos a terapeuta ocupacional passou a acompanhar a paciente, ensinando técnicas de relaxamento contribuindo não só para o alívio da dor, mas para a paciente não sentir impotente diante dela. A paciente percebeu que conseguia em parte tolerar a dor e conseguiu ampliar a realização de atividades. Passou a fazer bijuterias tanto nas crises álgicas como em vários horários do dia. Este fazer ampliou-se para outras pacientes e para a equipe. Iniciou-se um trabalho multiprofissional que incluía o interconsultor, a terapeuta ocupacional, o consultor do Grupo da Dor, a enfermagem, o médico responsável com o objetivo de tornar a permanência da paciente no hospital menos sofrida bem como instituir um processo de reabilitação no que se refere ao convívio com sua patologia orgânica e o tratamento a ela associado.*

Exemplo 3:

– situação encaminhada: *A.P., sexo feminino, 15 anos, em tratamento na hemodiálise por insuficiência renal crônica. O interconsultor foi chamado para avaliar quadro depressivo em razão da apatia e adesão parcial ao tratamento. Foi afastada a hipótese de depressão e o interconsultor solicitou a terapia ocupacional em função da dificuldade da paciente em aceitar as limitações impostas pelo tratamento (ida à Unidade de Diálise três vezes por semana, restrição rigorosa de dieta, impossibilidade de freqüentar a escola).*

Diagnóstico e procedimento da terapia ocupacional: A paciente relatou não ter amigos desde que adoeceu, permanecendo a maior parte do tempo em casa e no hospital, não querendo mais freqüentar a escola. A paciente estava com seu dia-a-dia praticamente restrito a visitas a hospitais e tratamentos tendo por este motivo perdas importantes na vida e no cotidiano. A família mostrava-se mobilizada frente à situação, e insegura quanto ao futuro de A.P., querendo poupá-la de demais sofrimentos e preocupações. A equipe também demonstrava preocupação com essa apatia e tristeza, ao mesmo tempo demonstravam ficar irritados com seu modo, e também de sua família, de encarar o tratamento. Inicialmente mostra interesse por trabalhos com pintura. Na realização da atividade mostra postura ativa, em relação à execução, atendo-se a comentários e perguntas sobre as técnicas aplicadas. No entanto, mostra-se insatisfeita com os resultados, esquecendo-se constantemente dos materiais ou se desfazendo deles. A terapeuta passa então a ficar mais próxima da organização das atividades e passa a discutir sobre sua responsabilidade no tratamento. Em dado momento refere interesse em aprender a bordar, atividade que se dedica com entusiasmo, mesmo com as dificuldades impostas pela diálise. Quer fazer uma atividade para dar de presente ao sobrinho em sua festa de aniversário de um ano. Esta atividade trouxe-lhe mudanças significativas em A.P. tanto ao que diz respeito à descoberta de novas habilidades (começa a fazer em casa e ensinar à irmã) como a possibilidade de ampliar suas relações com outras pessoas (passa a trocar informações sobre técnicas com outras pacientes e pessoas da equipe). Podemos considerar a escolha desta atividade, neste momento, e a importância desta na evolução da paciente como um meio de elaborar sua posição passiva frente à sua doença e tratamento. A paciente, por meio da relação com a terapeuta e atividade, pôde transitar melhor entre o "ser cuidada" e o "cuidar" (cuidar dos materiais). Isto pôde ser evidenciado no processo em que a terapeuta ocupacional a instrumentaliza na ampliação de seu repertório ocupacional com as atividades desenvolvidas durante os atendimentos, que passaram a ter uma inscrição no social. A paciente pôde construir relações mais saudáveis com seus familiares e colegas da escola, quando estes passam a percebê-la como uma pessoa produtiva, com habilidades que poderiam ser compartilhadas com outras pessoas. Atualmente, espera seu transplante que já está agendado, fazendo-nos pensar que sua reabilitação está em processo. A terapia ocupacional mostrou-se, neste caso, como um instrumento que possibilitou uma melhor vivência e aceitação da doença e do tratamento, a retomada de atividades cotidianas, a descoberta de habilidades, espaço para comunicação e expressão de angústias e medos. Amenizou o sofrimento causado pela doença e pela hospitalização, abrindo espaço para projetos saudáveis e planejamento do futuro.

Na experiência vivenciada no núcleo de atenção em terapia ocupacional do Serviço de Interconsulta em Saúde Mental da Unifesp-EPM, os encaminhamentos para terapia ocupacional têm foco direcionado para a melhoria das condições da internação, no que se refere à utilização do tempo, minimização da ociosidade imposta pelo ambiente, desenvolvimento ou manutenção das potencialidades e autonomia do paciente. A possibilidade de inscrição no tempo e espaço dada pela manutenção do fazer implicado no interjogo da dinâmica relacional cria condições para que as experiências ruptivas e limitantes não retirem o sujeito de sua trajetória.

A clínica da terapia ocupacional compromete-se em qualquer contexto de atendimento, mas principalmente nas situações de hospitalização, com a circularidade entre o particular e o genérico, entre o sujeito e o social, entre o próprio e o comum.

Discutindo que a terapia ocupacional tem como objetivo criar elementos para instrumentalizar o paciente na utilização de elementos capazes de integrá-lo, por intermédio de seus próprios recursos, à realidade social, Benetton [1999] contribui para uma importante discussão sobre a população-alvo :

"A exclusão social é a problemática de partida para a terapia ocupacional (...) Quando me refiro ao paciente grave, ele está assim não só pelo seu diagnóstico médico, mas, principalmente pela repercussão social acarretada pelo seu quadro. Ele é um problema real, da realidade e do cotidiano social".

Através da clínica da terapia ocupacional pode-se construir ou recuperar a dignidade da experiência e da ação cotidiana. Os procedimentos clínicos da terapia ocupacional objetivam que o sujeito acesse a sociedade e a cultura pela sua produção como autor da própria vida mesmo em situações desfavoráveis. Não uma vida especial ou como especial. Não existe nada de especial na experiência do adoecer, nas incapacidades temporárias ou permanentes. Estas experiências são comuns, comuns à própria situação humana.

É a atuação da terapia ocupacional como elemento de reabilitação no hospital geral [Neistadt, 1987], a utilização de recursos técnicos no lidar com o quadro clínico, acompanhado muitas vezes de uma dificuldade em associar aos procedimentos específicos os aspectos psicossociais, tende a protelar estratégias clínicas que trariam para a situação da internação, manejos da reabilitação funcional e psicossocial. Uma atenção maior na relação entre o impedimento decorrente das perdas ou limitações e as necessidades de participação social do sujeito ampliando esta problemática não mais como exclusiva das conseqüências de deficiências ou das resultantes de rupturas sofridas pelos processos asilares ou internações prolongadas.

Enfocando a relação e o campo

Mario Alfredo De Marco
Maria Luiza de Mattos Fiore

Nossas observações e ações seja no ensino de graduação, seja na atividade de Interconsulta estão sempre ancoradas em uma observação e consideração da dinâmica das relações e do campo. Toda intervenção mantém essa perspectiva, ainda que como pano de fundo.

Com os alunos de graduação, aos quais propiciamos as primeiras aproximações aos cenários de sua prática, este é o objeto central de seu treinamento, uma vez que eles ainda não foram iniciados nos aspectos técnicos específicos de cada área.

A proposta é que eles observem as pessoas em sua interação no ambiente de cada cenário, seja ele Posto de Saúde, Pronto-Socorro, Enfermaria de Clínica ou Cirurgia e outros. A atenção está orientada para os fatores das personalidades – dos profissionais de saúde, pacientes e seus familiares – em interação na realização da tarefa, em um determinado ambiente. O intuito é observar as diferenças entre cada paciente, as formas como os profissionais lidam com essas diferenças, os fatores que capacitam os profissionais de saúde para a percepção e a consideração dos fatores pessoais envolvidos em seu trabalho.

Estimulamos, também, a observação, por parte do estudante, de suas próprias reações ao contato com os cenários, com os pacientes e seus familiares e com os profissionais de saúde. A percepção das reações e a discussão da forma como o profissional pode conviver e lidar com elas são objeto importante de discussão.

Em uma aula com estudantes do 2º ano de medicina, um aluno relatou a experiência de se sentir desorientado, ao manter contato com um médico que assistia a um paciente. Ele não entendeu as explicações que o médico lhe forneceu a respeito da condição clínica do paciente e concluiu, conformado, que estava despreparado para assimilar as informações, pois estava sendo posto em contato com conhecimentos que ainda não adquirira. Na discussão com o grupo foi indagado por que não expressou, ao médico, sua ignorância sobre o que lhe estava sendo informado. Considerou que sua passividade diante da situação era resultado de não ver sentido em fazer qualquer indagação, pois achava que não haveria possibilidade de uma transformação das informações em linguagem que lhe fosse acessível. O aluno considerava que a falha estava nele, em função de seu despreparo, localizando, portanto, a falha de comunicação exclusivamente no receptor.

A reflexão do grupo prosseguiu e, entre outras questões, surgiu uma indagação: será que ele, aluno, poderia também considerar que houve falha no emissor da comunicação? Foi assinalado que o fato dele, aluno, não considerar essa possibilidade acabou impedindo a manifestação de suas dúvidas, e sua cooperação para corrigir a distorção. Foi lembrado, e isto foi decisivo para modificar o pensamento do aluno, que o médico precisa estar preparado para fornecer explicações a pessoas que entendem muito menos que qualquer aluno de medicina, como é o caso dos pacientes e seus familiares. A discussão caminhou, então, para a constatação que uma importante qualidade requerida ao médico é a capacidade de comunicar suas impressões, conclusões e orientações em uma linguagem acessível ao outro.

Esse breve relato tenta ilustrar nossa orientação e forma de proceder no trabalho com os estudantes de medicina quanto aos aspectos de interação e comunicação presentes na tarefa médica. Nossa intenção é fazer um contraponto à tendência à especialização (uma distorção que essa tendência pode provocar) que focaliza o procedimento no binômio "médico com seu conhecimento-técnico" de um lado, e "sistema orgânico afetado" de outro. O contraponto é no sentido de oferecer conhecimento e elaboração a respeito dos fenômenos presentes nas relações humanas e no campo interacional, tendo em vista favorecer a tarefa médica.

Em nossa atividade na Interconsulta seguimos a mesma orientação. Nosso modelo de intervenção nasceu de uma adaptação e evolução da proposta de interconsulta médico-psicológica de Ferrari e Luchina [1971].

O espaço de investigação e atuação do interconsultor é o campo dinâmico das relações entre o paciente, o médico e a instituição que os abarca. Sua ação está subordinada ao diagnóstico da situação que envolve o pedido. Mas, diferentemente da idéia de Ferrari e Luchina agimos em diferentes focos, como descrito por Lipowski [1996]. O interconsultor fica livre para atuar na relação médico-paciente, ou como psiquiatra clínico fazendo diagnóstico e medicando, ou mesmo fazendo uma terapia de apoio ao paciente. Todas as ações ocorrem na própria enfermaria de origem. Evita-se ao máximo a transferência para uma unidade psiquiátrica no hospital geral.

Deste modo, esse profissional deve ter conhecimentos de clínica psiquiátrica considerando não só os aspectos biológicos e psicopatológicos, como também conhecimentos da dinâmica das relações interpessoais. Nesse sentido, utilizamos o referencial psicanalítico, pois nos permite realizar uma leitura do implícito da trama inconsciente das relações. Segundo Bleger [Bleger, 1987], o modelo de enquadramento psicanalítico pode estender-se a qualquer tipo de investigação operativa em que ocorre um constante questionamento entre observação, compreensão e ação. Deve-se lembrar que, no caso do nosso setor, a equipe de atendimento é jovem e está iniciando sua formação dentro da especialidade. Assim, existe, também, uma equipe de retaguarda constituída por psiquiatras e psicólogos que assegura o atendimento através de supervisões diárias.

Todo e qualquer pedido de interconsulta é visto como de caráter emergencial e, portanto, é prontamente atendido. Isto é facilitado pelo uso de um *pager*. O atendimento, sempre que possível, inicia-se pela entrevista com o médico solicitante e, posteriormente, é feito o contato com o paciente e outros membros da equipe e/ou da família.

O diagnóstico situacional envolve considerações a respeito das vivências psicológicas das pessoas relacionadas acima e, eventualmente, de outros pacientes companheiros de quarto. Esses dados são acrescidos pela observação da estrutura e funcionamento da enfermaria onde este paciente se encontra. Especial atenção é dada às reações contratransferenciais do interconsultor, naquele momento, naquele lugar. O seguimento freqüente permite alterações ou não das hipóteses formuladas inicialmente. O exame do par transferência-contratransferência do interconsultor é visto como um caminho para a compreensão desse processo na relação médico-paciente do pedido em questão.

Os pedidos resultam de obstáculos à tarefa médica, sejam eles transtornos psíquicos, dificuldades no manejo clínico, ou entraves na relação médico-paciente. Contudo, o motivo mencionado nos pedidos, na quase totalidade das vezes, é relacionado ao paciente, e o comum é que a demanda explicitada esteja voltada para algum tipo de intervenção técnica especializada, seguindo o modelo de um "loteamento" rígido do paciente e da atividade médica. Nosso interconsultor é chamado, na maioria das vezes, para avaliar o estado mental do paciente e, assim, colaborar no diagnóstico diferencial entre etiologia orgânica ou psíquica, cooperar no atendimento a tentativas de suicídio, síndromes de abstinência alcoólica e em algumas situações de tratamentos longos e graves.

Nosso movimento é procurar dar conta da demanda especializada, quando ela é necessária, mas sempre considerando e remetendo a uma perspectiva mais ampla. Isto implica que a intervenção, a partir da demanda manifesta do profissional solicitante tentará detectar as configurações daquele campo para, a partir daí, orientar suas ações gerais e específicas.

De maneira geral, o médico apresenta dificuldades em lidar com questões emocionais de sua prática. Com freqüência, existe um convite para que os profissionais de saúde mental sejam os portadores de má notícia, como aviso de amputação e comunicação de doença grave. Muitas vezes, reações emocionais como choros e tristeza são encaradas, pelos médicos, como patológicas e, raramente, como sintonizadas com a situação de crise vivida pela pessoa doente e hospitalizada. A opinião e a vontade do paciente são, também, habitualmente desconsideradas impedindo a livre troca de informações e a possibilidade de alcançar decisões compartilhadas.

A situação a seguir exemplifica esses entraves. Trata-se de um pedido de atendimento feito pela unidade de diálise, no qual chamava a atenção o número de pacientes listados: *"Solicito avaliação para sete pacientes. Falar com Dra. A., na casa de Diálise".*

Pela natureza do pedido, houve desde o início a suspeita de uma demanda institucional "que nos direcionaria para um trabalho de observação da estrutura assistencial da instituição, incluindo pacientes, profissionais e o próprio procedimento da diálise" [Galvão de Sousa, D. 2002].

Nossa especializanda comentou que *"para nós que estávamos iniciando o estágio e que ainda não tínhamos bem definido nosso papel como interconsultores, esse era um grande desafio"*. Podemos acrescentar que esse é sempre um grande desafio. Estamos sempre lidando com forças emocionais, tanto internas quanto externas, nada desprezíveis que nos "empurram" para nos engajarmos na demanda manifesta e nos adaptarmos ao padrão de funcionamento já instituído.

A interconsultora é recebida na unidade pela Dra. A. que com uma enfermeira fornece informações sobre o funcionamento da unidade: pacientes freqüentam a unidade três vezes por semana, divididos em três turnos; cada turno tem a duração de quatro horas e os pacientes, objetos da solicitação, são pessoas diferenciadas social e culturalmente e pertencem ao último turno (16:00 às 20:00 horas). Esse grupo é o que apresenta mais "problemas emocionais" na visão da médica solicitante, que expressa assim suas considerações a respeito dos problemas deles:

"Com J., não sei mais o que fazer. Rebelde, não segue a orientação, embora a gente converse e explique bastante... Com A. o problema é ganho de peso... No caso de dona J., parece depressão... R. às vezes se descontrola, grita, tem problemas com o marido".

Chama a atenção o descompasso entre os recursos clínicos da instituição, que conta com tecnologia de ponta e profissionais altamente especializados, e os recursos emocionais que são precários e limitam a capacidade de lidar com as "intercorrências emocionais" presentes na relação com os pacientes.

Há uma hierarquia de valores na Medicina sendo o primeiro deles, salvar vidas. Diante dessa premissa existe uma tendência a excluir considerações subjetivas tanto do paciente quanto do médico. Durante longos anos o estudante de Medicina é submetido a um discurso apresentado como objetivo e que tem como finalidade desenvolver um saber absoluto e positivo. Nesse discurso o que é examinado é a doença e não o homem. O corpo, local da doença, nunca é considerado como sede do desejo.

Dessa maneira, o médico é obrigado a pesquisar a causalidade da patologia em fatos materiais. A falta de dados concretos é vivida com angústia e desesperança.

Na casa de diálise chama a atenção da interconsultora o que ela designa como *"cronificação do espaço e das relações"*: um ambiente eficiente e organizado, asséptico e silencioso; muitas vezes entediante.

"Aqui a hora não passa para nós também."

"Aqui é tudo sempre igual. Só acontece algo diferente quando alguém passa mal ou tem um daqueles chiliques."

Estas são algumas observações da equipe que ilustram suas vivências na unidade. As vivências, em relação aos pacientes, incluem observações que indicam processo de identificação, como preocupações, queixas e temores:
"A. é tão nova, nem consigo imaginar o que ela sente...".

"Fico preocupada com a expectativa que J. tem em relação ao transplante".

"Ainda bem que o pai é presente e o ajuda, não sei o que seria de M. sem ele".

"J. chega aqui convulsionando, pois costuma comer quindim antes da diálise".

"Orientamos a dieta, mas muitos não conseguem cumprir. Muitos não conseguem lidar com a restrição da ingestão de líquidos".

"Tem pacientes aqui que mentem e simulam ataques. Chegamos a chamar até a ambulância, pois F. parecia que ia morrer. De repente, melhorou. Isso não se faz, estamos aqui para ajudar".

"Aqui não se diz para o paciente quando alguém morre, a não ser que eles perguntem. Eles já são tão deprimidos...".
A forma como a interconsultora foi apresentada aos pacientes também foi objeto de atenção: "São psicólogos e estão aqui para fazer uma avaliação de vocês, para saber se estão ansiosos, deprimidos..."

Ficou patente que os pacientes não haviam sido previamente consultados ou avisados e a sensação da interconsultora é de que lhe era atribuída a tarefa de realizar uma assepsia psíquica, uma espécie de faxina mental, como a que já ocorria em relação aos outros aspectos do atendimento clínico a esses pacientes.

Após conversar com os pacientes, a interconsultora conclui que uma simples intervenção, com um ou outro paciente, não atenderia à demanda real da situação, pois tanto eles como os profissionais participam do mesmo ambiente cronificado.

Sua avaliação foi que, diferentemente das enfermarias "onde a evolução do paciente significa muitas vezes uma recuperação mais rápida, um tempo menor de internação e até uma possível cura, na Unidade de Diálise, os pacientes renais crônicos sabem que, independente de sua boa evolução clínica, dependerão para sempre da hemodiálise, a não ser que façam um transplante". Frente a essa condição, sua conclusão foi: "o perfil institucional da Unidade de Diálise demanda um modelo de intervenção contínua, que propicie a descronificação do ambiente, através da inauguração de um espaço de reflexão e questionamento das normas e procedimentos, e também o desenvolvimento de uma maior autonomia psíquica institucional, através da capacitação da equipe assistencial e dos próprios pacientes, seja através de um processo educativo (palestras, leituras) ou terapêutico (atendimentos individuais, grupos)".

Essas considerações mereceram nossa atenção. Na verdade, era algo que já havia sido detectado e era objeto de nosso investimento na forma de um plano de atuação permanente na unidade de diálise através de nosso programa de ligação. Essa possibilidade, entretanto, ainda depende de uma disponibilização de recursos humanos, pois ainda não temos estrutura suficiente para atender todas as unidades através do programa de ligação, que disponibilizaria a presença permanente de profissionais na unidade.

Entretanto, o que temos consolidado nas intervenções é que nossa filosofia e a conseqüente perspectiva mantêm-se, seja por uma ação da interconsulta, seja pela presença contínua de nossos profissionais na forma do programa de ligação.

Nossa visão determina uma postura, diferente do simples atendimento ao paciente, tanto para o interconsultor que atende uma demanda emergente quanto para o profissional de ligação que se mantém estreitamente vinculado à unidade. Essa postura deriva dessa abordagem mais ampla, que estabelece que qualquer atendimento tem, como pano de fundo, as relações e o campo que contempla.

Isso pode ser verificado no atendimento que a interconsultora em foco dispensou ao pedido da unidade de diálise, pois, embora a recomendação tenha sido no sentido de atender pacientes, suas ações foram orientadas pela perspectiva que mencionamos.

Essas considerações são realçadas pelos comentários e ilustrações apresentados em seu trabalho de conclusão de estágio:

"Parte significativa da tarefa do interconsultor consiste na investigação da estrutura institucional e na compreensão das forças que operam nesse campo dinâmico da relação médico-paciente. A realização do diagnóstico situacional é o que permitirá a elaboração de estratégias eficazes de intervenção em determinada instituição/enfermaria. No entanto, é importante ressaltar que o diagnóstico situacional não se restringe a uma descrição de estruturas psicopatológicas... Se considerarmos somente o paciente como o foco de nossa intervenção, corremos o risco de repetir o modelo médico de atendimento, reforçando a dissociação mente/corpo. Não é raro que os médicos que solicitam uma interconsulta nem queiram conversar conosco quando chegamos às enfermarias. Nos indicam o leito do paciente e esperam que com medicações ou com interpretações mágicas possamos animar quem estiver deprimido ou acalmar quem estiver agitado. Nosso primeiro desafio é, portanto, junto à equipe, redefinir a demanda.

Ao redefinir a demanda, o interconsultor deve ter também como objetivo, capacitar e instrumentalizar a equipe a lidar com os próprios elementos que motivaram o pedido da interconsulta, valorizando a relação médico-paciente, traduzindo e ressignificando as respostas emocionais do paciente e da equipe, transformando-os em instrumentos auxiliares da tarefa assistencial. Assim estabelecemos um maior equilíbrio entre o fazer técnico e o espaço de reflexão e elaboração" [Galvão de Sousa, D. 2002].

Por exemplo, no caso de um paciente cuja demanda manifesta do profissional era de que o paciente estava deprimido, a interconsultora pôde realizar uma intervenção que envolveu a instituição de uma forma ampla, alcançando observação, elaboração, decisão e ação compartilhadas.

O paciente em foco era procedente da Bahia, tinha 56 anos de idade e 17 de hemodiálise. O motivo do pedido era para avaliar o estado depressivo.

Em conversa com a médica foi inteirada que a preocupação dela era com a baixa aderência do paciente ao tratamento. Ela atribuía esta situação ao estado depressivo do paciente que viera para São Paulo submeter-se a transplante renal (já havia feito três tentativas malsucedidas) e a possível doadora seria sua esposa. Isto foi descartado após a realização dos exames preliminares, pois se descobriu que a esposa era portadora de mal de Chagas. Diante desse fato, o paciente falava então em voltar para a Bahia.

A interconsultora verificou que, para a médica, o desejo do paciente em voltar para a Bahia, tinha um sentido de desistência do tratamento e da vida, e que, como posteriormente foi verificado, essa interpretação era também compartilhada pela esposa.

No contato com o paciente, à medida que o interconsultor foi aprofundando a interação, percebeu que este estava muito infeliz em São Paulo. Sua vida aqui não tinha sentido, pois não tinha condições de desenvolver qualquer atividade; ultimamente mesmo sair à rua tinha se tornado problemático, pois ficara apavorado após sofrer um assalto.

A Bahia, pelo contrário, representava para ele a possibilidade de retorno à vida e não uma desistência.

O paciente tinha consciência plena de que em Salvador não encontraria as mesmas condições técnicas que lhe eram aqui oferecidas, entretanto, ponderava que já tinha muita experiência com diálise (17 anos) e que ele próprio tinha amplo conhecimento dos procedimentos, de forma a poder cooperar para evitar falhas e intercorrências. Relatava várias situações em que sua experiência lhe tinha sido bastante útil neste sentido.

A conversa com o paciente deixava claro que ele tinha consciência plena de sua situação, das condições dos dois cenários terapêuticos (São Paulo e Bahia) e das vantagens e riscos de cada situação.

Isto foi objeto de discussão da interconsultora com a equipe terapêutica e a médica gradualmente começou a duvidar de sua certeza de que o melhor para o paciente seria sua permanência em São Paulo. A esposa, por sua vez, foi sendo incluída na discussão e pôde manifestar, também, espaço para a dúvida.

Essa intervenção foi abrindo espaço para uma discussão mais objetiva e real. A médica fez sondagens para verificar as condições reais dos serviços de diálise em Salvador; o paciente, ao perceber a abertura das possibilidades, ele próprio, se interessou em contatar a assistente social no sentido de tentar verificar as possibilidades para a agilização de sua transferência. Seu ânimo e disposição estavam completamente diferentes em função do novo horizonte que se desenhava com a perspectiva de retorno à sua cidade.

A discussão, a partir dos fatos e das observações, permitiu ponderação e elaboração da situação, considerando aspectos vantajosos e desvantajosos das escolhas possíveis, conduzindo a uma decisão compartilhada que permitiu um retorno do paciente à Bahia.

Esta situação é bem ilustrativa de como a partir de uma demanda manifesta que indicava um quadro depressivo e solicitava tratamento para ele, vários aspectos importantes do campo e das relações foram trazidos à baila evitando condutas simplificadoras e mutiladoras da realidade.

Muitos pontos e aspectos podem ser levantados para discussão a partir do material apresentado e não vamos nos estender em uma análise mais aprofundada de todos os fatores pessoais, relacionais e de campo presentes na situação. Destacamos apenas como ponto mais relevante do trabalho a possibilidade de elaboração do paternalismo institucional que envolvia em conluio tanto a equipe quanto o paciente e familiares e gerava a impossibilidade de decisões compartilhadas.

Essa ilustração do nosso trabalho é útil para presentificar a importância do foco nas relações e no campo, no sentido de sensibilizar os profissionais, os pacientes e familiares na percepção dos distúrbios que se produzem nos vínculos pessoais e institucionais. É útil, também, para demonstrar como trabalhamos tentando sensibilizar e capacitar para as possibilidades de transformação, visando ao nosso objetivo maior que é a promoção de uma mudança real na organização e mentalidade individual e institucional.

Continuidade dos cuidados

Mario Alfredo De Marco

Fator de extrema relevância, a continuidade dos cuidados é dos mais descurados em nossa prática hospitalar e no sistema de saúde em geral.

Continuidade dos cuidados já é há muito tempo considerada um atributo essencial de bom funcionamento de um sistema provedor de saúde. O termo tem um sentido intuitivo compartilhado, como, por exemplo, uma relação estável com um único médico, ou "a existência de registros médicos que agrupam os episódios de cuidado" [Fletcher e cols. 1984].

O termo continuidade dos cuidados é multidimensional [Starfield 1980, Wall 1981, Fletcher 1984, Ruane 1987] e tem sido usado para descrever uma ampla variedade de relações entre os pacientes e os serviços de saúde – disponibilidade de informações, constância da equipe, constância dos locais de atendimento, acompanhamento e cuidado com a transmissão dos dados e das orientações na transição de um lugar para outro.

Para o paciente e sua família os fatores mais importantes assegurados pela continuidade são:
1. confiança que as informações importantes estão registradas e acompanham o paciente na transição de uma intervenção a outra e
2. ter alguém que identifica como o "integrador" – dos diagnósticos, dos resultados dos exames, das decisões tomadas e a serem tomadas, da apresentação das opções de intervenção – assim, o paciente e sua família não são sobrecarregados com a tarefa de assumirem para si este papel.

São considerados como os três maiores componentes da continuidade dos cuidados:
1. Compreensão do curso dos cuidados para um diagnóstico ou uma doença específica;
2. Identificação das necessidades médicas, psicossociais e de reabilitação do paciente ao longo do *continuum* dos cuidados para um diagnóstico ou doença específica;
3. A provisão de serviços ao longo do *continuum* dos cuidados pelo mesmo provedor ou equipe de provedores para cada indivíduo ou família.

Donaldson [2001] lista uma série de fatores dependentes das estruturas burocráticas, financeiras e corporativas que sabotam de diversas maneiras a implementação da continuidade dos cuidados: (1) competição gerencial que encoraja os pacientes e empregadores a mudar de provedores, em resposta a pressões de mercado (2) mudança nos contratos médicos com planos de saúde que são disruptivos para o seguimento do cuidado de pacientes com transtornos sérios, (3) o crescimento da interdisciplinaridade da equipe e substituição de não-médicos por médicos em muitas tarefas, (4) o surgimento de centros de cuidados urgentes para facilitar o acesso aos pacientes, (5) a ênfase na produtividade baseada no encurtamento das consultas, (6) a transferência de pacientes seriamente enfermos de um cenário a outro, e (7) a evidente diluição de responsabilidade entre hospitais e especialistas em um ambiente de cuidado à saúde cada vez mais complexo e tecnologicamente orientado.

Por razões distintas dos interesses de mercado, é usual que a perspectiva de continuidade de cuidados, também, esteja comprometida nos hospitais públicos e, particularmente, nos que sustentam atividades acadêmicas: (1) a alta rotatividade dos profissionais que assistem os pacientes, (2) as situações em que a ênfase do trabalho fica subordinada, primordialmente, ao ensino e/ou à pesquisa em detrimento da assistência, (3) os entraves burocráticos que lentificam ou impedem as ações e (4) o funcionamento desarticulado das diferentes disciplinas e especialistas que assistem o paciente, são alguns fatores que dificultam a continuidade nessas instituições.

Saunders e McCorkle [1985] assinalam que tanto no modelo de cuidados médicos quanto nos cuidados de reabilitação "...ninguém da equipe médica assume a responsabilidade de prover a continuidade dos cuidados..." (p.373) e por vezes as enfermeiras são chamadas a assumir este papel.

No entanto, o uso do modelo de continuidade de cuidados é custo-efetivo e melhora a prestação dos serviços aumentando a eficiência. Há particularmente um melhor aproveitamento dos recursos disponíveis e um decréscimo da duplicação dos serviços.

Um dos campos mais descuidados como resultado da desatenção à continuidade dos cuidados é o processo de reabilitação. A fragmentação dos cuidados tende a criar o hábito dos profissionais se interessarem, exclusivamente, pela sua intervenção especializada, e esta acaba, geralmente, ficando limitada ao procedimento, desconsiderando-se as limitações impostas pelo adoecer e as seqüelas resultantes da doença e/ou da intervenção; deixa-se, assim de proporcionar e/ou prescrever o acompanhamento e cuidado pertinente que favoreça a reintegração e readaptação do paciente. Há dessa forma, um considerável prejuízo no compartilhamento das informações e na continuidade do atendimento. Os danos que essa postura provoca são imensos, seja para o paciente e familiares, seja na repercussão em termos de custo/benefício para a sociedade (DeMarco, 2001):

Paciente de 50 anos teve perda total da visão após cirurgia de tumor de hipófise. Há dois anos vem tendo perda progressiva da visão, e, embora estivesse sendo acompanhado no hospital, nenhuma reabilitação lhe foi sugerida ou indicada; o paciente durante o acompanhamento clínico acreditou, sempre, que voltaria a ter visão perfeita. É pintor de paredes, bastante competente em seu ofício, mas não vem exercendo sua profissão, em função da limitação. Isto tem trazido imensos prejuízos ao equilíbrio familiar tanto no plano financeiro quanto no plano emocional; o paciente tem experimentado um comprometimento de seu papel na família, com conseqüente baixa da auto-estima. Não foi preparado, antes da cirurgia para a possibilidade de perda da visão; mesmo agora, após a cirurgia ainda não está plenamente informado de seu prognóstico e está prestes a ter alta, sem que nenhuma indicação ou orientação tenha sido aventada para a continuidade de cuidados necessária (particularmente reabilitação).

A solicitação de interconsulta é para avaliação do estado de ansiedade e depressão do paciente.

O interconsultor verificou que a ansiedade do paciente estava vinculada à carência de informações mais precisas quanto a seu estado e prognóstico. Desde o início de seu quadro havia uma desinformação/negação de seu estado real, de sorte que ele continuava trabalhando com a idéia de que recuperaria sua visão. Isto, conforme já mencionamos, afastou qualquer interesse em buscar trabalhos de reabilitação e, uma vez que a equipe tampouco cogitou essa idéia, ocorreu uma degradação importante da vida pessoal, familiar e social do paciente.

Essa questão colocada para a equipe encontrou interesse e permeabilidade, sugerindo que, em uma certa medida, a falha na continuidade dos cuidados podia estar vinculada à desinformação e vícios de funcionamento da equipe.

Iniciamos, conjuntamente, o trabalho de informar, efetivamente, ao paciente sua real condição; a aceitação foi relativamente rápida, principalmente em função do horizonte que se abriu com a perspectiva da reabilitação que já se iniciou no próprio hospital e que terá continuidade em uma instituição para a qual foi encaminhado.

Em muitas situações em que a intervenção de nossa equipe é solicitada, somos instados a arcar com o desempenho do papel de centralizador e responsável pela continuidade dos cuidados; assumimos esse papel, sempre em caráter provisório, mantendo o foco de transferi-lo, progressivamente, para o médico responsável; quando isto é impossível, tentamos identificar o profissional de saúde com maiores possibilidades de desempenhar a função.

O hospital universitário, pela própria natureza de sua organização tende a ter uma excessiva fragmentação de cuidados; o rodízio dos profissionais é muito grande e, geralmente, as equipes fixas evitam assumir a centralização da responsabilidade pelo acompanhamento.

A intervenção de diferentes especialistas, acompanhando o paciente com uma interação mínima entre si, redunda em condutas muitas vezes desintegradas ou mesmo equivocadas.

Os distúrbios da comunicação entre os especialistas constituem, sem dúvida, fonte importante de perturbações do campo terapêutico. Com o "loteamento" estanque do paciente, o que geralmente ocorre é um trabalho executado na forma de uma fragmentação rígida, cada especialista se preocupando com o cuidado de seu sistema ou órgão. Um paciente internado em uma enfermaria freqüentemente é acompanhado por vários profissionais, cuja cooperação é solicitada por meio de pedido de consulta às várias especialidades. É muito comum que os especialistas nem mesmo se encontrem e a cooperação fique limitada a uma visita que o especialista faz ao paciente, deixando sua prescrição e sua observação anotadas no prontuário.

Supérfluo dizer que esse procedimento tem conseqüências desfavoráveis para uma cooperação efetiva, podendo repercutir em todos os níveis do campo terapêutico.

Uma ilustração:

Um médico residente chama pedindo "apoio psicológico" para um paciente de 39 anos, diabético, hipertenso e com insuficiência renal. O controle de pressão arterial está difícil e o paciente está revoltado em função das complicações que vêm ocorrendo em seu tratamento.

Ao conversar com o médico, o interconsultor se dá conta de que ele está se sentindo muito pressionado, seja pelo paciente, seja por outros profissionais que acompanham o tratamento. Ao verificar as anotações no prontuário o interconsultor depara com anotações do especialista da Nefrologia que vem acompanhando o caso; há um forte tom de cobrança em relação a que a pressão do paciente seja controlada. A expressão que surge ao interconsultor para definir a natureza das mensagens que observa no prontuário é de "comunicação de guerra".

Qual a pressão difícil de controlar, a do paciente ou a que o médico vem sofrendo? Quem necessita de apoio, o paciente ou o médico? Por que não está sendo possível contar com o apoio?

Por que não se estabelece um clima cooperativo com a interconsulta da Nefrologia de forma que ele possa contar, efetivamente, com o apoio do outro profissional? Esta situação se tornou um foco importante da intervenção, cooperando para a diminuição da "pressão".

Outra breve ilustração:

Paciente é internado em uma enfermaria com forte dor de cabeça, para investigação. É medicado sintomaticamente com antidepressivo e Tegretol. Descartado diagnóstico da especialidade é transferido para outra enfermaria para tratar o quadro. Embora não houvesse mais a indicação do antidepressivo e do Tegretol, a medicação vinha sendo mantida, pois havia sido receitada por outro especialista; a equipe atual desconhecia a razão da indicação, mas não havia cogitado convocar o especialista para discuti-la, limitou-se a manter a conduta. O interconsultor chamado para atender o paciente, com suposto quadro depressivo (na realidade um quadro de *delirium*) pôde lidar com essa situação de bloqueio da comunicação, que normalmente passaria despercebida.

Há muitas situações em que a mobilização de intensas angústias compromete a continuidade dos cuidados, alimentando um círculo vicioso difícil de ser desfeito. É o caso, por exemplo, de pacientes terminais que acabam sendo totalmente abandonados pela equipe de saúde, deixando de receber os cuidados paliativos adequados.

É o caso também de situações em que o insucesso dos procedimentos ou a má evolução produzem um afastamento da equipe, produzindo situações com intensa perturbação das relações que desembocam em abandono e perda da possibilidade de estabelecer as condutas mais adequadas.

A título de ilustração destas situações, apresento trechos de um atendimento relatado em trabalho de conclusão de estágio de uma especializanda [Geocze, 2001]:

"Foi minha primeira semana de estágio... recebi o 1º chamado: 'Paciente L, cranioestenose, diagnóstico: depressão. URGENTE'.

"... Procuro pelo médico solicitante e sou informada que não está lá (nem o resto da equipe)... Procurei o prontuário... também não estava lá. Tive vontade de adiar para o dia seguinte... pois... os primeiros passos que seriam – falar com quem pediu a interconsulta e ler o prontuário foram frustrados.

"Resolvo entrar no quarto da paciente: havia três leitos, mas apenas um ocupado. Lá sentada encontro uma criança. Sua expressão era de angústia e desespero, atenta a todos os ruídos e movimentos na sala. Assim que entrei, ela se virou – era difícil dizer o sexo e a idade; tinha quatro pinos na cabeça, os olhos suturados, traqueostomizada, com o dente da frente quebrado e o cabelo raspado.

"Me apresento a L. e sua acompanhante, a irmã mais velha. Percebo que L. não conseguia falar, apenas começou a chorar e apontar para fora do quarto. Sua irmã imediatamente traduz: 'ela quer ir embora do hospital'.

"Iniciei minha entrevista com a irmã que disse não entender o que havia acontecido; sabia dizer apenas que L. teve complicações na cirurgia, ficou na UTI e agora não conseguia falar, enxergar e que estava horrível, queria saber se L. voltaria a falar... sussurra que L. está sem um olho e que vai precisar de um transplante de córnea para o outro. Convido-a a conversar lá fora e pergunto se L. sabia que isto havia acontecido e ela diz que não.

"Ela contou que L... tem 14 anos, cursa a 7ª série, nunca havia repetido e tinha muitos amigos...e que o pai não vinha visitar a filha desde que esta teve concluída a extração da órbita. Sua mãe não podia visitá-la, pois sofria de pressão alta e ficaria muito nervosa com a imagem de L; ela e sua irmã faziam um revezamento para ficar com a menina.

"No segundo encontro (no dia seguinte), converso com L. sem a presença da irmã. A equipe de oftalmologia havia deixado seu olho entreaberto, e ela podia enxergar, embora com dificuldade. Levei algumas folhas de papel e pedi que ela escrevesse, se quisesse. Imediatamente escreve uma pergunta – 'o que aconteceu com meu outro olho?' – pois não consigo enxergar. Disse que queria ir embora do hospital e que tinha muito medo. Neste dia, L. me contou que tinha muita vergonha dos médicos, que não sabia quando eles entravam no quarto e que estes a viam sem roupa quando saía do banho.

"Neste momento, o enfermeiro entra no quarto e sem dizer uma palavra, começa a aplicar-lhe uma injeção. L. se assusta, pois não havia percebido sua entrada e começa a chorar, inerte, sem reagir.

"Ao sair do quarto encontro seu médico (ele estava mais preocupado com as radiografias de L.); procuro me informar a respeito do caso. Descreve que L. é portadora da 'Síndrome de Crouzon', diagnosticada desde os 4 anos de idade. Esta síndrome é caracterizada por acrocefalia, exoftalmo, estrabismo, nariz em bico de papagaio, hipertelorismo e maxila hipoplástica. Ela foi internada para cirurgia estética de correção da acrocefalia e da exoftalmia. Durante a cirurgia, a paciente teve uma parada respiratória, foi entubada e internada na UTI, onde ficou por 17 dias. O quadro evoluiu para infecção pulmonar e oftálmica, sendo necessária cirurgia para retirada da órbita. Ao final da conversa, oriento e deixo registrado no prontuário para que ele e a equipe de enfermagem comuniquem a L. sobre os procedimentos que estão sendo realizados. E que, além disso, por ser uma adolescente, L. estava com muita vergonha que os médicos a vissem nua.

"... No terceiro dia, quando cheguei L. me mostrou o que havia escrito (sob minha orientação a irmã havia comprado um caderno): havia inúmeras indagações sobre quando seria sua alta e sobre o que estava acontecendo. Começo, então, a resgatar os motivos que a levaram a fazer a cirurgia e o que aconteceu depois. Ela consegue expressar que a família, principalmente o pai, sempre quiseram que ela fizesse a cirurgia. Diziam que iria ficar mais bonita, que não iria mais ter olhos saltados. Foi internada 3 vezes, mas não conseguia vaga para a cirurgia; desta vez conseguiu. Não sabia que seu cabelo seria raspado e, com as complicações da cirurgia, temia não poder mais falar.

"No quarto encontro, antes de entrar no quarto, encontro a médica que fez o pedido de interconsulta. Ela me parece muito interessada e demonstra dificuldade em lidar com a paciente que está sofrendo muito. Ressalto novamente que a paciente deve ser avisada de todos os procedimentos, pois ela estava muito assustada. Digo que seria importante que a equipe lhe dissesse objetivamente que ela estava sem um olho. A médica diz que isso era muito difícil, que eles falaram mais ou menos e que achavam que ela havia entendido. Digo que não, que ela não havia entendido e que talvez isso a assustasse ainda mais. Oriento para que antes da alta, a família fosse chamada e orientada com relação à nova condição da filha e da nova cirurgia de transplante de córnea pela qual ela teria que passar...

"Na conversa com L. vou embora com a sensação de que ela estava menos angustiada".

Percebemos que a precariedade das informações se complica ainda mais, frente às intensas angústias mobilizadas pela evolução do caso:

"... É interessante notar que a equipe médica e a enfermagem se afastaram da paciente e de todas as perdas que sofreu. Para eles se tornou difícil até conversar com ela e suportar seu choro silencioso no último quarto da enfermaria. Confesso que não era uma imagem agradável, ou mesmo que o contato fosse fácil... Para sua família também não era fácil; seu pai se afastou quando viu que a ajuda que havia imaginado para a filha se transformara em uma grande mutilação e, quase custou sua vida."

Ficou muito claro, nesse atendimento, como ao quebrar o círculo vicioso ansiedade-desinformação-ansiedade, restabeleceu-se um nível razoável de comunicação e uma baixa da ansiedade.

A integração e o compartilhamento das informações é fator de extrema relevância para uma manutenção da continuidade dos cuidados; a desinformação ou as informações fragmentadas resultam em perturbação do bom andamento das decisões terapêuticas bem como a uma baixa disponibilidade da equipe e baixa adesão dos pacientes e familiares.

Trabalhar pela disponibilização da informação é fundamental; a informação, mesmo portadora de más notícias, é sempre mais benéfica que a desinformação no que diz respeito à continuidade dos cuidados, pois a informação adequada permite posicionamento e escolhas compartilhadas, o que, sem dúvida representa uma contribuição essencial para uma adesão ampla às ações necessárias e sua continuidade. Esta é uma noção básica para favorecer a continuidade dos cuidados e em nosso trabalho nos preocupamos sempre em trabalhar esses aspectos seja nos atendimentos, seja no plano institucional.

Neste sentido, a evolução importante que nosso trabalho vem podendo realizar, graças à ampliação de nossas atividades, é passar a atuar de forma mais direta e incisiva nos mecanismos institucionais. Desta forma, nossa intervenção que respondia basicamente às solicitações que nos eram dirigidas por meio das interconsultas, se estendeu à atuação direta nas enfermarias, por meio dos programas de ligação, que nos permitem interferir mais diretamente na discussão das rotinas das enfermarias e na criação de mecanismos de funcionamento e protocolos de conduta que incorporem os procedimentos necessários para a manutenção da continuidade dos cuidados.

Além da atuação pelos programas de ligação, vários programas gerais, dirigidos ao hospital como um todo têm sido implementados para favorecer mudanças estruturais nos mecanismos institucionais (programa de otimização da alta hospitalar, grupos com profissionais, programas de treinamento dos funcionários, etc).

Todas as nossas ações envolvem sempre a dimensão de capacitação e educação continuada dos estudantes, dos profissionais e dos pacientes e seus familiares. Pacientes e familiares são muitas vezes "esquecidos" neste processo de capacitação e educação continuada, o que pode provocar uma série de distorções. Consideramos fundamental sua inclusão, pois só assim poderemos caminhar para uma mudança consistente na relação terapêutica, distanciada de assistencialismo e paternalismo. É importante que o paciente e seus familiares conheçam seus direitos e deveres, que estejam capacitados para encontrar os meios para atender suas necessidades e que possam participar efetivamente das decisões e da condução do tratamento. O grau de transformação institucional depende da possibilidade de que as ações desenvolvidas possam favorecer a criação de uma nova mentalidade que possa contaminar a atmosfera tonal do convívio cotidiano [Puccini, 2002] com uma nova força estruturante, na qual integralidade e cuidado reúnem em um mesmo novo princípio, uma nova tendência de reconhecimento do outro.

A identificação e atenção às situações críticas

- Comunicação dolorosa

Renata Novaes Pinto

A origem da palavra comunicação, do latim *communis,* significa dividir algo em comum. A comunicação e informação médica ao paciente e seus familiares têm sido assuntos freqüentemente abordados e discutidos na literatura, porém nem sempre o sentido em comum é aplicado na íntegra.

Até algum tempo atrás, era consenso na prática médica não revelar o diagnóstico [Oken, 1961] e o médico assumia uma posição paternalista no cuidado ao paciente, sem permitir uma participação deste no processo de discussão sobre o tratamento. Nas últimas décadas, uma importante mudança ocorreu na atitude dos médicos em relação à comunicação e atualmente a moderna medicina ética enfatiza o direito do paciente em ser informado sobre sua condição médica e participar das decisões do tratamento. Apesar de ser uma recomendação da Organização Mundial de Saúde, padrões culturais de comportamento e características individuais interferem na maneira de atuar frente a essa questão [Barona, 1997] [World Health Organization, 1993].

Em geral, em países onde predominam os ideais de igualdade, o respeito à individualidade e o direito do indivíduo pelo conhecimento da verdade tornou-se uma obrigação revelar o diagnóstico, e informar o paciente e familiares significa transmitir esperança e credibilidade ao tratamento. Já em países de origem latina, onde predomina um atendimento mais paternalista no cuidado ao paciente, os profissionais acreditam que é incompatível transmitir esperança com as más notícias e omitir a verdade, informando apenas aos familiares é um hábito comum. A crença é de que assim estariam protegendo os pacientes de um confronto mais duro com as limitações do tratamento e as possibilidades de cura.

O avanço tecnológico na medicina e as especializações, que, se por um lado, ampliaram os recursos terapêuticos e as possibilidades de cura fizeram com que a valorização por exames e procedimentos técnicos superasse o contato mais próximo e a escuta das necessidades de quem adoece.

O adoecer provoca uma alteração na representação de mundo do paciente e seus familiares; passam a freqüentar mais o hospital, aproximam-se de um universo novo, com procedimentos e termos desconhecidos, para os quais são leigos. É preciso interromper seus projetos para se dedicar a algo que desconhece, as cirurgias, a rotina hospitalar, os procedimentos clínicos. Esta experiência é relatada por muitos pacientes como um sentimento de despersonalização, como se a vida tivesse sido retirada e a doença ficado em seu lugar, com as exigências de uma nova rotina, mudança de hábitos comuns, interrupções de projetos de vida e o medo da morte.

A relação entre a equipe médica, o paciente e familiares envolvem interações peculiares entre pessoas em posições diferentes. Os conceitos relativos ao adoecer são diferentes entre o médico e o paciente. Se para o médico a doença é uma situação de normalidade, provida de conceitos técnicos e que representam socialmente sua atuação profissional, para o paciente é uma situação excepcional, sem qualquer motivação profissional ou social e ainda fonte de sofrimento e significados simbólicos, morais, e que ficam fora de uma compreensão científica da doença.

O ato clínico é o ponto de encontro entre o paciente – que perdeu sua condição de saúde e quer recuperá-la, e o médico – a quem é atribuído o conhecimento e a técnica para atingir a expectativa do paciente. Ao procurar um médico para descrever os *sintomas objetivos* de sua doença, o paciente irá descreverá as características do mal que o acomete, o tempo de duração da enfermidade, e também estarão presentes nessa descrição os *sintomas subjetivos*; de como se sente adoecendo naquele momento de sua vida, seus tabus e suas crenças, as fantasias de estar em curso uma doença grave e o medo de morrer. Nesse contexto, a comunicação deve ser compreendida como um processo, e a revelação do diagnóstico apenas o primeiro passo dentro da relação médico-paciente, que inclui ainda outras dimensões a serem levadas em conta:

1. *A informação global da doença*: É importante que, uma vez diagnosticada uma doença grave, o paciente receba a informação não apenas do tipo morfológico de seu sintoma, mas que possa conhecer qual é o tratamento proposto para o seu caso e os efeitos colaterais decorrentes, quais os benefícios de uma intervenção ou outra, e avaliação do custo-benefício para cada indicação terapêutica.
2. *A percepção que o paciente tem sobre a doença*: Conhecer quais as experiências relacionadas com o adoecer que o paciente vivenciou, seja pessoalmente ou em seus relacionamentos próximos, permitem ao médico compreender um pouco a respeito da dinâmica que ele estabelecerá com a doença atual; quais são as fantasias que surgem nesse processo.
3. *O contexto religioso, cultural e histórico em que se inserem, médico e paciente*: É uma forma de se aproximar da assimetria que a relação médico-paciente possui respeitando a vulnerabilidade do paciente, que tem nesse evento uma experiência pessoal, com passado, presente e futuro, enquanto que o médico focaliza de modo mais objetivo na dimensão da doença.

As diferenças nos valores, expectativas e objetivos entre paciente e médico podem interferir na eficácia da comunicação [Kleinman; Eisenberg; and Good, 1978].

Para os pacientes, confiar na equipe que o assiste e acreditar que há possibilidade de tratamento promove uma melhora no seu bem-estar, facilitando o ajustamento emocional e a aceitação das limitações impostas pelo tratamento. Ao ser informado do que está ocorrendo e participando da discussão sobre o tratamento, o paciente sente que ainda detém o controle da própria vida, aceita ou não o que está sendo proposto, altera seus projetos e se prepara para o que está por vir [Mossman; Boudioni & Slevin, 1999] [Harris, 1998] [Loge; Kaasa, and Hytten, 1997].

Há também estudos que relacionam a satisfação do paciente ao menor aparecimento de sintomas psiquiátricos correlacionados, como ansiedade e depressão [Wiggers e cols., 1990] [Fallowfield e cols., 1986].

A utilização de termos vagos, obscuros ou de eufemismos na comunicação com o paciente vai interferir na maneira como ele reagirá ao tratamento e no relacionamento com a equipe médica [Meredith, e cols., 1996] [Fallowfield e cols., 1994].

Em nossa experiência de atendimento em interconsulta psiquiátrica no Hospital São Paulo é freqüente surgirem questões ligadas à dificuldade de comunicação, vivenciada pela equipe ou pelo paciente e seus familiares. Muitas vezes, um atendimento em interconsulta, que tem como *pedido objetivo* uma avaliação psiquiátrica do paciente, pode também conter um pedido de ajuda para lidar com questões de manejo pouco conhecido para o médico assistente naquele momento. Cabe a nós, interconsultores, diagnosticar a natureza do *pedido subjetivo* e permitir uma compreensão e elaboração do que está impedindo o prosseguimento do trabalho. O receio de informar um diagnóstico ruim, uma doença refratária ao tratamento proposto ou um prognóstico fechado em alguém com idade similar a do jovem residente provocando uma identificação deste na situação de sofrimento. Enfim, as situações e dificuldades que surgem são inúmeras. Recebemos recentemente um pedido para avaliação de quadro depressivo em uma paciente de 19 anos, internada na gastroclínica para investigação de uma massa abdominal, que vinha crescendo há aproximadamente 2 anos. Já havia sido confirmada a suspeita de câncer. Um hepatocarcinoma fibrolaminar.

Os pais já haviam sido informados; a paciente, não. A residente referia que: *"já informei outros diagnósticos, em pacientes idosos, o que parecia ser mais fácil, afinal eles ao menos tinham vivido, com histórias para contar e relembrar... certamente contaria à paciente, mas preferia passar o fim de semana"*. Diversas vezes, a médica e a interconsultora se viam relembrando o que estavam fazendo aos 19 anos, quais eram seus os planos e sonhos, e voltavam para a paciente, que como elas também sonhava em cursar uma faculdade. A residente, algumas vezes, disse que contaria, mas no encontro seguinte dizia ainda não ter conseguido. Foi perguntado se gostaria da participação da interconsultora nesse momento, e ela não aceitou, alegando que ela era quem melhor poderia fazê-lo, já que conhecia a paciente desde o início do tratamento. Nesse período, os encontros com a paciente eram difíceis, silenciosos, ela era monossilábica e apesar da revolta com a situação de internação, do tratamento, de não poder ir para casa, não fazia perguntas sobre seu diagnóstico. A família toda já sabia o diagnóstico e pedia para que não contassem, com receio de que agravassem a raiva e tristeza que sentia e não suportasse. O que costuma acontecer nessas situações é insustentável; os familiares não conseguem segurar a emotividade e passam a evitar o paciente, e, este temendo o que está ao redor, evita perguntar. O tumor era cada vez mais perceptível e a situação era óbvia demais. Quando afinal a paciente foi informada do seu diagnóstico e detalhes do tratamento, o clima estava totalmente diferente; sem precisar esconder nada: o medo, as preocupações, seus planos e as limitações impostas pela doença podiam agora ser falados [Surjan, 2003].

Dentre as justificativas encontradas pelos médicos para não informarem há o temor que ao receber uma notícia desfavorável, possa precipitar um estado depressivo e uma piora na qualidade de vida do paciente. Os atendimentos tornam-se particularmente difíceis quando não há um clima de confiança entre o paciente e a equipe que o assiste, quando não é possível falar sobre certas coisas, criando-se uma espécie de conluio de anonimato, no qual um não fala o que o outro teme saber e por isso não arrisca perguntar.

Muitas vezes, encontram na atribuição da rotina de enfermaria, o pouco tempo disponível para a consulta, para o encontro com as questões emocionais do paciente e com as quais não se sente suficientemente treinado. A comunicação deixa então de ser prioridade e enfatizam os procedimentos clínicos ou cirúrgicos [Charlton, 1992].

Foi realizado em São Paulo um estudo com pacientes em tratamento para câncer com o objetivo de conhecer como se comporta o paciente recém-diagnosticado em relação a receber informação da doença e seu tratamento, promovendo um maior conhecimento para a equipe de saúde, bem como aos familiares, sobre quais são as necessidades do indivíduo que adoece [Novaes-Pinto, 2001].

Os resultados indicaram que a maioria destes pacientes considerava importante estar bem informado sobre sua doença e conhecer o tratamento proposto; saber qual o prognóstico, os efeitos colaterais e quais eram as chances de cura.

Uma crença bastante comum e que não foi confirmada nesse estudo é a de que receber a informação da doença por um familiar seria mais "reconfortante" para o paciente. Na verdade a grande maioria dos pacientes gostaria de receber a informação pelo médico especialista, ou seja, aquele que detém o maior conhecimento da doença e melhor poderá responder as dúvidas que surgirem. Atualmente, toda informação disponível nos meios de comunicação e que tratam sobre as doenças graves com menos estigmas do que ocorria há algum tempo permite aos pacientes mais bem-informados querer receber toda informação disponível.

Diante desses resultados é importante considerar a importância dos pacientes receberem informações sobre sua doença e tratamento, podendo identificar indivíduos mais vulneráveis, avaliando a necessidade de intervenção psicológica e psiquiátrica. Tem sido objetivo do nosso trabalho estreitar o contato do profissional de saúde mental com os profissionais de saúde da instituição, capacitando-os para lidar com situações adversas, procurando assim aliviar as tensões resultantes de sua atividade profissional.

• Famílias: clientes do hospital? – o adoecer e a crise familiar

Ana Cecília Lucchese

A atenção aos familiares dos pacientes internados é parte da perspectiva de manutenção de uma visão integral do ser e visa tanto favorecer o bem-estar dos pacientes durante a internação quanto evitar a crise que acomete a família em função do adoecimento de um seus membros. Para evitar um abalo significativo na estrutura familiar e social, é necessário que seus familiares também tenham espaço dentro do hospital. Observa-se que eles têm um impacto benéfico importante, agindo como "tranqüilizadores" e aplacando as angústias dos pacientes [Leske, 1998; Carr e Fogarty, 1999; Vom Eigen *et al* 1999, Shiotsu e Takahashi, 2000]. Os familiares podem também fornecer à equipe médica dados sobre as dificuldades e os comportamentos habituais do paciente, colaborando para que se planeje o tratamento mais adequado a cada paciente. Entretanto, familiares e pacientes não costumam estar em situação propícia para colaborar, pois toda hospitalização é um momento de crise para ambos. Eles precisam de cuidados para que a capacidade de receber e de compreender informações importantes sobre o tratamento do paciente não seja comprometida e não interfira no entendimento das políticas, rotinas e procedimentos do hospital [Leske, 1998].

Acompanhar um paciente internado é tarefa permeada por preocupação e implica em identificar e atender suas necessidades, assegurar o atendimento pela equipe, favorecer a comunicação entre paciente e equipe, observar e fiscalizar a assistência prestada e acompanhar a evolução clínica [Friedman, 1998; Castro, 1999; Carr e Fogarty, 1999; Shiotsu e Takahashi, 2000]. Estas atividades geram ansiedade nas famílias, o que pode se manifestar como desconfiança em relação à equipe médica, não-adesão e insatisfação com o tratamento [Leske, 1998]. Todo o turbilhão emocional pelo qual eles passam durante uma internação podem colocar em risco o bom andamento do tratamento:

Um paciente, sexo masculino, internado na enfermaria da DIPA (Doenças Infecciosas e Parasitárias), recebeu o diagnóstico de HIV positivo. Após isto, começou a reclamar de seu tratamento, dizia que a equipe estava sendo negligente com ele e queria ir embora da enfermaria. Sua esposa, também assustada, acreditava nas reclamações do marido, concordava que ele não estava sendo bem-atendido pelos profissionais daquele serviço e queria ajudá-lo a sair da enfermaria. A interconsulta psiquiátrica foi chamada para avaliar se o paciente e sua esposa estavam em condições de tomar tal decisão e assinar "alta a pedido". O paciente havia desenvolvido um quadro delirante e teve de ser medicado. Sua esposa, que foi esclarecida sobre a gravidade da doença do marido e de toda a situação, passou a colaborar com a equipe médica.

Para que se estabeleça uma relação de confiança entre familiares e equipe médica é necessário que eles sejam esclarecidos e estejam bem-informados. Só assim poderão ser parceiros do tratamento, tranqüilizando os pacientes, evitando tumultos e trazendo benefícios a todos. Mas não é isto o que acontece dentro do hospital: tradicionalmente, as famílias são envolvidas no tratamento e recebem atenção dos profissionais de saúde apenas quando se tratam de pacientes psiquiátricos ou pediátricos [Carr e Fogarty, 1999]. Os familiares não são vistos como objetos de cuidado pela equipe médica [Romano, 1999; Van der Smagt-Duijnstee e col., 2001] e o contato com os mesmos se restringe aos breves períodos de visita. Foi observado por Romano [1999] que não há nenhuma profissão da saúde que diz ser responsável por cuidar dos familiares e esta interação, que é habitualmente vista como estressante, é evitada pelos profissionais de saúde [Nogueira-Martins e Jorge, 1998; Romano, 1999; Azoulay e col., 2000].

Diversas pesquisas sobre as necessidades dos familiares apontam "receber informações" como a principal, mostrando que a falta de entendimento da situação e a falta de informação são as maiores fontes de ansiedade e estresse [Molter, 1979; Ellers, 1993; Castro, 1999; Novaes, 2000; Pochard e col., 2001]. Ter informações sobre o estado e a evolução do paciente é fundamental para a compreensão e aceitação do que ocorre, além de facilitar a comunicação entre a família e a equipe de saúde. Familiares bem-informados lidam melhor com as demandas psicológicas e/ou físicas de uma internação, o que contribui para a redução do estresse inerente à hospitalização [Castro, 1999].

Em um levantamento realizado no Hospital São Paulo [Lucchese, 2003], observou-se que os familiares dos pacientes internados consideram importante receber informação sobre os pacientes e querem que ela seja passada de maneira franca e compreensível para que se sintam seguros de que o paciente está recebendo o melhor tratamento possível. Eles procuram estar vigilantes a tudo que acontece no hospital e a todos que tratam do paciente. Os familiares querem ver os pacientes com freqüência, têm necessidade de se sentirem aceitos e querem receber atenção da equipe de saúde. Eles dizem não considerar importante receber suporte nem ter conforto. Observa-se que os familiares tendem a deixar em segundo plano suas próprias necessidades, o que pode causar dificuldades à organização da rotina familiar.

Neste mesmo estudo [Lucchese, 2003], foi observada alta prevalência de pacientes crônicos entre os internados naquele hospital. Isto nos leva a ressaltar a importância do envolvimento dos familiares, que podem ser aliados importantes do tratamento destes pacientes, colaborando para que eles não abandonem as recomendações médicas após a alta [Ellers, 1993; Carr e Fogarty, 1999; Vom Eigen *et al*, 1999; Castro, 1999].

Temos indícios de que incluir as famílias como clientes do hospital pode trazer benefícios a todos dentro do hospital: aos pacientes, à equipe de saúde e, obviamente, a eles próprios. As dificuldades vividas pelos acompanhantes podem ser minimizadas por meio de atendimentos sistematizados que fortaleçam a estrutura familiar, que fica ameaçada com a doença de um membro, ajudando-os a se reorganizar na nova rotina e a dar o devido suporte ao paciente.

Muitas doenças, antes fatais, agora podem ser tratadas. O desafio de muitos pacientes é conviver com doenças crônicas e com a inabilidade de funcionar bem e o dos familiares e profissionais de saúde é aprender a lidar com estes pacientes e os incentivar a continuar se cuidando. Mesmo aprendendo a conviver com as dificuldades e limitações de uma doença, ainda assim, a morte estará sempre entre nós. Não podemos mudar este fato, mas podemos alterar a maneira como as pessoas são tratadas no fim da vida e minimizar o sofrimento causado pelo processo do adoecer em toda a família.

• Alta: momento de crise – otimizando a alta hospitalar

Ana Márcia Nori
Fátima Lucchesi
Ligia Bruhn de Souza Aranha
Mario Alfredo De Marco

O período inicial de qualquer internação normalmente é um momento de crise, medo, incerteza e de quebra na rotina tanto do paciente como do familiar. Assim como a internação, a alta hospitalar também pode se caracterizar como um momento de crise, que necessita de atenção.

É o desconhecimento ou a negação desses fatos que faz com que, freqüentemente, pacientes que estão internados, recebam alta inesperadamente, sem ter tempo de se preparar para ir para casa, e, freqüentemente, sem receber as instruções devidas para o prosseguimento do tratamento (medicamentos, curativos, encaminhamentos, etc.).

Outras vezes eles deixam o hospital com seqüelas e tem de se adaptar a uma nova realidade com perda de autonomia e independência e nenhuma medida de encaminhamento para reabilitação e/ou preparo da família é implementada. É comum que nenhuma atenção seja dada às situações em que os próprios familiares ficam inseguros de levar o paciente para casa e não conseguirem dar conta de cuidados necessários após a alta.

A partir dessas constatações, verificamos a importância de trabalhar a situação da alta, criando um programa específico que oferece uma série de recursos, mas, principalmente, procura contribuir para a incorporação na rotina das enfermarias, dos cuidados necessários para lidar com as questões próprias da situação, entre as quais destacamos:

– trabalhar a aceitação das perdas;
– promover e estruturar espaços de reabilitação, dentro e fora do contexto hospitalar;
– facilitar a readaptação à vida mais autônoma e independente possível;
– orientar e ampliar a possibilidade dos encaminhamentos após a alta;
– orientar e acompanhar as famílias até o momento da alta, na readaptação das rotinas interrompidas.
– favorecer a troca de informações entre as especialidades, visando integrar o atendimento do paciente.

Ao desenvolver o trabalho nos deparamos com diferentes situações que irão ditar nossas ações e determinar o foco principal, que pode ir se alterando no decorrer das intervenções. O foco principal pode estar na relação do paciente com suas limitações físicas, na organização do ambiente onde ficará após a alta, nos encaminhamentos necessários, na escolha de quem cuidará dele, etc.

Um cuidado especial é dedicado à organização da família para receber o paciente após a alta, pois é muito comum, na população que assistimos que a estruturação da família nem sempre favoreça sua reinserção no ambiente familiar na nova condição criada pela doença e/ou pelas seqüelas, em uma situação de maior dependência e necessitando de cuidados especiais.

Muitas vezes, os familiares não têm condições de oferecer os cuidados e é importante que sejam sensibilizados quanto a isso.

Um exemplo dessa situação foi o caso de um paciente atendido na ortopedia: o paciente era idoso e fraturou o fêmur após uma queda da própria altura. O pedido de intervenção havia sido feito pela equipe de enfermagem, pois o contato com o paciente era difícil e consideravam que a esposa não conseguiria dar continuidade aos cuidados necessários após a alta por ser idosa e um pouco "atrapalhada".

Nosso papel, nesse caso, foi o de conversar com o paciente e sua esposa e ressaltar a possibilidade de receberem a ajuda de um profissional especializado para os cuidados após a alta hospitalar. Na medida em que foi possível abrir um diálogo a respeito, o próprio paciente foi deixando mais claro o quanto se sentia inseguro com a ajuda da esposa, achando que ela teria dificuldades para executar os procedimentos necessários, se estivesse sozinha em casa. Contudo, apesar da percepção ele não se sentia à vontade para expor sua insegurança à esposa.

Com a esposa a conversa a princípio foi difícil, pois, quando apontamos a necessidade de contar com uma ajuda especializada para os cuidados com o paciente em casa, ela disse que não precisavam, pois poderia cuidar sozinha do marido.

Foram necessárias algumas conversas para conseguir que a esposa se desse conta de que realmente precisaria de ajuda, principalmente nos curativos que precisavam ser feitos. Ela concordou em chamar um farmacêutico de sua confiança para ajudar nos procedimentos necessários; ele não acompanharia o paciente todos os dias, mas, sim, quando precisassem de ajuda especializada.

Essa intervenção foi muito útil para antecipar a percepção e o equacionamento das dificuldades existentes após a alta, e a necessidade de ambos se prepararem para o retorno do paciente à sua casa, tomando as devidas precauções e providências.

Em outro atendimento fomos chamadas na enfermaria da Neurocirurgia pela enfermeira S.. O pedido era para avaliar uma paciente que estava chorosa há muitos dias, não se alimentava direito e dizia não se conformar com a sua doença (estava acamada em virtude de Trauma na Medula Cervical). Sempre foi ativa, trabalhava fora, cuidava da casa e da família.

Nosso contato inicial com a paciente foi positivo: passávamos diariamente pelo seu leito e, a cada dia, percebíamos que ela melhorava seu humor e a aceitação de sua nova condição de vida, porém algo parecia não estar bem. Perguntávamos se ela recebia visitas, pois logo conversaríamos com a família para organizar os cuidados, retornos ao médico, enfim todos os procedimentos necessários à sua recuperação.

Marcamos uma reunião para o horário da visita e, ao chegar na enfermaria às 15 horas daquele dia, deparamo-nos com os filhos (dois jovens rapazes) que se comportavam de maneira inadequada frente à equipe de Fisioterapeutas. Eles faziam brincadeiras com os profissionais, que beiravam a falta de respeito.

Nossa intervenção foi imediata no sentido de colocar um limite em suas ações. Nosso posicionamento abriu um espaço para uma conversa séria a respeito da situação da paciente e de suas necessidades após a alta. Seus filhos puderam perceber a importância da participação deles neste processo e adotar uma postura séria e responsável. Isto resultou em mais segurança / confiança para a paciente permitindo que pudesse ir para casa com maior preparo emocional, dela, e da família, para a nova situação. Havia também uma maior confiança que os familiares pudessem assumir os cuidados necessários.

Em outro exemplo, recebemos um recado por intermédio da Secretária do Sapis pedindo que avaliássemos uma paciente na Enfermaria de Doenças Infecciosas e Parasitárias. Ao chegarmos ao local o residente relatou que J. havia sido internado após diagnóstico de Sífilis Neurológica e que, após exames, foi confirmado também que o paciente era HIV positivo.

Ao visitar o paciente o encontramos muito abalado com seu diagnóstico. Ele referiu não entender como havia adquirido ambas as doenças. Disse ser "evangélico, fiel à igreja, e que sua família era sagrada" e, portanto, só havia duas possibilidades de ele ter contraído as doenças: ou por transfusão de sangue ou quando era solteiro, quando teve outras parceiras.

No acompanhamento do caso, o paciente permanecia choroso, deprimido com o seu diagnóstico, preocupado com o prognóstico e também referia ter idéias suicidas. A partir destas observações, achamos prudente pedir o acompanhamento da psicóloga da enfermaria e alertar a equipe.

Nossa intervenção diária ajudou o paciente a elaborar a notícia e a aceitar o tratamento. Começamos a planejar a alta, seu retorno para casa e para o trabalho. A esposa colocava-se sempre muito presente e pôde também ter seu espaço para ser acolhida e falar dos medos, revoltas, organizar os sentimentos e receber orientações dos cuidados consigo, com seu marido e com o filho.

Dias depois recebemos um telefonema da esposa deste paciente dizendo que ele havia retornado ao trabalho e que os exames, dela e do filho, para Sífilis e HIV haviam sido negativos.

Outra experiência que destacamos foi o de uma criança, B., que apresentava problemas de desenvolvimento em conseqüência de alterações genéticas. Ela estava internada na ortopedia para fazer uma cirurgia de quadril, e o pedido para acompanhamento veio direcionado no sentido de uma solicitação para tratamento e orientações pertinentes que pudessem favorecer o acompanhamento e desenvolvimento da criança.

Em contato com mãe e criança tivemos informações sobre diversos tratamentos e acompanhamentos que essa criança fazia desde sua adoção. À medida que a mãe foi relatando os diversos tratamentos que a criança vinha realizando, foi ajudando-a a expressar e tornar mais claro um sentimento de exclusão ou de pouca participação. Sentia-se excluída ou pouco solicitada pelas equipes. O fato de poder tornar claro os sentimentos, para si mesma, foi muito importante e resultou em uma nova orientação: iria dividir esse seu sentimento com as pessoas que cuidavam de sua filha para que pudesse se apropriar e se envolver com as orientações e recomendações feitas. Ficou claro para ela que isso era um direito e que ajudaria no processo da filha.

Um outro pedido para atendimento foi feito um dia antes dos familiares de uma paciente receberem a notícia que sua mãe teria alta. Ao contrário da maioria das situações essa notícia trouxe para a família incertezas, dúvidas, medos e contradições.

A. havia sido internada na enfermaria de cirurgia vascular para um procedimento cirúrgico após o qual teve um AVC que a deixou restrita ao leito, sem possibilidade de comunicação, contato e ainda traqueostomizada.

Chegamos para conhecer a paciente e sua família, justamente no momento em que a equipe médica comunicava a alta para a família. Nessa conversa pudemos evidenciar a falta de informações que os familiares tinham do quadro clínico da paciente, a não-aceitação do estado da mãe e a carência de recursos sociais para levar a mãe para casa nas atuais circunstâncias.

Conseguimos, com a equipe, que essas falas dos familiares pudessem ser ouvidas, que algumas dúvidas pudessem ser esclarecidas e que a equipe médica se sensibilizasse com a situação da família, alongando a permanência no hospital para melhor organização da família e programação da alta.

Fizemos um levantamento das possibilidades que eles tinham de cuidado com a paciente, marcamos uma reunião familiar para que os membros da família pudessem conversar e definir quais seriam as soluções encontradas para o cuidado e acionamos o Serviço Social para solicitação de uma vaga em hospital de retaguarda, quando a família decidiu que esse seria o melhor encaminhamento. Demos suporte para essa decisão e acompanhamos o tempo de espera da alta da paciente que veio a ser dada, praticamente, um mês depois.

Estas situações que temos encontrado em nosso trabalho de otimização da alta hospitalar demonstram a necessidade desse tipo de atuação no sentido de evitar toda uma série de complicações para o paciente e seus familiares. É possível perceber como intervenções clínicas ou cirúrgicas, muitas vezes altamente sofisticadas, embora possam ser tecnicamente bem-sucedidas, têm o resultado comprometido em função da falta de uma continuidade dos cuidados.

As perdas que esta situação acarreta são enormes tanto do ponto de vista do desperdício e do mau aproveitamento dos recursos quanto, principalmente, em função das terríveis conseqüências que podem acarretar para os pacientes e seus familiares.

Nosso trabalho, como todas as nossas ações, visa, não somente, ao atendimento direto a todas estas situações, mas, essencialmente, a possibilidade de uma atuação que favoreça a mudança da mentalidade institucional.

• A morte no hospital

Mario Alfredo De Marco
Maria Luiza de Mattos Fiore

Nenhum homem é mais frágil do que outro;
nenhum tem assegurado o dia seguinte.
Sêneca

Introdução

Foucault [1980] afirma que o estudo da morte foi referência na cultura ocidental. Através dela o homem constituiu-se tema de estudo, passou a ser objeto da ciência, com discurso próprio. O mesmo autor assinala que no século XVIII a morte tinha uma conceituação ambígua. Ela era, ao mesmo tempo, o término da vida, como também o da doença. Se os traços da doença atingiam o cadáver, nenhuma evidência podia, então, distinguir absolutamente o que era dela e o que pertencia à morte. Seus signos entrecruzavam-se em desordem. Foi Bichat (1771-1802) quem discriminou, pela primeira vez, os processos de morte e, dessa maneira, possibilitou identificar os fenômenos da doença. Com características específicas, a morte adquiriu valor de experiência.

Isto autorizou uma Medicina positiva com a articulação entre espaço, linguagem e morte através do método anatomoclínico. Assim, evidenciou-se o valor da experiência médica e a doença desligou-se definitivamente da metafísica do mal.

As formas de visibilidade evoluíram e houve uma reorganização epistemológica da doença. Os limites do visível e do invisível ganharam novo plano. Os 'sintomas subjetivos' passaram a definir o mundo dos objetos a serem conhecidos. E o olhar positivo do médico deteve-se na presença da doença no corpo.

O hospital, antes só destinado à caridade para os pobres, transformou-se em estabelecimento de ensino e cura. Os cuidados com esses necessitados passam a ser de interesse científico e não humano, na medida que o estudo do corpo, com suas doenças, tornava-se importante para a experiência médica [Foucault, 1980].

A medicina moderna, ou seja, a eficaz, caracteriza-se por uma complexa concepção do que deve ser observado no corpo, com suas doenças e possíveis causas – microorganismos ou anticorpos – sempre dentro de um espaço visível. Isto foi uma das causas responsáveis pelo grande avanço da qualidade de vida a partir do século passado. No entanto, as questões relacionadas à experiência humana do adoecer e do morrer ficaram em um segundo plano, para não dizer plano de fundo, no cotidiano da tarefa médica.

Situação atual

Os avanços científicos, particularmente dos últimos 50 anos, têm sido extraordinários. No campo da medicina, as conquistas em suas várias áreas proporcionaram um aumento considerável da expectativa de vida. Sabemos, contudo, ou pelo menos deveríamos saber, que não podemos adiar indefinidamente o inevitável. A morte está presente na vida e particularmente na prática médica, em maior ou menor freqüência, em quase todas as especialidades.

Nossa obsessão por qualidade e estilo de vida, no entanto, não tem sido acompanhada por uma compreensão da qualidade da morte e a realização de que é uma jornada única para cada um de nós [Craft, 1997].

Você está pronto para morrer? Se não está, seria importante que pudesse iniciar alguma preparação, pois como Montaigne advertia "morte é um dos atributos com os quais você foi criado; morte é parte de você. Tua tarefa contínua na vida é construir tua morte".

No campo dos profissionais de saúde, esta seguramente não tem sido nossa atitude, particularmente em épocas mais recentes. Elisabeth Kubler-Ross, Cicely Saunders [*apud* Smith, 2000] e outros pioneiros dos cuidados paliativos estiveram argumentando por 30 anos que um cuidado especial deve ser oferecido aos moribundos.

Mas qual a situação quanto ao morrer hoje? Infelizmente, ninguém pode responder a esta pergunta com confiança. Existem uma série de estatísticas confiáveis e detalhadas sobre expectativas de vida, idade, lugar e causa da morte, mas quanto à própria experiência da morte, sabemos muito pouco. Para a minoria que morre sob os cuidados de uma equipe de cuidados paliativos, provavelmente é a melhor possível, mas existe a suspeita que para a maioria das outras mortes a experiência é ruim.

O contato com a morte

O contato com a morte é uma questão e desafio permanentes que se colocam ao homem desde a aurora das civilizações. Grande parte dos conhecimentos que alcançamos a respeito dos hábitos e costumes dos povos mais arcaicos são disponibilizados a partir dos achados de tumbas e urnas funerárias, resquícios da preocupação e dos rituais que desde muito cedo cercaram este evento tão crucial da existência. Humanização e ritos funerários caminham lado a lado. Para algumas civilizações, como, por exemplo, o egípcia, os cuidados e a preocupação com a morte eram uma verdadeira obsessão.

Hoje em dia, vivemos em uma sociedade e trabalhamos em uma profissão que zelosamente persegue a imortalidade.

Smith [2000] considera que a mentalidade moderna que procura se afastar e negar a morte começou a surgir após a Reforma: "A dança da morte pintada em uma parede de cemitério de Paris em 1424 mostra cada caráter dançando com a sua própria morte através da vida. Um dos primeiros livros publicados por William Caxton, primeiro impressor inglês, era um manual sobre como morrer. Permaneceu um *best seller* por dois séculos. Não foi senão após a Reforma que a morte européia tornou-se macabra e Francis Bacon foi o primeiro a sugerir que os doutores deveriam lançar a morte ao mar.

"Os primeiros doutores árabes e judeus consideraram blasfêmia dos médicos tentar interferir com a morte. Entretanto, a morte foi medicalizada", pois a medicina desenvolveu-se no mundo ocidental através do estudo da morte.

De fato, morrer sozinho em uma UTI é a mais moderna das mortes. É aquela cercada pelos principais recursos disponíveis no momento, naquele lugar.

Procura-se, geralmente, manter o doente vivo a todo custo, sem muitas preocupações quanto à qualidade de vida. Quando finalmente se sente que chegou o momento em que nada mais há a ser feito, do ponto de vista de combater a doença, o médico considera que sua tarefa está encerrada. A morte ficou medicalizada, no entanto acompanhar o paciente e seus familiares no processo de morte ficou totalmente fora do âmbito da medicina. Os médicos vivem, geralmente, a morte como uma derrota o que pode levá-los a reagir com raiva, indiferença ou desprezo. A experiência humana da morte é a grande excluída de nossa prática médica [De Marco, 2000].

Sontag [1989] assinala que são comuns as metáforas militares na descrição de situações médicas. Esse tipo de figura de linguagem ganhou destaque quando a medicina moderna passou a ver o microorganismo, e não a doença, como invasor. "A doença é encarada como invasão de organismos alienígenas, aos quais o organismo reage com suas próprias operações militares, tais como a mobilização de defesas imunológicas, e a medicina passa a ser agressiva, como na linguagem da maioria das quimioterapias" [Sontag, 1989].

No entanto, a autora lembra que as metáforas militares, além de estigmatizarem certas doenças e também aqueles que estão doentes, levam a equipe de saúde e, principalmente, os médicos a agirem como militares com objetivos e estratégias específicos relegando a um plano secundário as questões humanas.

Há muito poucos estudos voltados para a observação das ocorrências de morte no hospital. Pouco se sabe, de forma mais sistemática, como se dá o acompanhamento da pessoa moribunda e quais as preocupações com a qualidade da assistência humana da morte em relação ao paciente, aos familiares e aos outros pacientes que convivem ou sofrem alguma ressonância do evento. Nossas observações sugerem que a área é extremamente negligenciada gerando situações que beiram o grotesco. Em relação às repercussões dos eventos junto aos profissionais de saúde, há também escassos estudos sistemáticos.

Pesquisas retrospectivas [Mills e cols., 1994] tentaram acessar o nível de satisfação com os cuidados no hospital durante o estágio final da vida por meio de levantamento junto aos parentes e pessoas íntimas. Os dados indicam que, apesar da satisfação geral com o tratamento médico, existe evidência de deficiências no serviço, incluindo controle inadequado dos sintomas e falhas para apurar as necessidades físicas, sociais e emocionais dos pacientes. Estudos mais recentes deixaram mais patentes as experiências estressantes vivenciadas por pacientes e seus familiares.

Mills e cols. [1994] em um estudo realizado com pacientes terminais observam que a maioria indica uma preferência a morrer em casa, enquanto que as estatísticas referentes à mesma população assinalam que mais de 60% de todas as mortes ocorrem em uma instituição.

Essa pesquisa, também, confirma a impressão de que o cuidado com a maioria dos pacientes moribundos é precário, revelando situações bastante peculiares.

Transcrevemos o relato de uma das observações, a título de ilustração:

Mulher de 51 anos com carcinoma do seio com metástase, admitida para morrer. Estava inconsciente e sua respiração era rápida e difícil.

Às 8:20 foi removida para um quarto e duas enfermeiras a atenderam por nove minutos. Saíram, então, do quarto deixando a porta aberta. Às 9:16 a enfermeira entrou no quarto e checou a prancheta aos pés da cama.

Às 9:20 a respiração do paciente cessou. Vinte minutos depois a equipe (assistente, residente e enfermeira) entrou no quarto. Checaram a prancheta com os dados, revisaram o regime intravenoso e então deixaram o quarto.

Às 9:45 a enfermeira entrou novamente e trocou a unidade de infusão, conforme a prescrição. Estava quase deixando o quarto quando lançou um olhar à paciente. Imediatamente fechou cortina e a porta do quarto. A morte foi certificada como tendo ocorrido às 9:45 [Mills e cols., 1994].

A equipe médica e, em especial, os médicos sofrem muito com esta perda do valor da experiência humana e, muitas vezes, ficam confusos chegando a perder sua objetividade diante de situações de morte no exercício de suas tarefas. Isto é o que se observa segundo o relato de uma residente de psiquiatria chamada para atender uma paciente no pronto-socorro de clínica médica com suspeita de depressão.

"Era uma paciente de 45 anos que se internou há três dias por lesões em vulva, com história pregressa de neo de reto e caquexia há três meses. A colega pensou em depressão porque a paciente não queria falar e nem comer. Encontro uma mulher oriental aparentando realmente 45 anos, o que falaria a favor de ser previamente saudável e ativa, mas naquele momento extremamente consumida, entregue, sem nenhum controle sobre seu corpo, com a cabeça quase pendente para fora da cama em uma posição que parecia muito incômoda e com mais da metade do corpo totalmente descoberto. Parecia ouvir algo do que eu falava, mas não conseguia verbalizar; apenas fazia alguns gestos com uma das mãos. Parecia, claramente, uma incapacidade física quase total e me deixou dúvidas o quão consciente poderia estar a respeito de sua situação. Fiquei ao lado da maca por um longo período tentando captar ou abstrair o máximo que podia sobre ela, pois ela mal conseguia se comunicar. Eu não sabia nada além da seqüência de dados clínicos da pasta e foi como se quisesse suprir esta falta com o que me era possível, ou seja, observando-a. Estava claro que não era um estupor depressivo, nem um negativismo ativo, nem uma catatonia, mas um paciente que morria. Sugeri, então, uma tomografia computadorizada de crânio e o resultado foi um tumor metastático significativo, sendo que a paciente evoluiu com hipertensão intracraniana e foi a óbito no dia seguinte. Perguntei-me porque este caso me marcou, especialmente, e acredito que talvez foi por ter evocado em mim a situação de fim... da vida escapar das próprias mãos de maneira inesperada e fulminante e da perda de controle sobre si mesma, sobre suas funções. E também por aquela paciente estar na dependência total de um médico que, por uma série de motivos, não podia vê-la."

A psiquiatra procura compreender a situação da colega da clínica e responsabiliza as precárias condições de trabalho no Pronto-Socorro, pela impossibilidade de percepção do que estava realmente acontecendo. Pondera que a médica fica sem condições de vivenciar a morte da paciente pressionada pelo excesso de trabalho, por ser iniciante e pela própria dificuldade de se observar uma pessoa morrendo; situação, esta, de muita angústia provocada por fortes sentimentos de impotência.

Conhecendo sobre a morte

Poucas pessoas em nossa sociedade sabem como as pessoas morrem. Sua imagem de morte vem dos jornais nos quais é retratada a morte anônima, mas a morte anônima guarda muito pouca relação com a morte presenciada e vivenciada. Em 1945, Arthur Koestler escreveu [Craft, 1997], "Um cachorro atropelado por um carro perturba nosso balanço emocional e digestão; três milhões de Judeus mortos na Polônia nos causam uma moderada perturbação. Estatística não sangra; é o detalhe que conta".

Outros contatos com a morte vêm de filmes, revistas, das poucas histórias que circulam em uma família quando alguém tem uma morte dolorosa ou dos rápidos velórios a que comparecemos e que, geralmente, sentimos como um grande estorvo por atrapalhar nosso cotidiano.

Mesmo nos hospitais, poucos profissionais de saúde permanecem em contato com o paciente terminal e muito raramente estão a seu lado na hora da morte. Muitas enfermeiras de hospitais, treinadas em cuidados e tratamentos de alta tecnologia se sentem muito mal preparadas para cuidar de um paciente moribundo. Eileen e colaboradores [1997] relatam a observação de uma enfermeira que mesmo atuando há 20 anos em um local que lida com pacientes agudos e críticos se dá conta de que, raramente, ou talvez nunca, esteve próxima ao leito de um paciente na hora de sua morte.

O que se observa é que poucos profissionais têm uma noção mais clara dos eventos físicos e emocionais que acompanham o evento da morte.

Esse estudo relata que no plano dos eventos físicos, a morte somática, ou morte do corpo como um todo, é precedida de uma série de eventos biológicos irreversíveis que causam uma destruição celular cumulativa da qual o indivíduo não pode se recuperar. Embora a causa última da morte dependa do processo específico da doença e possa variar de uma pessoa a outra, existem mudanças fisiológicas demarcadas que ocorrem quando o indivíduo se aproxima da morte.

Toda morte é precedida por falência irreversível dos sistemas vitais. Esta falência pode ser marcada por uma variedade de manifestações clínicas. A habilidade para identificar estas características definitórias do processo de morte podem orientar a determinar as necessidades de seus pacientes e auxiliar a equipe assistencial a prover suporte apropriado.

Perto da hora da morte uma série de eventos irreversíveis tem lugar:
- Os pulmões perdem a capacidade de inspirar oxigênio suficiente para difusão adequada e ligação com hemoglobina.
- O coração e os vasos sanguíneos perdem a capacidade para manter a circulação e a perfusão adequada dos tecidos.
- O cérebro pára de regular os centros vitais necessários para manter a vida.

A seqüência temporal destes eventos varia de acordo com o indivíduo e sua doença e pode, certamente, ser influenciada também pelas intervenções tecnológicas.

A morte iminente é mais freqüentemente indicada por signos respiratórios ou cardiovasculares. Por exemplo, um pulso periférico forte e facilmente palpável indica que ainda faltam, no mínimo, muitas horas. Enquanto um pulso fraco e irregular sugere que a morte está próxima. Quando as extremidades se tornam frias e cianóticas e a respiração se torna irregular, a morte pode ser esperada em uma hora ou duas.

A morte pode também ser precedida por sinais de função diminuída de outros órgãos em virtude de falência cardíaca e respiratória. Os sentidos são progressivamente afetados como resultado da hipóxia. A função renal declina, assim como a mobilidade gastrointestinal, o que pode resultar em retenção fecal. Com o relaxamento dos esfíncteres, o paciente pode se tornar incontinente.

Assim que o corpo se prepara para morrer, suas necessidades de nutrição diminuem. O paciente pode ficar sem vontade ou sem capacidade para ingerir comida ou líquidos. Entretanto, se o paciente ficou respirando pela boca a mucosa oral pode estar muito seca necessitando a aplicação de um hidratante.

Falência neurológica, perfusão cerebral inadequada, alterações metabólicas ou ataques mais diretos ao cérebro (como hemorragia ou tumores cerebrais) podem causar anormalidades em várias atividades do sistema nervoso central. Em particular, podem afetar a habilidade do cérebro para integrar funções vitais.

Descompensação do cérebro é freqüentemente marcada pelo declínio da consciência. O paciente pode estar confuso ou desorientado. Com o progredir do processo de morte pode aumentar a letargia ou apatia. O paciente pode não interagir voluntariamente com os outros e responder somente aos estímulos visuais, auditivos ou táteis diretos. Degradação neurológica mais avançada é caracterizada por estupor, retirada ou movimentos involuntários em resposta a estímulos. Enquanto um paciente pode ser capaz de responder a estímulos quando em semicoma ou mesmo em coma, o paciente reage somente em resposta à dor intensa. Alguns pacientes, entretanto, permanecem alertas até muito perto da morte.

Mudanças emocionais como resultado das alterações mentais podem surgir. Alguns pacientes ficam ansiosos ou assustados. Alguns exibem comportamento não habitual, como risos imotivados. Nos dias ou horas que precedem a morte alguns pacientes "falam" com pessoas amadas que morreram.

Às vezes os olhos do paciente permanecem fechados, mesmo quando está consciente. Da mesma forma, os olhos do paciente podem permanecer abertos mesmo ele estando inconsciente.

Durante os primeiros estágios de descompensação neural, as pupilas podem responder lentamente à luz. Conforme as funções do sistema nervoso vão deteriorando, as pupilas já não reagem e permanecem fixadas. Ocasionalmente os olhos podem apresentar-se fixados em um objeto (ou pessoa), visíveis somente para o paciente.

Pacientes, cuja dor foi bem controlada no curso da doença, tornam-se subitamente largados ou agitados quando a morte se aproxima. Ainda que o paciente já não seja capaz de se comunicar movimentos dos músculos faciais podem indicar a presença de dor ou desconforto [Durham e col., 1997].

Quanto aos eventos emocionais, Elisabeth Kubler-Ross [1969] foi uma das pioneiras na observação e sistematização dos eventos experimentados durante o processo de morte, descrevendo os seguintes estágios:

- Negação, ou "não, não eu" que ocorre habitualmente com o diagnóstico inicial e o prognóstico. Usada de alguma forma por quase todos os pacientes, é geralmente temporária, mas as pessoas podem voltar a este estágio sempre que há novas "más notícias".
- Revolta, ou "por que eu?" Quando a negação não pode ser mais mantida, geralmente, sobrevém a raiva. Ela pode ter várias formas de expressão como, por exemplo, raiva de Deus, raiva dos membros da equipe de saúde (médicos, enfermeiros, etc.) ou até mesmo dos familiares.
- Barganha, ou "sim, mas", situação na qual o paciente acredita que se fizer as promessas certas o prognóstico vai mudar. É um estágio breve e difícil de observar, pois geralmente o diálogo é entre o paciente e a divindade.
- Depressão ou "sou eu", o estágio em que o paciente realiza que a morte é uma realidade e experimenta as perdas.
- Aceitação ou "é a minha morte e parte da minha vida", na qual o paciente caminha para um ponto no qual ele se entrega para a vivência do fim e pode ajudar as pessoas amadas a aceitar que ele vai morrer. É um estágio difícil de ser atingido, pois depende de parar de lutar contra a morte.

Os pacientes não caminham por estes estágios em progressão linear, nem existe uma forma correta de vivê-los. Eles podem vivê-los com diferentes graus de intensidade e podem oscilar entre um estado e outro ou permanecer fixado em um estágio até a morte.

Para a maioria das pessoas adoecer é um evento doloroso; se a doença progride a expectativa é que haja uma piora dos sintomas e por uma inferência lógica, a expectativa é que no momento da morte todos os sintomas estarão em seu máximo. Esta imagem da morte como o ápice do sofrimento pode guardar pouca semelhança com a viagem tranqüila de muitos pacientes nos estágios terminais cujos sintomas estão sendo aliviados e que estão acompanhados por uma família amorosa. Parkes [1998] lista os medos e perdas que costumam se manifestar frente às situações de doenças que ameaçam a vida.

Causas de medo em pessoas com doenças que ameaçam a vida:
- Medo de separação das pessoas amadas, do lar, do trabalho, etc.
- Medo de tornar-se um fardo para os outros.
- Medo de perder o controle.
- Medo pelos dependentes.
- Medo da dor ou outros sintomas incômodos.
- Medo de ficar incapaz para dar conta das tarefas da vida ou responsabilidades.
- Medo de morrer.
- Medo de estar morto.
- Medo do medo dos outros (medo refletido).

Perdas dos pacientes com doenças que ameaçam a vida:
- Perda da segurança.
- Perda de funções físicas.
- Perda da imagem corporal.
- Perda de poder ou de força.
- Perda de independência.
- Perda do respeito dos outros.
- Perda de auto-estima.
- Perda do futuro.

Os cuidados com a morte

Os cuidados com a morte contam agora com o concurso de uma nova especialidade – cuidados paliativos. Existe, entretanto, algo paradoxal em se criar uma especialidade para se ocupar de uma coisa que ocorre com todos nós. Smith [2000] salienta a necessidade de que a criação da especialidade mantenha o contraponto, no sentido que as lições aprendidas pelos médicos de cuidados paliativos sejam aproveitadas por todos os profissionais de saúde e possam ser estendidas como conhecimento para a sociedade em geral.

Agora já existem uma série de roteiros baseada em evidências para auxiliar no cuidado a pessoas que estão morrendo, incluindo roteiros para controle dos sintomas, suporte psicossocial, e atenção às privações. Entretanto, existe farta divulgação de casos em que pacientes continuam morrendo em sofrimento, com sintomas não controlados e parentes que não recebem suporte nesse momento tão vulnerável de suas vidas. Em nosso meio, podemos afirmar com grande dose de certeza que essa é mais a regra do que a exceção.

Assegurar uma boa morte é uma tarefa importante não só dos profissionais de saúde, mas da própria sociedade.

Ellershaw & Ward [2003] destacam os pontos principais que precisam ser observados e considerados tendo em vista assegurar condições para uma morte digna:
- Muitos pacientes morrem uma morte não digna, com sintomas incontrolados.
- Transferir as melhores práticas para os vários cenários da morte é o grande desafio.
- Diagnosticar o morrer é uma habilidade clínica importante.
- Um dos principais objetivos do especialista em cuidados paliativos é capacitar profissionais de saúde em geral a cuidar dos pacientes moribundos.
- Objetivos essenciais de medidas relacionadas ao cuidado de pacientes moribundos precisam ser incorporados no treinamento de todos os profissionais de saúde.
- Recursos precisam ser disponibilizados para possibilitar a pacientes moribundos morrer com dignidade em um lugar de sua escolha.
- Indicadores do cuidado para pacientes moribundos precisam ser identificados e monitorados.

Dentre os itens listados, "diagnosticar o morrer" é considerado um passo essencial para cuidar dos pacientes que estão morrendo. Contudo, diagnosticar o morrer é freqüentemente um processo complexo, pois, em um ambiente hospitalar a cultura está freqüentemente focalizada em "cura" e a continuidade dos procedimentos invasivos, investigações e tratamentos pode ser perseguida em detrimento do conforto do paciente.

Existe relutância em fazer o diagnóstico do morrer se alguma esperança de melhora existe e mais ainda se um diagnóstico definitivo não foi feito. É geralmente desconsiderado que, quando a recuperação é incerta, é melhor discutir isso do que dar falsas esperanças ao paciente e família tendo em vista que a possibilidade de discutir de forma clara e sincera produz, geralmente, um fortalecimento na relação médico-paciente e ajuda a construir confiança.

Outro ponto a ser destacado é a necessidade da identificação de indicadores que possam ser utilizados para uma avaliação mais efetiva dos cuidados.

Merece também ser sublinhado o importante aspecto da atenção com a incorporação dos cuidados paliativos no treinamento dos profissionais de saúde em geral, no sentido de disseminar esta forma de aproximação aos pacientes moribundos. É importante que se incorporem aos programas educacionais atividades que levem ao fortalecimento destas noções. Esta educação precisa ser objeto de atenção tanto na graduação quanto na especialização e pós-graduação.

A equipe de saúde

De uma forma geral, é importante ter presente que, no plano mais manifesto, a maioria dos profissionais da equipe de saúde está motivada para prover qualidade nos cuidados. Existe, entretanto, toda uma série de fatores além do seu controle que resulta em um cuidado aos pacientes moribundos pouco adequado. Estes incluem, entre outros, falta de educação profissional, excesso de ocupação, vícios de funcionamento das instituições. Um fator que merece destaque são as táticas adotadas pelos profissionais de saúde para evitar contato com pacientes moribundos. Estas táticas são reações naturais cuja finalidade é prevenir uma intimidade com o sofrimento psicológico do paciente e, desta forma, assegurar sua própria sobrevivência emocional. Esta é uma questão importante, pois qualquer tentativa de alterar este tipo de comportamento só pode ser bem-sucedida se houver, ao mesmo tempo, um cuidado com os profissionais no sentido de manter sua proteção ou propiciar o desenvolvimento de mecanismos de proteção mais evoluídos.

Para auxiliar aqueles que estão morrendo é necessário estar preparados para compartilhar suas perdas e permanecer ao lado deles em seus medos. Como nos preparar para isso? Por vezes nos sentimos satisfeitos de saber que a dor que compartilhamos foi seguida por um final tranqüilo; isso nos reassegura, mas não existem garantias.

Por vezes a morte é um confuso e amargo negócio que nos deixa angustiados e envergonhados. É possível que a pessoa que morre dispare nossos medos mais temidos; talvez nos sintamos responsáveis por seu sofrimento e por sua morte.

Vianna e Picelli [1998] verificaram, em um levantamento realizado entre estudantes, residentes e médicos que, ao mesmo tempo em que houve manifesto interesse pelo assunto morte, foi relatada também dificuldade para tratar do tema. A dificuldade foi maior entre os estudantes, principalmente entre aqueles da fase pré-clínica do curso de medicina, quando comparados aos médicos e professores. Foi evidenciado, entretanto, que um número considerável de médicos e professores permanece, também, com muita dificuldade para tratar do assunto, chegando mesmo a evitá-lo.

Por outro lado, em contraste com o interesse demonstrado, a maioria dos entrevistados não procura informações sobre o assunto e, quando o faz, relata dificuldade para encontrá-las. Observa-se, além disso, que as informações obtidas são consideradas insatisfatórias, provavelmente em função das fontes consultadas, leigas em sua maioria.

Os autores ensaiam uma explicação para este paradoxo, isto é, interessar-se pelo assunto e não buscar informações sobre ele; consideram que a evitação pode ser devida ao fato de que pensar a morte, considerá-la em profundidade, é algo doloroso para o homem e traz à tona lembranças de perdas antigas, a dor do luto, o sentimento de finitude e o medo de um futuro completamente desconhecido e incerto.

Na verdade o pensamento sobre a morte é doloroso para todos e, poucas pessoas, escreve Allan Bloom, em *The Closing of the American Mind*, "são capazes de ficar em termos com sua própria extinção... É a tarefa mais difícil de todas encarar a falta de um suporte cósmico pelo que nos importamos" [*apud* Editor's BMJ, 2001]. Não devemos, portanto, surpreender-nos pelo fato de que os profissionais de saúde e as pessoas em geral estão muito pouco preparadas para lidar com a morte. Na verdade, nossa sociedade exibe uma falência para confrontar as questões da morte que desfavorece uma maior capacitação do indivíduo para a vivência e preparação para esse evento crucial de nossa vida.

É importante, até mesmo, aceitar que existem situações nas quais o paciente está mais preparado que o profissional para enfrentar essa situação tão difícil e a ajuda precisa ser dirigida ao profissional, de forma que ele não obstaculize o processo, como podemos observar na seguinte situação, registrada em nossa atividade:

A situação é de um pedido de interconsulta realizada por um médico para uma paciente que ele considerava estivesse deprimida. A paciente de 30 anos está acometida por Linfoma não Hodgkin, em estágio terminal. Foi internada para fazer um ciclo de quimioterapia, mas isto não é mais possível em função de comprometimento importante da função hepática. Verifica-se que o médico solicitante demonstra muito pouca disponibilidade para conversar sobre a paciente e quando indagado pela interconsultora sobre se a paciente estava a par de seu estado, responde: "Acho que não...parece que não sabe nada a respeito de seu estado, de sua doença... acho que ela pensa que vai melhorar."

A interconsultora dirigiu-se para conversar com a paciente. Perguntou se sabia para que havia sido chamada e a paciente responde que deve ser para prepará-la; ela sabe que está "indo embora" e acredita que foi chamada para prepará-la, pois acha que os médicos não sabem como conversar com ela; acha que os médicos devem ter muita dificuldade para conversar sobre a morte. Relata que apenas uma médica, um pouco mais velha conseguiu não desconversar totalmente quando ela perguntou diretamente se achava que ia morrer; a médica respondeu que todo mundo um dia morre.

A paciente gostaria, se fosse possível, ir morrer em casa.

A interconsultora percebeu-se muito emocionada durante todo o contato, dando-se conta de como era difícil ficar ali, ao lado da paciente, sem tentar alguma forma de evasão. Perguntou se havia algo que poderia fazer por ela e a paciente disse que gostaria de ser colocada a par de tudo o que estava acontecendo, do ponto de vista médico, pois se fosse possível, gostaria de ir morrer em casa e que gostaria, se possível, de ter suas dores controladas.

Assim que saiu do quarto, a interconsultora foi conversar com o médico. Com o correr da conversa, foi se dissipando o distanciamento inicial. Parecia, agora, interessado em saber o que havia se passado. Diante do relato, dando conta de que a paciente sabia tudo a respeito de seu quadro, ele também foi ficando emocionado. Sentiu muito alívio quando a interconsultora relatou sua própria reação no contato com a paciente, falando da tempestade emocional, da sensação de paralisia e do desejo de evasão que vivenciava no confronto com a situação.

Foi combinado, a pedido do médico que, ao menos inicialmente, passariam a conversar juntos com a paciente. A alta da paciente ocorreu nos dias seguintes, uma vez tendo sido elaborada a decisão de ir morrer em casa.

Esta situação ilustra o despreparo do médico frente à situação e a forma como procuramos lidar com isso, dentro de nossa proposta de educação continuada. A possibilidade de nosso profissional reconhecer suas emoções e ser capaz de continência abre espaço para compartilhar estas emoções com o médico solicitante, abrindo a possibilidade de que este possa aceitar e validar suas próprias emoções, ensejando aumento de continência e possibilidade de elaboração.

A boa morte

A Academia Americana de Pediatria enfatiza a necessidade de se identificar e endereçar as barreiras para um cuidado paliativo efetivo. Nesse sentido, o departamento de pediatria do Centro Infantil John Hopkins desenvolve um dia de seminários a respeito de como lidar com a morte e o luto com crianças e seus familiares. Serwint e colaboradores [2002] falam que esse seminário é oferecido para residentes de pediatria do segundo ano e foi desenvolvido em resposta à necessidade dos médicos conhecerem mais sobre técnicas de comunicação de questões tão comuns e importantes na prática médica. Nesse sentido, recomendam esse programa para outros programas de residência.

O preparo para a morte é uma questão das mais importantes não só para os profissionais de saúde, mas para a sociedade em geral. A atitude de nossa sociedade tem se distanciado cada vez mais do contato com a morte; neste sentido, nosso comportamento, de uma forma geral, está muito longe das recomendações de Montaigne:

"Para começar a despojá-la da vantagem maior de que dispõe contra nós, tomemos por caminho o inverso ao habitual. Tiremos dela o que tem de estranho; pratiquemo-la, habituemo-nos a ela, não pensemos em outra coisa; tenhamo-la a todo instante presente em nosso pensamento e sob todas as suas formas. Ao tropeço de um cavalo, à queda de uma telha, à menor picada de alfinete, digamos: se fosse a morte! E esforcemo-nos em reagir contra a apreensão que uma tal reflexão pode provocar. Em meio às festas e aos divertimentos, lembremo-nos sem cessar de que somos mortais e não nos entreguemos tão inteiramente ao prazer que não nos sobre tempo para recordar que de mil maneiras nossa alegria pode acabar na morte, nem em quantas circunstâncias ela sobrevêm inopinadamente... Pensa que cada dia é teu último dia, e aceitarás com gratidão aquele que não mais esperavas".

Smith [2000] afirma que, nos últimos 50 anos, a medicina moderna tem tido a pretensão de sugerir, de forma implícita ou explícita, que pode derrotar a morte. No entanto, esta precisa ser recolocada no centro da vida. Se a morte é vista como uma falha e não como uma importante parte da vida, então as pessoas são desviadas de fazer um preparo e a medicina não dará a atenção necessária para ajudar as pessoas a terem uma boa morte. Precisamos de uma nova aproximação à morte: "Nós acreditamos que é tempo de romper o tabu e retomar o controle de uma área (morte) que foi medicalizada, profissionalizada, e sanitarizada em tal extensão que agora é estranha para a vida diária da maioria das pessoas" [Smith, 2000].

O mesmo autor lista os 12 princípios identificados, no relatório final em *The Future of Health and Care of Older People*, para auxiliar a caracterizar uma boa morte:
- Saber quando a morte está chegando e compreender o que pode ser esperado.
- Conseguir manter controle sobre o que acontece.
- Ter proporcionado dignidade e privacidade.
- Ter controle sobre o alívio da dor e outros sintomas.
- Ter escolha e controle de onde a morte ocorre (em casa ou outro lugar).
- Ter acesso a informação e conhecimentos necessários.
- Ter acesso a suporte espiritual e emocional se requerido.
- Ter acesso a cuidados hospitalares em qualquer lugar, não somente no hospital.
- Ter controle sobre quem está presente e quem compartilha o final.
- Ser capaz de lançar mão das diretrizes que asseguram que os desejos são respeitados.
- Ter tempo para dizer adeus e controle sobre outros aspectos do tempo.
- Estar pronto para ir quando a hora chegou e não ter a vida prolongada inutilmente.

Estes nos parecem excelentes princípios para serem incorporados pelos indivíduos, pelos profissionais e pelas instituições e serviços de saúde como um todo. É necessário que haja possibilidades de um monitoramento do processo de morte; precisamos conhecer como as pessoas morrem.

Isto pode ocorrer à medida que toleramos angústias provocadas por situações de impotência que abalam o nosso narcisismo. Só assim, podemos escutar o paciente terminal e aprender com ele. O relato a seguir é um exemplo desta possibilidade. Trata-se da experiência de um jovem psiquiatra que foi chamado para fazer um acompanhamento psicológico, a um outro jovem que estava morrendo.

"Caros presentes,
Com licença da Forma, desta Forma nebulosa de falar
É que quando vem a morte, vem também, e sempre, e mesmo no Sol a
pino do meio-dia, uma névoa fresca da madrugada e a cor tênue do cair da tarde.
É porque quando se olha o Sol, não se pode olhá-lo de frente...
E assim, também, a noite escura não pode ser olhada senão por metáforas."

O paciente apresentava um tumor de estômago que interrompia quase totalmente o trânsito gastrointestinal e, diante do inevitável, o preceptor da enfermaria sugeriu o esquema M1 para abreviar o sofrimento, porém deixou a decisão para os médicos residentes.

"...o ouvido dos médicos estava tão aberto quanto se tornara escandalosa a lucidez do capitão R. (paciente) frente à proximidade do porto... E no silêncio...e de ouvidos abertos...ouvimos que o jogo estava perdido, mas o capitão queria jogar até o final.

"Em uma tarde de sexta-feira, o capitão encontrou o porto estando em pé, de olhos abertos. O capitão com menos de 30 anos ancorou no cais ladeado pela mãe e pela sogra e assistido pelo casal de médicos residentes que o acompanhara desde o meio até o final da travessia."

A metáfora utilizada pelo residente teve o sentido de poder aproximar e relatar essa vivência tão dolorosa. No entanto, concordamos com Sontag [1989] quando afirma que existe a necessidade de aposentar as metáforas militares sobre a conceituação da doença e da saúde. O corpo não é um campo de batalha, os doentes não são baixas inevitáveis, nem tampouco inimigos que estamos autorizados a combater por todo e qualquer jeito.

Crawley e cols. [2002] enfatizam a perspectiva que um bom final de vida pode ser prejudicado por dificuldades de interação entre o médico e o paciente. Existe um desafio entre as diferenças culturais do paciente e a prática médica tradicional. Os médicos precisam ter sensibilidade para as diferenças culturais e desenvolver habilidades necessárias para lidar com pacientes com diferentes origens e culturas. Só assim, o médico pode oferecer cuidados paliativos de fim de vida, de forma compreensiva.

Mas o foco não precisa estar tão-somente no processo de morrer. "A arte de viver bem e de morrer bem são uma só", dizia Epicuro.

Morte precisa ser mais colocada na vida e o relatório [Smith, 2000] também recomenda como isso pode ser feito. Uma das sugestões é de introduzir educação sobre a morte nas escolas. Outra é incrementar a qualidade e a relevância dos funerais. Um bom funeral é uma experiência vitalizadora e a sugestão é que você pense no seu, agora.

Dilemas éticos

Luiz Antonio Nogueira Martins
Mario Alfredo De Marco

O termo Ética vem do grego *ethos* e nos remete ao mundo dos costumes, sendo utilizado também como sinônimo de Moral. Moral vem do latim *mor/mores* que significa costume e tem íntima associação com as palavras normas e leis [Pereira, 1991]. A Moral e a Ética ocupam-se, em essência, das regras de conduta, refletindo sobre os atos e ações humanas, mantendo, em muitos pontos, estreitos laços com a Psicologia.

A Ética do ponto de vista axiológico é uma ciência que tem como objeto de estudo os juízos de valor, ou seja, as considerações subjetivas sobre o Bem e o Mal na conduta humana de modo individual e/ou em sua relação a uma determinada sociedade [Moreno, 1963].

Costuma-se dividir, para fins didáticos, os problemas teóricos da Ética em dois campos:
1. Os problemas gerais e fundamentais como Liberdade, Autonomia, Consciência, Valor, Lei, Norma e;
2. As questões específicas, como os problemas de ética profissional, de ética política, de ética sexual, ética matrimonial, ética da ciência, etc. [Singer, 2001].

A Ética e a Moral constituem substrato básico para a edificação social e psíquica. O processo de humanização implica obrigatoriamente a cristalização de valores transmitidos no processo educativo e formativo.

Os valores divergem de acordo com o contexto cultural, mas sua presença é universal. Mudanças nos valores se processam ao longo do caminho das sociedades em intensidade e ritmos peculiares. Quanto mais lentas, maior a estabilidade e estagnação; quanto mais aceleradas, maiores as possibilidades de evolução ou de desagregação.

Vivemos em uma sociedade complexa com grande penetração intercultural e acelerado processo de transformação de valores. Seus efeitos se fazem sentir no campo da Ética em geral, bem como no caso da Medicina. Nessa área, as situações que contribuem para a configuração de dilemas são muitas.

Destacamos algumas das mais significativas, em seus aspectos gerais:
1. Choque de valores intrínsecos do profissional como, por exemplo: ganhar dinheiro x "sacerdócio";
2. Choque entre os valores do profissional e do paciente, cuja ocorrência é facilitada pela interpenetração cultural como, por exemplo, a situação de um paciente que por adesão religiosa não aceita se submeter a uma transfusão sanguínea;
3. A ocorrência de situações não previstas ou com codificação incipiente;

Nos últimos anos tem havido um renovado interesse pelas questões éticas em geral e pela ética médica em particular. Didaticamente podemos considerar que esse interesse se deve a um conjunto de fatores tanto externos quanto internos à Medicina.

Dentre os fatores externos destaca-se uma crescente preocupação pública com a atividade de todos os profissionais e com o exercício da cidadania. A promulgação do Código de Defesa do Consumidor é um exemplo recente desta preocupação.

O grande destaque que a mídia tem dado aos temas médicos tem levado ao público as conquistas e as mazelas do exercício profissional médico.

Cumpre destacar que o aparecimento de uma nova doença – a *aids* – com todo o cortejo de profundas repercussões na humanidade teve papel fundamental no incremento do debate ético na medida em que um conjunto de questões éticas permeiam o trabalho médico com pacientes aidéticos.

Fatores internos à Medicina têm contribuído também para o crescente interesse pelas questões éticas. Os progressos tecnológicos em Medicina têm provocado grandes dilemas morais [Landman, 1985].

O ritmo acelerado de surgimento de novas técnicas e procedimentos geram situações inusitadas no campo do trabalho médico. Bebês de proveta, "barrigas de aluguel" e a comercialização de órgãos para transplante são alguns exemplos decorrentes do aparecimento destas novas técnicas. A engenharia genética, certamente, em breve, acrescentará outros itens a este rol de situações inusitadas.

Há uma defasagem entre a velocidade do avanço tecnológico e as mudanças que ocorrem no campo da Moral que, por tratar-se de codificação de costumes, exige um tempo de decantação. Esta diferença de velocidades cria um hiato no qual crescem os dilemas éticos.

Em função do desenvolvimento tecnológico a ética da pesquisa clínica, da contracepção, do aborto, da inseminação artificial, dos transplantes de órgãos, do prolongamento da vida e da medicalização da morte necessita ser repensada, codificada e/ou recodificada.

Singer e cols. [2001] consideram que os avanços na biotecnologia colocam os seguintes desafios:
- Amadurecimento da ética clínica por meio do fortalecimento da base de pesquisa e do desenvolvimento de programas de ensino.
- Colocação de ênfase na intersecção entre ética clínica e política de saúde, incluindo um foco na ética das instituições de saúde e no sistema de saúde.
- Aumento do envolvimento e da educação pública.
- Desenvolvimento dos fundamentos conceituais da bioética.
- Mudanças na relação médico-paciente.

A criação de Comissões de Ética Médica nas instituições hospitalares é um sinal da preocupação da classe médica com as questões éticas.

Nos Estados Unidos surgiram, há cerca de 20 anos os serviços de consultoria ética a partir do campo da bioética, ela própria um produto dos anos 70 [Spike; Greenlaw, 2000]. Por outro lado, uma série de instituições constituiu comitês de ética.

Spike e col.[2000] consideram que a tentativa de resolução via comitês apresenta uma série de problemas:
- Inefetividade nos casos que requeiram uma atuação mais pronta pela inviabilidade de reunir os membros (geralmente de 12 a 15) em menos de 72 horas.
- Dificuldade para indicar membros que tenham interesse prático e real.
- Perigo de estabelecimento de uma mentalidade grupal sustentada pelo membro politicamente mais poderoso (o administrador hospitalar, por exemplo).
- O problema mais importante, contudo, é que uma consultoria ética deve proporcionar aos pacientes, familiares e equipe de saúde a oportunidade de expressarem livremente suas perspectivas; quando conduzidas por um comitê, as discussões tendem a se tornar impessoais, no melhor dos casos ou derivarem para inquisitoriais.

Um modelo alternativo sugerido coloca o comitê de ética como um recurso disponível à disposição do consultor quando necessário. Em contrapartida, o comitê provê um fórum para revisão das consultorias já realizadas, como parte de um controle de qualidade.

• Magnitude do problema

Com que freqüência ocorrem dilemas éticos no hospital geral? Lo e Schroeder [1981] investigaram esta questão. Estes autores mediram a freqüência de dilemas éticos em uma enfermaria geral de um hospital de ensino.

Neste estudo, os autores pesquisaram também o efeito de uma intervenção na modificação da percepção de dilemas éticos na prática hospitalar. A intervenção foi realizada por meio da observação participante de um profissional com formação em bioética nas reuniões de discussão de casos da equipe médica. Este profissional, além de participar das reuniões, oferecia textos sobre ética médica e um horário para que os membros da equipe pudessem conversar acerca dos casos.

Quatro vezes por semana, durante 11 semanas, era perguntado aos médicos se havia casos que apresentavam dilemas éticos. A freqüência de dilemas éticos foi determinada por consenso envolvendo os residentes, os preceptores e o observador participante.

Os resultados revelaram que no tempo inicial do estudo – pré-intervenção – a freqüência de dilemas éticos foi de 3,9% (7/179 casos). Durante o período de intervenção a freqüência de dilemas éticos aumentou para 17% (16/92 casos). Esta diferença foi estatisticamente significante.

Os autores concluíram que os médicos residentes subidentificam problemas éticos e que uma intervenção pode aumentar a capacidade de percepção de dilemas éticos na atividade clínica.

Os principais problemas éticos identificados neste estudo foram:
1. decidir sobre a manutenção ou descontinuidade de tratamento em casos graves;
2. lidar com situações nas quais o paciente não aceita continuar um tratamento e/ou submeter-se a um procedimento;
3. a comunicação da verdade – no estudo é citado o exemplo de um pedido da esposa de um paciente de 70 anos para que não fosse revelado a ele o diagnóstico de carcinoma broncogênico;
4. questões envolvendo conflitos entre condutas médicas – por exemplo um médico indicando uma internação e um outro contra-indicando;
5. situações nas quais por razões sociais um paciente é internado com muita freqüência – no estudo é citado o caso de um senhor de 71 anos que fora internado 7 vezes nos últimos 6 meses;

Vale assinalar que o profissional com formação em bioética identificou 30 casos que apresentavam problemas éticos. Confiando na habilidade deste pesquisador em identificar casos que envolviam dilemas éticos, vemos que em uma amostra de 92 casos, 30 (32,5%) apresentavam problemas éticos; temos aí uma estimativa da magnitude do problema.

O que se espera de uma consultoria ética?

Aulisio e cols. [2000] consideram que face a questões morais complexas que envolvem autonomia do paciente, consentimento informado, competência, direitos de consciência, futilidade de procedimentos médicos, alocação de recursos, confidencialidade e tomada de decisões, pacientes, familiares e equipes de saúde tem cada vez mais recorrido à consultoria ética.

Do consultor ético é esperado que possa auxiliar a equipe de saúde no manejo das complexas questões afetivas interpessoais que freqüentemente acompanham estas situações, tais como culpas, discordâncias, conflitos de interesses e descrenças.

A "Society for Health and Human Values–Society for Bioethics Consultation Task Force on Standards for Bioethics Consultation" considerou a aproximação que denominou "facilitação ética" como a mais apropriada em consultoria ética.

O que vem a ser a facilitação ética?

A literatura bioética reporta diversas possibilidades de abordagem em consultoria ética. A maioria das abordagens situa-se entre um extremo que pode ser denominado abordagem autoritária e outro de abordagem puramente facilitadora; a facilitação ética é colocada como uma abordagem alternativa.

Abordagem Autoritária

Na abordagem autoritária, a ênfase é a atribuição ao consultante da responsabilidade pela tomada das decisões. Ela pode ser autoritária quanto aos resultados ou quanto ao processo. No primeiro caso, o consultor conduz o processo de forma a auscultar todos os interessados, mas toma a decisão autoritariamente. No segundo o próprio processo é conduzido de forma autoritária, sem a ausculta e a participação dos interessados.

Abordagem puramente facilitadora

Ela se reduz a simplesmente alcançar uma decisão consensual entre as partes envolvidas sem consideração pelos valores legais, societários e institucionais.

Abordagem de facilitação ética

A abordagem de facilitação ética busca como principais metas a identificação e análise da natureza da incerteza dos valores e a facilitação da construção de consenso.

Para tanto, os seguintes passos são necessários:
1. Obter os dados relevantes (por exemplo, por meio de discussões com partes envolvidas e exame dos registros médicos ou outros documentos relevantes.
2. Clarificar conceitos relevantes (como confidencialidade, privacidade, consenso informado).
3. Clarificar questões normativas relacionadas (valores, leis, ética, política institucional, etc.).
4. Ajudar a identificar a gama de opções moralmente aceitáveis no contexto.

Em resumo, a facilitação ética reconhece os limites sociais para as soluções moralmente aceitáveis; em contraste à aproximação autoritária, enfatiza um processo inclusivo de construção de consenso e respeita os direitos individuais de viver de acordo com seus valores. Em contraste com a aproximação puramente facilitadora reconhece que os valores, leis e políticas institucionais têm implicações para um consenso moralmente aceitável.

• A Interconsulta e os dilemas éticos

Como contribuição para o estudo sobre os dilemas éticos apresentamos a seguir um conjunto de situações da prática hospitalar que foram acompanhados em nosso Serviço de Interconsulta.

Neste trabalho uma questão ética é definida como uma situação que envolve a pergunta o que deveria ser feito? E que a resposta a esta pergunta envolve um juízo e uma escolha de valores e não simplesmente a resolução de uma questão técnica.

O conceito de dilema ético é aqui definido como: "Situações clínicas onde as questões éticas levam a dificuldades no processo de tomar decisões" [Lo e Schroeder, 1981].

Situação número 1

Paciente com 44 anos, branca, separada há dois meses, internada na enfermaria de neurocirurgia.

Motivo da consulta: Paciente recusa-se a submeter-se à cirurgia (cirurgia esta já autorizada pela família).

Histórico da internação: Paciente foi transferida de outro hospital em coma tendo sido feito o diagnóstico de hemorragia subaracnóidea. A angiografia revelou a presença de três aneurismas. A paciente permaneceu no PS por falta de leito na enfermaria. Durante esse período apresentou episódios de alteração no nível de consciência com desorientação temporo-espacial e oscilações comportamentais que variaram da apatia à irritabilidade. A cirurgia fora marcada e suspensa três vezes por resistência da paciente e porque os familiares não entravam em acordo.

Entrevista com o médico: Apresenta suas dúvidas quanto à capacidade da paciente em optar ou não pelo tratamento e ao mesmo tempo sente-se culpado por obrigar a paciente a realizar algo a que ela se recusa. Informa que a cirurgia é extremamente necessária, pois há risco da paciente morrer a qualquer momento. O ato cirúrgico também apresenta risco de vida e de seqüelas importantes. Refere que tentou persuadir a paciente chegando mesmo à coerção, dizendo à paciente que não a deixaria ir embora se não fizesse a cirurgia. Informa ainda que os filhos, após um período de relutância, acabaram concordando com a cirurgia, mas que a paciente se mostra resistente.

Impressão inicial do interconsultor: Havia no médico assistente e também em outros médicos da equipe uma tendência a considerar que a paciente tinha um distúrbio mental, pois não era "compreensível" (sic) que uma pessoa em sã consciência, dada a gravidade da situação, pudesse se recusar a ser operada. Esta tendência parecia ter como base as alterações de comportamento que a paciente apresentara no início da internação – provavelmente um estado confusional agudo decorrente do quadro hemorrágico cerebral.

Hipótese diagnóstica situacional: O interconsultor, após o contato com o médico, tem a impressão de que a situação é crítica, delicada e potencialmente explosiva.

Entrevista com a paciente: Paciente consciente, orientada no tempo e no espaço. Informa que se separou do marido há dois meses e que tem dois filhos casados e um solteiro. Acha melhor voltar para casa, arrumar a sua vida e a do filho solteiro e que, depois disso, até pode voltar para se operar. Diz ter medo da cirurgia e de ficar muda, cega, retardada ou louca. Queixa-se dos médicos e das enfermeiras e pede ao interconsultor para que interceda junto aos médicos explicando o motivo da recusa; pede também, para dizer a eles que, se a deixarem ir para casa, voltará ao hospital.

Impressão inicial do interconsultor: A paciente apresentava uma tendência a atribuir aos médicos que a haviam atendido anteriormente a responsabilidade pelo seu estado e fazia dos médicos em geral uma imagem bastante negativa, manifestando críticas e desconfiança.

O interconsultor tem confirmada a sua hipótese diagnóstica da situação. A questão está atingindo um ponto-limite. A relação médico-paciente assemelhava-se a uma "queda de braço".

Entrevista conjunta médico e paciente: O médico, na presença do interconsultor, apresenta à paciente os motivos da necessidade da cirurgia e os riscos da sua não-realização. O clima é tenso, o médico revela sinais de impaciência e a paciente também se mostra irritada. A paciente, aparentemente, cedendo aos argumentos do médico, diz que concorda com a cirurgia, porém faz uma ameaça dizendo que se alguma coisa acontecesse com ela, ele seria o culpado e iria pagar por isso.

Evolução da situação: Dois dias depois, a paciente foi operada e apresentou como seqüela no pós-operatório imediato hemiparesia à esquerda e ptose palpebral. Segundo a equipe, somente a evolução poderia dizer se estas seqüelas seriam irreversíveis.

Situação número 2

Paciente de 42 anos, casado, com filhos, internado na enfermaria de Clínica Médica.

Motivo da consulta: Avaliação do risco de suicídio.

Histórico da internação: Paciente foi internado para esclarecimento diagnóstico e informado que havia suspeita de ser tuberculose, mas que poderia não ser. Os exames revelaram a presença de uma neoplasia com metástases.

Entrevista com o médico: O médico informa que o paciente desde o início queria saber o diagnóstico e dizia que se fosse tuberculose ficaria internado e faria o tratamento, mas se fosse câncer preferia ir para casa e morrer próximo à família. O médico acha que deve informar o diagnóstico ao paciente e também concorda com o fato de o paciente decidir sobre o seu tratamento. Por precaução havia solicitado uma consulta para avaliação sobre o risco de suicídio pós-comunicação do diagnóstico.

Entrevista com o paciente: O paciente informa que desde o início, quando aceitara ser internado, já tinha decidido que se fosse câncer não queria se submeter à quimioterapia; que havia discutido a questão com a esposa e que preferia passar com ela e os filhos o tempo que tivesse de vida.

Hipótese diagnóstica situacional: O interconsultor tem a impressão de que o médico tem bem definidas as condutas e que procura compartilhar suas decisões e angústias.

Em relação ao paciente, o interconsultor avalia que o paciente está em condições de decidir sobre o seu tratamento, não tendo encontrado alterações no exame psíquico, bem como não constatou indícios de risco de suicídio.

Evolução da situação: Após a comunicação feita pelo médico do diagnóstico e das possibilidades terapêutica, o paciente pediu que lhe fosse dada alta hospitalar. O médico concedeu, deixando em aberto a possibilidade de retorno caso ele reconsiderasse a decisão.

Situação número 3

Paciente de 55 anos internado na unidade de hemodiálise.

Motivo da consulta: Paciente recusava submeter-se à indicação de amputação do membro inferior.

Histórico da internação: Paciente internado em função de problemas renais, apresentando lesão ulcerosa na perna, que havia se expandido e não respondia satisfatoriamente aos antibióticos. Estava, em função da lesão na perna, sendo acompanhado, concomitantemente, pela cirurgia vascular. A interconsulta é chamada para avaliar a situação, pois havia sido indicada a amputação do pé, por causa do risco de septicemia; havia sinais de gangrena gasosa, observados em exploração cirúrgica anterior, quando haviam sido amputados dois pododáctilos; a amputação só não havia sido estendida à perna por não haver autorização do paciente.

Entrevista com o paciente: As frases mais importantes do paciente foram pronunciadas logo que a interconsultora foi se apresentar: ele já sabia quem ela era e sabia, também, que tinha ido lá por causa "dele" (apontando o olhar para o pé doente); logo foi emendando que sabia que sua função era tentar convencê-lo a cortar fora. Após o esclarecimento da interconsultora de que não tinha ido lá para convencê-lo, mas para ouvi-lo, ele se colocou mais à vontade. Estava realmente convencido que poderia curar-se com o tratamento clínico.

Entrevista com o médico: A interconsultora conversou longamente com o médico e entre outras coisas foi sugerido que a família (da qual o paciente estava desligado há muitos anos) fosse chamada ao hospital para participar do processo.

Hipótese diagnóstica situacional: Um fato que chamou a atenção da interconsultora, à medida que ia conversando e indagando, foi o sentimento de incerteza que foi se fazendo cada vez mais presente durante o contato com o médico. Quando indagado pela interconsultora sobre as possibilidades de cura por meio do tratamento clínico, o médico da hemodiálise passou a externar dúvidas quanto à indicação da cirurgia vascular, pois acreditava nas possibilidades de tratamento clínico.

Parecia muito provável que havia sentimento de dúvida e incerteza que ia se tornando cada vez mais manifesto e revelava um conflito entre a equipe, quanto à necessidade efetiva da amputação; esta incerteza deveria estar sendo captada, também, pelo paciente.

Evolução da situação: Quando voltou à enfermaria, no dia seguinte, a intenção orientadora era tentar aprofundar a questão da incerteza da equipe, entretanto algo surpreendente aconteceu: o médico informou que, embora o paciente já se mostrasse mais disposto à amputação, ela não seria mais necessária, pois havia presença de tecido de granulação que indicava uma boa resposta clínica.

Nesta situação, observamos como a postura da interconsultora deu espaço para que o dilema pudesse ser plenamente vivenciado e pudesse haver lugar para dúvidas e incertezas. O paciente, na medida em que a interconsultora não se colocou em situação polarizada, pôde vivenciar o dilema da possibilidade de escolha; o conflito (inicialmente inconsciente) entre os especialistas, também, pôde ficar mais explicitado e ser equacionado. Ficou uma indagação: o tecido de granulação surgiu repentinamente ou, já estava presente, e agora o médico se sentiu autorizado a percebê-lo?

Situação número 4

Paciente de 27 anos internado na DIPA.

Motivo da consulta: Paciente se recusa a fazer drenagem de derrame pericárdico.

Histórico da internação: Paciente com diagnóstico de *aids*, internado em função de quadro de tuberculose ganglionar complicado por derrame pericárdico. após o procedimento.

Entrevista com a paciente: O paciente já havia feito uma drenagem de um derrame pericárdico que cursou com intercorrências (do ponto de vista dele), pois sentira dor e dificuldades respiratórias. Está irritado, pois, quando há alguns dias, se instalou um segundo derrame, os médicos haviam garantido ao paciente que não havia necessidade de drenagem por ser um derrame muito pequeno que poderia resolver-se apenas com acompanhamento clínico; mas, o derrame aumentou rapidamente de volume e havia risco de tamponamento pericárdico e morte súbita. O paciente estava informado de sua situação e recusava submeter-se a nova drenagem.

Entrevista com o médico: O médico quer que o interconsultor ateste que o paciente não apresenta alterações psíquicas que afetem sua capacidade para decisão. Ele e toda a equipe estão muito irritados com a recusa do paciente.

Hipótese diagnóstica situacional: O paciente não apresentava nenhum quadro psiquiátrico definido e estava a par do que lhe acontecia; estava com uma aparência saudável, se sentia bem e não queria voltar a ter as dores e dificuldades que havia experimentado na primeira drenagem; o interconsultor percebeu-se sendo pressionado pela equipe que queria se livrar rapidamente do paciente;

Evolução da situação: Pressionado, o interconsultor acabou por atestar que o paciente não apresentava transtorno psiquiátrico, e embora tivesse recomendado que o paciente permanecesse mais alguns dias, para confirmar a observação e aprofundar o contato, no dia seguinte o paciente já não estava mais internado; a alegação é que não poderia se manter um leito ocupado por um paciente que recusa tratamento.

Esta situação ilustra que o dilema, quando não encontra oportunidade de ser plenamente vivenciado, geralmente em função das angústias que desperta, precipita soluções intempestivas que não são um equacionamento efetivo do dilema.

Situação número 5

Paciente de 28 anos, solteira, internada na enfermaria de Clínica Médica

Motivo da consulta: Paciente se recusa a fazer biópsia de gânglio cervical.

Histórico da internação: Paciente internada para investigação diagnóstica com suspeita de linfoma de Hodgin.

Entrevista com o médico: Informa que a paciente tem um bom relacionamento com ele e com as demais pessoas da enfermaria (profissionais e pacientes). Conta que a paciente está ciente da importância e da necessidade da biópsia e que ela concordara, por duas vezes, em se submeter ao exame. No entanto, na hora do exame, ficava muito nervosa impossibilitando a realização do procedimento. Alguns membros da equipe achavam que deveria ser dada alta já que ela não estava colaborando. A consulta foi pedida no sentido de que se tentasse "convencer" a paciente a aceitar o exame.

Entrevista com a paciente: O exame era sentido pela paciente como muito agressivo: "...se me anestesiarem podem até me virar do avesso que eu não ligo, mas, assim, a seco, eu não consigo". Durante a entrevista a paciente revelou como um traço de personalidade uma forte rigidez mental. Expressava-se de forma dura e amarga utilizando palavras rudes. Chamara a atenção o tom de desprezo com que se referia aos homens que conhecera, contando ter tido vários namorados para os quais "não ligava nem um pouco" e mesmo se orgulhava de ter engravidado de um deles e de ter tido uma filha sem que o pai da criança ficasse sabendo da gravidez.

A paciente, após exibir esta rígida armadura inicial, revelou que aos 13 anos de idade havia sido violentada e que após esse episódio perdeu o namorado de quem gostava, pois este alegava ter vergonha do que as outras pessoas iriam pensar.

Hipótese diagnóstica situacional: O interconsultor tem a impressão que a situação é difícil, mas que o nível de tolerância da equipe é razoável e que o médico assistente está tentando encontrar alternativas viáveis. Em relação à paciente, o interconsultor fez uma hipótese inicial de que talvez houvesse uma relação entre o episódio agressivo na adolescência (violentação sexual) e a agressividade e imposição da biópsia a que teria de se submeter. Esta hipótese interpretativa foi formulada a ela que pareceu ter elaborado um *insight*, revelando-se mais receptiva ao exame.

Evolução da situação: O exame foi realizado sem complicações e a paciente foi sensibilizada e encaminhada para tratamento psicoterápico.

Situação número 6

Paciente de 32 anos, casada com filhos, internada na enfermaria de Ginecologia.

Motivo da consulta: Paciente muito ansiosa, "negando a patologia".

Histórico da internação: Paciente internada com diagnóstico de câncer de mama com indicação de mastectomia.

Entrevista com o médico: Informou que a paciente ficava chorando o tempo todo, sendo impossível conversar com ela; referiu que ela chorava muito toda a vez que o via, mesmo quando ele ia conversar com a paciente ao lado dela, que já havia sido mastectomizada.

Entrevista com a paciente: A paciente mostrava-se extremamente ansiosa, chorando de forma incontrolável. Atribuía aos médicos todo o poder da situação dizendo que eles podiam mudar o tratamento e impedir que ela fosse mastectomizada. Revelava muito medo da cirurgia e tinha fantasias de não poder mais colocar o filho menor no colo, de ficar feia e de ser rejeitada pelo marido.

Hipótese diagnóstica situacional: O interconsultor levanta a hipótese de que a equipe não estava podendo conter, dado o alto teor de ansiedade e pavor da paciente frente à mastectomia.

Evolução da situação: Foi discutida com o médico assistente e outros médicos da equipe a reação da paciente frente à situação e às fantasias e temores associados às seqüelas da cirurgia. Foi-lhe perguntado sobre a existência de outras possibilidades terapêuticas além da mastectomia. A equipe passou a considerar a possibilidade de outro tipo de intervenção que, embora menos eficaz, fosse mais aceita pela paciente o que permitiria a ela se responsabilizar também pelo seu tratamento. As possibilidades terapêuticas, com seus respectivos alcances, limites e riscos, foram apresentadas à paciente, que alguns dias depois, concordou em ser mastectomizada.

Situação número 7

Como um exemplo das profundas transformações que os avanços tecnológicos da medicina acarretam no trabalho médico cotidiano, apresentamos uma situação altamente complexa e mobilizadora de sentimentos ambivalentes.

Uma residente de Pediatria, bastante aflita, vem pessoalmente ao nosso Serviço e descreve a situação em que se encontra. Ela está tratando de uma menina de 8 anos, filha única, portadora de grave doença hematológica.

Certo dia, a mãe da criança lhe diz que por meio da televisão soube que uma possibilidade de tratamento seria um transplante de medula e que o melhor doador seria um irmão. Assim sendo, estava pensando em voltar a procurar o pai da criança, de quem estava separada há anos, engravidar e assim que a criança nascesse, fazer o transplante e salvar a filha. A mãe expôs o seu projeto e perguntou à residente se ela o aprovava. Este era o motivo da sua presença no Serviço de Interconsulta.

Esta situação despertou fortes reações em todos os membros da equipe de Interconsulta e foi possível detectar que uma diferença de atitude entre homens e mulheres com o grupo feminino apresentando uma maior empatia com a mãe da criança. A residente de Pediatria participou da reunião da equipe de Interconsulta e pode ver que a aflição que ela estava sentindo era vivida por todos. Esta percepção trouxe a ela um certo alívio e pode iniciar um processo de reflexão desobrigando-se de ter que tomar partido na questão, porém mantendo uma atitude de compreensão em relação à mãe.

Hipótese diagnóstica situacional: O entendimento inicial da situação mostrava que aparentemente a mãe, muito aflita pela doença da filha, havia se apegado à notícia veiculada pela televisão de uma forma algo impulsiva.

Evolução da situação: Em contatos subseqüentes, a pediatra informou que estava conversando com a mãe da criança e que esta estava repensando o seu projeto.

Vale assinalar que esta situação, ocorrida há alguns anos, é hoje uma opção terapêutica exeqüível e graças ao avanço tecnológico, o que era há alguns anos um sonho próximo de uma ficção científica adquiriu feições de uma realidade fática.

Recentemente, uma corte judicial inglesa autorizou a realização de um procedimento de fertilização *in vitro* para a concepção de vários embriões dos quais será selecionado o mais adequado para ser implantado e, assim que nascer, ser doador de medula para um irmão de 4 anos portador de uma grave doença hematológica, cuja única alternativa terapêutica é o transplante de medula. Tal procedimento foi autorizado porque nenhum dos atuais irmãos do paciente apresenta as condições necessárias para ser um doador adequado. Assim, hoje, graças a uma técnica de reprodução assistida é possível se gerar um ser humano "sob medida".

• Comentários e considerações

As situações clínicas relatadas nos permitem afirmar que o Serviço de Interconsulta pode ser um valioso recurso a ser utilizado pelos médicos internistas para lidar com os dilemas éticos que se apresentam no cotidiano da vida hospitalar.

A interconsulta em saúde mental, instrumento metodológico utilizado em nosso Serviço, se propõe, através de uma compreensão psicológica da relação médico-paciente, a auxiliar o profissional a manter e/ou restaurar a possibilidade de uma relação assistencial terapêutica, por vezes abalada em função de situações críticas, difíceis e problemáticas envolvendo tanto o médico como o paciente e os familiares.

Considerando-se que os dilemas éticos em medicina se dramatizam na relação médico-paciente/familiares e que a Psicologia Médica se ocupa fundamentalmente do estudo desta relação, postulamos que a Interconsulta é um momento privilegiado para o estudo, a pesquisa e o ensino de Psicologia Médica e Ética Médica. Há inclusive um posicionamento, objeto de amplas discussões, no sentido de considerar que a ética clínica não está fundada na filosofia, no direito ou na teologia, mas é uma subdisciplina da medicina, centrada na relação médico-paciente.

Singer e cols. [2001] consideram que ela deve ser integrada em todos os estágios, incluindo graduação, residência e educação continuada e que seu principal objetivo é melhorar a qualidade dos cuidados ao paciente.

Os autores destacam e esta tem sido a preocupação essencial em nosso trabalho que a integração precisa ser efetiva e, mais importante, ela deve ser incorporada na própria cultura da instituição, de forma que, entre outras coisas, ajude a inibir comportamentos dos profissionais de saúde (por vezes médicos em situações influentes) que não se norteiam por um respeito ao paciente e aos princípios éticos.

É necessário aprofundar o conceito de instituição ética e a implementação de ações para alcançar esse objetivo pela definição de missões eticamente defensáveis que envolvam a instituição em todos os seus níveis, partilhando responsabilidades de implementar e preservar a fidelidade à missão.

No plano de nossa prática, verificamos que a análise dos fenômenos psicológicos que se desenrolam na interação equipe de saúde-paciente/familiares, quando estão em jogo questões éticas, pode contribuir para a difícil tarefa de lidar com os inevitáveis e crescentes dilemas da prática médica.

Muitos dilemas relacionam-se com o predomínio de uma forte rigidez na relação médico-paciente. Esta rigidez aparece tanto no médico quanto no paciente. A Psicologia ensina-nos que esta rigidez é, na grande maioria das vezes, um mecanismo de defesa para evitar as angústias associadas às vivências de impotência, insegurança, incerteza, dúvidas e dilemas inerentes à condição humana. Nós, humanos, tendemos a ser mais rígidos e autoritários quanto mais inseguros estamos. Evitar o contato com a fragilidade e o desamparo intrínsecos à nossa condição é a função básica deste mecanismo psicológico defensivo.

Assim, quando um médico se torna autoritário e se sente com plenos poderes sobre a vida de um paciente e o paciente não realiza o papel esperado de aceitação e passividade, explode um conflito. Este conflito é sentido pelo médico como um desafio e ele passa a suspeitar da capacidade do paciente em fazer opções. Quando um médico se torna, por meio da ação de um mecanismo de defesa, excessivamente autoritário e encontra um paciente que também se defende construindo uma couraça rígida e autoritária, o diálogo se interrompe (situação 1).

Nos casos relatados, a Interconsulta intermediou e procurou favorecer, com maior ou menor êxito, o diálogo equipe de saúde-paciente e a comunicação entre os especialistas a partir de uma compreensão da dimensão psicológica da relação que incluía os temores associados às comunicações dolorosas (situação 2), a história de vida da paciente (situação 5), às fantasias sobre as seqüelas do tratamento (situação 6) e a identificação da equipe médica com a mãe da criança (situação 7).

Um aspecto que merece ser ressaltado diz respeito às mudanças de valores e atitudes que os avanços técnicos e o conhecimento médico acarretam. Os progressos tecnológicos, em certos momentos, podem ser comparados a "iscas apetitosas" que estimulam o desejo humano de ter poderes ilimitados.

Há uma tendência do indivíduo – tanto médicos quanto pacientes ou familiares – em se identificar com estes novos conhecimentos de forma a incorporá-los em seus pensamentos e ações, gerando uma adesão emocional.

O grau de adesão emocional pode facilmente levar o indivíduo do interesse para o entusiasmo, podendo desaguar na intolerância. Nesse caso, um valor diferente não será reconhecido como "um outro valor", mas como um "desvalor" ou "um verdadeiro absurdo".

Acreditamos que a adesão emocional, que tende a ser irracional e incondicional, seja uma questão de grande relevância para o tema, pois o que observamos no campo dos dilemas éticos é que a paralisia e o impasse decorrem principalmente da dificuldade de aceitar plenamente a existência do dilema.

A tendência é de eludir sua existência, reduzindo a situação a uma questão de desafio ou de má vontade do outro que se recusa a aceitar o "bem" e/ou a "verdade".

Nas situações em que participamos como interconsultores e que expusemos neste trabalho, observamos que a explicitação do dilema traz mudanças significativas no campo interacional, encaminhando, não raro, para uma resolução compartilhada.

parte IV
A EXPERIÊNCIA NO COMPLEXO EPM-UNIFESP-HSP

Introdução

Mario Alfredo De Marco

Em nossa experiência ao longo de um trabalho de várias décadas, temos buscado, cada vez mais, uma integração de nossas ações. O curso de psicologia médica, ministrado na graduação e a interconsulta vem funcionando, conforme já mencionei, a partir de premissas comuns e tem, cada vez mais, se articulado de forma a constituir uma continuidade no processo de capacitação dos profissionais. Da mesma forma, o Serviço de Saúde do Corpo Discente (SSCD) e o Núcleo de Assistência e Pesquisa em Residência Médica (Napreme) se integram, complementando a atenção aos alunos, residentes e pós-graduandos, na forma de orientação, assessoria, bem como atendimentos dirigidos às crises e necessidades de cuidados gerais e específicos, em saúde, dessa população.

No curso de psicologia médica, nossa presença tem aumentado de forma significativa nos últimos anos: o curso de psicologia médica do departamento é criado, em 1956, por sugestão do Dr. Durval Marcondes; até 1986 nossa presença se limitava ao 3º ano do curso médico, passando, a partir daí, a estender-se aos 3 primeiros anos.

Atualmente estamos presentes do 1º ao 5º ano e há desejo, expresso por vários níveis da instituição, inclusive, de forma reiterada, pelos alunos, para que nossa presença abarque o curso todo.

Este ano mais uma mudança no currículo tem contado com nossa participação: o programa de Aproximação à Prática Médica, que visa colocar os alunos em contato desde o 1º ano com aspectos da prática médica nos diferentes ambientes onde ela é exercida (hospital, unidades básicas, etc.). O trabalho é bastante promissor e acena com uma perspectiva de uma visão cada vez mais integral e integrada da atividade médica e dos processos de ensino dessa atividade, bem como com um trabalho, também integrado, entre os professores das diferentes especialidades.

Para os alunos que ingressam na residência, nossa presença se prolonga por mais 3 anos, por intermédio do trabalho da interconsulta, que também está disponível para todos os médicos e para os estudantes que iniciam seu treinamento no hospital.

Nosso esforço tem sido no sentido de construir uma experiência duradoura, que crie um contraponto à tendência apontada pela Cinaem, indicando, entre os médicos recém-formados, grande contraste entre o alto nível de conhecimentos técnicos e a baixa capacidade para o contato com os pacientes [Volich e cols, 1998].

Nossa vocação principal tem sido a *formação* dos profissionais, seja no plano da graduação, no qual oferecemos um curso com acentuada ênfase formativa, seja no plano dos profissionais de saúde, incluídos aí tanto os que solicitam nossos serviços quanto os que capacitamos para essa tarefa. Já foi destacado, aliás, que um dos grandes beneficiários da interconsulta é o próprio interconsultor, "na medida em que pode ampliar sua formação profissional, seja no campo da observação dos fenômenos ligados ao adoecer, seja no campo da psicologia e psicopatologia (individual, grupal e institucional), assim como no aprendizado das complexas interações entre os fatores biológicos e psicossociais que coexistem no ser humano. Esse trabalho proporciona rara oportunidade para psiquiatras e psicólogos conhecerem a intimidade das instituições assistenciais e a possibilidade de desenvolvimento de pesquisas na área de otimização dos recursos humanos, no trabalho assistencial e na organização dos serviços de saúde. Ao conhecer a intimidade organizacional dos serviços médicos e as peculiaridades microinstitucionais, estará o interconsultor aparelhado a poder estabelecer, com maior propriedade, as relações entre as políticas de saúde e assistência. Esse conhecimento poderá lhe ser útil quando estiver ocupando cargos e funções diretivas ligados ao ensino, assistência e pesquisa" [Nogueira-Martins, 1989].

A psicologia médica na EPM-Unifesp

Mario Alfredo De Marco

Atualmente a presença da psicologia médica e de outras atividades curriculares (currículo nuclear) do Departamento de Psiquiatria está assim distribuída:
1º ano – 2º semestre – 2 horas semanais – Psicologia Médica I
2º ano – 1º e 2º semestre – 2 horas semanais – Psicologia Médica II
3º ano – 1º semestre – 2 horas semanais – Psicologia Médica III
1º semestre – 24 horas semanais – 5 semanas por grupo
(4 grupos ao longo do semestre) – Psiquiatria
4º ano – 5 semanas por turma – 2 horas semanais – Psicologia Médica IV
5º ano – 6 semanas por turma – 20 horas semanais – Internato I
6 semanas por turma – 40 horas semanais – Internato II (Centro alfa)

Como objetivo mais geral do curso, que permeia todo o nosso trabalho, está a sensibilização do aluno para os aspectos relevantes da atividade, em uma perspectiva biopsicossocial e sua capacitação para o desempenho do papel profissional de forma integral e integrada. Pela experiência, articulada com a apresentação e discussão crítica de modelos teóricos, buscamos favorecer sua iniciação na prática médica, procurando habilitá-lo para a observação e percepção dos aspectos essenciais do encontro e interação entre médico (e equipe de saúde) e paciente (e seu grupo social), como encontro de personalidades cada qual com sua individualidade, singularidade e potencialidades.

A evolução de algumas capacidades básicas para uma aproximação integral à tarefa médica, é objeto especial de nossa atenção. Entre essas capacidades estão:
- Observação.
- Perspectiva.
- Visão binocular.

A evolução da capacidade de observação tem sido cada vez mais objeto de nossa atenção, pois, evidentemente, ela é fundamental para uma aproximação mais real à tarefa médica (e, logicamente a qualquer situação da vida). Tentamos desfazer uma confusão corrente entre, de um lado, pensamentos, idéias, conceitos, preconceitos e imaginação e de outro a observação do objeto ou da experiência. Como no famoso quadro de Magritte, em que ele apresenta a figura de um cachimbo com a inscrição "Isto não é um cachimbo", procuramos desfazer a confusão entre representação e objeto, criadora de inúmeros problemas nas situações de relacionamento.

A noção de que a observação depende de perspectiva é outra capacidade fundamental que procuramos evoluir. A exemplo da figura do vaso e dos dois rostos e outras semelhantes, procuramos ilustrar as mudanças que ocorrem na percepção da realidade a partir da mudança de perspectiva.

Por fim, a capacidade para a visão binocular, que permite a possibilidade de manter a noção da perspectiva e a alternância fluida de uma perspectiva a outra, é objeto de atenção, buscando seu reconhecimento e evolução, pois é ela que irá capacitá-lo para uma visão realmente integral e integrada do ser, evitando a fixação na fragmentação rígida que, no caso da medicina, pode resultar em uma série de distorções, entre elas a que denominamos *especialismo*.

Entendo o *especialismo*, conforme já mencionei, como uma conseqüência da perversão da especialização, fruto da inoperância da visão binocular. No *especialismo*, perde-se a possibilidade da alternância entre uma visão do órgão ou do sistema, objeto da especialidade, e a pessoa integral; é a visão binocular que permite a alternância e a manutenção da noção de perspectiva.

• Estratégias de ensino

- Aulas em pequenos grupos.
- Ênfase no caráter formativo, valorizando a observação da vivência e do contato.
- Cuidado especial é dedicado à relação professor-aluno, objetivando proporcionar um modelo experienciado de uma relação viva e humana.
- Vivências ligadas à experiência de tornar-se médico são utilizadas, também, como objeto de observação e reflexão.
- Vivências dos alunos como pacientes (em consultas médicas ou hospitalizações), quando referidas, são ilustrações ricas para tornar viva a aproximação à experiência da atividade médica.
- Aporte teórico por meio de leituras de texto e discussões críticas nos grupos.
- Exibição e discussão de filmes.
- Implementação e discussão de atividades práticas nas enfermarias do complexo HSP-Unifesp e outras instituições com o objetivo de realizar contatos que propiciem a observação dos aspectos favoráveis e desfavoráveis para a intervenção terapêutica, envolvendo ambiente, paciente e equipe assistencial.
- Em alguns módulos do curso são realizados trabalhos de campo em pequenos grupos envolvendo uma apresentação final para toda a classe no término do semestre. Os trabalhos envolvem, geralmente, pesquisas, entrevistas, confecção de material audiovisual (vídeos, etc.).
- Por exemplo, no 2º ano temos a realização dos seguintes trabalhos:
• 1º semestre: Nascimento e constituição de um médico – Ser médico em um mundo em transformação.
• 2º semestre: O processo de humanização da prática médica – a)levantamento dos aspectos favoráveis e desfavoráveis do ambiente e das relações; b)elaboração de propostas de intervenção para otimização dos recursos disponíveis.

Uma evolução que considero importante é que, ao longo dos anos, fomos colocando uma ênfase cada vez maior no contato do aluno com a prática médica, desde os primeiros anos. A cada ano, evidentemente, o foco é diferente.

Atualmente, estamos também participando do programa de Aproximação à Prática Médica, que está sendo implantado em diversas faculdades, em consonância com projeto do Ministério da Saúde e Educação e que visa exatamente colocar o aluno em contato com a prática médica, nos seus diferentes cenários, mais precocemente. Estamos concretizando por intermédio desse programa uma de nossas aspirações básicas que é a de poder realizar nosso trabalho com os alunos, lado a lado com os professores das outras disciplinas, focando a atividade médica nos diferentes cenários da prática, a partir das visões distintas e complementares de cada profissional.

Experiências de Ensino em Psicologia Médica

- Introdução

Mario Alfredo De Marco

Conforme já foi destacado, no Departamento de Psiquiatria da Universidade Federal do Estado de São Paulo (Unifesp) temos acumulado, particularmente ao longo dos últimos vinte anos, experiências ligadas ao desempenho de uma série de atividades dirigidas ao estudante de medicina e ao profissional de saúde, voltadas para a formação e a terapia do papel profissional. Entre estas atividades, destacamos o curso de psicologia médica, ministrado na graduação, e a interconsulta em saúde mental, que atende a estudantes e profissionais da saúde. Essas atividades estão articuladas de forma a constituir uma continuidade no processo formativo.

A psicologia médica, como um todo, tem procurado manter uma linha de coerência, embora diferentes grupos estejam encarregados do ensino ao longo do curso de graduação.

As experiências que estaremos reportando se referem a grupos acompanhados em diferentes anos do curso de graduação.

O trabalho ocorre em pequenos grupos, na forma de atividades práticas e discussões em grupo.

A atividade valoriza a observação dos fenômenos (vivências, contato, qualidade dos vínculos) que se atualizam no trabalho dos profissionais e das instituições de saúde, na atividade assistencial. Procuramos acompanhar e proporcionar ao aluno as experiências de iniciação do contato com o hospital e outras instituições assistenciais, oferecendo, ao mesmo tempo, um espaço para discussão e elaboração das emoções despertadas. Estamos particularmente interessados na dinâmica de estruturação e na terapia do papel profissional, ou seja, tentamos identificar e trabalhar os fatores que favoreçam a capacitação para vivenciar e elaborar as experiências envolvidas no exercício profissional.

A aplicação dessa proposta envolve uma série de cuidados a serem tomados, com o objetivo de evitar confusões, que podem facilmente se estabelecer, entre o papel de professor e o papel de terapeuta.

Neste sentido, para uma consecução clara e eficiente dessa finalidade, uma discriminação importante, que temos procurado destacar e aprofundar com a evolução de nosso trabalho, é quanto à abordagem dos aspectos emocionais que surgem nas observações e nas discussões. Temos clareza quanto à estratégia a ser adotada, embora, na prática, a implementação nem sempre seja fácil: os componentes pessoais, que remetem a aspectos particulares da vida do estudante ou do profissional, aportados pelos relatos, precisam ser evitados; deve-se procurar, sempre, relacionar as situações às vivências emocionais envolvidas na tarefa profissional.

Dessa forma, quando vivências pessoais são relatadas como ilustração para discussão de uma determinada questão ou situação, acolhemos a contribuição, mas evitamos qualquer observação ou comentário que remeta aos conflitos fora do âmbito da experiência profissional.

As experiências que costumam surgir e ser utilizadas para fins de discussão podem ser as que emergem do contato com os diferentes cenários da instituição ou as de outras situações, como por exemplo, a vivência dos alunos como pacientes. A projeção e discussão de filmes, que remetem aos temas de nossas observações e discussões, também são, entre outros, parte do material que pode ser utilizado para sensibilização e discussão.

A própria relação professor-aluno é objeto de cuidado especial: procuramos utilizá-la sempre com um sentido demonstrativo de uma experiência compartilhada de uma relação viva e humana. Nossa expectativa é que ela possa ser internalizada e transposta para a relação médico-paciente.

A forma como temos procurado lidar e elaborar as experiências emocionais que surgem no processo leva-nos a formular a hipótese de que um componente importante de tal processo poderia ser denominado de "*rêverie* do papel profissional", em que as atitudes do professor procuram proporcionar continência, acolhimento e elaboração das vivências, visando favorecer a metabolização das angústias dos alunos, que emergem nas experiências do curso médico.

A *rêverie*, conforme já explicitei, é uma capacidade mental que Bion [Bion, 1962] descreveu inicialmente, como atributo importante da mãe (*rêverie* materna), cuja situação paradigmática é a capacidade da mãe de tolerar a identificação projetiva do pânico e do terror sem nome, que o bebê efetua, contendo e transformando estas emoções, de forma que a criança sinta que está recebendo de volta a sua temida personalidade de uma maneira que lhe é agora mais tolerável.

Esta capacidade materna é estendida por Bion para a capacidade do analista em seu trabalho com o paciente e ampliada para as situações da vida em geral; Bion deixa claro, que esse estado é útil em muitas outras tarefas além da análise; ele é essencial para eficiência mental apropriada para uma tarefa, seja qual for a tarefa [Bion 1992].

• A vida como ela é: o hospital e a morte

Mario Alfredo De Marco

Este relato é de um grupo de alunos que optou por realizar suas observações na Enfermaria de Hematologia. A opção por uma enfermaria faz parte da vivência prática do semestre, no qual a observação e a experiência no contato com pacientes, familiares, equipe de saúde e o ambiente geral da enfermaria fornecem o material para as discussões nos pequenos grupos e para a realização de um trabalho de fim de semestre.

Na situação que vamos descrever, os alunos (um grupo de 18) estão no 2º semestre do segundo ano e o trabalho proposto é a respeito do seguinte tema: *Humanização da prática médica: 1)Aspectos favoráveis e desfavoráveis das relações e do ambiente 2)Elaboração de propostas de intervenção a partir dos recursos disponíveis.*

A realização do trabalho serve como fio condutor para as observações e atividades.

No relato de uma das primeiras visitas, os alunos reportaram que, ao chegar à enfermaria, havia um clima que descreveram como tumultuado e que, à medida que iniciaram suas atividades em diálogos informais com a equipe assistencial, foram inteirados da ocorrência de um óbito na enfermaria. Os alunos, naquele momento, não deram maior consideração ao fato, e continuaram suas atividades, entrevistando pacientes e conversando com a equipe assistencial.

À medida que nossa discussão foi avançando, algumas situações particulares foram sendo relatadas, destacando-se o fato observado de que alguns pacientes se mostraram reticentes e hostis ao contato: quando os alunos tentaram entrevistá-los, alguns se recusaram, alegando cansaço; outros foram lacônicos e mesmo agressivos.

Os alunos não sabiam a que creditar esse comportamento dos pacientes; consideravam de uma forma vaga e sem grande convicção que poderia ser alguma má vontade em relação aos estudantes.

Quando indaguei se haviam feito alguma relação entre o comportamento dos pacientes e a morte recém-ocorrida na enfermaria, os alunos não souberam responder, alegando que este fato não havia sido objeto de questionamento entre eles. Deram-se conta, então, de que, praticamente, não se detiveram para examinar as repercussões que o episódio tivera neles e na enfermaria.

Isto abriu espaço para uma discussão no grupo a respeito da morte, e do contato com a morte. Como se deveria proceder em uma enfermaria quando ocorresse um óbito?

Uma posição que logo emergiu, manifestada por vários alunos, era no sentido de que deveria haver um grande cuidado a fim de evitar que os pacientes tomassem conhecimento das ocorrências de óbito no local.

Consideravam que isto poderia trazer um clima de desânimo entre os pacientes, que resultaria em comprometimento do próprio tratamento.

Um dos estudantes procurou defender esta postura, relatando um caso que vivenciou em sua própria família: sua mãe se arrepende até hoje de que aos dez anos de idade tenha se exposto à visão da mãe morta; quando conversa sobre o assunto, refere que preferiria ter evitado esta visão tão dolorosa e conservado na memória a imagem da mãe viva.

A discussão no grupo prosseguiu, por meio de considerações das formas e atitudes para se lidar com a morte: abrir espaço para o contato e diálogo sobre a morte? Evitar o contato e ocultar qualquer sinal que possa lembrar a sua presença?

O grupo estava dividido, mas com uma clara inclinação no sentido da segunda hipótese, qual seja, a evitação. Os argumentos dos que defendiam esta posição eram enfáticos, vigorosos, quase indignados. Quando algum argumento favorável à primeira posição era apresentado por algum dos alunos, a tendência do grupo contrário era responder com revolta.

Comecei, então, a experimentar intensa angústia: parecia claro que se deixasse os acontecimentos fluírem, a conclusão do grupo só poderia caminhar na direção de que a melhor coisa a se fazer diante da morte seria evitar e negar sua presença.

Quase me deixei levar pelo impulso de "dar aula", ou seja, falar da importância de lidar com a morte; fazer um discurso explicando àqueles alunos a importância da verdade; demonstrar que não era possível enganar os pacientes e que estes, no fundo, sabiam de tudo o que acontecia na enfermaria, de forma que a atitude de tentar esconder só servia para impedir que se pudesse elaborar a situação.

Felizmente, consegui me conter e me dar conta da situação que vivenciava. Refleti e preferi acompanhar as falas entre os alunos, deixando de agir perante o que, agora, posso identificar como uma intensa angústia frente à morte, que todo o grupo estava vivenciando.

Aguardei em silêncio, que poderia denominar agora, a partir da análise da situação, um silêncio ativo, com função de acolher as emoções que eclodiam naquele momento e permitir uma possível evolução; ou seja, frente às emoções ali vividas, tentar favorecer a criação de um espaço de acolhimento e reflexão, como uma alternativa a um estado de evitação ou de imposição forçada.

Se examinarmos a situação a partir do referencial transferência-contratransferência (uso aqui um conceito ampliado, pois em sentido estrito estes conceitos se referem à situação analítica), poderíamos hipotetizar que na relação aluno-paciente, os pacientes visitados pelos alunos vivenciaram uma transferência negativa, demonstrando hostilidade em relação aos médicos e estudantes, possivelmente, como decorrência das emoções vivenciadas em função da morte ocorrida na enfermaria.

Os alunos, por seu lado, manifestaram contratransferência negativa na forma de hostilidade e evasão (consideraram os pacientes "chatos e/ou lacônicos" e interromperam o contato).

Simetricamente, na relação professor-aluno, os alunos manifestaram, em relação ao professor uma transferência negativa, na forma de hostilidade, possivelmente ligada ao fato de terem sido expostos, em sua formação, à situação tão temida. Neste sentido, a fala do aluno a respeito de sua mãe parece ser uma ilustração desta reação.

Minha reação em querer "dar aula" seria uma forma de dar vazão à contratransferência negativa, tentando negar as intensas angústias em mim despertadas e impor aos alunos a visão temida.

Nada disso foi comentado com os alunos, inclusive porque a elaboração total da situação foi posterior à aula. O movimento importante foi a possibilidade de atenção às emoções contratransferenciais (uso aqui também estes conceitos em sua forma ampliada, uma vez que estou incluindo tanto as respostas inconscientes quanto as conscientes) e a não-atuação das mesmas.

A continência favoreceu a evolução da discussão no grupo que, pôde caminhar para uma situação de dúvida e de questionamento: saíram da aula com a formulação de um projeto de investigação que permitisse verificar como a enfermaria de Hematologia lidava com a "questão morte", e quais seriam as justificativas para uma ou outra atitude. O objetivo era, a partir do levantamento dos dados, refletir sobre as vantagens e desvantagens de cada atitude; este acabou por ser o tema central de seu trabalho.

A evolução do grupo foi bastante favorável; houve, no seguimento das discussões e do processo, uma mudança considerável das idéias e das atitudes dos alunos frente à morte que ficou evidente no contato com a enfermaria e no trabalho realizado.

É dentro desta perspectiva experiencial e vivencial, fazendo uso de referencial psicanalítico, para observação e reflexão do campo e respeitando as singularidades de cada professor e aluno, que temos procurado desenvolver uma atividade, que favoreça a vivência e evolução da vida emocional. Nossa meta é trabalhar a favor da construção e "terapia" do papel profissional do estudante de Medicina.

• Trabalhando à margem...

Maria Adelaide T. O. Avancine

Em uma turma de alunos problemática, iniciei a nossa atividade do primeiro semestre do segundo ano, propondo o estudo das características de personalidade do ser humano e a sua interação com a relação médico-paciente.

As discussões em grupo foram turbulentas, pois entre eles havia muita dificuldade de respeito mútuo e de refletirem sobre os temas. Eu exercia uma função de contenção e discriminação, por meio de limites bem claros de relacionamento entre eles. Inicialmente isto parecia ser uma tarefa impossível.

Passaram-se muitas aulas dentro deste contexto, mas o que me chamava a atenção era a assiduidade dos alunos ao curso. Tal fato me sugeria um indício de que aquela atividade de alguma maneira fazia sentido para eles, o que me pareceu confirmado, quando ao término do semestre o grupo apresentou o trabalho semestral com um nível surpreendente de conteúdo e organização para aquela turma. Tal conquista foi para o grupo, e mesmo para mim, um estímulo e um reforço importante para o prosseguimento do curso no segundo semestre.

Como já citado anteriormente, o programa do segundo semestre propõe a realização de um trabalho de campo (em enfermarias de hospitais ou outros locais de atividade assistencial) em pequenos grupos de estudantes, cada um com seu respectivo professor, envolvendo uma apresentação para toda a classe no fim do curso. As visitas às enfermarias ou aos outros locais assistenciais têm como objetivo realizar um contato que propicie a observação dos aspectos favoráveis e desfavoráveis do ambiente e da equipe assistencial, em interação com o paciente no seu tratamento. Os trabalhos envolvem, geralmente, pesquisas, entrevistas, confecção de material audiovisual, etc.

No segundo semestre após um mês de aula, a universidade entrou em greve e combinamos que desenvolveriam um trabalho relacionado à tarefa do semestre, ou seja, o processo de humanização na prática médica. Eu propus a leitura do livro *A morte de Ivan Ilitch*, de Tolstoi. Em contraponto, os alunos solicitaram a leitura do livro *Estação Carandiru*, de Dráuzio Varella, pois argumentaram que o objetivo da tarefa seria mantido. Durante a greve, dos 22 alunos da turma, 19 alunos enviaram relatório sobre o livro por e-mail para mim.

Quando li o livro fiquei impactada com as experiências descritas e me questionava sobre o papel que estava tendo com aqueles alunos. Havia emoções terrificantes, que, nas vivências como seres humanos e futuros médicos, os ameaçavam? Tal tarefa estaria realizando o objetivo do curso? Eram questões...

No retorno após a greve, os alunos solicitaram uma visita ao Carandiru e a permissão seria obtida por intermédio do pai de um dos alunos. Questionei os alunos da necessidade desta atividade.

A resposta dos alunos era unânime, que seria interessante irem ao Carandiru, pois alegavam que queriam conhecer o ambiente no qual o Dr. Drauzio Varella conseguiu exercer uma prática médica humanizada, embora parecesse ser uma tarefa impossível.

Percebi ser depositária de todas as dificuldades e dúvidas quanto à realização de tal atividade; os alunos abrigavam um intenso desejo e desconsideravam todas as dificuldades que eu apresentava a eles.

Mesmo tendo optado em acompanhar os alunos ao Carandiru, continuei me questionando: não estaria sendo permissiva e quais poderiam ser as conseqüências desta atividade? Não estaria expondo os alunos a um ambiente de alta periculosidade e a um contato com seres humanos violentos e de almas tão perturbadas?

Por outro lado, eu também experimentava o pedido dos alunos para aquela atividade, como expressão do resultado das aulas, pois com aquela turma tão difícil, que mobilizara intensamente minha tolerância no sentido do acolhimento e da escuta, procurando considerar as idéias que surgiam (muitas vezes aparentemente distantes da atividade do curso), na esperança de atingir o objetivo de despertá-los para possíveis reflexões sobre suas vivências no curso médico, mesmo havendo tantos tumultos em aula. Como notava que na relação professor – aluno se havia estabelecido uma certa confiança, experimentei um sentimento de traição, se não os acompanhasse.

Indaguei a mim mesma, se estaria sendo colocada pelos alunos no mesmo papel que o do Dr. Drauzio Varella ocupava com os presidiários: a sensibilidade de um olhar humano para com pessoas tão perturbadas e violentas, confinadas em uma penitenciária, poderia ser a expectativa que os alunos alimentavam em relação a mim.

Será que eu conseguiria estar com uma turma indisciplinada, aparentemente desinteressada e impulsiva, mantendo um olhar para o reconhecimento e o despertar dos aspectos humanos, que poderiam capacitá-los a ser mais construtivos e comprometidos com a tarefa médica? Será que eu estaria exercendo a tarefa de humanização em um ambiente tão inóspito e com uma turma que se considerava tão hostil? Será que para os alunos esta experiência seria uma maneira de auxiliá-los na metabolização de um lado sombrio de suas almas? (Vale comentar que no decorrer do curso, esta turma verbalizou que se sentia discriminada perante a classe e considerava-se uma espécie de "patinhos feios".)

Quando foi programada a visita, todos chegaram pontualmente à Universidade (nenhum aluno faltou) e fomos juntos de Metrô ao Carandiru. Chamou a atenção a pontualidade e as atitudes de adequação dos alunos no percurso e durante a visita ao Carandiru.

Nas aulas que se seguiram à visita, os alunos puderam realizar e verbalizar os seus receios àquele ambiente; contudo, era consenso que a experiência tinha sido preponderantemente positiva.

Ao fim do curso apresentaram um trabalho audiovisual muito bem-estruturado, elaborado com sensibilidade e objetividade. Finalizaram o filme sobre a humanização da prática médica com as seguintes reflexões:

"Aprendemos que para praticar uma medicina humanizada, primeiramente é necessário que se estabeleça uma confiança mútua entre médico e paciente, e que os recursos sejam acessíveis a toda população, pois foi provado que é possível desenvolver uma boa e barata medicina apenas com estetoscópio."

"Aprendemos que nunca se tem pacientes iguais, e que a força do médico está em saber aplicar a arte da medicina em seu paciente, sem ter como objetivo principal a cura, mas, sim, o alívio do sofrimento humano".

"Se foi possível praticar uma medicina humanizada em um local de extrema precariedade, então é possível praticá-la nos locais mais variados do mundo".

E, também aprendi: "Que nunca se tem turmas de alunos iguais, e que a força de ser professor está em aplicar sua arte no ensino voltada às condições peculiares de cada grupo de alunos".

Ousei denominar tal processo de "rêverie do papel profissional", sendo uma das funções da terapia do papel profissional, em que minhas atitudes como professora, pelo meu olhar, continência e acolhimento desses alunos, possivelmente possam ter favorecido a metabolização das angústias emergentes dos estudantes dentro desta experiência no curso médico. A experiência a seguir é uma pequena ilustração do sentido desta minha tarefa de ser professora de Psicologia Médica.

Após um ano e meio do término do curso, reencontrei duas alunas. Perguntei a elas que sentido fazia a experiência que haviam passado no curso de Psicologia Médica do segundo ano. E elas me responderam por meio de uma situação, que haviam acabado de presenciar. Relataram que estavam passando por uma enfermaria onde foi feito um exame de colonoscopia em um paciente, sem anestesia por falha do médico. O paciente havia sofrido muita dor com o procedimento. Foi diagnosticada uma patologia grave sendo necessária repetir a colonoscopia. O paciente recusou-se submeter ao exame e queria sair de alta hospitalar sem autorização médica. As alunas relataram que a equipe médica já queria deixar o paciente ir embora. E comentaram comigo: "Eles precisam resolver este problema, conversar com o paciente". Então perguntei: "O que vocês relacionaram da experiência do curso a esta situação?". Responderam: "Aprendemos que devemos tentar enfrentar situações difíceis, fazendo o melhor que nos for possível, enfrentando nossas dificuldades, podendo assim ter possibilidades de cuidar do paciente em uma situação tão sofrida."

- **Um simples gesto de atenção**

Ana Luiza Vessoni

Há muitos anos os alunos do segundo ano da graduação em Medicina pedem no curso de Psicologia Médica um contato mais próximo com o paciente. Os alunos do ano retrasado (2001) descobriram o projeto Biblioteca Viva[*] e fomos até a enfermaria de pediatria, onde este começou a ser desenvolvido.

---

[*] O projeto "Biblioteca Viva" da Fundação Abrinq promove leitura para crianças hospitalizadas. Um dos hospitais escolhidos pela fundação para iniciar o projeto foi o Hospital São Paulo da Universidade Federal de São Paulo. O projeto visa à formação de mediadores de leitura entre profissionais de saúde e voluntários. A instituição recebeu mil livros de poesia, ilustração e literatura brasileira e internacional. O objetivo do projeto é a melhora do ânimo das crianças

A cada ano, novos alunos participam do projeto. Qual foi a marca que os alunos deixaram na enfermaria de pediatria? Para mim, professora de muitos anos, apareceu em primeiro lugar a atitude dos futuros médicos frente à criança. Debruçaram-se sobre os livros, escolhendo as melhores histórias para cada uma das crianças. Debruçaram-se sobre as crianças e leram os livros. Mas não estavam satisfeitos, queriam mais! Queriam uma maior interação com as crianças e introduzimos a massinha de modelar, após a leitura dos livros. E a resposta das crianças foi rápida, a partir de uma história lida pelos alunos, crianças e alunos modelavam os personagens do livro e muitos outros da imaginação.

Levando em conta que é necessário que a criança viva a continuidade de si mesma e não o desespero, a leitura de histórias permite a abertura de um campo, no qual a presença de um outro proporciona um cuidado sem invasões, procurando encontrar o "gesto" (movimento) da criança. O "gesto" da criança orienta-se em relação ao seu desenvolvimento saudável e ela busca situações e pessoas na esperança de ser reconhecida em seu gesto.

A importância do gesto da criança ficou materializada nas modelagens e o gesto de atenção e cuidado dos alunos ficou marcado pelo sorriso da criança ao mostrar suas modelagens e contar suas histórias. Entrávamos em contato com um mundo novo, o mundo das histórias dos livros infantis, abrindo caminho para sentimentos, gestos, sorrisos, lágrimas...

E quando o gesto humano não acontece?

Em uma das nossas idas à enfermaria de pediatria, com a máquina fotográfica em punho, fui registrar o trabalho feito pelas crianças e pelos alunos. Após a leitura dos livros, as crianças e os alunos modelaram uma cena da história que havia sido lida. Entrei no quarto, onde duas crianças haviam participado da experiência. No primeiro leito estava um menino de 9 anos que rapidamente me contou a história e mostrou o trabalho com a massa de modelar que fez com os alunos. No terceiro leito um menininho de 3 anos parou de comer para apresentar a sua cena: "bolo", "bola", "sanduíche", "boneco"... A alegria estava estampada no rosto das crianças ao mostrarem as modelagens e explicarem como haviam feito as peças. As mães comentaram sobre a participação dos alunos e os descreveram como pessoas muito atenciosas e gentis com seus filhos.

Na cama do meio havia um menino de aproximadamente 5 anos, de rosto triste, segurando um pedaço da massa de modelar sem ter feito nada com ela. A massa de modelar que estava em sua mão direita foi dada pelo menino de 9 anos. Este menino não foi acompanhado pelos alunos na leitura dos livros e na montagem de uma cena. Uma grande diferença ficou marcada entre os meninos que foram acompanhados pelos alunos e o menino que ficou sozinho. Os meninos que foram acompanhados sorriam ao mostrar o que haviam feito e apresentaram uma atitude ativa ao posar para a fotografia com seu trabalho. O menino solitário continuou triste, seu único movimento foi abrir a mão para mostrar a massinha de modelar amassada e sem forma. Não foi acompanhado na sua tentativa de dar uma forma para sua massinha.

Quando fui revelar as fotos que tirei destas três crianças e dos seus trabalhos, o filme nada revelou; aconteceu um erro técnico ao colocar o filme na máquina fotográfica. O "erro humano" apareceu no esquecimento daquela criança que estava na cama do meio. Será que esta criança tão triste e desvitalizada não precisava mais do que as outras de nossa atenção? Se ela estava no meio das outras o que fez com que nós a deixássemos de lado?

Durante a discussão com os alunos conversamos sobre o que havia acontecido e eles ficaram tão angustiados quanto eu com o esquecimento de Igor. Levantamos algumas hipóteses que pudessem explicar nossa cegueira. O que não podíamos enxergar? O menino triste, largado na cama, repleto de tubos, provocou em nós um afastamento despertado pela vulnerabilidade e fragilidade humana ali exposta com todas as letras? Como lidar com a dor e com o sofrimento estampados no rosto de uma criança muito doente? E as nossas dores?

Igor, o menino de 5 anos de idade, engoliu soda cáustica aos 3 anos com sérias conseqüências, tais como estenose dos tratos digestivo alto e respiratório. O acidente – a ingestão de soda cáustica –, fruto do "esquecimento" da criança por um adulto que tomava conta dele, repete-se em nossa experiência na enfermaria de pediatria?

Outra experiência marcante aconteceu entre uma menina, Débora, também com 5 anos e uma de nossas alunas. Débora é portadora de atrofia muscular progressiva e mora no hospital desde os 9 meses de idade, ficando a maior parte do tempo na UTI (Unidade de Terapia Intensiva). Os únicos movimentos que a menina consegue fazer são: levantar as sobrancelhas e mexer os olhos.

A aluna, ao se aproximar da menina com os livros de histórias infantis, reflete e escreve de forma poética:

"De longe avistei uma linda menina,
porém estava cheia de aparelhos...
de perto sua fragilidade se tornou mais evidente,
era uma criança que desde os 9 meses de idade
estava no mesmo lugar.

Hoje, ao cinco anos de idade, vê o mundo fechado,
dentro de um quarto de hospital gelado.
Às vezes chega um vizinho de cama,
outra vez fica sozinha...

Seus olhos enxergam o mundo através de um espelho,
dentro desse espelho-mundo
existe um quarto claro, música, enfermeiros, médicos, visitantes...
que chegam, observam e logo vão embora.

O sol cada vez se enquadra mais,
naquela grande janela vazia
e sua imaginação voa longe.
Afinal, trata-se de uma criança.

Ela é linda, porém não sabemos qual o reflexo
que o espelho lhe mostra,
como ela se vê naquele vidro,
que ora é frio e ora aquece seu coração,
talvez não o suficiente,
não o quanto ela mereça e precisa.

A síndrome é rara
assim como a beleza daquele ser
e de tempos em tempos
a atrofia muscular e respiratória se agrava mais
e ela vai se perdendo...

Com apenas dois movimentos
ela consegue se expressar
levantando as sobrancelhas duas vezes
ela demonstra que está gostando de algo
e quando ela contrai, ela demonstra que não está gostando...

Um "eu estou aqui" que faz a diferença,
o olhar para o outro é tudo,
é dizer: – "eu estou com você",
"você é importante pra mim".

Enquanto lia os livros infantis, vivos e coloridos
fui remetida a pensamentos como:
uma criança que não pode brincar,
não pode sonhar,
não pode brincar nesta vida
e brincar pela vida...

E quando percebi que ela me aceitou
e pude ficar ao seu lado alguns instantes,
senti-me completa,
como se o bem que eu queria fazer
eu também estivesse recebendo.

Senti o retorno de vê-la alegre por alguns minutos
e pude dizer, mesmo que sem palavras,
que eu estava ali, ao seu lado,
e pelo menos naquele instante...
... ela podia contar comigo".

da aluna Paula Marcondes

Acredito que escrever de forma poética foi a maneira possível que a aluna encontrou para registrar e elaborar a intensidade da experiência vivida por elas. A beleza do encontro está colocada no "eu estou aqui" da menina que interpela, que exige uma resposta, quase que obrigando a lhe dar algo – uma atenção, uma palavra, uma presença... e a aluna, afetada pelo olhar da menina, desdobra-se em gestos de atenção que emergem de si e surpreende-se.

Nas duas experiências descritas consideramos as possibilidades e as limitações humanas no instante em que entramos em contato com o sofrimento da criança doente e de seus familiares.

O menino Igor denuncia o quanto deixamos de ver para não sermos afetados pelo sofrimento. A experiência com a menina Débora revela que podemos ser afetados e dar uma resposta. As experiências vividas com Débora e outras crianças atenuam um pouco nossa angústia pelo não-acontecimento da experiência com Igor. Mas quantas crianças como Igor deixamos de lado?

Seria interessante uma reflexão sobre por que o Igor não foi visto. Passamos por ele e não o enxergamos. Tem algo no menino que provoca tamanha cegueira? Não deve ser pela gravidade do quadro clínico, pois o quadro da menina é ainda mais grave.

Igor foi esquecido pelos pais e ingeriu soda cáustica. Vive em um estado de isolamento, sem chamar a atenção nem interpelar o outro. Uma solução defensiva frente à angústia de ser abandonado novamente e jamais ser encontrado?

Mas que linguagem é esta que nos impede de enxergar alguém que está bem no meio do caminho?

Na relação com a natureza e com o outro, lemos o corpo do outro com o nosso próprio corpo. Ao olhar uma árvore só a percebemos como viva, se emprestamos nosso corpo para isso – fazemo-nos imaginativamente árvores. Como emprestar nosso corpo para uma criança tão sem vida como Igor?

Quando a mãe (e o pai) se aproxima de seu bebê, ela o faz por meio de seu corpo, que traz a presença de uma história e se faz doação para ser criado pelo bebê. O corpo materno, nesta etapa precoce, é o próprio corpo do bebê, em que ele pode, paradoxalmente, criar todo o mundo humano já ali presente. As configurações do corpo e do psiquismo organizam-se segundo o que a mãe percebe em seu bebê. Este processo permite que a criança habite um corpo, que foi significado pela presença afetiva do outro [Safra, 1999].

Um corpo não transfigurado pela presença de outros é um corpo-coisa, um corpo não habitado, um corpo desvitalizado.

E foi assim que percebi Igor com a massa de modelar amassada e sem forma em sua mão, a massa apresentando seu corpo abandonado, quando fui tirar as fotos do trabalho feitos pelas crianças e pelos alunos.

A oportunidade de ir ao quarto de Igor uma segunda vez possibilitou que pudéssemos rever a cena. A partir desta segunda oportunidade percebemos com muita angústia nosso lado esquecido, escondido de nós mesmos, aquele lado desvitalizado, não habitado, que nunca foi tocado por outro humano.

Compreendemos desta maneira nossa cegueira em relação ao Igor, a ferida que sangra em cada um de nós. Encontramos aqui nestas experiências vividas a origem do mito do médico – a ferida (eterna) incurável.

Levantamos mais perguntas do que obtivemos respostas durante as discussões após as experiências vividas na enfermaria de pediatria, mas a ênfase final recai sobre o significado do gesto de atenção dos alunos.

Saíram da sala de aula e se instalaram na enfermaria de pediatria. Correram o risco de ler histórias para as crianças, sem saber o que iriam encontrar. Experiência sem nome. De um lado, alunos que vão se tornar médicos, e de outro, crianças acamadas e assustadas. No meio estão os livros de histórias infantis e depois, as massinhas. À medida que se conhecem, brincadeiras e conversas saem dos livros como personagens encarnados nas crianças e nos alunos. Trocam de lugar nas histórias de contos de fadas. Sensibilizados pelo encontro, querem conhecer outras crianças para se sentirem responsáveis; novamente, como ninguém pode ser em seu lugar. Instalou-se um novo lugar dentro de si mesmos como a criança que estava marcada em sua carne.

Ao terminarem o estágio na enfermaria, refletiram que a criança tem nome, história, sentimento e vida; e a doença tem o nome da criança.

• Reflexões sobre a Função Apostólica

Artur Filhou José

Este texto traz um exemplo do trabalho da psicologia médica do segundo ano da graduação de medicina, mostrando a importância do papel do professor servindo como modelo e como agente facilitador, como também, sua importância na discussão e elaboração de situações práticas. Retrata situações que podem trazer emoções e angústias, e como uma atitude continente, evitando uma postura pedagógica impositiva, pode ser facilitadora. Traz, ainda, reflexões acerca da função apostólica.

O local para a experiência prática, escolhida por este grupo, foi a Enfermaria Geral do terceiro andar do Hospital São Paulo, escolhida por ser uma enfermaria que recebe pacientes com as mais diferentes queixas, muitas vezes com diagnósticos múltiplos, não privilegiando uma especialidade em particular.

Em uma das primeiras visitas, em que os alunos se subdividiram para entrevistar os pacientes, um grupo de três alunos terminou muito rapidamente sua entrevista, procurando-me em seguida na própria enfermaria. Estavam bastante irritados, referindo que a paciente se apresentava hostil, não disponível e que eles não conseguiam que a conversa fluísse. Preferiam olhar e estudar a pasta da paciente que, provavelmente, seria mais interessante, uma vez que a mesma apresentava uma série de complicações em decorrência de um diagnóstico de Lúpus Eritematoso Sistêmico.

Como era uma das primeiras entrevistas que esses alunos faziam, estavam visivelmente ansiosos. Este movimento deles, tentando buscar "refúgio" no prontuário, evitando maior contato com a paciente, chamou minha atenção e procurei saber um pouco mais o que havia ocorrido.

Os alunos mostravam-se irritados dizendo que além da dificuldade de desenvolver a entrevista, a paciente falou que "estava internada porque parou de tomar as medicações, que estava cansada; sua vida era uma porcaria e que poderia morrer, pois não perderia muita coisa mesmo".

Os alunos estavam indignados: "como uma moça de 22 anos pode agir voluntariamente desta forma? Ela tem a doença há tanto tempo! Sabe as medicações que deve tomar! Pior, sabe das conseqüências da interrupção do tratamento, com riscos reais de morrer! E além de tudo não está nada disposta a colaborar com os médicos nem com os alunos!".

Peço que voltem, que tentem tirar mais informações, saber mais da vida da paciente, da história da doença; que procurem entender melhor o que se passa com ela. Eles se mostram reticentes, achando que não daria resultado, que não seria possível.

Proponho-me a ir com eles reiniciar a conversa. A paciente revela-se, a princípio, negativista, monossilábica. Começo apresentando-me, apresentando cada um dos alunos, explico que são do segundo ano de medicina, que estavam passando pelo curso de psicologia médica e pergunto se poderíamos conversar com ela. A paciente aceita ser entrevistada. Começo perguntando a respeito de seus dados pessoais: seu nome, onde nasceu, como era sua infância no interior de Minas Gerais, quantos irmãos tinha, do que brincava, como veio para São Paulo, quando foi, como foi sua adaptação aqui, onde mora atualmente, quem mora com ela, quais suas atividades atuais, etc. antes de perguntar há quanto tempo estava internada, o quanto estava sendo difícil e, em seguida, perguntas a respeito de sua doença. Gradativamente a paciente e os alunos foram ficando mais tranqüilos e amistosos; depois de um tempo em que estavam interagindo, disse que iria acompanhar outro grupo e voltaria depois. Os alunos puderam, então, tirar várias informações, e depois de uma longa conversa despediram-se dela. Em seguida, foram ver a pasta de sua evolução clínica e de suas internações.

Houve um primeiro diálogo, ainda na enfermaria, enquanto víamos a pasta, e eles manifestaram sua admiração com o conhecimento que a paciente tinha a respeito de sua própria doença, "ela deu uma aula para a gente!".

Importante refletir porque houve uma mudança do comportamento da paciente com o professor, porque, em um primeiro momento, com os alunos ela passa a falar sobre a doença, usando termos técnicos e "dando uma aula".

Em relação à mudança de atitude tanto da paciente quanto dos alunos, ficando mais colaborativos e amistosos, provavelmente se relaciona com a postura e a maneira como me aproximei: com muito cuidado, respeito, delicadeza, olhando a paciente como uma pessoa. Apresento-me, apresento os alunos, esclareço o que estávamos fazendo ali, peço permissão para a entrevista. Por meio do início da nossa conversa apresento também a paciente, quando ela fala de seus dados pessoais, sua história, podendo trazer à tona os sentimentos de estar ali internada e diante de toda sua situação. Foi possível humanizar a paciente e aquele encontro. Nesse momento a paciente pôde mostrar seu lado afetivo e frágil, contando o quanto se sentia sozinha e impotente diante de seu sofrimento.

Este é um exemplo da proposta de nosso trabalho, no qual o professor com suas atitudes de continência e acolhimento pôde servir como modelo e ainda, como elemento facilitador, utilizando não só sua experiência na relação professor-aluno, como também sua experiência profissional na relação médico-paciente, em uma situação prática vivenciada conjuntamente.

Percebe-se que após minha saída, ocorreu, em um primeiro momento, uma reação possivelmente defensiva, tanto da paciente quanto dos alunos, que passaram a discutir a doença, usando termos técnicos: a paciente passou a "dar aulas" para os alunos. Passada essa dificuldade inicial, puderam conversar sobre questões mais pessoais, os sentimentos e sofrimentos que toda a situação trazia para a paciente, e os alunos puderam conter um pouco mais seus próprios sentimentos.

Na discussão em sala de aula com todo o grupo, à medida que gradativamente essa experiência era relatada, provocou como reação inicial, manifestações de hostilidade, irritação, risos e zombarias generalizadas: "Como é possível?". "A paciente teve várias internações por parar o tratamento!". "Ela sabe que tem risco de vida!". "Sabe que é um caso grave!". "Tem complicações de todo tipo: cardíacas, pulmonares, renais!". "Essa mulher é uma louca!". "Ela só pode ser feia, ignorante e morar longe!".

Senti uma certa irritação, um impulso de interceder rapidamente e "defender" a paciente. Senti vontade de "dar uma bela aula" para aqueles alunos. Senti-me impelido, por essa manifestação inicial deles, a exercer uma função apostólica, a ter uma atitude pedagógica impositiva "ensinando" esses alunos. Mas me contive esperando e participando do desenrolar da discussão.

Este exemplo mostra a dificuldade inicial dos alunos em entrar em contato com as emoções que provocam a situação de uma jovem, praticamente da idade deles, o que favorece a identificação, com um quadro tão grave, com tantas limitações, com tão poucas perspectivas. De uma paciente que se nega a seguir o tratamento, dizendo "que morrer não seria tão ruim". A identificação com ela nesse momento parece dolorosa demais e se choca com a "função apostólica do médico" [Balint, 1994], de curar e ajudar sempre.

A discussão continua. À medida que os dados são apresentados pelos alunos que fizeram a entrevista, os outros alunos vão entrando em contato com mais informações sobre a paciente: sua história, sua vida, sua família, condições sociais, econômicas. O que a paciente fala sobre sua doença, as limitações que ela lhe impõe, suas dificuldades, sofrimentos, lutas e decepções. Suas dificuldades de continuar estudando, de ter um bom emprego, de arrumar um namorado, etc. Vai ficando claro que aos olhos dos alunos ela vai se tornando cada vez mais humana, mais gente, mais próxima. Como uma menina, uma jovem, que poderia, muito bem, ser alguém que eles conhecem, uma amiga, talvez alguém da família, alguém como eles mesmos.

Então, gradativamente, alguns poucos alunos, depois vários deles, mudam da postura inicial para uma atitude mais compreensiva, mais solidária e acolhedora; outros permanecem na mesma atitude, e cria-se uma grande polêmica.

Uma importante transformação ocorreu ali naquela aula.

A partir da vivência, da intervenção do professor e posterior discussão dos vários aspectos do adoecer e repercussões na vida de uma pessoa, uma elaboração foi possível. Uma mudança no olhar e na perspectiva de alguns dos alunos ocorreu. Da percepção de uma paciente hostil, com comportamento negativo, para um ser humano com direito de sentir raiva, frustração, desânimo, tristeza; ou seja, a humanização da paciente.

Os alunos puderam ter contato, ainda, com os limites da atuação do médico, com a sua impotência, com a percepção de que o médico não tem o poder absoluto, capaz de determinar sozinho, a partir de sua intervenção e orientação, a evolução de um tratamento.

O professor pôde sentir e tolerar que não é possível impor conhecimento ao aluno, pois o conhecimento real depende das capacidades e das possibilidades do binômio professor-aluno. Os alunos abriram espaço para a tolerância do fato de que a evolução de um tratamento depende da participação do paciente e, portanto, das capacidades e das possibilidades do binômio médico-paciente.

O curso procura proporcionar ao aluno experiências que favoreçam que ele seja afetado, atingido. Propõe uma observação-ação seguida de discussão, com objetivo de compreensão, que ganha em qualidade à medida que aumente a percepção das emoções que geram a situação. Cada quadro permite várias leituras, e a partir delas uma elaboração. Um objetivo importante é ajudar os alunos a perceberem o que o paciente e a situação podem provocar neles, nos médicos e nos profissionais de saúde, e reconhecer e elaborar as emoções que podem não ser percebidas em um primeiro momento.

Faz parte do foco do curso, que o professor tenha como objetivo agir como facilitador do reconhecimento das emoções; para isso é necessário um preparo, que difere de uma atitude professoral, de uma aula expositiva. Implica em um preparo que capacite o professor a tolerar e conter tanto as suas quanto as emoções e atitudes dos alunos, a fim de propiciar um reconhecimento e elaboração.

• Emoção, Ensino e Prática Médica

Julieta Freitas Ramalho da Silva

Exemplo 1

Pretendo relatar mais uma dentre as muitas histórias vividas por mim, durante esses quinze anos em que participo do grupo de ensino de Psicologia Médica na Escola Paulista de Medicina. Após alguns anos ligada aos alunos do terceiro ano da graduação médica, sentia-me cansada, esgotada. Pensei que as características externas daquele momento, 3° ano médico, eram pesadas demais. Nessa etapa do curso os alunos entravam em um contato mais próximo aos pacientes, por intermédio do curso de Propedêutica. Contato com a pessoa e seu corpo, provocando muitas ansiedades. Não bastasse isso, o ensino era feito em enfermaria de doentes graves, muitas vezes terminais, com inúmeras carências sociais, emocionais, culturais, enfim situações que nos colocava invariavelmente diante do sentimento de impotência, do tema da morte. RESOLVI MUDAR e transferi-me para o primeiro ano médico. Na minha fantasia eram jovens de 18, 19 anos, esperançosos. Reconheço um tanto de idealização minha, mas iríamos conversar sobre a escolha da profissão, a vocação, as outras medicinas não oficiais, enfim os primeiros passos para a consideração das emoções vivenciadas e reconhecidas primeiramente em si próprios para depois alcançar o outro.

Muito bem, lá pelo meio do ano, mês de junho, meu grupo de 15 alunos e eu fomos surpreendidos por um problema. Uma aluna adoeceu gravemente, teve diagnóstico de câncer e deveria ser submetida à cirurgia e posterior tratamento quimioterápico. Tínhamos uma situação não mais lá de fora, das enfermarias, mas uma situação dentro da sala de aula. Se por um lado mais difícil, por outro poderia ser muito enriquecedora. A emoção estava fortemente presente, às vezes à flor da pele.

O grupo foi se tornando silencioso, parecia que todos tinham receio de falar livremente durante as aulas. Aos poucos, os alunos ficavam mais distantes emocional e fisicamente, sentavam-se no fundo da sala. Expressavam a dúvida de conversarem sobre sentimentos e machucar o paciente que entrevistavam. Olhavam para mim, como que "pedindo socorro". E agora?

A aluna doente, no entanto, preservava seu papel de aluna em sala de aula e não de paciente. O clima foi se tornando tenso e a situação delicada para mim. Eu tinha em mente, porém que a minha função era pedagógica e não terapêutica. A nossa estratégia de ensino era trazer a experiência vivida e as emoções reconhecidas em si próprio e na tarefa médica para dentro da sala de aula, para serem partilhadas pelo grupo, pensadas, digeridas e talvez elaboradas com vistas ao entendimento da relação médico-paciente.Assim, tentamos exemplificar conceitos como: transferência, contratransferência, catarse emocional, o ouvir como um aspecto da disponibilidade do médico, a continência da ansiedade, a informação esclarecedora para alívio de ansiedades e fantasias persecutórias, etc...

Em um determinado dia, a aluna, já em tratamento quimioterápico, com perda de cabelo e visivelmente abatida, faltou à aula. O grupo começou, então, a falar da dor e do sofrimento. Um aluno desata a chorar e diz não saber o que fazer, não sabe como se aproximar, mostrando disponibilidade e ao mesmo tempo não se tornando invasivo para com o colega. Qual será a distância adequada? Outros revelam não se sentirem mais livres para discutirem sobre pacientes graves. Outro, ainda, teme algo tão grave e tão próximo, teme que possa ocorrer consigo também.

Depois de permitir que os alunos expusessem sua dor, passamos a nominar os sentimentos, apontá-los, enfim permitindo que a emoção circulasse e fosse pensada. Retomo a função pedagógica; transporto o modelo do ali vivido para a prática médica, para os diversos sentimentos presentes na relação médico-paciente. Comento sobre tolerar as angústias, perceber as defesas, sentir os sentimentos e não saber o que fazer com eles, o receio de prejudicar o outro, a proximidade excessiva e o perigo da identificação com o paciente. Reforço o sentido das emoções presentes para serem pensadas, não atuadas ou negadas, amputando uma parte viva do ser médico.

Trago este exemplo porque é forte, marcante para mim e didático. A nossa FUNÇÃO é PEDAGÓGICA, nosso MÉTODO e caminho é INTEGRAÇÃO do indivíduo para exercer a Medicina da Pessoa: razão, emoção e corpo; nossa ESTRATÉGIA é o resgate da EMOÇÃO em si próprio e na tarefa médica; nossa inspiração e base é a TEORIA E O MÉTODO PSICANALÍTICOS.

Acredito que alunos e médicos necessitam viver as emoções, e necessitam aprender a não temê-las. Nossa função lembra a Função de Rêverie, proposta por BION: acolhimento das angústias dos alunos em cada etapa da formação e tarefa médicas e ajudá-los de forma que possam tolerá-las e pensá-las; função deslocada ou emprestada do *setting* e teoria psicanalíticos para a função pedagógica no ensino de Psicologia Médica.

Mas aí vocês podem me perguntar: Qual é o limite entre o pedagógico e o terapêutico? Compartilho essa preocupação com vocês. Alguns alunos sentem-se bem e às vezes nos identificam como terapeutas de grupo, porém não é essa nossa função, como já insisti anteriormente. Assim como o médico tem atitudes terapêuticas, ou melhor, psicoterapêuticas *senso lato*, no encontro com o paciente; nós também muitas vezes esbarramos nesse campo.

Enfim, quero dizer que algo do método e da técnica da Psicanálise nos ajudam no ensino em que buscamos espaço para a emoção na prática e principalmente no ser médico. É o modelo da sala de aula que pode ser aprendido e levado para fora, em cada encontro com o paciente.

"SINTO, LOGO PENSO."

Para terminar, gostaria de uma breve passagem sobre a história da filosofia e das ciências, lembrando a frase SINTO, LOGO PENSO de Antonio Damásio em seu livro *O Erro de Descartes*. E qual seria o erro de Descartes ao qual o autor se refere? Ele retoma a história da filosofia e uma das afirmações mais famosas, presente na quarta seção de *O Discurso do Método de Renée Descartes* (1637): Penso, logo existo. Esta poderosa afirmação poderia ser entendida dentro do contexto da época, referindo-se à supremacia da razão; mas acabou determinando a separação abissal entre corpo e mente; entre a substância corporal, com volume, com dimensões e com funcionamento mecânico de um lado e a substância mental, indivisível, sem volume, sem dimensões e intangível do outro. Damásio retoma a integração entre emoções, razão e corpo; integração entre mente e corpo. Critica os neurocientistas que insistem em explicar a mente somente em termos de fenômenos cerebrais, deixando de lado o restante do organismo, o meio ambiente físico e social. Protesta, porque a formulação é restritiva, insatisfatória em termos do humano, da sua complexidade e singularidade.

A divisão cartesiana domina, até hoje, tanto a investigação como a prática médica. Penso que a Medicina corre o risco de equivocadamente se tornar uma biologia de humanos, e a Psicanálise poderia ajudá-la a sair desse aprisionamento causado pela ciência atual, e resgatá-la para sua especificidade humana, complexa e em íntima relação com o social, artístico, psicológico e outras áreas; rompendo ou questionando o lugar da Medicina entre as Ciências.

Exemplo 2

Gostaria de levá-los, com este exemplo, a entender o que considero o manejo de grupo e a relação com o programa pedagógico de psicologia médica para alunos da graduação.

Esta foi a primeira aula do curso para um grupo de 15 alunos. Ao chegar à sala de aula, encontro-os sentados nas cadeiras das últimas fileiras, todos juntos. A disposição das cadeiras nos anfiteatros designados para aulas não é muito boa, pois separa professor e alunos. Às vezes para ultrapassar esta disposição do ambiente, peço que sentem o máximo possível em círculo. Bem, ao chegar notei esse ambiente distante e nos primeiros minutos, pediram-me para terminar a aula mais cedo, pois teriam uma prova logo em seguida. Confesso que não achei a recepção muito calorosa, mas resolvi aguardar, deixar esse dado em minha memória para utilizá-lo quando possível. Nesse momento insisti na importância do curso, conduzi a aula de uma forma lúdica, amistosa e pedi que me contassem dos anos anteriores, das suas experiências nas aulas do 1° e 2° anos, visto que se trata de um curso para o 3°ano médico. Pedi-lhes também que me trouxessem exemplos de atendimentos clínicos para que fizéssemos a ponte entre teoria e prática. No terceiro ano utilizamos, com freqüência, material clínico das aulas práticas de Semiologia Médica, ministradas pelos colegas da Clínica Médica.

Ao iniciarmos nossa terceira aula, já em um clima emocional menos tenso que a primeira, um aluno trouxe um atendimento que passo a relatar. Ele estava no ambulatório de Geriatria e consultou a senhora A. de 68 anos, com queixa de feridas na pele do corpo. Ao entrarem em detalhes de sua vida pessoal, esta contou que ouvia vozes, que já havia feito tratamento psiquiátrico, tomava, às vezes, "amplictil" e chegou a ter convulsões quando jovem. Informou-lhe também que ficara viúva há dois anos e que desde então se sentia muito sozinha. Às vezes, à noite, sentia como uma mão que passa em seu rosto. O aluno quis encaminhá-la a uma consulta psiquiátrica, porém a senhora A. recusou tal indicação. Assim, o aluno ficou sem saber como conduzir essa questão, sentiu-se desamparado e colocou tal dilema para o grupo.

O grupo ficou bastante mobilizado, fizeram várias perguntas, perguntaram-me sobre conhecimentos psiquiátricos que ainda não possuem, comentaram sobre a doença mental, a loucura, se isso não poderia ser coisa de "espírito". Aí surgiu o medo trazido por outro integrante do grupo, o medo dessas coisas que a gente não entende. Fizemos uma distinção entre o discurso religioso e o discurso científico que eles estão aprendendo. Lembramo-nos do livro *O Alienista,* de Machado de Assis, em que o Dr. Bacamarte interna toda a cidade e depois se pergunta se não é ele o louco, consideramos situações culturais. Lembraram-se de dois filmes: "Mentes Brilhantes" e "Bicho de Sete Cabeças". Estavam todos muito envolvidos na conversa, colocando-se e reconhecendo sentimentos, quando resolvi que poderíamos agora tentar levantar um tema que me parecia ser muito importante: A RESISTÊNCIA ao PSICOLÓGICO.

Fui então para o quadro negro e desenhei o seguinte esquema:

Senhora A————————————RESISTÊNCIA ao PSICOLÓGICO ———————————— PACIENTE
————————————————— MÉDICO

O grupo pode então tomar a questão a partir dos vértices, da paciente e do médico. Verificamos que o preconceito, a dificuldade com o psicológico e psiquiátrico não é só de uma parte. Quanto à paciente traçamos uma conduta de sensibilizá-la para o atendimento psiquiátrico, pensamos que o aluno poderia conversar sobre a vida solitária da paciente desde que o marido morrera, sobre sua necessidade de companhia, sobre seus medos, mostrando que toda essa compreensão poderia ajudá-la. Quanto ao médico (alunos) eles puderam pensar sobre seus preconceitos, seus medos, suas concepções religiosas.

Do meu ponto de vista, o que ocorreu foi maravilhoso, pois desde o primeiro dia de aula, havia pensado em uma "transferência negativa aluno-professor "se é que posso assim utilizar o conceito de transferência fora do contexto da sala de análise", e que no plano da dinâmica grupal isto pode ser tocado quando eles me trouxeram para discussão uma paciente como a senhora A. Portanto, ao conversarmos sobre esta relação médico-paciente, eles puderam se examinar, fazerem um mergulho em si mesmos e trazer à tona algo que o professor pôde resgatar para a discussão que é tanto pedagógica informativa quanto formativa, no sentido de que o médico que está se formando dentro deles está sendo acolhido pelo professor, na sala de aula.

• O Filme "Morangos Silvestres" e a Psicologia Médica

Salvador Mário Bianco

A História da Filosofia moderna poderia ser escrita em termos de guerra entre a física e a psicologia.

Will Durant
A História da Filosofia (1926)

Em um sentido que sou incapaz de explicar melhor,os proponentes dos paradigmas competidores praticam seus ofícios em mundos diferentes (...). É por isso que uma lei que para um grupo não pode nem mesmo ser demonstrada, pode, ocasionalmente parecer intuitivamente óbvia a outro.

Thomas S. Kuhn
A Estrutura das Revoluções Científicas (1962)

Todos sabemos a intensidade da resistência à apreensão da realidade psíquica e a conseqüente dificuldade no ensino da Psicologia Médica em bases que não sejam puramente intelectuais.

O curso médico propicia, de modo geral, uma formação técnica, propondo-se a capacitar o jovem aluno a exercer a sua profissão. Para esse pleno exercício, porém, percebemos que se necessitam de recursos pessoais consideráveis e que a transição para uma vida profissional satisfatória é difícil e freqüentemente dolorosa. A perda da proteção que a condição de estudante propicia é brusca e inevitável sendo, dessa forma, mais compreensíveis as freqüentes manifestações de infantilidade dos alunos: estão aproveitando seus últimos momentos, já angustiados com o que se aproxima.

Da mesma forma, a ciência médica, em sua infância, enfrenta com relutância a necessidade de arcar com a tarefa que se apresenta. O curso médico tem sido mais voltado, tradicionalmente, para os aspectos corporais, orgânicos, biológicos, concretos do ser humano e embora haja quase unanimidade em considerar-se a questão psíquica como parte inerente e igualmente importante de sua prática, o que observamos objetivamente é que há enorme déficit na capacidade de se lidar com ela. Trata-se de uma "especialização" marcante e peculiar já que corresponde a uma "dissociação cultural" profunda e antiga. Tudo indica, porém que o insatisfatório dessa situação torna-se cada vez mais claro e grandes esforços vêm sendo feitos no sentido da integração. A esse respeito acho oportuna a citação de Bion:

> É perigoso distorcer a experiência para adequá-la às capacidades que possuímos (...). É natural que o bebê veja uma parte do mundo real: essa perspectiva particular não é errônea, é inadequada (...). Na análise contemplamos uma personalidade total que em algum momento, de maneira consciente ou inconsciente, optou por uma particular visão ou por um vértice particular desde o qual contemplar essa visão. Isto implica sempre inibir a capacidade de ver o que alguém não deseja ver.
> (tradução minha)
> Wilfred R. Bion, *La Cesura* (1977)

A própria situação corriqueira e aparentemente simples da consulta médica é particularmente significativa e ilustrativa a esse respeito. Cada consulta pode ser considerada, desse ponto de vista, como uma solicitação de ajuda para que a integração psicossomática possa ocorrer. Ao se fazer uma consulta médica está-se, implicitamente, tendo certa consciência da necessidade de aproximação dessas duas áreas tão inadequadamente separadas. Nesse sentido, o médico é investido de uma tarefa muito difícil. Está em suas mãos colaborar para a realização do tão heterogêneo "casamento".

Assim como a tridimensionalidade só se torna possível a partir da possibilidade de um cérebro integrar as visões parciais de cada um dos olhos, a "psicossomaticidade" torna-se apreensível quando a mente é capaz de integrar essas duas maneiras de ver a realidade. Vejamos um exemplo dramático vindo por um pedido recente de interconsulta de enfermaria de nefrologia.

Trata-se de uma paciente de 21 anos, em plena e grave atividade lúpica (Lúpus Eritematoso Sistêmico) que, repentinamente, começou a se mostrar confusa, com alucinações visuais e idéias persecutórias. Seu médico solicita uma avaliação psiquiátrica para saber se trata-se de um quadro psicótico de base orgânica ou psicogênico e que se institua o tratamento adequado.

Ao atendermos o pedido ficamos sabendo que o quadro lúpico iniciou-se há cerca de 3 meses, ao fim de uma gestação que resultou em um parto prematuro e logo seguido da morte do bebê. Soubemos também que a paciente, solteira, em sua psicose, acredita estar sendo perseguida pela polícia e que teme ser morta na frente da mãe. Esta não abandona o leito da filha e não consegue conter o choro diante da gravidade da situação.

Sabemos que essa doença freqüentemente cursa com quadros psicóticos, que são freqüentes as vasculites cerebrais e outras lesões cerebrais e não-cerebrais que podem levar a rebaixamento de consciência, alucinações, *delirium,* etc. O próprio tratamento é também potencialmente causador desses problemas.

Por outro lado não nos podem passar despercebidos os gravíssimos componentes psíquicos envolvidos na trágica situação. Não podemos deixar de pensar também nos possíveis desencadeantes emocionais de uma doença auto-imune a que a literatura médica agora já reconhece a pertinência.

E agora? É somático ou é psíquico? Devemos tratar com medicação ou psicoterapia?

Nossa orientação foi de que os nefrologistas fossem informados de que há fortes indícios de organicidade na sintomatologia psiquiátrica apresentada, que devemos tentar discriminar, se possível, a causa orgânica do quadro confusional e que avaliaremos a necessidade do uso de medicação psiquiátrica, mas que não podemos deixar de procurar atender, de alguma forma, ao imenso sofrimento psíquico que se mostra presente, mas talvez não plenamente vivenciado pela paciente. Acreditamos que é importante também que os nefrologistas e toda a equipe fiquem informados quanto aos aspectos dramáticos da situação para que possam participar da "rede de continência" necessária. Mesmo que não tenhamos o conhecimento suficiente para determinar com precisão como essas duas ordens de fenômenos estão se relacionando temos já indícios suficientes para perceber que esse relacionamento existe e que é complexo e delicado.

A questão pode ser mais bem visualizada em termos espaciais: necessitamos achar um lugar dentro de nós amplo o suficiente para conter ambos, juntos, e permitir que se estabeleça uma relação entre eles. Penso ser fundamental apresentar aos alunos a possibilidade de conciliar a "física e a psicologia", a ciência e os sentimentos, casando, integrando e mantendo-os unidos em uma relação criativa, como diz Meltzer:

> Segundo essa teoria, toda função criadora considerada artística, científica, tem suas raízes na criatividade desses objetos internos e essa criatividade depende dos objetos internos terem permissão para retirar-se para sua câmara nupcial e renovar sua combinação um com o outro. Evidentemente o trabalho psicanalítico nos faz saber que forças tremendas da personalidade se alinham para não permitir essa conjunção.
> Donald Meltzer *Além da Consciência* (1992)

Proponho a utilização, com os alunos, de um filme para apreendermos a questão de forma mais vívida. A esse propósito "Morangos Silvestres", do diretor sueco Ingmar Bergman, sintetiza maravilhosamente as questões que estamos abordando.Trata-se da história de um médico, bem-sucedido profissionalmente, que, já próximo ao final de sua vida, começa a dar-se conta de que negligenciara completamente a respeito de seus outros aspectos. Isaak Borg, cujo nome lembra "montanha de gelo" na língua sueca [Bergman, 1990], só começa a "derreter" muito tarde na vida e, dolorosamente, vai se dando conta de tudo o que deixou de perceber. Com a ajuda da nora, de acontecimentos fortuitos, mas significativos e de sonhos assustadores, mas profundamente expressivos vai se reaproximando de seus sentimentos e, de certa forma, renascendo psicologicamente. São tocantes, no filme, as cenas que retratam dificuldades no relacionamento de casais – brigas, ressentimentos, ciúmes, incompreensões, rivalidade, arrogância, frieza e egoísmo afastam e impedem a felicidade e a fecundidade.

No fim, Isaak consegue a integração ao lembrar de uma cena feliz de união de seus pais.

Assistir ao filme juntos, na sala de aula tem-nos proporcionado vivências intensas e marcantes. No término, freqüentemente, emerge o sentimento peculiar de sermos mais humanos, proporcionando a oportunidade de continuarmos a discutir o assunto nas aulas seguintes em um novo patamar.

Como ilustração transcrevo um trecho de uma redação escrita por um aluno após assistir ao filme:
"...Na estrada de Lund, os visitantes dão carona a três jovens. Pessoas jovens, vidas que se iniciam, servindo de contraponto para Borg, que se aproxima da morte, solitário e mal resolvido.(...) No filme o tema da morte é abordado do ponto de vista da vida, onde o personagem, apesar de estar vivo, é amargo, solitário e fechado para o mundo. É mostrada a passagem da personalidade egoísta e fechada de Isaak para uma abertura ao mundo, representando no fim do filme uma retomada da vida, apesar da proximidade com que o personagem se encontra da morte."

A idéia é municiarmo-nos da genialidade de um Bergman para conseguir uma comunicação mais bem-sucedida. Será possível?

• O médico em formação: breves reflexões sobre uma vivência em Psicologia Médica.

Milton Della Nina

Década de 1960. Das rádios da Paulicéia ressoavam em meus ouvidos os sons de uma banda de rock, e o quarteto de Liverpool ainda cantava "*I want to hold your hand*" quando já pude ultrapassar com passos rápidos e vigorosos os portões da velha escola de Medicina. Calouro, após tanto esforço e angústia finalmente ia ao encontro de um desejo agora a realizar-se: tornar-me médico. Quanto trabalho e estudo pudesse isso demandar, nada parecia demais, o importante era ali me situar. Na direção e lugar da figura idealizada, que romanticamente imaginada parecia tudo poder, eu e meus colegas afoitamente nos aventuramos.

Primeiros anos de um novo século. Diante de uma turma de jovens do terceiro ano de Medicina, buscando encontrar em seus rostos meus antigos sonhos, me deparo com uma tarefa. Como ajudá-los a se reconhecer e formar-se como médicos? Quis o destino e a complexidade de uma vida profissional extensa e laboriosa que eu agora aqui me encontrasse. Como integrante de um Curso de Psicologia Médica. Como médico, psicanalista e antes de mais nada como um ex-aluno de Medicina. Como transformar minha vivência em aprendizagem e disto fazer uma transmissão de conhecimentos?

Hoje, felizmente, nas Escolas médicas multiplicam-se as oportunidades para os estudantes discutirem as vivências emocionais decorrentes desta profissão, assim como o valor da Psicologia no tratamento médico. Psicólogos e médicos, lado a lado, participam de aulas sob a forma de discussões, estimuladas por leitura de livros, contos, textos curtos ou filmes e principalmente usando como substrato a experiência real dos alunos no contato com a clientela hospitalar. Pretendo com este texto apenas colaborar com algumas reflexões, baseadas nessa experiência com uma turma de estudantes da Unifesp durante o período de seu Curso de Psicologia Médica. Para tal me utilizarei de algumas vinhetas extraídas dos relatórios ao fim de seu Curso e em que ponderam sobre o contato com clientes durante a aprendizagem de Semiologia.

"Chegando no hospital o professor (de Semiologia) tinha pedido uma anamnese completa, era para nos testar se após alguns meses de aula sabíamos como fazê-la, logo o paciente e eu teríamos que ter muita paciência... finalmente o paciente conseguiu ir até o fim; acho que a carência dele era tanta que ele tolerou todas as milhares de perguntas e o exame físico apesar de estar sentindo muita dor. Ficamos durante três horas conversando com ele, a vida dele foi toda detalhada, exposta. Na hora que estávamos nos despedindo começou a chorar feito uma criança. O mais difícil nessas horas é conseguir saber como é a melhor forma de agir. Consolar o paciente ? E depois, nunca o vimos, o que falar?

E o que sentimos? São milhares de sentimentos que vieram na minha cabeça naquele momento: pena, desespero por não poder fazer nada, vontade de abraçar o paciente, sem contar que toda vez que vou ao hospital me sinto na obrigação de visitá-lo."

(O., aluna do terceiro ano)

"Quando chegamos ao leito indicado a paciente estava de olhos fechados (as outras também.... estariam fingindo?) e me lembrei de que já havia tentado conversar com ela no dia anterior sem sucesso, pois ela também estava descansando... Delicadamente ela despertou e nos apresentamos. Esse início de conversa é sempre constrangedor, pois tentamos dizer, o mais cordialmente e confiante quanto possível, "somos estudantes do terceiro ano de medicina e gostaríamos de entrevistar o senhor ou a senhora, tudo bem?". Sempre que faço essa pergunta sinto ressoar na minha cabeça o suposto pensamento do paciente e esse nem sempre é agradável: "claro que tudo bem (o que esperava que ele respondesse ?), e se não estiver bem, de que adianta, vocês vão deixar de me amolar?" ou então: "Lá vem esses estudantes que não resolverão a minha doença".

(L., aluna do terceiro ano)

"Notei uma certa indiferença do paciente em relação a mim. Talvez pelo estado debilitado em que se encontrava. Ou talvez pela impotência diante de sua condição. Ou quem sabe em virtude do ambiente hospitalar a que está submetido há quatro meses... Senti-me pouco à vontade na presença daquele senhor. A impressão que dava era que ele mesmo já tinha perdido as esperanças. Eu sentia que, para ele, aquilo tudo de nada adiantaria.... Sinto pena dele. Não pela doença em si, mas pela sua solidão. Ao final da anamnese, sinto que ele está um pouco menos abatido. Para algumas doenças, um simples ato de atenção pode ser o melhor tratamento."

(P., aluno do terceiro ano)

Torna-se para mim impossível ler tais linhas nesses relatórios sem me emocionar com a sensibilidade e capacidade de observação psicológica revelada por esses alunos. Quando procuro me lembrar do que pude sentir na minha formação médica, não consigo me aperceber tendo essa mesma sensibilidade e a capacidade de me emocionar com tal nível de discriminação. Entretanto, posso recordar da dor dos pacientes e o quanto era doloroso entrar em contato com ela, da necessidade de animar os pacientes quando nós mesmos já não sabíamos com que recursos contar e o quanto sentíamos a importância de ter bons conhecimentos para nos sentirmos realmente úteis. Creio, assim, que posso com esses jovens estudantes me identificar. Mas, basta a um professor de Psicologia Médica se identificar? Como trabalhar para que tal sensibilidade do estudante não se perca no decorrer de seu Curso e principalmente quando médico já formado? Será que de fato tal perda poderá se dar?

"Ela tinha 49 anos e um aneurisma dissecante de aorta. Seu quadro era complicado, pois a cirurgia a que seria submetida era de alto risco e não havia outra saída. Ao final da entrevista parecia mais calma e eu também. Disse que voltaria outro dia para saber o resultado de sua cirurgia. Agradeci, disse boa noite e fui embora pensando se o que fiz havia sido certo ou não. Voltei no outro dia, mas sua cirurgia havia sido adiada. Conversamos um pouco sobre os motivos do adiamento e ela parecia aflita. Mudei de assunto e ficamos jogando conversa fora por uns 15 minutos. Sentia que ela precisava conversar um pouco sobre outros assuntos que não fossem a sua doença. Despedi-me e prometi retornar antes de sua cirurgia. Um dia antes da cirurgia, voltei ao seu quarto e ela me recebeu com um sorriso. Ela estava mais otimista e alegre que das outras vezes. Contou-me com orgulho que tinha uma filha que a visitava todos os dias. Confessou que o ambiente do hospital a deixava deprimida mas que isto já não a incomodava, tanto. Perguntei como se sentia e ela disse que estava bem. Trocamos mais algumas palavras e disse que precisava ir embora... Entretanto, três dias depois tive a notícia de que havia feito a cirurgia e havia morrido após ter tido uma hemorragia..."

(A., aluna do terceiro ano)

"Sempre considerei que uma forma de eu colaborar com o paciente seria pelo menos fazer a ele companhia. Eu sempre me senti inútil no momento desse contato inicial, mas pelo menos tinha como consolo o fato de estar lá fazendo o paciente conversar. De repente, diante daquela situação me vi completamente inútil. O resultado da anamnese é que aquele senhor tinha um câncer de esôfago. Claro que não fui eu quem constatou isso, foi meu professor. Aliás, ele abordou parte do caso ali, ao lado da cama do paciente. Aí eu me pergunto: será que aquele paciente estava à vontade de ver seu problema sendo discutido com um grupo de estranhos? Eu não gostaria. Acho que em primeiro lugar, acima do aprendizado, fica o paciente. Serei médico para dar ao paciente tudo que for necessário para seu bem-estar, porém já no terceiro ano da faculdade aprendo que isso não é aplicado."

(F., aluno do terceiro ano)

Diante da dor, do sofrimento e da miséria face à doença, com que meios conta o médico, além de seus conhecimentos científicos? Na realidade com muito pouco. Embasados os cursos médicos em uma sempre crescente necessidade de aquisição dos indispensáveis conhecimentos técnicos e científicos, sobra pouco tempo curricular para a cultura e a base ético-filosófica. Mesmo estas últimas, ao lado da Psicologia Médica, freqüentemente só se dispõem sob a forma de disciplinas isoladas. Dissociadas do amplo contexto da aprendizagem prática dos alunos durante seu Curso Médico, acabam por sobrecarregá-los e serem entendidas somente como uma a mais, sem relação com o contexto cotidiano do médico. Para elas, apesar do esforço de seus docentes integrantes, acaba muitas vezes ocorrendo um certo grau de indiferença e desconfiança dos próprios alunos, futuros médicos.

Assim fica esse jovem no decorrer da formação, em etapa crucial de desenvolvimento de sua identidade médica, sujeito a identificações aleatórias com colegas médicos mais velhos. Nem sempre os modelos identificatórios ou as situações de ensino são os mais adequados para manter sua capacidade de identificação e empatia com os doentes. Entretanto, não se deve culpabilizar aqueles que em antigos sistemas de ensino médico se formaram. A nós, médicos de uma geração mais antiga, freqüentemente só nos restava como meio de defesa a dissociação inconsciente entre a sensibilidade perceptiva e o conhecimento médico científico. Muitas vezes a isso se acrescenta um certo modo onipotente e distante, muitas vezes encarado como arrogante, que somente revela a nossa fragilidade. A figura do médico "frio" que parece nada sentir é uma ilusão, nada mais sendo que a expressão de defesas contra o impacto traumático do sofrimento e perdas dos pacientes, que sendo também nossas perdas são quase insuportáveis em seu acúmulo diário.

Portanto, considerando essa vivência com a Psicologia Médica, acentuo cada vez mais a idéia de que a ampliação dos recursos emocionais frente ao sofrimento não deve passar apenas pelos estudantes, mas também deveria se estender a quem, como médico já formado, possa ainda assim ser ajudado. Da mesma forma a identificação profissional dos alunos, em um regime de tempo mais longo, poderia ser estimulada em ambientes de atendimento clínico e de ensino mais preparados para seu acolhimento, e que levasse em conta a problemática emocional do contato médico. Creio que parte disso vem sendo atualmente implantado na Unifesp por meio de programas de adaptação à prática médica, os quais desde o primeiro ano favorecem a identificação com modelos adequados de relação médico-paciente.

Tais programas tem integrado o esforço conjunto tanto de clínicos como de cirurgiões e docentes da Psicologia Médica.

Como vemos em todas as vinhetas das descrições dos alunos a identificação com os pacientes e um relacionamento humanizado é uma tendência ocorrente e positiva no médico em formação. Porém, dada a gravidade de muitas situações atendidas o vínculo de amizade freqüentemente leva a sofrimento do médico, o que desestimula com o tempo a aproximação. Entretanto, nem sempre o relacionamento é assim trágico, e o saber aproximar-se humanamente também conduz a vivências agradáveis e de crescimento, o que pode tornar potencialmente a Medicina uma profissão mutuamente satisfatória.

"A idade da paciente me tranqüilizou um pouco. Para um primeiro contato, achei que seria mais fácil conversar com uma paciente mais nova do que eu. Ainda assim, no começo da anamnese, eu estava bem confusa, sem saber como perguntar. Também tinha a sensação de que seria um certo incômodo para a paciente ter que ficar falando sobre sua doença. Fui me soltando mais, conforme conversávamos, pois a paciente era muito simpática e falante. Conseguimos tirar uma história "razoável" pelo pouco que sabíamos de anamnese até então".

(F., aluna do terceiro ano)

Perceptivo de suas próprias condições emocionais e cada vez mais consciente da ajuda que um paciente pode dar às tarefas, que ele como médico deve realizar, o estudante pode ir adquirindo o sentido da importância do vínculo de colaboração em Medicina. Podemos mesmo dizer, parafraseando um conhecido psicanalista inglês (Wilfred Bion), que "o paciente é o melhor companheiro que um médico pode ter". Entretanto, é necessário que possa continuar a perceber suas próprias emoções e tanto se identificar como diferenciá-las do paciente, como vemos no relato acima. Parece-me que uma das mais importantes tarefas que temos na Psicologia Médica é permitir que o estudante possa ir reconhecendo suas próprias emoções, sabendo nomeá-las para si mesmo e assim fazer disso um "capital" emocional para seu futuro como médico e ser humano. Estimular os alunos a conversarem, mesmo entre si e sobre si mesmos, no contexto de uma discussão grupal e com respeito pelo que é falado, pode ser o fio condutor de uma aprendizagem formadora e não apenas informativa. Mas, sempre me pergunto após cada aula, terá sido nossa prática de Psicologia Médica de fato eficiente?

"Depois de um longo devaneio... Então falei tchau. Estava satisfeita por pelo menos sentir que fiz algo legal, doei-me um pouco, sei lá eu... Também senti que as pessoas e pessoinhas ficaram felizes. Outra sensação que me deu foi da incerteza, mas não de aceitação. Disso, eu já estava bem certa, mas de pensar se um dia os reencontraria de novo (as crianças), super saudáveis, e como seria. Também pensei se pode um médico se lembrar de tantos pacientes e, se podem eles, lembrarem-se de tantos médicos. Cheguei então a um pedaço de conclusão: Se houver uma grande troca na relação médico-paciente (pessoa-pessoa) e uma memória razoável, quem sabe não guardemos grande parte dessas experiências, tão significantes, em nossa memória e as reavivamos em diversas fases de nossas vidas. Afinal é dos personagens e de suas experiências, que se compõe toda a História e, nela, a técnica é um mero coadjuvante. Assim, fico feliz se eles tiverem guardado alguma lembrança, reminiscência, sensação. Se for algo bom e feliz, como é para mim, já está ótimo...

E, lá vou eu de volta à correria, na qual poucas vezes, paramos para pensar no que é realmente importante para nós, naquilo que a gente nem sempre percebe, mas que nos leva a melhores prognósticos de vida..."

(V., aluna do terceiro ano).

Houvesse alguma dúvida quanto à validade da tarefa imposta por um Curso de Psicologia Médica, e a leitura de todos os relatos anteriores, fragmentos de tantos outros recolhidos e que aqui não daria para se estender, seria para mim suficiente para afastá-la. Conhecer esses alunos, interagir com eles, ouvi-los em cada aula ou discussão, saber apreciar sua honestidade e espontaneidade, assim como sua sensibilidade, um bem precioso a conservar, nos anima. Passados quase quarenta anos do dia em que, calouro, fui em busca da profissão idealizada, muito mudei ao longo desse tempo. Claro que a vida de médico me ensinou, a duras penas, que o grande poder é uma ilusão e que a verdadeira magia é a do relacionamento humano. Ao término dessas breves reflexões, agradeço aos alunos, a todos e em especial de quem pude copiar trechos de sua contribuição da época do Curso, e que julgo co-autores destas linhas. Obrigado.

O Serviço de Interconsulta da EPM-Unifesp

Mario Alfredo De Marco

O serviço de Interconsulta do Departamento de Psiquiatria da Unifesp-EPM é organizado em 1977 e inspirado, principalmente, no modelo proposto por Ferrari e Luchina. Logo foi adquirindo perfil próprio, apresentando, neste momento de sua evolução, as seguintes características:

• Equipe

A equipe de interconsultores conta com um corpo fixo composto por psiquiatras e psicólogos (docentes, contratados, bolsistas e voluntários) e uma equipe móvel composta por residentes de psiquiatria (2 residentes de 1º ano e 2 do 2º ano) e estagiários de psicologia (2 estagiários de 1º ano); eventualmente, residentes de 3º ano de nossa instituição que optam pelo estágio no serviço ou de outras instituições que vem cumprir estágios.

Os residentes e estagiários rodiziam em grupos a cada 4 meses; os residentes passam pelo estágio no 1º e no 2º ano; os estagiários de psicologia passavam apenas no 1º ano, mas, a partir deste ano, atendendo solicitações reiteradas do serviço e dos estagiários, o estágio foi ampliado passando a acompanhar o mesmo esquema dos residentes.

• Perfil do atendimento

As características de atendimento que foram se delineando ao longo destes anos apresentam o seguinte perfil:

• *Intervenção orientada a partir do campo interacional*

A tendência é orientar a intervenção levando em conta o campo que se configura na interação entre a equipe de saúde, incluindo o ambiente hospitalar, e o grupo sob atenção, que envolve o paciente, seus familiares e a rede social.

Nosso objetivo é, a partir da demanda manifesta do profissional solicitante, tentar detectar as configurações do campo, para, a partir daí, orientar as ações gerais e específicas que envolvem desde intervenções especializadas, até, no plano mais geral, a identificação e intervenção nas distorções e bloqueios da comunicação que afetam as relações em seus diferentes níveis. Um aspecto importante, que precisa ser enfatizado, é que, além das distorções de comunicação que ocorrem entre equipe de saúde e paciente/familiares, um campo importante, em função da nova realidade da medicina e do hospital, é a administração das confusões, dilemas e impasses que surgem da relação entre os diferentes especialistas que funcionam, cada vez mais, em um sistema de "loteamento" rígido do paciente;

- *Atendimento especializado integrado à perspectiva do campo*

Nas intervenções específicas, uma ampla gama de recursos pode ser disponibilizada, em função das necessidades peculiares da situação. O atendimento psiquiátrico e psicológico especializado poderá ser oferecido tanto pelo próprio interconsultor, se ele estiver capacitado e for adequado à situação, quanto por qualquer outro profissional, capacitado para a intervenção específica, que será convocado a se integrar ao atendimento. O atendimento específico tem seus critérios próprios, mas estará sempre sendo considerado em função da perspectiva mais ampla, mesmo nos casos em que, aparentemente, apenas uma intervenção específica é requisitada e/ou pareça necessária. São muitas as situações em que o pedido vem direcionado para uma intervenção específica e, dependendo da avaliação, esta efetivamente pode ser a intervenção principal. Isto não implica que se perca de vista a perspectiva do campo. Há casos, por exemplo, em que a intervenção específica principal é adequar a medicação de um paciente, já sabidamente portador de um transtorno mental, que é internado por transtorno clínico ou para uma cirurgia; a intervenção do interconsultor não deixará de ter presente a perspectiva do campo: fatores como, por exemplo, a capacidade da equipe de saúde e da enfermaria para a identificação e a continência dos fenômenos relativos ao transtorno mental serão objeto de observação e intervenção.

- *Atendimento realizado indiferentemente por psiquiatras e/ou psicólogos*

Logo no início da constituição do serviço, o interconsultor era sempre um psiquiatra; com o desenvolvimento do trabalho e em função das características que foi adquirindo, o atendimento passou a ser realizado tanto por psiquiatras como por psicólogos. Vários fatores contribuíram para essa evolução, entre os quais: o perfil do atendimento, a tradição de funcionamento em equipe multiprofissional do Departamento e a necessidade de formação de estagiários de psicologia, na ocasião em que o Departamento passou a oferecer esse estágio. Os resultados que temos obtido, em função dessa decisão, têm sido bastante satisfatórios.

O interconsultor, psiquiatra ou psicólogo, não está investido, primariamente, da função de ser mais um especialista chamado a atuar junto ao paciente (ele pode vir a exercer essa função específica, secundariamente), mas como um profissional que irá observar e influir no campo e na perspectiva de atendimento.

No início, a inserção do psicólogo na equipe esteve carregada de tensões, como podemos verificar nas observações dos primeiros profissionais que passaram pela experiência: "nas longas discussões de equipe os psicólogos normalmente são alvo de algumas críticas e comentários do tipo 'o psicólogo está sempre na posição de perseguido' parece que não sabe qual o seu papel, todo mundo pergunta e o psicólogo não sabe responder'. A coisa 'engancha' aí o trabalho não anda. Parece que isso é uma realidade. O psicólogo vive com intensa tensão e sofrimento sua inserção em uma equipe multiprofissional; sente-se acuado, perseguido, parece ter que lutar de armadura para não ser massacrado e engolido, ou, então, se esconder e se omitir o máximo possível, para não incomodar e não ser cobrado" [Fernandes, 1986].

Estas observações relativas a fatos que ocorriam há mais de 15 anos tem, hoje, um perfil muito diferente: o psicólogo já está perfeitamente adaptado e integrado à equipe multiprofissional e, além dos profissionais em formação, contamos com vários psicólogos exercendo funções de supervisão e coordenação, integrados ao serviço.

No atendimento, alguns médicos, na própria solicitação ou na presença do interconsultor, ainda fazem distinção entre psiquiatra e psicólogo, considerando o primeiro como um profissional que cuida exclusivamente de intervenções que podem requerer medicação e, o segundo, como o que vai cuidar das questões psicológicas, aquele que vai "conversar" com o paciente.

É comum, quando o psicólogo inicia seu treinamento em interconsulta, que nos primeiros atendimentos viva algum tipo de embaraço diante das situações em que a demanda manifesta é "apenas" para medicar o paciente. Conforme ele vai podendo assimilar o modelo e perceber que não existem interconsultas "apenas" para seja lá o que for, ele passa a lidar com relativa facilidade com essas questões, que podem se afigurar, a partir da nova perspectiva, como importantes focos de trabalho.

- *Referencial psicodinâmico como instrumentação básica para observação e intervenção no campo interacional*

O referencial psicodinâmico norteia a observação e leitura das situações do campo e está sempre coadjuvando as intervenções gerais e específicas; todas as ações específicas que se fazem necessárias são examinadas contra o pano de fundo dessa perspectiva. A intenção é que mesmo nos casos em que a intervenção específica pareça ser a demanda principal, não se perca de vista o campo interacional.

Estas características de aplicação do referencial psicanalítico se aproximam do que Bleger denomina de psicanálise operativa.

Bleger [Bleger, 1965] define 3 formas de psicanálise e suas contribuições para um plano social mais amplo:
– *psicanálise clínica*, que obedece a um enquadramento técnico definido, limitando uma série de variáveis e, cujas contribuições em um plano social mais amplo, podem decorrer de sua qualidade de método investigativo, produtor de conhecimentos, que podem ser utilizados em estratégias de saúde pública, tanto no plano administrativo (influenciando leis, regulamentos e costumes) quanto no plano das relações interpessoais.
– *psicanálise aplicada*, voltada para investigação de manifestações culturais (obras literárias e artísticas), pautas culturais e distintos comportamentos ou atividades (o espectador, o artista, o inventor etc.). Sua aplicação no plano social pode ocorrer de forma semelhante à psicanálise clínica.
– *psicanálise operativa*, terceira forma, que pode ser considerada uma variante da psicanálise aplicada, no sentido de se realizar fora do contexto da psicanálise clínica, mas que apresenta algumas peculiaridades, como o fato de ser utilizada em situações da vida humana corrente, em qualquer atividade ou trabalho ou em toda instituição na qual intervém seres humanos. Através de diversos procedimentos, busca-se uma proto-aprendizagem, isto é, possibilitar a observação e reflexão sobre os eventos e as possíveis motivações, ensejando uma ação decorrente deste conhecimento, evitando sucumbir às ansiedades e defesas.

Na aplicação deste referencial, os instrumentos e procedimentos utilizados são variados e obedecem à necessidade e pertinência de cada situação. A questão da diferenciação entre demanda manifesta e demanda latente está sempre presente como característica básica de nosso trabalho. A observação e utilização da contratransferência também ocupa uma atenção central em nossos procedimentos. O que se busca, dentro de uma proposta de "alfabetização emocional" da equipe de saúde é instrumentalizar os nossos profissionais para o reconhecimento e o uso da contratransferência (usamos esse conceito em sua forma ampliada, englobando tanto a resposta emocional inconsciente quanto a consciente).

Neste campo, Balint [1988] estabelece "um princípio segundo o qual, se o médico sentir alguma coisa enquanto cuidar do paciente, de modo algum deve agir segundo seus sentimentos, mas fazer uma pausa e considerá-los como um possível sintoma da doença do paciente". Em seguida, refina este princípio, estabelecendo uma distinção entre contratransferência privada, que remeteria à área de motivações pessoais que levaram o profissional a reagir de uma dada maneira e, contratransferência pública, que se torna manifesta em seu comportamento profissional. Sua orientação era trabalhar quase exclusivamente a contratransferência pública.

Em nossa experiência, temos dedicado uma atenção constante no sentido de não criar e de desfazer confusões de papéis. Antes de tudo, existe grande cuidado para evitar a utilização de qualquer jargão ou estereótipo, bem como evitar um tipo de confusão que faça o profissional solicitante se sentir objeto de intervenção psicoterápica. Costumamos brincar com os interconsultores em treinamento, informando-lhes que existe uma proibição expressa de se perguntar ao profissional solicitante o que ele sentiu. Esta brincadeira tem o sentido de apontar situações que podem mobilizar defesas e que se instalam freqüentemente entre interconsultor e profissional solicitante. O que queremos evitar é a criação de qualquer tipo de situação estereotipada que possa levar o profissional solicitante a sentir que ele e suas questões pessoais constituam objeto de intervenção e de terapia; é preciso ficar sempre muito claro que é o papel profissional que está em questão e, se existe terapia, é uma terapia do campo e da relação profissional.

Uma estratégia que, habitualmente, apresenta bons resultados é tentar capacitar o profissional solicitante a reconhecer e tolerar sua própria reação emocional frente ao paciente, por meio do compartilhamento da reação emocional do interconsultor que, à medida que reconhece e tolera sua própria contratransferência, tentará encontrar situações e formas de poder comunicá-la ao profissional solicitante. Se, por exemplo, no contato com um paciente experimenta aborrecimento ou tristeza ou raiva, ou qualquer outra emoção, ele, tenta criar uma oportunidade, para comunicar sua experiência emocional ao profissional. Isto, geralmente, favorece, de forma muito nítida, a possibilidade de o profissional ampliar a percepção e tolerância de sua própria reação emocional.

Temos associado este aspecto de nossa intervenção, que busca ampliar a capacidade para lidar com a vida emocional, ao conceito de *rêverie* proposto por Bion [Bion, 1962], formulando nossa atividade como tentativa de incrementar a rêverie na instituição.

• Dinâmica do Atendimento

Após o recebimento do pedido de interconsulta que chega por intermédio de um BIP, indicando a enfermaria, o profissional solicitante e o motivo do pedido, a dinâmica do atendimento vai operar, geralmente, através dos seguintes movimentos:

- O pedido é atendido rapidamente, pois consideramos, de saída, cada interconsulta como uma situação de urgência; uma situação emergencial, para a qual o serviço deve dispor de estrutura adequada para atender a demanda com rapidez [Nogueira-Martins, 1993].
- O interconsultor vai em um primeiro momento procurar o profissional solicitante para se apresentar e verificar a natureza da demanda, em seu plano manifesto e latente. A partir daí ele irá orientar suas ações, estabelecendo os passos seguintes – contato com paciente, com outros profissionais, com família, etc., procurando, após cada ação, manter contato com o profissional solicitante.
- O interconsultor participa de supervisões no setor que são realizadas diariamente, envolvendo uma troca ampla das experiências e, quando necessário, a visita às enfermarias. Consideramos a manutenção de supervisões diárias (o que já ocorre há muitos anos) de extrema importância, visto as peculiaridades da tarefa. Mantemos, também, uma reunião semanal, com a presença de toda a equipe (fixa e móvel), para aprofundamento e discussão de situações; a dinâmica da reunião é orientada para contribuir tanto para a discussão dos aspectos das intervenções especializadas quanto para favorecer a percepção e elaboração das vivências próprias da situação e do campo. Procura-se oferecer continência e elaboração para as angústias despertadas pela situação no próprio interconsultor como forma de contribuir para a *rêverie* institucional.

– Um diagnóstico do campo interacional vai sendo formulado, lado a lado com os diagnósticos específicos, para os quais poderá ser solicitada a colaboração de outros especialistas da área de saúde mental (psicólogos, psiquiatras, etc.).
– Desde o início vão sendo implementadas propostas e intervenções. No plano mais geral, que focaliza o campo interacional, todos os procedimentos já constituem, por si, uma intervenção no campo. As ações específicas podem englobar diferentes instrumentos, técnicas e procedimentos, mas terão sempre em conta, como pano de fundo, a dinâmica do campo interacional.
– As ações específicas podem envolver, entre outras:
   • indicação de intervenção especializada para o paciente, para fins diagnósticos ou terapêuticos;
   • indicação de tratamento psiquiátrico ou psicoterápico para o paciente;
   • indicação de intervenção para a família;
   • indicação, pedido ou sugestão de alguma intervenção na própria enfermaria (por exemplo, grupo de discussão com profissionais, cuja demanda é mobilizada a partir da discussão de uma situação da interconsulta em andamento).

No plano mais geral, um aspecto importante da intervenção é o interconsultor evitar substituir o profissional solicitante junto ao paciente ou aos familiares. Por exemplo, se a demanda é no sentido de comunicar ao paciente uma informação dolorosa, o interconsultor deve evitar se encarregar dessa tarefa, em substituição ao médico; um dos aspectos importantes da intervenção é, exatamente, trabalhar no sentido de tentar capacitar o profissional solicitante para essa tarefa.

Este é, de fato, um ponto central na intervenção: a sensibilização do profissional da saúde para a existência da vida mental/emocional visando facilitar a observação e o manejo dos aspectos emocionais envolvidos no processo de adoecer e na reação ao adoecer. Os profissionais de saúde, de uma forma geral, são pouco preparados para lidar com as intensas angústias despertadas pelas situações que enfrentam em seu trabalho cotidiano e nosso trabalho tem como um de seus objetivos centrais proporcionar situações que favoreçam uma educação continuada nos vários níveis institucionais.

• Desenvolvimentos

A partir de 1999, surgiu um interesse mais consistente no sentido de uma integração e de uma atuação mais ampla em Saúde Mental no Hospital São Paulo.

Diversos fatores concorreram para o surgimento e a concretização deste interesse, merecendo destaque, como fatores mais recentes, os programas de humanização e o desenvolvimento de sistemas de avaliação da qualidade dos serviços de saúde hospitalares, em concordância com o Sistema Brasileiro de Acreditação Hospitalar, desenvolvido pelo Ministério da Saúde e pela Organização Nacional de Acreditação.

Há muitos anos esperávamos por esta oportunidade, pois já havíamos detectado que o hospital apresentava dois pontos problemáticos centrais nesse campo: a falta de uma atenção mais ampla às necessidades gerais e específicas, que propiciasse a possibilidade de prevenção e/ou intervenções mais precoces e a inclusão crescente de profissionais de saúde mental nas enfermarias e ambulatórios, sem organização ou critérios claros sobre a inserção e a qualidade destes profissionais.

Na medida em que houve interesse efetivo da Superintendência do hospital traduzido por meios e investimento para nossa área, tivemos a oportunidade de estruturar uma ampliação considerável de nossa atividade, em consonância com os projetos que viemos amadurecendo ao longo dos 25 anos de funcionamento de nosso Setor.

Realizamos inicialmente um levantamento, no sentido de ter um quadro mais claro da situação dos profissionais de Saúde Mental do Hospital.

Problemas detectados no levantamento da Saúde Mental no HSP:

- *Circulação sem controle centralizado*: Circulam pelo hospital, atuando junto aos pacientes, profissionais e estudantes (de várias faculdades) sem nenhum controle centralizado. Nada sabemos quanto ao tipo de trabalho que realizam, e se recebem algum tipo de supervisão; quando ela ocorre é, geralmente, sem que o supervisor tenha acesso direto ao trabalho realizado.
- *Aplicação dispersa dos recursos*: Atuam na área psicossocial do hospital diferentes profissionais com diferentes vínculos (contratados, bolsistas, pós-graduandos, etc.). A falta de um plano central consistente de ação e contemplação de prioridades provoca aplicação dispersa dos recursos e perda de otimização e eficiência.
- *Níveis de capacitação irregulares*: A capacitação dos profissionais que atuam na área é muito pouco uniforme; há profissionais capacitados atuando, lado a lado, com profissionais com muito pouca capacitação.
- *Baixa integração das ações*: Há profissionais de diversas categorias atuando na área (psiquiatras, psicólogos, assistentes sociais, voluntários, etc.), mas as ações apresentam baixo nível de integração, provocando subaproveitamento dos recursos.
- *Continuidade de cuidados insuficiente*: Os cuidados oferecidos ao paciente e familiar apresentam-se fragmentados, isto é, não há compartilhamento suficiente de dados e orientações entre os diversos profissionais e entre instituições, perdendo-se a continuidade do atendimento.

A partir desses dados e de nossa experiência prévia, foi decidida a implantação de um serviço visando promover uma integração e atenção mais ampla às necessidades gerais e específicas do hospital e seus setores, bem como reorganizar a inclusão de profissionais de saúde mental nas enfermarias e ambulatórios, definindo critérios de inserção e capacitação destes profissionais.

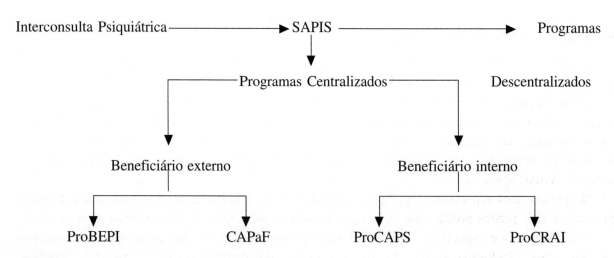

Legenda:
SAPIS – Serviço de Atenção Psicossocial Integrada em Saúde
ProBEPI – Programa de Bem-Estar do Paciente Internado
CAPaF – Centro de Aprendizado do Paciente e Família
ProCAPS – Programa de Capacitação e Assessoria ao Profissional de Saúde
ProCRAI – Programa de Capacitação da Rede de Apoio Institucional
Beneficiário externo – Refere-se ao usuário da instituição, ou seja, o paciente e seus familiares (ou cuidadores).
Beneficiário interno – Refere-se ao profissional da instituição, seja de saúde (médico, enfermeiro, psicólogo, fonoaudiólogo, fisioterapeuta, alunos dos cursos de saúde, etc.) ou de nível técnico-administrativo não terceirizado (escriturário, secretárias, auxiliares administrativos, seguranças, faxineiros, etc.).

Serviço de Atenção Psicossocial Integrada em Saúde (Sapis-HSP)

Organograma:

Conforme exposto no organograma, o serviço vai agir em duas frentes de organização: programas centralizados e descentralizados:

A – Programas centralizados: referem-se às medidas gerais, para a instituição como um todo.

ProBEPI – Programa de Bem-Estar do Paciente Internado
Objetivos:
- Melhorar a sensação de bem-estar do paciente internado.
- Favorecer a organização/reorganização, no plano intra e extra-hospitalar, de uma rede de apoio social ao paciente, que amplie seu sentimento de apoio, conforto e confiança e garanta o atendimento de suas necessidades e prerrogativas de atenção, informação e decisão.
- Oferecer estímulos e possibilidades de opção para atividades, como, por exemplo, oficinas de terapia ocupacional.
- Implementar e estimular atividades de visita pelo corpo de voluntários do hospital e líderes espirituais (padre, pastor, rabino, grupo de oração, etc.), para atender demandas de suporte material e espiritual do paciente.
- Distribuir material (folhetos e outros) desenvolvido pelo Sapis que abordará tópicos de interesse do paciente, direitos do paciente, descrição da rotina de atendimento nas unidades, descrição da rotina das enfermarias, descrição do ProBEPI, etc.

CAPaF – Centro de Aprendizado do Paciente e Família
Objetivos:
- Constituir um espaço de acolhimento, informação e orientação para todo paciente do HSP e sua família, através da implantação de um Centro de Informação em Saúde. O centro estará disponível, também, para os profissionais de saúde e técnico-administrativos.
- O centro disponibilizará material adequado para informar sobre saúde, doença e tratamentos (livros, revistas e computadores ligados à internet em sites de busca).
- Oferecerá grupos de acolhimento (grupos psicoeducacionais) para os familiares dos pacientes internados, visando discutir suas necessidades, medos e insegurança em relação ao tratamento. Esses grupos serão coordenados, preferencialmente, por enfermeiros e assistentes sociais treinados para a função.
- Serão organizados grupos de temas específicos que demandam maior atenção (por exemplo, sobre *aids*, câncer, morte, etc.).
- Serão realizadas palestras, abertas à comunidade, sobre as doenças mais prevalentes e recursos de tratamento da rede pública.

ProDAPS – Programa de Discussão e Apoio ao Profissional de Saúde
Objetivos:
- Estreitar contato do profissional de saúde mental com os profissionais de saúde da instituição, que cuidem diretamente do paciente, promovendo uma melhor relação interprofissional.
- Desenvolver atividades psicoeducacionais, isto é, ensinar e rever conceitos sobre a relação do profissional de saúde com o paciente e familiares, além de trabalhar, de forma geral e preventiva,

as dificuldades emocionais do grupo profissional em lidar com situações adversas (óbito, pacientes sem prognóstico, famílias querelantes, etc.).
- Desenvolver atividades teóricas (palestras) e práticas, na forma de grupos de discussão dos atendimentos (grupos Balint).
- Oferecer treinamento em técnicas de fácil aplicação que capacitem o profissional a aliviar as tensões resultantes da atividade profissional.

ProCRAI – Programa de Capacitação da Rede de Apoio Institucional
Objetivos:
- Estabelecer parceria com o Departamento de Recursos Humanos do HSP para desenvolver treinamento e capacitação contínua dos profissionais.
- Capacitar o profissional a aprimorar sua forma de lidar com o doente e com o estresse gerado pelo exercício de sua atividade.
- Promover palestras e grupos de orientação, discussão e treinamento para o pessoal da rede de apoio (capelonato, voluntários e profissionais da área técnico-administrativo) que também tem contato direto com o paciente.
- Desenvolver manuais sobre a relação de cada categoria profissional com o paciente, orientando quanto à forma de procedimento em situações específicas (por exemplo, paciente tentando fugir do hospital, paciente agressivo, etc.).

B – Programas Descentralizados: São ações e programas elaborados de acordo com as demandas e específicos para setores, enfermarias ou ambulatórios que buscam:
- Assessorar e integrar programas já existentes: Há ações na área da atenção psicossocial sendo desenvolvidas em vários setores e enfermarias do complexo HSP-Unifesp de forma isolada e com padrões muito variáveis. Elas serão objeto de nossa atuação, no sentido de conhecer, assessorar e integrar essas ações, visando estabelecer um trabalho integrado e um padrão na qualidade da assistência psicossocial do hospital.
- Desenvolver programas específicos que atendam às demandas peculiares de cada serviço: Paralelamente aos programas centralizados, programas específicos serão elaborados e oferecidos, a partir do levantamento das demandas de cada enfermaria e ambulatório.
- Implementar e universalizar os programas gradativamente: atendendo prioridades de oferta e de demanda, a expectativa é que, em alguns anos, seja possível universalizar a atenção psicossocial, ampliando os programas centralizados e estendendo a aplicação de programas descentralizados a todos os setores.

Estamos no início da implantação do novo serviço; muitas ações já vem sendo implementadas e esperamos que, em 2 ou 3 anos de atividade, possamos universalizar a atenção ao hospital e estender nossa ação aos serviços ambulatoriais.

A atenção à saúde mental do estudante de graduação na Unifesp

Maria Cezira Fantini Nogueira-Martins
Maria Adelaide Tavares de Oliva Avancine
Julio Ricardo de Souza Noto

No nível da graduação, as instâncias envolvidas na atenção à saúde mental do estudante são basicamente a Coordenadoria de Assuntos Estudantis e o Serviço de Saúde do Corpo Discente.

• Coordenadoria de Assuntos Estudantis

É um setor da Unifesp ligado à Pró-Reitoria de Graduação, que visa proporcionar ao aluno melhores condições de permanência na Universidade durante o tempo de profissionalização, auxiliar o estudante em todos os assuntos que envolvem sua vida acadêmica pode diminuir seu desgaste e, conseqüentemente, liberá-lo para investir sua energia na formação profissional [Noto, Avancine e Nogueira-Martins, 2001].

A proposta desse setor é atuar em diversas áreas junto ao corpo discente, tanto no sentido de intervenção como de prevenção. Para isso conta com trabalho de médicos, psicólogos e assistentes sociais que procuram examinar e orientar os alunos em suas eventuais dificuldades na área da saúde, no trabalho de aprendizagem, na área psicológica e na área social, fornecendo as orientações e intervenções necessárias.

As atividades desenvolvidas pela Coordenadoria são:

Semana de recepção aos calouros

Uma das atividades desenvolvidas pelo setor, em conjunto com outros departamentos da Unifesp, é a organização da "semana de recepção dos calouros", que visa facilitar a integração dos alunos novos ao ambiente da Universidade, aos professores e aos colegas mais velhos, sendo também uma tentativa de diminuir o desconforto frente ao desconhecido que a nova situação representa.

Nesta semana de chegada dos alunos são programadas palestras ou mesas-redondas versando sobre os seguintes temas:
- boas-vindas e apresentação da estrutura administrativa (Reitoria, Colegiados e Pró-Reitorias). Apresentação de setores como o Serviço de Saúde e a Coordenadoria de Assuntos Estudantis.
- história da Instituição
- história das várias profissões cujos cursos são ministrados pela Unifesp
- sistema de Saúde no Brasil (Histórico e situação atual)
- metodologia de aprendizagem e uso de biblioteca
- importância da pesquisa na Universidade
- assistência nos programas de extensão
- mercado de trabalho

Com a colaboração de alunos do 2° ano, é promovida uma dinâmica de grupo na qual os calouros têm oportunidade de ter maior contato com colegas da classe e com alunos de outras turmas. Também promovida pelos colegas mais velhos, é realizada uma "visita panorâmica" às várias dependências da Escola.

Os órgãos representativos dos alunos, o Centro Acadêmico e a Associação Atlética, também promovem reuniões de apresentação das atividades por eles exercidas.

É realizada também, como parte da Semana de Recepção, uma palestra com os pais dos alunos, com a finalidade de apresentar a Universidade e esclarecer dúvidas e questões a respeito dos cursos e da vida universitária.

A dimensão psicológica dessas atividades está dada pela tentativa de diminuir a ansiedade persecutória levantada pelo desconhecido e por situações novas, assim como criar condições para melhor integração dos calouros com seus colegas veteranos, com professores e com a Instituição como um todo.

Entrevistas sistemáticas

No decorrer do seu primeiro ano na Universidade, os alunos são convocados para uma entrevista no Serviço de Saúde do Corpo Discente. São abordados aspectos gerais de sua saúde, sendo realizados vários exames de rotina e, por indicação do profissional médico ou a pedido do aluno, é feito encaminhamento para entrevista psicológica.

Entrevistas ocasionais

Ocasionalmente o aluno (ou um familiar) pode solicitar ou ser convocado para uma entrevista cuja demanda pode ter uma origem socioeconômica, pedagógica ou psicológica.

a. Natureza socioeconômica

São entrevistas solicitadas para pedidos de bolsas ou vagas na creche. Paralelamente aos dados socioeconômicos são investigados os desdobramentos psicológicos da situação geradora dos pedidos, tentando-se assim um equacionamento do problema não somente no seu vértice material.

b. Natureza pedagógica

Partindo-se do pressuposto de que o desempenho pedagógico está intimamente relacionado com o equilíbrio emocional, o rendimento escolar é usado como indicativo de um possível desajuste psicológico em algumas situações específicas.

Assim, a título de prevenção, o Serviço de Acompanhamento Psicopedagógico do Aluno (SAPA), que funciona junto à Coordenadoria, tem se colocado à disposição dos alunos cujo rendimento escolar ou número de faltas tenha sido considerado destoante pelos professores das várias disciplinas ou pelo coordenador de curso. Nestas situações, o aluno que assim o desejar tem a possibilidade de, com um profissional, rever sua metodologia de estudo ou outras dificuldades que eventualmente estejam presentes.

Da mesma forma, o aluno que solicita trancamento ou cancelamento de matrícula é convocado para uma entrevista com um membro do SAPA, no qual os motivos geradores do pedido são analisados e esclarecidos. Alguns pedidos de cancelamento foram dessa forma revertidos, visto que a motivação última era um conflito psicológico que pôde ser solucionado. O aluno que é reprovado mais de uma vez e todo aquele que estiver em vias de integralizar o seu tempo disponível para terminar o curso também é convocado para uma análise conjunta de sua situação.

c. Natureza psicológica

São aquelas entrevistas em que a natureza psicológica do conflito é manifesta. São solicitadas pelo aluno espontaneamente ou por indicação de um professor ou colega; também tem havido solicitações de pais em um sentido de orientação ou de encaminhamento para o filho. Os casos disciplinares, ocorridos nas dependências da Instituição envolvendo alunos, têm seus participantes entrevistados pelo Coordenador de Assuntos Estudantis, para a detecção de um eventual componente psicológico, independentemente das medidas cabíveis em outras instâncias.

São entrevistados também todos aqueles alunos que tenham solicitado algum tipo de cirurgia plástica de natureza estética no Serviço de Saúde do Corpo Discente.

Estas entrevistas são as que mais comumente dão origem aos procedimentos tipo psicoterapia, que podem ser focalizadas ou amplas, sendo que nestas últimas o aluno é encaminhado para algum profissional fora da instituição.

• Serviço de Saúde do Corpo Discente

Foi criado em 1963, pelo Prof. Dr. Walter Leser, então chefe do Departamento de Medicina Preventiva. O Serviço passou por várias fases em sua história, dependendo de inúmeras circunstâncias, tais como: Departamento ao qual esteve ligado em uma ou outra época; perfil da direção do Serviço; apoio maior ou menor da Reitoria; instalações físicas.

Será aqui abordado, sinteticamente, o período que vai de 1987 até nossos dias. Em 1987, após um período de desativação, houve um reinvestimento institucional no Serviço de Saúde dos Alunos, com a contratação de um psiquiatra e três médicos clínicos. A coordenação do Serviço ficou a cargo do Departamento de Medicina Preventiva. O Setor de Saúde Mental (Samedi) passou a atender a demanda espontânea e os encaminhamentos vindos dos médicos do Serviço de Saúde dos Alunos e dos docentes do Departamento de Psiquiatria e Psicologia Médica. Oferecia consultas clínicas e atendimento psicoterápico (modalidade individual), com a finalidade de auxiliar o aluno nas dificuldades pessoais e naquelas conseqüentes às vivências experimentadas durante o curso.

No período de 1988 a 1991 foi realizado um estudo [Noto e Avancine, 1993] sobre os dados obtidos pelo Samedi. Verificou-se que a população que mais recorria ao Setor era a dos alunos de terceiro e quarto ano de Medicina; uma das hipóteses levantadas para a explicação desse fato é a de que esse momento da formação acadêmica corresponde a uma fase de "desidealização" dos sonhos referentes ao curso. A maioria dos estudantes que comparecia ao Setor era constituída por alunos que estavam à procura de psicoterapia, mas nem sempre dispostos a um trabalho que levasse a uma conscientização de seus conflitos emocionais, sendo rara a procura de atendimento por aqueles estudantes mais problemáticos, habitualmente assunto de corredor entre professores e alunos. As necessidades eram respeitadas e o atendimento se realizava conforme a demanda. Alguns alunos procuravam o Setor por mais de uma vez, chegando a comparecer em 3 ou 4 momentos distintos, durante esses anos.

A partir de outubro de 1992, houve uma ampliação do quadro de profissionais, com a contratação de especialistas em ginecologia e dermatologia. Em 1996, houve uma nova ampliação do Serviço tanto na área clínica como na de saúde mental. Na área clínica, foi aumentado o quadro de médicos clínicos e ginecologistas e incluídas novas especialidades: Ortopedia, Endocrinologia e Cirurgia Plástica; além disso, foram introduzidos serviços de laboratório (coleta de material) e, ao fim do ano, foram contratados um dentista e um urologista. O Samedi também foi ampliado, passando a contar com uma psiquiatra (que está desde 1987) e uma psicóloga (que iniciou em 1996). Nesse momento importante de expansão e consolidação do Serviço de Saúde dos Alunos, que contou com o expressivo apoio da Reitoria da Universidade, houve a mudança do Serviço (a partir de então denominado Serviço de Saúde do Corpo Discente) para uma nova Sede, bem mais ampla que a anterior, onde o Samedi conta com uma sala própria para seus atendimentos e, além disso, com uma sala para reuniões e eventuais atividades grupais.

A estrutura atual de atendimento do Samedi mantém-se a mesma desde 1987, isto é, oferece atendimento clínico e psicológico.

Em trabalho realizado ao fim de 1996 [Nogueira-Martins, Avancine & Noto, 1997], constatou-se que, naquele ano, de um total de 1.243 alunos da Universidade, foram atendidos 44 alunos (38 casos novos e 6 antigos), que apresentaram diferentes motivos para a busca de auxílio psicológico: problemas familiares, problemas afetivos, dificuldades de adaptação ao ambiente escolar, questionamento quanto à escolha profissional, dúvida quanto à especialidade a ser seguida ao término do curso e outros. Nesse ano, algumas situações foram observadas:

1. Os alunos do Curso de Ciências Biomédicas não procuraram o Setor de Saúde Mental, embora tenham procurado outros tipos de atendimento oferecidos pelo Serviço.
2. Os alunos dos cursos de Enfermagem, Fonoaudiologia e Ortóptica fizeram referência a diversas dificuldades associadas aos primeiros atendimentos de pacientes: queixaram-se da responsabilidade que essa tarefa impõe, referiram sentimentos de impotência, rejeição a atividades de cuidados mais íntimos do paciente, angústias frente à situação de fragilidade dos pacientes e sentimentos negativos em relação aos casos mais difíceis. Esses dados apontam para a necessidade de estudos sobre a conveniência da implantação e/ou aprimoramento de medidas psicoprofiláticas nesses cursos [Nogueira-Martins, 1996; 1998; 2001].
3. Em relação ao período 1988-1991, houve uma sensível diminuição da procura do Setor de Saúde Mental pelos alunos de Medicina, os quais praticamente não relataram dificuldades quanto a relação aluno-paciente. Uma das hipóteses explicativas para esses dois fatos diz respeito à existência, há aproximadamente 10 anos, de um Curso de Psicologia Médica durante os três primeiros anos do Curso de Medicina, que tem como objetivo, entre outros, favorecer a continência e a elaboração de angústias ligadas às vivências de experiências escolares estressantes (como por exemplo, o início da atividade assistencial) e salientar a importância da dimensão psicológica na tarefa médica.
4. Por outro lado, os dois casos mais graves atendidos nesse período (um quadro depressivo com tentativa de suicídio e um estado *borderline*) foram de estudantes de Medicina. Esse dado remete à questão do papel dos fatores predisponentes e dos fatores desencadeantes de distúrbios emocionais em estudantes de Medicina, isto é, às limitações do alcance de medidas psicoprofiláticas, que não podem sanar tendências psicopatológicas anteriores ao curso de Medicina.
5. O número de consultas para cada aluno variou conforme a problemática apresentada e a motivação para o atendimento.
6. A aderência foi maior quando a procura pelo atendimento foi espontânea.

Vale ressaltar aqui que o Serviço mantém seu compromisso ético de sigilo com relação aos alunos, não revelando dados, não fornecendo informações para utilização em avaliações pedagógicas. Quando há necessidade de se pensar sobre algum caso mais difícil, com repercussões sérias na vida acadêmica, os contatos são feitos com o coordenador da Coordenadoria de Assuntos Estudantis, que é médico psiquiatra e que se pauta pelos mesmos procedimentos éticos, tendo, pela função que desempenha, possibilidade de interferência na estrutura acadêmica.

O objetivo primordial dos atendimentos em Saúde Mental tem sido, nessa nova fase, o acolhimento do aluno e o trabalho com suas dificuldades, podendo envolver ou não medicação, na dependência das características de cada caso. Além disso, o Setor faz parte de um Serviço mais amplo que tem, todo ele, uma função de acolhimento e amparo aos alunos; o Serviço é conhecido por "casinha dos alunos".

Os alunos têm sido encaminhados pelas outras áreas clínicas do Serviço ou pelos docentes; progressivamente tem aumentado o número de alunos que procuram o Setor por comentários ou recomendações de colegas que já foram atendidos. Desde o início da divulgação do Serviço na Semana de Recepção aos Calouros, todos os cursos têm sido atendidos pelo setor.

Napreme: Um serviço pioneiro no Brasil na atenção à saúde mental de Residentes e Pós-graduandos

Luiz Antonio Nogueira Martins
Ana Paula Lopes Carvalho
Cristina Sueko Obara
Paula Costa Mosca Macedo
Rafael Fagnani Neto
Vanessa de Albuquerque Citero

• Introdução

A literatura sobre as doenças ocupacionais em Medicina tem abordado o problema dos riscos à saúde física e mental inerentes à prática médica [Mawardi, 1979; McCue, 1982; Gaba e Howard, 2002]. Um ponto importante em relação à tarefa do médico é o caráter altamente ansiogênico do exercício profissional. Essa característica estressante tem se amplificado significativamente em virtude de peculiariedades do sistema assistencial e à deterioração das condições de trabalho do médico.

Diversos estudos [McCue, 1982; Nogueira-Martins, 1989, 1996, 1998, 2002], ao discutirem as vicissitudes do exercício profissional, arrolam algumas das características inerentes à tarefa médica que, isoladamente ou em seu conjunto, definem um ambiente profissional cujo colorido básico é formado pelos intensos estímulos emocionais que acompanham o adoecer:
- o contato íntimo e freqüente com a dor e o sofrimento
- lidar com a intimidade corporal e emocional dos doentes
- o atendimento de pacientes terminais
- lidar com pacientes difíceis – queixosos, rebeldes e não aderentes ao tratamento, hostis, reivindicadores, autodestrutivos, cronicamente deprimidos
- lidar com as incertezas e limitações do conhecimento médico e do sistema assistencial que se contrapõem às demandas e expectativas dos pacientes e familiares que desejam certezas e garantias.

Na Residência Médica, o estresse atinge o seu ápice [Butterfield, 1988; Colford e McPhee, 1989; Levey, 2001; Peterlini e cols., 2002; Nogueira-Martins e Jorge, 2003]. O período de transição aluno-médico, a responsabilidade profissional, o isolamento social, a fadiga, a privação do sono, a sobrecarga de trabalho, o pavor de cometer erros e outros fatores inerentes ao treinamento estão associados a diversas expressões psicológicas, psicopatológicas e comportamentais que incluem: estados depressivos com ideação suicida, consumo excessivo de álcool, adição a drogas, raiva crônica e o desenvolvimento de um amargo ceticismo e um irônico humor negro. A Associação Médica Americana considera os médicos residentes como um grupo de risco para distúrbios emocionais [Tokarz e cols., 1979].

• Morbidade psicológica e psiquiátrica em residentes

A depressão e a privação do sono aparecem na literatura como os mais significativos problemas que afetam os residentes e tem sido considerados, respectivamente, como a principal reação ao treinamento e o mais importante fator estressante [Butterfield, 1988; Levey, 2001; Steinbrook, 2002].

Um quadro sindrômico – *the house officer stress syndrome* – foi descrito em médicos residentes [Small, 1981]. Esta síndrome do estresse do residente apresenta as seguintes características :
- distúrbios cognitivos episódicos;
- raiva crônica;
- ceticismo;
- discórdia familiar;
- depressão;
- ideação suicida e suicídio;
- uso abusivo de drogas.

Segundo Small, os fatores etiológicos deste quadro sindrômico são:
- privação do sono;
- excessiva carga de trabalho;
- responsabilidade profissional;
- mudanças freqüentes nas condições de trabalho;
- competição entre os colegas.

Os estudos sobre a depressão em residentes tem revelado que cerca de 30% dos R1 apresentam um quadro depressivo [Valko e Clayton, 1975] que costuma ter início no segundo mês e se acentua em torno do oitavo mês do treinamento. Esta prevalência de depressão (30%) decresce nos anos subseqüentes para 22% nos R2 e 10% nos R3 [Reuben, 1985]. As mais altas taxas de quadros depressivos são encontradas durante os estágios de Enfermaria, Pronto-Socorro e Unidades de Terapia Intensiva [Clark e cols., 1984].

Smith e cols. [1986] estudaram a freqüência de licenças e afastamentos por distúrbios emocionais em cerca de 50.000 residentes norte-americanos de Medicina Interna. Os resultados revelaram que aproximadamente 1% dos residentes solicitou licença ou foi afastado da Residência. Os dados sobre estes residentes que se licenciaram mostraram que:
- a maior incidência de licenças ocorreu no R1;
- houve um crescimento das licenças no período (1979-1984);
- a média de afastamento foi de 6,7 semanas;
- a incidência foi 2 vezes mais freqüente nas mulheres;
- 79% dos que haviam se licenciado concluíram a Residência (27% mudaram de especialidade);
- 10% abandonaram a Medicina;
- 2% se suicidaram e outros 3% tentaram o suicídio.

Ao comentar os resultados da sua pesquisa, os autores assinalam:

"Nos últimos cinco anos, a Medicina Interna perdeu 47 médicos para outras carreiras e oito se suicidaram. Embora isto represente uma pequena porcentagem dos residentes que foram treinados nos últimos cinco anos, equivale à perda de recursos de metade de uma classe de graduação, além da dor incalculável que representa o suicídio, para familiares e amigos".

• O estresse na residência médica

A Residência Médica é um processo de desenvolvimento no qual o residente deve aprender a lidar com sentimentos de vulnerabilidade, a fazer um balanço entre o desejo de cuidar e o desejo de curar, a lidar com sentimentos de desamparo em relação ao complexo sistema assistencial e estabelecer os limites de sua identidade pessoal e profissional [Brente, 1981].

O estresse na Residência Médica tem sido classificado em três categorias [Aach e cols, 1988]:
- *estresse profissional* – é o estresse associado aos processos de profissionalização e desenvolvimento do papel de médico na sociedade. O estresse profissional está vinculado a: administrar o peso da responsabilidade profissional, lidar com pacientes difíceis, supervisionar estudantes e residentes mais jovens, gerenciar o crescente volume de conhecimentos médicos e planejar a carreira profissional.
- *estresse situacional* – é o estresse associado a certas peculiaridades do treinamento tais como: privação do sono, fadiga, excessiva carga assistencial, muitos pacientes difíceis, excesso de trabalho administrativo, corpo auxiliar insuficiente e problemas relativos à qualidade do ensino e ao ambiente educacional.
- *estresse pessoal* – vinculado a características individuais e situações pessoais, como por exemplo: características de personalidade, vulnerabilidades psicológicas, situação socioeconômica, problemas familiares, eventos de vida, etc.

Essas três categorias de estresse, com freqüência, se superpõem. Assim, por exemplo, o estresse associado à escolha de especialidade envolve elementos pessoais e profissionais. Por outro lado, a carga de trabalho e a pressão do tempo podem ser consideradas como estresses situacional, pessoal e profissional.

Em um estudo prospectivo realizado na Escola Paulista de Medicina [Nogueira-Martins, 1994] com residentes de 12 Programas de Residência Médica, os resultados mostraram que as principais dificuldades encontradas pelos residentes na tarefa assistencial foram:
- a quantidade de pacientes;
- a comunicação com pacientes de baixo nível socioeconômico e cultural;
- pacientes hostis e/ou reivindicadores;
- pacientes que vêm a falecer;
- pacientes com alteração de comportamento;
- as comunicações dolorosas (comunicar ao paciente e/ou à família situações graves ou de morte);
- os dilemas éticos;
- o medo de contrair infecções durante a realização de atos médicos.

Nesse estudo, as principais fontes de estresse identificadas pelos residentes foram:
- medo de cometer erros;
- fadiga, cansaço;
- falta de orientação;
- estar constantemente sob pressão;
- plantão noturno;
- excessivo controle por parte dos supervisores;
- lidar com as exigências internas ("ser um médico/o que não falha");
- falta de tempo para lazer, família, amigos, necessidades pessoais.

A experiência com Residência Médica tem mostrado que os residentes são submetidos a diversos tipos de estresse durante o treinamento e que estes fatores estressantes podem produzir efeitos danosos nos residentes, afetando a qualidade da assistência prestada aos pacientes. Diversos trabalhos [Aach e cols., 1988; Borenstein e Cook, 1982; Borenstein, 1985; Colford e McPhee, 1989; Mushin e cols., 1993; Levey, 2001; Yao e Wright, 2000, 2001] têm demonstrado que a implementação de programas de assistência aos residentes produz uma melhoria tanto na qualidade da capacitação profissional em termos de lidar com o estresse do treinamento como também na qualidade de vida pessoal com um melhor relacionamento com os pacientes.

Foi nesse contexto que se inseriu a criação [Nogueira-Martins e cols., 1997] na Universidade Federal de São Paulo – Escola Paulista de Medicina – de um serviço pioneiro no Brasil, o Núcleo de Assistência e Pesquisa em Residência Médica (Napreme). Criado em 1996, o Napreme tem como objetivos :
– conscientizar /sensibilizar os residentes, preceptores e supervisores a respeito do estresse do treinamento;
– contribuir para a redução do estresse do treinamento;
– prevenir disfunções profissionais e distúrbios emocionais nos residentes;
– oferecer atendimento psicológico e psiquiátrico;
– assessorar a Coreme, os preceptores e supervisores;
– desenvolver projetos de pesquisa visando ao aprimoramento do sistema de capacitação profissional.

• Napreme: Ações institucionais

O Napreme, em sua atuação, abrange um conjunto de ações e práticas em um contexto primordial que é o da prevenção de distúrbios emocionais e disfunções profissionais em residentes e pós-graduandos. As principais ações institucionais preventivas são:
– Participação nos Programas de Recepção aos Médicos Residentes, aos Residentes de Enfermagem e aos Pós-Graduandos;
– Palestras sobre o estresse do treinamento;
– Grupos de discussão e reflexão sobre o estresse do treinamento;
– Assessoria para a Coreme e para os preceptores dos programas de residência médica;
– Supervisão de Programa de Tutoria na Residência em Ortopedia e Traumatologia;
– Palestras nos Departamentos e Disciplinas da Unifesp sobre o estresse do treinamento.

A importância do Programa de Recepção aos Residentes de Medicina e Enfermagem merece um destaque especial, visto que cerca de 50% dos médicos residentes que ingressam nos Programas de Residência Médica da Unifesp e 80% dos residentes de Enfermagem do Hospital São Paulo são oriundos de outras faculdades de Medicina e de Enfermagem, o que representa um estresse adicional para os futuros treinandos.

O Napreme tem participado desde 1997 dos Programas de Recepção por meio de palestras sobre o estresse na residência e a realização de reuniões com grupos de cerca de 30 residentes de medicina e de enfermagem; nas quais se aprofunda a discussão sobre o caráter estressante da residência e se elaboram as expectativas, desejos e medos dos residentes em relação ao treinamento. Nestas reuniões, o Napreme é apresentado em detalhes e os residentes são estimulados a procurar o serviço quando sentirem alguma dificuldade. Enfatiza-se a garantia do sigilo profissional e a independência do serviço em relação ao sistema de avaliação do treinamento.

- ## Napreme: Ensino e pesquisa

Atividades de ensino e prevenção são desenvolvidas também no curso de graduação em medicina e em cursos de pós-graduação *stricto sensu* e *lato sensu* para profissionais da área da saúde. Assim, na graduação o Napreme desenvolve atividade curricular para todos os alunos do quinto ano de medicina. O curso tem a duração de quatro semanas com carga horária de 16 horas (4 horas por semana) e são discutidos em seminários temas referentes ao estresse psicológico associado ao curso de medicina, à residência médica e ao exercício profissional bem como a questão referente à morbidade psicológica e psiquiátrica em estudantes, residentes e médicos. Na pós-graduação, desenvolvemos o curso "Sofrimento Psíquico, Estresse Ocupacional e Saúde Mental dos Profissionais de Saúde" para pós-graduandos de todos os programas de pós-graduação da Unifesp e profissionais da área da saúde que trabalham no HSP e que ocupam cargos gerenciais na área da enfermagem.

Outra atividade do núcleo tem sido o desenvolvimento de pesquisas. O Napreme realizou três pesquisas que foram apresentadas como dissertações de mestrado. Obara [2000], utilizando o Beck Depression Inventory (BDI), pesquisou a prevalência de sintomas depressivos em uma amostra randomizada de 75 residentes de primeiro ano de especialidades clínicas e cirúrgicas da Unifesp, tendo encontrado uma prevalência (BDI>14) de sintomas depressivos de 24%. Em outro estudo, Franco [2002] também utilizando o BDI avaliou a prevalência de sintomas depressivos em 68 residentes de enfermagem do Hospital São Paulo, encontrando uma taxa de 18,6%. Fagnani Neto [2003] analisou o perfil clínico e demográfico dos usuários do Napreme bem como caracterizou o perfil de atendimento do serviço. Atualmente, Macedo [2003] está finalizando um estudo sobre qualidade de vida em uma amostra randomizada de 140 residentes de medicina da Unifesp e Carvalho [2003] está iniciando um estudo sobre *burnout* em médicos do Hospital Regional de Diadema.

- ## Napreme: Atividade assistencial

O serviço atende aos usuários em uma casa localizada a duas quadras dos edifícios principais da Universidade – o Serviço de Saúde do Corpo Discente (SSCD) – que oferece atendimento médico e odontológico a todo o corpo discente da Unifesp. A equipe de atendimento do Napreme é constituída de duas psicólogas e dois psiquiatras, que atendem em regime ambulatorial. São oferecidas as seguintes modalidades de tratamento: psiquiátrico, psicoterapia individual (psicoterapia breve), aconselhamento e orientação psicológica.

É importante destacar que a opção pelo atendimento aos pós-graduandos (*stricto sensu e lato sensu*), e não só residentes, deu-se logo no início do serviço, a partir de uma demanda institucional espontânea. Há dados na literatura [Toews e cols., 1997] que chegam a apontar um nível mais acentuado de estresse nesse subgrupo do que o encontrado em estudantes de medicina ou residentes e que médicos cursando pós-graduação também parecem ser um subgrupo sob maior carga de estresse quando comparados a outros pós-graduandos. A origem do estresse nos pós-graduandos é basicamente proveniente de quatro fontes: dificuldades em relacionamentos pessoais (orientador, professores, colegas), atividades acadêmicas (aulas, produção científica), pressão do tempo (prazos), além de preocupações financeiras e profissionais.

Considerando-se que são poucos os serviços estruturados para o atendimento dessa população, e por ser um serviço pioneiro no país, a preocupação em elaborar um banco de dados para pesquisas e orientação das diretrizes de trabalho da equipe surgiu desde o início, no sentido de se conhecer quem é o *trainee* que busca ajuda, e que problemas apresenta.

Resumidamente, apresentamos a seguir alguns dados sobre o perfil clínico e demográfico dos usuários do Napreme, referente ao período de dezembro de 1996 a dezembro de 2002.

Desde a sua criação, 233 treinandos utilizaram-se do serviço. É uma população jovem (26,6 +/- 4,42 anos), predominantemente feminina (80,3% dos casos), solteira (82,4%) e que procura ajuda principalmente no primeiro ano de treinamento (63,1%). Em 70,8% dos casos a procura foi espontânea, sendo a adesão ao tratamento maior nesse grupo em comparação aos treinandos que foram encaminhados por supervisores.

Transtornos depressivos e ansiosos foram os diagnósticos mais freqüentes. Três residentes foram categorizados como casos graves e não conseguiram concluir o treinamento. Em 30% dos casos, o usuário procurou o serviço em busca de orientação psicológica ou suporte com relação a conflitos situacionais específicos. 22,3% dos *trainees* atendidos referiram ideação ou tendências suicidas (3,4% referiram tentativas anteriores), não tendo havido diferença entre os grupos. Os residentes de medicina constituíram um grupo com predomínio do sexo masculino, com mais distúrbios do sono, com menor número de abstêmios e que necessitou de mais afastamentos.

Um dado que chama a atenção se refere ao fato de que com relação ao ano de treinamento do usuário observou-se que, independentemente do tipo de vínculo institucional (residente ou pós-graduando), há uma maior procura no primeiro ano de treinamento, que diminui à medida que o treinando progride no treinamento: 63,1% dos que procuraram o serviço estavam no primeiro ano, 22,7% estavam cursando o segundo ano, 7,7% no terceiro ano, 1,3% no quarto ano e 0,9% estavam no quinto ano.

A procura em geral é espontânea. Na maioria dos casos, o treinando tomou conhecimento da existência do Napreme por outros usuários, colegas e amigos; em 17,6% das vezes, por outros médicos com quem se consultou no SSCD e em 8,6% dos casos quem os informou sobre a disponibilidade do atendimento foi uma das secretárias do SSCD.

Um dado relevante é a questão da adesão ao tratamento, visto que há na literatura referências sobre resistências e dificuldades dos profissionais da saúde em procurar ajuda psicológica e psiquiátrica. Em nossa experiência, a adesão ao tratamento tem sido expressiva, ocorrendo em 67,4% dos casos.

Um perfil do funcionamento do serviço e dos usuários do Napreme pode ser traçado após sete anos de funcionamento. Após o primeiro biênio de funcionamento, período no qual o jovem serviço ainda estava se estruturando, tem havido uma certa estabilidade na procura (em torno de 50 casos novos por ano). Nota-se também um certo padrão em relação à procura nos meses do ano: os primeiros e últimos meses do ano tendem a apresentar uma procura menor pelo serviço, observando-se uma concentração no período que vai de maio a setembro. Essa maior procura, no caso dos residentes de medicina, pode ter sua explicação em estudos que situam nesse período do ano do primeiro ano do treinamento o ápice do estresse [Aach e cols, 1988]. Com relação ao ano de treinamento, o primeiro ano foi o período de maior procura, corroborando também achados da literatura que apontam o primeiro ano do treinamento como o mais estressante [Aach e cols, 1988; Butterfield, 1988; Firth-Cozens, 1987, 1989, 1990; Levey, 2001].

Esse padrão de procura por cuidados psicológicos se mostrou presente também nos residentes de enfermagem e nos outros pós-graduandos. Isso nos permite supor que o padrão de estresse encontrado em residentes de medicina talvez seja um padrão geral, experimentado com variações em todo o pessoal em treinamento especializado na área da saúde, com ênfase no primeiro ano de treinamento. De qualquer forma este dado é relevante, no sentido de se recomendar aos supervisores de programas de treinamento em saúde que redobra em a atenção dedicada aos *trainees* durante o primeiro ano.

O Napreme cuida das necessidades não só da clientela, mas também das necessidades da instituição onde se insere, ou seja, contribui para uma melhoria do ambiente de aprendizagem.

Este serviço é mais uma expressão da nossa forma de pensar e fazer. Traduz, em sua prática cotidiana, o modo de ser de profissionais, forjados no atendimento de interconsultas, temperados pelas concepções da psicossomática e da psicologia médica que concretizam suas ações como convictos militantes hipocráticos. Resgatar a face humana da medicina, cuidar do cuidador e integrar as ações terapêuticas são os desafios que se nos apresentam e que temos procurado consolidar em nossa tarefa formativa na Unifesp. O Napreme é uma das facetas deste corpo ideológico-conceitual.

Um projeto de educação continuada

Raul Gorayeb
Mario Alfredo De Marco

As estratégias desenvolvidas durante os últimos anos para dotar o profissional de saúde de maior sensibilidade e melhores condições humanísticas para o exercício da sua prática profissional levantam uma questão educacional e pedagógica que demanda reflexão mais cuidadosa. Referimo-nos ao fato de que aquilo que se pretende estimular não é um aprendizado no sentido comum do termo, facilmente associado à assimilação de conteúdos de informação, mesmo que seja informação acerca de características psicológicas e emocionais tanto do cliente como do próprio profissional e mesmo da relação entre ambos. Hoje a quantidade de informações disponíveis é muito ampla. Estamos em um mundo com excesso de informações o que torna muito mais importante a capacitação para a seleção e o aprendizado contínuo e crítico. Aprender a aprender é mais fundamental que a simples transmissão de conhecimento que como sabemos estão em constante transformação. Sabemos, também, de longa data que o saber racional não modifica sentimentos nem certas maneiras de ser e reagir, em nenhuma pessoa. Por esta razão, parece que a melhor maneira de caracterizar este processo não é nomeando-o como um processo educativo ou pedagógico, mas sublinhando o caráter formativo, no sentido mesmo de formar, construir, desenvolver dentro de si, certas maneiras de pensar e agir que se incorporam à própria personalidade do indivíduo, levando a uma transformação da sua prática "de dentro para fora". Isto lembra um dos aspectos da palavra CULTURA, geralmente negligenciado, que diz respeito a este termo ser ligado à idéia de cultivo, tal como na agricultura, o que implica uma série de procedimentos como o plantio, os cuidados, a adubagem, a espera, até que finalmente, depois de algum tempo, se possa colher os resultados, os frutos de todo este processo. Os frutos de uma Cultura, os resultados do processo cultural de um povo, de um grupo de pessoas envolvidas em uma tarefa comum, como pode ser o caso dos profissionais de saúde, podem ser vistos como decorrência de um longo processo em que vai se formando o que podemos chamar a Cultura Médica ou Cultura da Saúde de uma época ou de um povo.

Tem grande importância reconhecer que, ao querermos influir para introduzir certos modos de pensar ou agir na formação do profissional de saúde de hoje, estamos de fato querendo modificar alguma coisa da atual Cultura da Saúde, e portanto não estamos de acordo com muita coisa que se produz como seus frutos ou resultados. Qualquer que seja o nome que se dá a estas estratégias (Psicologia Médica, Humanização da Medicina, Interconsultas, só para citar os mais comuns), é preciso reconhecer que seus limites, quanto a resultados, deparam-se com esta questão do tempo que é necessário para transformar uma cultura e um modo de pensar já arraigados. Um amigo, cuja família é de origem judaica, fez certa vez uma observação que evocamos neste contexto por parecer pertinente. Observava ele que, para alguns intérpretes da Bíblia, Moisés levou quarenta anos para conduzir seu povo do Egito até a Terra Prometida, quando na verdade, este mesmo percurso poderia ser feito, sem esforço, em mais ou menos quarenta dias. Para alguns, este prazo era o tempo necessário para fazer passar uma geração, pois ele queria chegar lá com gente nova, já que, se quisesse criar uma nova nação, não poderia ter sucesso com a velha geração, já habituada a velhos vícios.

Visto deste ângulo, o processo de transformação da Cultura da Saúde com intenção de recuperar aspectos humanísticos empalidecidos ao longo dos últimos cem anos, tem de ser necessariamente tomado como um projeto a longo prazo. E esta longitude pode ser encarada de dois pontos de vista: tanto o pessoal, de cada profissional, como da comunidade dos profissionais de saúde como um todo. Ainda que estas duas expressões se confundam ou caminhem juntas por muitos momentos, vale a pena dizer algo sobre elas separadamente.

• A continuidade da formação individual

Se, como já foi dito, trata-se mais de um processo de formação que de informação, as estratégias tem de ser amplas e abrangentes, e conseguir atingir o âmago do modo de pensar e de ser do sujeito. Neste sentido, a questão da continuidade também pode ser vista de dois modos complementares: a continuidade no tempo e a continuidade no sentido da abrangência em todos os momentos da formação.

a) Formação continuada no tempo

Tomando como exemplo a formação do médico, se lembramos da dimensão temporal evocada acima sobre a palavra Cultura, fica evidente que precisamos estar presentes por muito tempo durante a formação do médico para que o cultivo de certos hábitos e idéias se faça satisfatoriamente. Em nossa Escola, até 1986 a presença destas atividades através do Curso de Psicologia Médica se fazia apenas durante um semestre no Terceiro ano. A partir daquele ano passamos a estar presentes nos três primeiros anos do Curso e, nos dias de hoje, nossa presença se faz durante os cinco primeiros anos, e com insistentes pedidos, tanto de alunos como de outros professores, para que estejamos presentes durante os seis anos do curso de Graduação. A idéia de quantidade não é o que é importante aqui, mas, sim, o fato que uma presença constante de atividades de reflexão sobre a prática médica em todos os níveis e momentos é que pode fazer alguma diferença e criar hábitos de pensamento abrangente sobre os problemas que são vividos durante todas as fases da formação. Já que a intenção não é fazer o indivíduo assimilar um conteúdo de informação e sim desenvolver sensibilidades e evoluir capacidades, sabemos que se tornam necessárias várias oportunidades para que as questões sejam apresentadas de modo diferente, até que possam produzir em cada um dos alunos os efeitos internos desejados de aprendizado a partir de uma experiência, o que é diferente de um aprendizado teórico.

Neste sentido, entendemos que deve ser oferecida continuidade deste tipo de experiência mesmo depois da graduação, e principalmente na Residência Médica, que nos dias de hoje desempenha um papel tão importante na formação médica. Nesta ocasião, ocorre uma mudança importante de perspectiva, pois o indivíduo sai da condição de aluno para viver o papel de médico, ainda que sob a retaguarda de profissionais mais experientes da instituição. As mobilizações afetivas fazem-se muito intensas neste período, e levam ao afloramento de muitas características e de dificuldades pessoais antes ocultas. As experiências vividas por nós no Serviço de Interconsulta, tal como é concebido em nossa instituição nos informam a toda hora que é neste momento da formação profissional que podem ser contempladas as melhores condições para coroar todo o processo formativo do médico tal como vem sendo sugerido ao longo deste trabalho, pois naquele momento o médico está ao mesmo tempo mais vulnerável às angústias que a profissão lhe reserva, assim como mais aberto e sensível para perceber e descobrir muitas sutilezas que em outras ocasiões lhe passavam despercebidas. Se puder ser ajudado nesta ocasião a melhor digerir estas experiências, são grandes as chances delas promoverem mudanças importantes que se incorporam como patrimônio pessoal, que poderá ser usado a vida toda.

Por esta razão fica clara a importância estratégica de um serviço como o de Interconsulta nos moldes por nós praticados na construção de um modelo de Educação Continuada, já que este modelo deve ser estendido à Residência Médica e poder trabalhar com o médico residente no momento em que ele já está assumindo responsabilidades profissionais maiores.

A continuidade, enquanto formação de uma espécie de interstício a dar suporte ao modelo de formação médica, deve ser programada de modo a se integrar harmoniosamente com as outras atividades do aluno ao longo dos anos da Graduação. Assim é que, a título de exemplo, em nossa Escola, temos uma divisão do Programa em três blocos de dois anos cada: o básico, o clínico e o internato. Em cada um destes momentos as atividades do curso de Psicologia Médica devem acompanhar a idéia geral que norteia os outros programas em cada um destes blocos. Com isso podemos, em um contínuo harmônico, iniciar no primeiro ano com noções elementares como constituição do "Aparelho Mental" e outros conceitos básicos de Psicologia, e terminar, no Internato e na Residência, com discussões de casos complexos nos quais serão utilizados conceitos mais elaborados como transferência, contratransferência, defesas, entre outros ilustrados através da prática cotidiana. Com este conjunto de estratégias podemos esperar então que, ao longo dos anos, tenhamos conseguido plantar algumas sementes em cada um dos futuros médicos para podermos esperar que seus frutos germinem ao longo de toda a carreira profissional deles.

b) A continuidade nos diversos momentos da formação médica

Devemos mencionar agora outro aspecto da questão da Educação Continuada sem o qual todos os outros correm o risco de fracassar. Todos sabem das caricaturas estereotipadas que existem no meio médico a respeito das diversas especialidades. Isto é algo que todo estudante de Medicina passa a conhecer muito cedo na vida acadêmica. Nesta caricatura, o Psiquiatra é identificado como aquele que nos lembra dos aspectos emocionais do ser humano, que muitas vezes são vistos como "intrusos" na cena médica, e chegam até a ser ridicularizados. Podemos até ser compreensivos com estes fatos e entender que fazem parte de defesas desenvolvidas pelos médicos para suportar as agressões emocionais vividas no seu trabalho. Mas não podemos fazer de conta que não sabemos que, quando um Psiquiatra ou um Psicólogo fala a um estudante de medicina das questões emocionais envolvidas na prática médica, este tende a ouvir o que lhe é dito com muita reticência, um pouco já contaminado pelo efeito que estas caricaturas antes mencionadas exercem sobre ele. Se um estudante já apresenta dificuldades em lidar com as suas emoções, fará uso de qualquer coisa a seu alcance para não entrar em contato com elas. E o uso das caricaturas e estereotipias pode muito bem se tornar arma de defesa.

Queremos com isto chamar a atenção para o fato de que, sendo as aulas de Psicologia Médica dadas por Psiquiatras e Psicólogos, na maioria das vezes, corremos o risco de ver um estudante (e também depois, quando for médico) considerar as coisas que ouve nestes cursos como sendo "coisas de Psiquiatra", e que não precisam ser muito valorizadas. Há também o risco, freqüente, dele ouvir de outros professores de outras especialidades muita coisa que contraria ou mesmo desvaloriza o que é apresentado na Psicologia Médica. Isto ocorre porque dentro de uma Escola de Medicina as opiniões acerca destas questões não são valorizadas da mesma maneira por todos os professores e também porque, infelizmente, também sabemos que alguns professores de Medicina se esquecem do seu papel de modelo de conduta para a formação da auto-imagem profissional dos estudantes. Tudo isto cria certa ambigüidade no aluno que influi na internalização de certos aspectos importantes à sua identidade profissional, que tendem a ser negligenciados.

Por outro lado, se um professor de outras especialidades age de modo a valorizar aspectos importantes das questões psicológicas do cliente ou da relação do médico com ele, estas atitudes terão grande influência nos futuros médicos, pois mostram que aquele professor incorporou os valores e as idéias que suas atitudes expressam. Estes acontecimentos têm grande valor formativo junto aos estudantes. Por tudo o que está sendo dito, queremos enfatizar que, em uma visão mais ampla do significado de continuidade na formação dos médicos [Zimmermann, 1992], é imprescindível que todos aqueles que estão envolvidos nas tarefas do ensino médico deveriam se preocupar em pautar suas atitudes de acordo com o que consideram um modelo adequado de conduta na profissão, sempre e em qualquer circunstância que estiverem acompanhados de alunos ou residentes.

Consideramos este sentido da continuidade da formação, que abrange o todo da instituição formadora de médicos, um aspecto da maior relevância se de fato queremos promover uma verdadeira mudança na Cultura Médica visando recuperar aspectos humanitários a esta prática. São em primeiro lugar os outros professores que deveriam ter em mente que as suas atitudes têm a maior importância na formação e no desenvolvimento das idéias que queremos transmitir nos programas de Psicologia Médica. A continuidade, aqui, ganha uma dimensão diferente da dimensão temporal, como discutido acima, para ter o caráter de continuidade no sentido de abrangência, de universalidade da presença de certas idéias em todos os momentos da formação do médico. A densidade da expressão das idéias de uma prática médica condizente com os mais altos valores éticos e humanitários pode ser de uma eficácia elevada no intuito de atingirmos os objetivos de elevação da qualidade da formação profissional dos nossos futuros médicos. Para tal, é evidente que se necessita da participação de todos os que, em uma escola médica, se encontram envolvidos com as tarefas de ensino, em todos os momentos tanto da Graduação quanto da Residência Médica.

Neste sentido, destacamos a importância da implantação do programa de Aproximação à prática médica, pois ele vem coroar toda uma série de iniciativas que foram sendo implementadas ao longo de nosso trabalho.

Nas nossas discussões dos programas de psicologia médica, quando tentávamos vislumbrar um objetivo final ideal de nosso programa, o que nos ocorria é que este objetivo seria a nossa extinção enquanto curso. O que pensávamos com isso, é que, na verdade o que tentamos transmitir aos alunos em um plano mais amplo é o respeito a uma visão integral do ser humano e das relações e que isto deveria ser algo a ser assimilado por todas as especialidades e todos os cursos pelos quais o aluno transitasse.

No programa de aproximação à Prática Médica estamos plantando uma semente para um trabalho nessa direção, pois as atividades práticas e de discussão da forma como foram implantadas na Unifesp contam com a presença concomitante de profissionais dos vários setores e especialidades. Dessa forma as discussões se enriquecem não só para os alunos, mas para os próprios profissionais que encontram a oportunidade de compartilhar amplamente as suas perspectivas. O programa instalou-se no primeiro ano de graduação e o projeto é que ele se estenda por todos os anos do currículo.

Ressaltamos um fato importante pelo que expressa de significado: a decisão de implantação da aproximação à Prática Médica neste formato que envolve um grupo de professores na participação das discussões foi iniciativa da pró-Reitoria; a inclusão de profissionais da área de saúde mental em todos os grupos, também.

Embora nossa escola, à diferença de muitas outras, sempre teve uma maior permeabilidade aos aspectos psicológicos e emocionais, ressaltamos esses fatos que ocorreram na instalação do programa de aproximação à Prática Médica por considerar que representam mais um importante avanço para uma mudança mais profunda na mentalidade institucional.

- ## A atuação do Sapis

Em nossa atuação ao longo dos anos em que estruturamos nosso serviço de Interconsulta no Departamento, todas as nossas ações sempre incorporaram a preocupação com a educação e capacitação continuada conforme expusemos ao longo dos diversos capítulos. Essa capacitação é muito ampla, na medida em que sempre procurou abarcar os diversos níveis institucionais (alunos, médicos, profissionais de saúde em geral, profissionais administrativos, pacientes e familiares). Com a criação do Sapis o projeto de educação continuada ganha um grande impulso, na medida em que estruturamos um plano de ação ampliado que atinge, agora, a instituição em seus mais variados níveis.

A ampliação produz-se dentro dos moldes que sempre nortearam nosso trabalho e a nossa atuação se mantém fiel aos nossos princípios básicos.

Se trabalhamos, por exemplo, com o grupo de familiares, nossa preocupação não é transmitir informações ou orientações, mas, principalmente, capacitar o paciente e os familiares a conhecer seus direitos, deveres e os meios para alcançar os recursos que são necessários para atender suas necessidades.

O profissional de ligação de nosso serviço, destacado para uma determinada enfermaria ou serviço, tem sempre presente a preocupação de capacitar para os diversos aspectos de nosso campo, todos os profissionais envolvidos na tarefa assistencial, bem como os estudantes (assessorando e complementando nossas ações no curso de psicologia médica).

Todo o nosso trabalho, enfim, incorpora um cuidado com uma real transformação individual e institucional.

Os trabalhos que se seguem apresentam algumas situações e cenários que ilustram nossa forma de implementar a educação continuada.

Educação continuada: ilustrações

• O encontro (ou desencontro) terapêutico

Paula Villas Boas Passos
Mario Alfredo De Marco

A situação

Os primeiros contatos com os pacientes podem apresentar de forma mais contundente as emoções que podem se atualizar na relação médico-paciente.

A erotização, o amor transferencial (e contratransferencial!) são potencialidades que não podem ser subestimadas. A aceitação e o reconhecimento dessas ocorrências é útil para uma melhor condução dessas situações.

O relato que vamos apresentar ilustra o acompanhamento de uma situação em que se abriu algum espaço para a possibilidade de reconhecimento e elaboração.

O cenário é a enfermaria geral do hospital onde os alunos de medicina se iniciam em seu contato com um vínculo mais formalizado com os pacientes.

Em nosso programa de ligação (a enfermaria conta com um profissional de ligação) uma atenção privilegiada é dirigida aos alunos em formação, dentro de nossa filosofia de uma educação continuada:

Paciente S., 17 anos, solteira, estudante do 3º colegial, branca, previamente hígida, internada na enfermaria de clínica médica.

Queixa da paciente: Fraqueza
História:

A paciente S. ficou internada no Pronto-Socorro do Hospital São Paulo (HSP) durante alguns dias fazendo exames até conseguir vaga na enfermaria da clínica médica feminina. Logo ao entrar, a paciente chama atenção pela sua jovialidade e beleza. Ficam encarregados dela o Residente F. e o aluno do quarto ano A.

S. é uma menina inteligente e carinhosa que se adaptou rapidamente à rotina da enfermaria da clínica medica. É simpática com todos os alunos e se prontifica a contar os mínimos detalhes técnicos sobre toda a sua doença. Ao ser questionada sobre o que realmente queriam dizer todos aqueles termos técnicos, ela compreendia de forma correta o que estava acontecendo com o seu organismo – "anemia hemolítica, né, dr? Quer dizer que meu corpo destrói as hemácias de dentro do meu sangue." (sic). Algumas explicações ainda foram necessárias, tais como a importância das hemácias para a vida da paciente e a importância da manutenção da medicação.

Contato com a psicologia:

Desde os primeiros contatos, a paciente mostrou-se colaborativa e disponível. S. estava sempre acompanhada pela mãe e costumava sorrir e brincar o tempo todo, exigindo bastante atenção da enfermaria como um todo. Um dia, após a visita médica, houve uma dúvida se ela ainda seria virgem ou não (por conta de uma possível contaminação por hepatite). Na história coletada pelo aluno, ela havia afirmado nunca ter tido relações sexuais, mas esta história havia sido coletada na presença da mãe da paciente. Esta questão me intrigou, pois ela já havia me confirmado um relacionamento estável de pelo menos dois anos. Resolvo então convidá-la para uma conversa particular, longe da mãe para averiguar melhor os possíveis riscos de contaminação que ela pudesse ter tido. S. confirma que ainda é virgem apesar de namorar há muito tempo um menino muito bom. Ela se diz apaixonada e pronta para a primeira relação, que ainda não havia ocorrido em virtude de falta de privacidade dos namorados. Aproveito a oportunidade para esclarecer algumas dúvidas em relação às relações sexuais. A paciente é uma adolescente na iminência da sua primeira relação sexual que se encontra plena de dúvidas e medos. O sistema familiar parece bastante repressor, não existiam possibilidades de interação com os pais e ela nunca havia visitado um ginecologista. Neste momento, a paciente está ansiosa, cheia de perguntas e receptiva a qualquer informação sobre a contracepção e prevenção de DSTs. Recomendo a visita ao ginecologista que é o profissional mais adequado para informá-la corretamente. Ela insiste nas perguntas, principalmente sobre contraceptivos orais e uso correto da camisinha. Reforço a importância do uso do preservativo tanto em relação à contracepção como na prevenção de doenças sexualmente transmissíveis. Quanto aos contraceptivos orais, recomendo que procure um especialista para que juntos descubram o método mais adequado para a paciente. S. se sentiu bastante segura e confiante e estabeleceu uma relação de confiança comigo. Na semana seguinte, a paciente já havia respondido satisfatoriamente ao tratamento para a anemia e estava de alta.

Quando soube da alta iminente, S. se mostrava bastante ansiosa, querendo conversar com a psicóloga de qualquer maneira antes da alta. Assim que chego à enfermaria, ela me chama para conversarmos lá fora de novo (já que seus pais estão por ali) e, no corredor, ela me confidencia que se sente apaixonada pelo aluno que a acompanha e que não sabe se o sentimento é recíproco. Pergunto porque ela acredita nisso e ela me mostra uma foto com uma dedicatória carinhosa, com a qual ele a presenteou. Ela me informa que pediu uma foto a todos da enfermaria, mas que ele foi o único que entregou a foto. Esclareço para a paciente que sentimentos de carinho e afeto em relação às pessoas que cuidam de nós quando estamos doentes são extremamente comuns e que não necessariamente configuram um real enamorar-se. Ela parece entender, mas continua preocupada em como vai levar a vida lá fora após esta situação, como manterá seu namoro e como lidará com os sentimentos pelo aluno. Confirmo que a internação é uma situação atípica em sua vida, na qual ela se sente carente e desprotegida. Neste momento, as pessoas que se aproximam com a função de cuidadores são idealizados como perfeitos. Questiono S. sobre o que ela sabe realmente da vida de A. e ela confirma que não sabe muito, mas que gosta do jeito que ele chega perto dela. Conversamos sobre os sentimentos e a situação em que ela se encontra. Depois dos esclarecimentos e da catarse, ela fica mais tranqüila e voltamos ao leito para aguardar a alta.

Já no leito, o aluno chega e ela assume uma postura regredida, usando voz de criança pequena e acusando-o de ser responsável pelo hematoma da última coleta de sangue. Ele fica preocupado e passa os dedos levemente no braço dela, tentando encontrar o tal machucado. Essa atitude foi interpretada eroticamente pela paciente que fica gelada como se estivesse recebendo um carinho de um namorado. Ele se dá conta de que algo está errado e interrompe o movimento.

Logo depois ela me pergunta se eu poderia dar uma foto a ela também. Preocupada com as conseqüências emocionais que a foto com a qual o aluno a havia presenteado poderia causar e a fim de diminuir a importância dos significados ocultos dela, também entrego uma foto simples, tamanho 3x4, sem dedicatória. Preocupo-me bastante com a paciente. Neste momento, percebo que não só o aluno estava envolvido com a paciente; ela era, de fato, uma pessoa apaixonante e me pego tentando protegê-la dos seus próprios sentimentos, minimizando a possível dor da separação e decepção amorosa.

O cuidado

Após a percepção de que a transferência amorosa já havia se estabelecido, tentei me aproximar do aluno, empatizando com a dificuldade de separar o carinho pessoal pelo paciente do cuidado profissional. Afinal de contas, eu mesma me havia percebido envolvida afetivamente pela paciente. A enfermaria como um todo se rendeu ao charme de S. Quando falo com o aluno, A. suspira profundamente, como se estivesse aliviado de poder falar sobre essa relação difícil. A. Passa-se a impressão de estar se sentindo culpado, como se estes sentimentos tivessem sido provocados por ele. Esclareço que este tipo de relação "tortuosa" pode vir a acontecer mais freqüentemente do que é imaginado, e então conversamos sobre atitudes que podem facilitar este tipo de transferência amorosa. De alguma forma, o aluno também parece ter se enamorado da paciente ou mesmo da situação de ter alguém sob seus cuidados, ainda mais por ser bonita, inteligente e comunicativa. Ele tem uma certa relutância em admitir abertamente esta possibilidade, mas o importante é que foi aberto um espaço honesto e franco no qual os sentimentos puderam ser ventilados, abrindo espaço para uma maior aceitação e elaboração deles.

O encontro terapêutico

No encontro terapêutico ou educativo, reatualizam-se para cada protagonista suas experiências mais remotas diante do desamparo, do sofrimento, do desconhecido, da qualidade da presença ou ausência daquele de quem o sujeito esperava o alívio. No encontro com o paciente ou com o aluno, todo terapeuta e todo educador passam inevitavelmente a fazer parte de seu universo de relações. Eles se constituem para os primeiros como objetos psíquicos, como seres passíveis de responder ao desconhecido, ao sofrimento e ao desamparo. Os destinos do ato terapêutico e do ato educativo são determinados por essa transferência, descrita por Freud [1912].

Nesse sentido, ao nos referirmos à função terapêutica, pouco importa, inicialmente, a especialidade daquele que a exerce. O terapeuta pode ser um médico, um psicólogo, um fisioterapeuta, uma assistente social, uma enfermeira, até mesmo, (por que não?) um vizinho, ou seja, todo aquele a quem, em um certo momento, é dirigido um insidioso pedido de ajuda com relação a um sofrimento que busca um outro que possa compartilhá-lo, e que se disponha a acolher este pedido. Um sofrimento que o próprio sujeito desconhece, mas que encontra no sintoma, na queixa, sua forma de expressão.

É mister ressaltar que o cuidador e o educador tenham sempre presentes essas possibilidades para evitar incorrer em uma atitude de adesão ou rejeição às fantasias do paciente. O treinamento do profissional deve ser no sentido da aceitação e do reconhecimento das fantasias como fantasias; isto é pré-requisito para que o estudante ou profissional não experimentem culpa ou rejeição em relação às fantasias do paciente (e não fiquem contaminados pelas suas próprias fantasias).

Em seu trabalho, o terapeuta e o educador são assim constantemente solicitados ao exercício de uma função de intérprete de sinais minimalistas e de níveis bastante primitivos de comunicação. Essas condições se constituem muitas vezes como verdadeiros pré-requisitos para atingir os objetivos aos quais normalmente eles se propõem. Nesse sentido, eles necessitam freqüentemente resgatar os mínimos indícios sensoriais, dos gestos, do olhar, do toque para que seja possível estabelecer com o paciente ou com o aluno uma relação que promova, antes de tudo, o desenvolvimento de recursos mais evoluídos de comunicação e de reação diante das dificuldades vitais, cotidianas do aprendizado ou da doença.

Assim, o cuidar pressupõe um exercício permanente de liberdade que permita ao cuidador entrar em contato com as sensações, fantasias e emoções do outro e também com aquelas mobilizadas em si pelo paciente ou pelo aluno para poder compreendê-las como informações importantes a respeito daquilo que ocorre com eles na consulta ou no ambiente de ensino.

Professor e aluno, médico e paciente não trocam apenas informações e conhecimentos, dados da anamnese, sinais propedêuticos ou indicadores fornecidos pelos exames complementares. Nesses encontros reatualizam-se histórias de vida que, muitas vezes, buscam por intermédio do outro se reestruturar de forma menos sofrida e mais satisfatória. O terapeuta e o educador são assim representados e vividos pelo paciente ou pelo aluno como aqueles que podem conjurar um destino, muitas vezes trágico, que, mesmo sem o saberem, não se dispõem a aceitar.

• Trabalhando com os visitantes

Ana Márcia Nori
Fátima Lucchesi
Ligia Bruhn de Souza Aranha
Mario Alfredo De Marco

O Grupo de Visitantes do Hospital São Paulo foi concebido a partir da observação e do levantamento das necessidades do Hospital. Em conversa com a diretoria clínica foi destacada a questão da enorme fila que se formava na porta de entrada do hospital antes do horário da visita. Muitas pessoas manifestavam queixas e cansaço, em função da espera: a angústia, a desinformação e o cansaço pelo deslocamento de suas residências (geralmente bem distantes) até o Hospital são fatores importantes que não são, geralmente, muito percebidos e considerados.

Os visitantes costumam chegar com bastante antecedência para a visita – a visita inicia-se às 15 horas e, habitualmente, cerca de 2 horas antes, eles já começam a se reunir na porta de entrada. Face a este cenário foi cogitada a possibilidade de realizar um trabalho que não só amenizasse a espera, oferecendo um local mais confortável, mas pudesse contemplar as necessidades detectadas, beneficiando os visitantes e, direta ou indiretamente, os pacientes internados.

Esta, evidentemente, é uma medida paliativa, pois temos presente que precisamos trabalhar para provocar uma mudança estrutural mais profunda, que modifique a dinâmica das visitas, permitindo acesso mais livre dos visitantes ao hospital. É claro que a mudança estrutural não vai invalidar o trabalho com o grupo de visitantes, apenas lhe dará características diferentes.

O Grupo de Visitantes funciona de 2ª a 6ª feira das 14 às 15 horas. O trabalho é iniciado, convidando os visitantes que estão na fila ou nos arredores do hospital a aguardarem a visita em um ambiente mais apropriado.

O objetivo do grupo é poder acolher estas famílias/amigos, oferecendo um local mais confortável para a espera, criando, ao mesmo tempo, um espaço de escuta no qual seja possível a expressão de dúvidas, problemas, angústias e trocas de experiências.

Isto tem criado a oportunidade de identificar, de forma precoce, toda uma série de vivências e/ou distúrbios que, de outra forma, passariam despercebidos ou teriam identificação mais tardia, trazendo repercussões negativas para os visitantes e para o próprio tratamento do paciente: angústias ligadas ao adoecer, carência de informações, informações distorcidas, desestruturação familiar como conseqüência da doença, falhas na rede de apoio social, etc. A intervenção precoce nestas situações tem um importante potencial que estamos começando a explorar.

O que desde cedo temos detectado é que o acolhimento, a escuta, a troca de informações e experiências habilitam os participantes a usufruir de forma mais plena a assistência prestada, tornando-os mais participativos e conscientes em relação a seus direitos e deveres, abrindo espaço para a conscientização de suas responsabilidades e a expressão de suas necessidades e/ou reivindicações por maiores e melhores condições de tratamento.

Funcionamos respondendo à demanda imediata que acaba sendo trazida no grupo e abordamos as questões de forma que as pessoas presentes possam construir, conosco, conhecimentos que as auxiliem em suas questões. Essa postura permite que esses indivíduos se sintam acolhidos, respeitados e conhecedores de seus direitos e responsabilidades, inclusive em relação ao que o serviço de saúde pode oferecer.

Este trabalho, além de nos colocar frente a frente aos conflitos vividos pelos pacientes e familiares, nos dá a oportunidade de participar, também, das angústias e dilemas presentes no dia-a-dia do corpo clínico, dos técnicos e dos funcionários que atuam no hospital: recepcionistas, seguranças, corpo clínico em geral, etc.

Por meio desse contato detectamos uma série de necessidades que tem servido de orientação para a estruturação das ações de orientação e capacitação que estamos desenvolvendo.

Exemplo: D. (segurança da Unifesp), encontrava-se na portaria da ala de convênios enquanto estávamos planejando nosso itinerário pelas enfermarias. De repente, nossa atenção foi atraída para a portaria em que o segurança e uma pessoa desconhecida discutiam de forma alterada. A pessoa retirou-se, gritando e ameaçando o segurança. O segurança permaneceu em silêncio e intacto no posto, mas seu rosto emanava uma raiva que poderia transbordar em qualquer oportunidade. Esboçamos, então, um movimento de aproximação, procurando criar um espaço de expressão e continência: começou a falar de seus sentimentos, de como é difícil estar ali cuidando da segurança, pois tenta ser educado e muitas vezes recebe respostas hostis. Procura trabalhar com seriedade, responsabilidade, acha importante o respeito às regras, porém às vezes se depara com situações que não se encaixam a estas regras, e, então, como agir? Deixar atuar a razão ou a emoção? D. mostrou que está vulnerável e solitário no seu posto, tendo como suporte apenas seu rádio-comunicador, que algumas vezes o ajuda a resolver problemas, mas não a equacionar melhor as contradições e conflitos próprios do exercício de sua atividade. Foi a partir desta, e de outras observações, que detectamos a necessidade de um trabalho com os vigilantes, que já está sendo organizado.

Temos observado que o grupo pode apresentar diferentes temáticas e dinâmicas de funcionamento, dependendo das pessoas que o compõem e das situações que estão vivenciando:

1. Com o grupo reunido, emergem uma série de situações peculiares:

Uma jovem senhora estava visitando o marido, internado para tratamento de uma infecção nos olhos causada pela Sífilis. Desde o início da nossa reunião naquele dia, ela foi a última pessoa a se colocar. Teve muita dificuldade e constrangimento para falar da sua problemática e isto fez todo o grupo refletir a respeito de questões ligadas a determinadas doenças e o quanto as pessoas, além do sofrimento provocado pelo fato de ter um familiar internado, ainda precisam arcar com o medo do preconceito, do abandono, como no caso das doenças sexualmente transmissíveis, doenças psiquiátricas e outras.

Neste situação, o grupo pôde acolher e elaborar esta situação, que acabou sendo uma experiência marcante para todos.

2. Em um dos grupos realizados acolhemos as questões emocionais de um dos visitantes e percebemos a amplitude que nossas intervenções tiveram:

Um senhor que estava visitando a esposa internada, em virtude de complicações que tivera no tratamento do câncer de mama, chegou ao grupo e na primeira oportunidade que teve começou a expor suas vivências. Contou-nos o que acontecera com a esposa, a cirurgia pela qual passara e o tratamento que estava fazendo. Transparecia em seu relato todo o sentimento que vivenciava frente à situação.

Relatou que todos da família estavam sentindo sua falta em casa (tinham 4 filhos) e contou como estavam tentando se reorganizar para tomar conta de todos e fazer as tarefas domésticas. Disse, também, que fazia um tratamento para diabetes e que há dois dias vinha esquecendo de tomar seus remédios por conta desse fato novo e perturbador pelo qual estava passando.

Com o correr da reunião foi possível perceber que os sentimentos vivenciados pelo senhor estavam sendo compartilhados e acolhidos pelos demais presentes. Além do acolhimento, também foi possível dar um novo sentido para tudo aquilo que estava sendo expresso. Foi destacada, por exemplo, a importância da união familiar nesse momento de ruptura vivido com a internação de alguém próximo, e como esta experiência de união às vezes ficava esquecida no cotidiano.

Foi mobilizada, também, uma reflexão a respeito dos sentimentos vivenciados pelas pessoas que estão internadas. Cogitou-se que elas, também, deveriam estar sentindo falta de casa e, também, deveriam estar aguardando ansiosamente o horário de visita, assim como os próprios visitantes.

Além desses aspectos, outro ponto importante, comum a todos os componentes do grupo, foi ventilado: a importância dos próprios visitantes estarem se cuidando, para evitar uma desestruturação da rede familiar.

Outra questão abordada foi o relacionamento com a equipe médica. Ao perguntarmos para o visitante como estava a conversa com os médicos da paciente em questão, pudemos abrir um espaço para discutir com o grupo as dificuldades em acessar a equipe médica responsável pelos pacientes e, também, a dificuldade em entender o que estava sendo dito a respeito do diagnóstico deles. Emergiu a percepção de como às vezes os médicos acabam explicando o diagnóstico para os acompanhantes em uma linguagem específica, não compreendida e da importância que se insista para que eles "traduzam" o que está sendo dito, para assim poderem entender melhor o que está acontecendo, terem sua ansiedade diminuída e poderem participar com mais propriedade dos cuidados após a internação.

3. Em meados do mês de fevereiro, V. participa do grupo dos visitantes pela primeira vez. Inicia sua participação relatando a dificuldade para conversar com os médicos, a respeito do estado de sua irmã que se encontrava no pós-cirúrgico. Conforme vai relatando a situação, fica evidente a culpa que V. estava sentindo por sua irmã não ter saído do coma e da responsabilidade que sentia em relação a isso, já que havia insistido para que M. operasse o aneurisma cerebral. Esses sentimentos vieram aliados à falta de informações referentes ao grau de risco que tal cirurgia poderia ter e das possíveis seqüelas e perdas que esse tipo de intervenção cirúrgica poderia acarretar.

Em um primeiro momento, tentamos acolher seu sofrimento e averiguar se outras pessoas a estavam ajudando a lidar com essas situações. V. passa a relatar sobre o comportamento da família em relação ao que estava acontecendo, queixando-se da falta de apoio de suas outras irmãs, do distanciamento do pai frente a essa realidade e de quanto suas atividades estavam restritas a cuidar do pai e dessa irmã.

Começamos a nos aproximar de V. pelas participações consecutivas que ela passou a ter no grupo. Fomos caracterizando a necessidade de V. ter um acompanhamento mais próximo. Acionamos a Interconsulta de Psiquiatria para uma avaliação, já que V. tinha perdido cerca de 10 quilos no último mês e estava emocionalmente abalada e sem suporte afetivo externo para essa situação.

Ao mesmo tempo, começamos a nos aproximar de V. para oferecer um espaço mais acolhedor e que pudesse auxiliá-la no contato com os médicos, mostrando o quanto V. se encontrava abalada e da importância das informações e esclarecimentos sobre a real situação de M.

Apesar da facilidade de comunicação de V., de sua mobilidade e articulação para resolução dos problemas práticos, foi necessária nossa intervenção com os residentes que acompanhavam o caso, pois a comunicação mostrava-se dificultada e V. passou a "desconfiar" dos médicos e dos cuidados prestados. Mediamos essa relação e pudemos reestabelecer um certo contato. Ao mesmo tempo, pudemos ajudá-la a se reestruturar praticamente, à medida que auxiliamos o serviço social, na agilização do processo referente ao auxílio-doença.

Paralelamente a essas questões, a proximidade que foi sendo estabelecida com V. começou a direcionar a intervenção para um cuidado, não mais com a paciente internada, mas, sim, com ela, que há longo tempo tinha parado de pensar e fazer coisas para si.

Utilizamos o grupo de acompanhantes para mobilizar essas questões à medida que propusemos que parássemos de falar sobre a doença da irmã e pudéssemos começar a pensar também nela. Essa perspectiva a abala, contudo aceita a proposta, aceitando a indicação de um trabalho voltado para ela (uma abordagem específica de Terapia Ocupacional).

A situação de M. agrava-se (passa a fazer hemodiálise 3 vezes por semana) e V. agora adota uma postura mais distante e evasiva. Perdemos o contato por cerca de uns 20 dias. Reforçamos a presença na enfermaria nos horários de visita, e nos colocamos mais uma vez presentes. Passamos a conversar sobre formas de cuidado que V. poderia ter com sua irmã, revitalizando com isso suas visitas, que haviam se transformado em momentos de contestação e especulação do tratamento.

Com isso, começamos a melhorar o ambiente do quarto, trazendo objetos mais pessoais e que melhorassem o aspecto do quarto para V., permitindo que sua permanência no horário da visita fosse mais agradável. Começamos a resgatar os gostos e jeitos que M. tinha antes do período de internação, que agora completa 5 meses. Essa aproximação com as lembranças da irmã começam a ser trazidas para a rotina das visitas, acentuando os cuidados referentes ao autocuidado de M., como passar hidratante, pentear os cabelos, trazer perfumes e produtos que a irmã usava, etc.

Atualmente, M. piora a cada dia, continua fazendo hemodiálise, está com arritmia, dificuldade respiratória, etc. Por outro lado, V. recomeçou a pensar em sua vida e na forma da organização que irá dar para essa nova etapa.

Neste caso, consideramos interessante a forma como foi possível articular de forma integrada os recursos do hospital e do Sapis. Desde a entrada pelo grupo de visitantes, passando para uma abordagem mais específica, visando ao cuidado do cuidador, diante de uma situação terminal do paciente, até a mobilização da equipe médica, na qual atuamos como facilitadores da relação, facilitando o fluxo de informações e abrindo espaço para a percepção de sofrimento desse familiar e a restauração, mesmo que superficial, da comunicação entre todas as partes envolvidas.

4. S. passou a freqüentar o grupo de visitantes e foi uma presença constante por cerca de duas semanas. Ao longo desse período foi se aproximando gradativamente e dividindo conosco momentos

de seu dia-a dia. S. morava muito longe, vinha ao hospital todos os dias, mas não entrava, sempre, nos horários de visita, já que dividia os cartões com outros familiares.

Começamos nossa intervenção orientando que S. explicasse sua situação para a enfermeira-chefe e que tentasse pedir uma autorização para que também pudesse visitar a mulher todos os dias. S. achou melhor não abusar e resolveu não fazer o pedido, já que ela estava sendo muito bem tratada, e esse pedido poderia prejudicar esse cuidado.

Sua participação no grupo era constante, mas era nos momentos mais individualizados que S. conseguia se expor e contar sobre seu sofrimento. Contava que sua esposa tinha câncer e que ela não poderia mais andar, e do quanto esse prognóstico era difícil, já que em conversas anteriores sua esposa dizia que ela se mataria se isso acontecesse.

Em um dia em que a temática do grupo se deteve nos medos dos familiares quanto ao perigo da morte, da perda, S. ficou muito calado. Percebemos, então, que seria necessária uma intervenção mais pontual. Pelo seu relato constatamos que as informações que recebera, até então, estavam incompletas e havia muitas fantasias frente à situação; não conseguia explicitar sua situação para a equipe que cuidava de sua esposa.

Acompanhamos S. até a enfermaria onde conhecemos sua esposa e a equipe que estava cuidando dela. Sua cirurgia estava marcada, mas havia dois dias que estava sendo adiada. A esposa cobrava de S. o que estava acontecendo, culpabilizando-o. Fazia questão de sua presença momentos antes da cirurgia e também responsabilizava-o pela sua ausência.

Fomos juntos conversar com a enfermagem, que em um primeiro momento não compreende a agitação de S.. Intervimos pedindo que a enfermeira explicasse o porquê do cancelamento da cirurgia. Nesse momento fica evidente que S. ainda não havia entendido os procedimentos e o grau de lesão que a esposa tinha. A enfermeira-chefe tira inúmeras dúvidas, agenda um dia para que os familiares aprendessem os cuidados básicos, já que a esposa retornaria para casa dentro de uma semana, e permite que S. fique com a esposa momentos antes da cirurgia.

Encontramos S. três ou quatro dias depois e ele agradece a intervenção e diz que a partir daquele dia passou a conversar com a enfermeira e que havia conseguido uma autorização para permanecer com a esposa durante todo o dia, e que estariam indo de alta em breve.

Neste caso, a intervenção permitiu que S. pudesse dividir, com a equipe que cuidava da esposa, seus medos e expectativas frente ao tratamento, conseguindo com isso melhorar a condição de internação, e recebendo esclarecimentos frente ao adoecer e aos cuidados. Contribuiu, também, para ampliar as possibilidades de amparo à paciente, diminuindo a ansiedade de ambos, que passaram a ter maior confiança e segurança no tratamento.

5. Este é um caso interessante pela demora em conseguir que uma senhora subisse para o grupo (cerca de 10 dias).

De início nossa aproximação era ignorada; praticamente não nos olhava e, quando abordada, se recusava prontamente a subir. No decorrer dos dias, mesmo percebendo o movimento que se formava na entrada do hospital e escutando os comentários de quem já havia participado, ela continuava recusando.

Começamos então a abordá-la de forma mais particularizada nesse ambiente, entendendo que seu grau de dificuldade e resistência indicava uma necessidade maior de atenção.

Aos poucos fomos conhecendo D. – de onde vinha, qual a problemática do marido internado, do que precisava, etc.. No contato com ela fomos nos tornando mais próximas, e então os convites para subir já não eram tão ameaçadores. No grupo começou a ser ventilado o tema: por que algumas pessoas não sobem, o que poderia facilitar que as pessoas aceitassem subir para o grupo. Alguns integrantes do grupo percebiam que, algumas pessoas, mesmo tendo curiosidade em conhecer o local, não subiam.

A partir dessas percepções, iniciou-se no grupo uma discussão a respeito das pessoas que evitavam participar e surgiram muitas idéias quanto ao que poderia ser feito para facilitar sua participação. Os componentes do grupo mobilizaram-se em relação à divulgação do espaço e foi em função dessas ações que, em determinado momento, D. aceita subir.

Sua participação no grupo era tímida, mas percebíamos que prestava muita atenção nas informações e assuntos discutidos no grupo. Ao longo do período que freqüentou o grupo começou a vir acompanhada, trazendo essas pessoas para participar.

Esse caso ilustra como as pessoas, em muitos momentos, se excluem, por medo, desconfiança, ou descrédito, não conseguindo usufruir dos recursos que podem ser oferecidos para ajudá-las a atravessar a crise desencadeada pelo processo. A exclusão, quando não trabalhada, perpetua a desinformação, o despreparo e o desconhecimento dos direitos e deveres próprios da situação.

6. Este relato refere-se a um grupo no qual a questão do preconceito em relação às doenças mentais pôde ser discutido e revisto por uma ótica também relacionada ao adoecer físico.

Iniciamos o grupo e havia uma certa tensão, que não conseguíamos caracterizar: as pessoas pouco falavam e pareciam incomodadas em falar sobre a problemática dos parentes internados.

Passamos então a expor quais os objetivos do espaço e quais as razões de sua criação. Falamos também sobre os recursos disponíveis no hospital, dando ao grupo, nesse momento, um caráter bastante informativo.

Dentre as informações fornecidas, mencionamos o serviço de interconsulta em saúde mental, explicando que muitas vezes frente ao adoecer físico, as pessoas podiam apresentar alterações de comportamento e estados de ânimo que diferiam de momentos anteriores.

Essa colocação abriu espaço para a manifestação de um rapaz que visitava a irmã na enfermaria de psiquiatria. Ele nos contou a trajetória dela e disse que entendia muito pouco sobre o adoecer mental. As pessoas do grupo foram se envolvendo e descobrimos que alguns outros integrantes do grupo também tinham vindo visitar familiares na mesma enfermaria.

Questões de como eram essas doenças, por que aconteciam, como lidar com os indivíduos quando estes se encontravam perturbados, o preconceito da sociedade foram alguns dos temas mobilizados e discutidos.

O que se iniciou como um grupo informativo, gradualmente, foi se transformando em um espaço acolhedor, possibilitando a troca de experiências de familiares que passavam por situações bastante semelhantes. O cansaço e as alterações que os próprios familiares experimentavam, em função das perturbações dos pacientes foram também abordados, levando-os a reconhecer a importância de, também, poderem se cuidar e ter um espaço para si. Reforçamos a existência e a importância de alguns procedimentos, realizados pela enfermaria de psiquiatria e direcionados especificamente aos familiares, enfatizando a possibilidade de que eles pudessem aproveitar essas oportunidades.

Nesse grupo a possibilidade que se abriu para as questões referentes às doenças mentais foi útil no sentido de ter possibilitado uma ampla troca de experiências. Outro ponto importante foi a validação do tratamento e a inclusão desses familiares como agentes participativos no processo de saúde/doença dos pacientes, apontando como fundamental a participação nas reuniões de família da enfermaria.

Com o decorrer do tempo e da prática, percebemos que este grupo adquiriu um formato diversificado e que a cada dia tinha um caráter: em alguns momentos predominava o caráter informativo; em outros, mais o acolhimento e elaboração de queixas; por vezes, beirava um grupo terapêutico tanto individual como coletivo.

Um aspecto importante da realização dessa atividade foi ter nos aproximado mais da dinâmica de funcionamento do hospital, de uma maneira geral, abrindo a possibilidade de detectar as falhas nos serviços prestados e o que poderia ser melhorado em relação à assistência, às intervenções e procedimentos. Esse rastreamento abre um leque de intervenções que começam a ser delineadas, a partir da necessidade de quem usa o serviço, contribuindo para a implementação de mudanças que possam adaptar cada vez mais o serviço à população assistida.

Um aspecto observado no grupo é que os visitantes acabam por iniciativa própria recomendando e divulgando o espaço.

A partir destes relatos destacamos como a intervenção no grupo pode, a partir do compartilhamento e da discussão das experiências, beneficiar o grupo como um todo, bem como, direta ou indiretamente, os próprios pacientes, auxiliando na elaboração de questões emocionais e questões mais objetivas e educativas. De uma forma mais ampla, temos uma ampliação da capacitação dos pacientes e familiares para lidar com as situações ligadas ao adoecer e com o relacionamento com os cuidadores e a instituição.

• A capacitação do cuidador

Paula C. M. Macedo

Objetivos:

Desenvolvemos programas que têm como objetivo, oferecer aos profissionais da área de saúde suporte técnico na área de Saúde Mental, para lidarem com as vicissitudes do exercício profissional, a exposição constante aos estímulos emocionais resultantes do contato com o adoecer, com o sofrimento e a dor, com o trabalho multiprofissional e com o estresse pessoal do cuidador.

Apresentaremos aqui uma intervenção focada nos profissionais da área de enfermagem.
É sabido que os profissionais da área de enfermagem, por representarem elementos indispensáveis ao funcionamento do contexto hospitalar, são escolhidos como foco importante para este tipo de intervenção, a fim de acrescentar à sua formação técnica específica, recursos de natureza psicológica e emocional, para um melhor desenvolvimento das atividades assistenciais.

Neste sentido, busca-se que as ações em saúde ganhem em qualidade, fator este que irá repercutir nas várias modalidades de relacionamento existentes no contexto, seja profissional / profissional, bem como profissional / paciente e profissional / familiares, colaborando para a diminuição dos "níveis de estresse" para todos.

A proposta de ação dentro deste panorama é de oferecer grupos de discussão e cursos de capacitação na área de saúde mental e qualidade de vida para os supervisores e chefias de enfermagem, visando à ampliação dos recursos pessoais destes profissionais, promovendo a formação de agentes multiplicadores e incentivadores de mudanças de comportamento, buscando a melhoria da qualidade dos serviços prestados aos pacientes, seus familiares, à equipe de saúde e a si próprios, diminuindo o estresse ocupacional.

O Sapis desenvolve desde agosto de 2002, no Hospital São Paulo, atividades de capacitação para enfermeiros, oferecendo informações na área de saúde mental, para facilitar a identificação das alterações físicas e emocionais correlacionadas à sintomatologia do estresse, bem como permitir a discriminação de suas possíveis fontes.

A sobrecarga subjetiva:

As reações emocionais desencadeadas na equipe de enfermagem, pelo contato contínuo com pacientes em situação de crise em função do adoecimento, têm sido descritas há mais de três décadas, por meio da identificação de componentes como o estresse, a sobrecarga, o sofrimento psíquico e a falta de comunicação mais eficiente. Segundo Pitta [1991], o conhecimento de que o trabalho adoece é milenar.

Vários fatores têm sido apontados como facilitadores ou desencadeantes destes fenômenos, entre eles:
- falta de preparo profissional para lidar com situações psicologicamente difíceis (formação);
- diferenças de personalidade (condições internas);
- organização do trabalho (condições externas);
- natureza do trabalho (tarefa).

O desequilíbrio dessas dimensões pode acarretar o desenvolvimento de vários problemas de saúde (somatizações) e alterações psicológicas no profissional, e também interferir na sua relação com a equipe de saúde e pacientes.

Cada indivíduo tem uma capacidade subjetiva de suportar e administrar as pressões presentes na sua relação com o mundo e com seu trabalho. Quando esta constante moderação chega no limite da negociação interna, dá-se início ao processo de sofrimento [Dejours,1992].

Enfrentamento – moderadores:

Os fatores ambientais não são por si só responsáveis pelo desencadeamento do estresse, uma vez que tem como principal aliada a deficiência na utilização de fatores moderadores, que são mecanismos ou habilidades desenvolvidas pelo indivíduo para enfrentar as tensões resultantes das pressões psicossociais.

O mecanismo mais importante é o de enfrentamento ou *coping*, que são esforços de controle, uma resposta ao estresse (comportamental ou emocional) com a finalidade de reduzir os níveis da problemática [Lautert, 1995].

Os mecanismos de *coping* têm como funções:
- modificar a relação entre a pessoa e seu ambiente;
- adequar a resposta emocional ao problema;
- controlar ou alterar o foco do problema (causa).

Estas ações e reações para reduzir o estresse e a tensão podem ocorrer em três níveis:
- estratégias individuais (cuidado consigo próprio);
- estratégias grupais (equipe de enfermagem);
- estratégias institucionais (intervenções).

A experiência

Nossos esforços concentraram-se primeiramente com a equipe de Supervisores de Enfermagem, no total de 15 pessoas, que são os responsáveis por todo o gerenciamento da área no Complexo Hospitalar São Paulo da Unifesp, e cada um deles é responsável por um grupo de unidades de internação e serviços diagnósticos (cerca de 50), incluindo o Pronto-Socorro, Pronto-Atendimento, e também todos os ambulatórios de especialidades (cerca de 47 unidades). Como se vê, estes lugares concentram uma grande quantidade de profissionais (enfermeiros e auxiliares), e o volume de carga assistencial é enorme.

A escolha por este grupo específico como foco da intervenção deu-se após várias reuniões com a coordenadoria de enfermagem e com o centro de educação continuada, órgão da Unifesp responsável pelos cursos de capacitação e reciclagem técnica de pessoal, pois se percebeu que estes supervisores detêm uma grande responsabilidade, encontram-se constantemente sobrecarregados com as tarefas diárias, como, por exemplo: solucionando problemas com escalas de funcionários, em conseqüência do grande número de faltas, afastamentos e licenças médicas; tratando de questões relativas à falta de materiais, que são geradoras de tensões e conflitos; avaliando a necessidade de remanejamentos de funcionários considerados "problemáticos" com dificuldades de adaptação em seus locais de trabalho e no relacionamento com os colegas; desenvolvendo protocolos e rotinas de funcionamento e operacionalizando os serviços, entre outras atribuições do cargo.

A primeira aproximação foi feita na forma de se oferecer espaços formais de discussão de temas relacionados à rotina de trabalho, à importância do treino de percepção situacional para a identificação e discriminação dos focos problemáticos e geradores de maior angústia no desempenho da função de supervisor, quanto ao ambiente de trabalho, a tarefa de cuidar, a personalidade do cuidador, e o trabalho em equipe. Também foram discutidas quais as possibilidades de investimento para a resolução de conflitos relacionados à natureza do trabalho e otimização dos recursos disponíveis para um melhor encaminhamento das questões percebidas.

Depois desta primeira etapa, de aproximação da psicóloga deste contexto dos supervisores de enfermagem, criou-se um espaço para troca de informações e experiências, com a proposta de colaboração, utilizando-se de recursos da área de saúde mental. Vários temas foram abordados e houve um desdobramento deste trabalho para a criação de um curso, com encontros semanais, com duração de uma hora, durante oito semanas, nos quais os seguintes temas foram aprofundados:
- Comunicação nas relações interpessoais em saúde / Estudo da comunicação e seus processos;
- O processo de adoecer / Aspectos psicológicos do paciente frente aos diagnósticos;
- Relação enfermagem / paciente e enfermagem / enfermagem;
- Atendimento ao "paciente problemático" / "O funcionário problemático";
- Treino de percepção situacional do supervisor;
- O trabalho em equipe multiprofissional: possibilidades e limites;
- Estresse do cuidador: cuidando de quem cuida e autocuidado.

Educação continuada

Este modelo é atualmente adotado, dentro de uma proposta da manutenção de um espaço contínuo de troca entre os profissionais de enfermagem e os profissionais de saúde mental, e que, ao longo do tempo, vêm se constituindo como uma oportunidade de investimento em fatores motivacionais do profissional, visando à melhora de sua auto-estima, reforçando a importância do seu papel de cuidador e desenvolvendo recursos emocionais na equipe de supervisores para lidar com situações difíceis da rotina de trabalho dentro de um hospital.

Também são objetivos deste trabalho a confecção de cartilhas e materiais informativos, com o intuito de buscar-se uma uniformização das condutas de enfermagem.

Novas perspectivas: o serviço de atenção psicossocial em saúde

Mario Alfredo De Marco
Vanessa de Albuquerque Citero
Paula Costa Mosca Macedo
Renata Novaes Pinto
Solange Tedesco

O curso de Psicologia Médica da Unifesp/EPM tem evoluído nestes quase 50 anos de funcionamento e, nos últimos 15 anos, passou por um crescimento importante, seja de carga horária, seja na sua estrutura de ensino. Atualmente, vivemos uma nova fase de mudança em função da integração cada vez mais ampla dos trabalhos do Departamento de Psiquiatria, visando à educação continuada dos profissionais de saúde e, mais recentemente, do advento do Programa de Aproximação à Prática Médica.

O Serviço de Interconsulta em Saúde Mental funciona há 25 anos no Hospital São Paulo; sua filosofia de trabalho sempre esteve afinada com a da Psicologia Médica. O Serviço atua como provedor de consultoria psiquiátrica e psicológica para médicos não psiquiatras, enfermeiros e alunos de medicina, oferecendo a instrumentação necessária para ampliar a compreensão dos aspectos psicossociais e psiquiátricos do paciente e favorecer a sensibilização do profissional de saúde consultante para esses aspectos presentes na tarefa médica.

Ao longo dos anos, constatamos que o caráter de continuidade do ensino e capacitação profissional que esperávamos alcançar com o curso de psicologia médica e o serviço de interconsulta apresentavam pontos frágeis. Havia uma descontinuidade, pela própria natureza do trabalho, restrito apenas ao atendimento das solicitações e pela alta rotatividade dos profissionais das enfermarias, uma vez que cerca de 90% dos consultantes do serviço eram médicos residentes [Andreoli, 1998]. Outro fator complicador importante era a presença de profissionais que atuavam no modelo de psicologia hospitalar inseridos de forma independente em algumas unidades de internação, comprometendo também a continuidade dos cuidados e a integração das ações.

Por diversas vezes, nesse percurso, tentamos oferecer projetos ao hospital para que pudéssemos ampliar e integrar os atendimentos em saúde mental. Finalmente, em junho de 2002, com apoio irrestrito da superintendência do Hospital São Paulo, pudemos desenvolver e implantar o Serviço de Atenção Psicossocial Integrada em Saúde (Sapis).

O Sapis foi criado com a finalidade de implementar uma nova política de assistência em saúde mental no Hospital São Paulo, atuando por meio de um modelo integrado, ou seja, baseado na inclusão do cuidado psicológico como um fator integrado na avaliação funcional do hospital a partir de uma necessidade clínica e administrativa [Strain, 1996]. O Sapis é, basicamente, a organização administrativa que promove o cuidado biopsicossocial por intermédio da integração da assistência à saúde mental, às questões sociais e aos cuidados físicos. Sem dúvida, um dos objetivos deste tipo de serviço é prover o hospital de serviços de atuação psicossocial que sejam custo-efetivos para a instituição [Hammer e cols., 1985].

A política de saúde definida pelo Sapis pretende instituir um modelo assistencial em hospital geral que preencha os 8 domínios requisitados para definir-se a qualidade de um serviço em saúde mental [McEwan e cols., 2001]:
1. aceitabilidade do serviço pelo cliente;
2. acessibilidade ao serviço pelo cliente;
3. adequabilidade dos serviços propostos;
4. competência profissional oferecida;
5. continuidade de cuidados oferecidos;
6. efetividade das intervenções ofertadas;
7. eficiência das intervenções ofertadas;
8. segurança das intervenções ofertadas.

Para alcançar esses objetivos é necessária a promoção de um atendimento integral e integrado em saúde. Por atendimento integral, entendemos a possibilidade de atenção aos diferentes aspectos do ser em seu processo de saúde e doença, traduzido por intervenções que facultem o acesso ao melhor atendimento técnico possível, ao lado de uma atenção ampla aos aspectos psicológicos e sociais, na forma de um cuidado com toda a constelação emocional desencadeada pelo processo, desde o adoecer até a alta. Um cuidado especial é dedicado ao processo de reinserção social e reabilitação, na forma de acompanhamento, encaminhamento e atenção à família e à rede de apoio social.

Por atendimento integrado, entendemos a possibilidade de oferecer um contraponto ao processo de fragmentação rígida dos cuidados, que é característico dos hospitais em geral e dos hospitais universitários, em particular, em função da alta rotatividade dos cuidadores. A ação é no sentido de uma integração dos recursos disponíveis, tanto técnicos e materiais quanto profissionais envolvidos na assistência e acompanhamento dos pacientes. Garantir uma integração e uma continuidade dos cuidados é uma ação da mais alta relevância que reverte em benefícios inestimáveis para os pacientes, para os familiares e para a sociedade, proporcionando melhor evolução e qualidade de atendimento e de vida que, seguramente, representa um amplo benefício em termos de custo/benefício para o sistema de atendimento em saúde.

A consecução desses objetivos envolve um plano de ação que seja capaz de atingir a instituição de forma plena, abrindo caminho para uma mudança de concepção e mentalidade; para tanto, um aspecto importante, é o fato de que nossas ações procuram incorporar o objetivo de uma educação continuada, visando não apenas ao equacionamento de determinada situação ou problema, mas a implementação de uma capacitação ampla, respeitadas as peculiaridades de cada estudante ou profissional, para a execução da tarefa em foco. Este posicionamento não é novo, representando apenas uma ampliação do objetivo que sempre tivemos presente ao longo de nosso percurso no trabalho institucional.

As ações que já desenvolvemos ao longo de nosso primeiro ano de funcionamento são as seguintes:
- Serviço de interconsulta em saúde mental
    - Programa de interconsulta em saúde mental
    - Núcleos de atenção
        - em terapia ocupacional;
        - em transplante de órgãos;
        - à infância e adolescência;
        - à dor;
        - à saúde da mulher.

- Programas de ligação em saúde mental:
    - Clínica Medica (enfermaria masculina, enfermaria feminina e UTI);
    - Obstetrícia (enfermaria de gestantes de alto risco, alojamento conjunto e centro obstétrico);
    - Hematologia (enfermaria, ambulatórios e unidade de transplante de medula óssea);
    - Gastrocirurgia (enfermaria, semi-UTI e serviço de transplante de fígado);
    - Gastrologia (serviço de transplante de fígado);
    - Infectologia (enfermaria e semi-UTI);
    - Nefrologia (enfermaria geral e de diálise, enfermaria de transplante renal, enfermaria de nefro-pediatria).

- Programa de otimização da alta hospitalar

- Programa de atenção às necessidades do acompanhante do paciente internado
    - grupo psicopedagógico para o acompanhante de longo período do paciente internado;
    - grupo de acolhimento aos visitantes dos pacientes internados;

- Programa de atenção aos profissionais de saúde
    - grupo de orientação e discussão com os coordenadores de enfermagem do HSP;

• Serviço de interconsulta em saúde mental

O programa de interconsulta constitui o serviço que funciona há mais de 25 anos na instituição, com atendimentos realizados por médicos-residentes em psiquiatria de 1º e 2º ano e psicólogos especializandos em psicologia da saúde de 1º ano, conforme já explicado no capítulo inicial. É, sem dúvida, a porta de entrada da saúde mental no hospital geral, onde as necessidades da instituição são percebidas e o impacto do trabalho que oferecemos pode ser rapidamente reconhecido.

Foi a partir dessa experiência que elaboramos todas as ações que temos desenvolvido, inclusive a ampliação do próprio serviço de interconsulta em saúde mental. O programa de interconsulta conta, há quase um ano, com terapeutas ocupacionais especializandos em saúde mental de 1º e 2º ano, que também participam do programa por períodos anuais de 4 meses. O programa também vem se estruturando para, a partir de 2004, contar com psicólogos especializandos em psicologia da saúde de 2º ano. Um crescimento importante do serviço foi o desenvolvimento de núcleos específicos de interconsulta, com profissionais formados e experientes em interconsulta encabeçando áreas de grande demanda para atendimento. Por uma questão de formação profissional, de estrutura e de tamanho da equipe do Sapis, estabelecemos um núcleo específico de terapia ocupacional com 3 profissionais, para elaborar modelos de intervenção nas unidades de internação e núcleos específicos de saúde mental.

Os núcleos de atenção trabalham integrados a serviços multidisciplinares, por exemplo, o núcleo de atenção à dor atua integrado ao Serviço da Dor, da disciplina de Anestesiologia; o núcleo de atenção à saúde da mulher atua integrado a programas da obstetrícia e ginecologia, e assim por diante. Cada núcleo tem um ou mais profissionais desenvolvendo assistência ao paciente e equipe de saúde, pesquisa e ensino do interconsultor (são supervisores de campo em formação).

• Programas de ligação em saúde mental

Os programas de ligação em saúde mental têm como meta de trabalho favorecer o bem-estar do paciente durante o processo de adoecimento e tratamento. Entendemos que tal sensação de bem-estar está intimamente ligada a:
– questões médicas (diagnóstico, prognóstico, tolerância ao tratamento, etc.);
– características pessoais de personalidade do próprio paciente;
– satisfação das necessidades despertadas nos acompanhantes (principalmente de informação sobre o paciente e confiança no atendimento oferecido);
– bom relacionamento entre profissional de saúde-paciente;
– bom relacionamento entre os profissionais de saúde.

O profissional de ligação deve ser capaz de conhecer e ser conhecido por todos os pacientes, familiares destes, médicos e enfermeiros da sua área de atuação. Terapia focal, psicoterapia breve, relaxamento, técnicas cognitivas e comportamentais, grupos psicopedagógicos e de acolhimento são algumas das técnicas que o profissional de ligação que atua nas unidades do Hospital São Paulo desenvolve junto aos pacientes. O mesmo é feito em relação aos familiares destes pacientes que são atendidos individualmente ou em grupo. Também é função do profissional de ligação participar das discussões clínicas e visitas do corpo médico e interagir com enfermagem, serviço social, fisioterapia e demais profissionais que atuem na unidade. Outra função fundamental do profissional de ligação é o ensino de psicologia médica na graduação *in loco*, isto é, ele recebe os alunos de medicina de 1º a 6º ano, estejam eles no momento passando pelo curso teórico de psicologia médica ou por qualquer outro curso da graduação. O profissional de ligação ajuda o aluno a explorar, entender e raciocinar sobre sua função como médico e a relação que estabelece com seu paciente.

Questões problemáticas sejam psiquiátricas ou psicológicas muito específicas do paciente em avaliação devem se encaminhadas para a interconsulta em saúde mental, a fim de otimizar o tempo do profissional de ligação e não reproduzir um modelo assistencial já existente. Em termos epidemiológicos, podemos considerar que a ligação se preocupa com o denominador da prevalência de transtornos psiquiátricos no hospital geral, enquanto a Interconsulta, por depender de uma solicitação de atendimento, está envolvida apenas com o numerador [Strain, 1996].

Os programas de ligação têm como objetivo:
1. praticar a prevenção primária (antecipação e prevenção do desenvolvimento de sintomas psiquiátricos e psicológicos dos pacientes), secundária (tratamento dos sintomas manifestos) e terciária (evitar a recorrência dos sintomas, adaptar o paciente à nova situação de vida com as limitações que tem).
2. oferecer educação continuada para o médico não psiquiatra nos tópicos – diagnóstico e terapêutica dos transtornos mentais, conhecimento biopsicossocial básico e detecção de problemas.

O desenvolvimento de conhecimento biopsicossocial básico caracteriza-se pelo ensino do cuidado, detecção (técnicas de contato, de entrevista, etc.) e terapêutica de ocorrências psicossociais e psiquiátricas abordáveis pelo médico não psiquiatra, de forma a ampliar sua capacitação como médico. O profissional de ligação desenvolve na equipe de saúde a capacidade de discriminar e interpretar dados sobre a saúde mental do paciente, assim como detectar em que situações o cuidado com o paciente deve ser maior, necessitando de uma avaliação psiquiátrica. Isto permitirá uma maior autonomia da equipe de saúde. A adoção de metodologias para a detecção de problemas e de triagem compreende um método de trabalho que facilita tal processo de educação continuada e que deve ser desenvolvida pelo profissional ligado à equipe em questão. Simultaneamente, de-

vem ser desenvolvidas fontes de registro do programa, o que permitirá a avaliação do impacto do serviço ofertado.
3. promover mudanças estruturais ou metodológicas no ambiente de trabalho para melhorar a detecção e tratamento dos transtornos mentais e das questões psicossociais.

O profissional de ligação deve estudar e elaborar mudanças estruturais na dinâmica hospitalar que permitam um melhor funcionamento institucional e que ocorra de forma permanente e independente da figura individual do profissional de ligação. Isto inclui desenvolver estrutura de atendimento para o paciente após a alta hospitalar, dando seguimento ao que já foi oferecido e estreitando a ligação entre enfermaria e ambulatório.

• Programa de otimização da alta hospitalar

Oferece apoio e orientação para pacientes que durante o período de internação sofreram uma perda de sua autonomia e independência em virtude de doença. Esta nova situação a ser enfrentada pelo paciente e seus familiares geralmente é conseqüência de seqüelas físicas, deficiências ou perdas funcionais ocasionadas pela patologia ou pelo próprio tratamento. O objetivo deste trabalho é promover uma assistência ao paciente e seus familiares oferecendo um espaço facilitador de trocas de experiências, aprendizado de cuidado, conhecimento, aceitação e enfrentamento dos problemas no sentido de facilitar a readaptação à vida mais autônoma e independente possível após a alta hospitalar. Este é um aspecto extremamente importante, pois costuma ser bastante descuidado em nossa prática hospitalar, em função das razões que já historiamos ao longo da exposição, em diferentes capítulos do livro. O programa funciona com uma equipe multiprofissional encarregada não só de atender aos chamados, mas percorrer as diversas enfermarias, concentrando-se, naquelas que, por sua natureza, apresentam maior número de pessoas que necessitam desse tipo de intervenção, como, por exemplo, as enfermarias de ortopedia, neurologia e cirurgia vascular. A intervenção contempla tanto uma assistência direta ao paciente quanto o trabalho com a equipe de saúde da enfermaria com o objetivo de desenvolver a incorporação desse tipo de atenção.

• Programa de atenção às necessidades do acompanhante do paciente internado: grupo psicopedagógico para o acompanhante de longo período do paciente internado

Muitos pacientes internados requerem a presença constante e/ou obrigatória de acompanhantes (crianças, pacientes confusos, pacientes que vêm para diálise ou quimioterapia, etc.). Os acompanhantes, geralmente, permanecem longos períodos no hospital, submetidos a condições muito pouco confortáveis tanto no aspecto material quanto no emocional. A situação que se cria é altamente estressante para o acompanhante e isto acaba repercutindo, na forma de uma contaminação que atinge, por vezes muito intensamente, tanto o paciente como a própria enfermaria. Oferecemos a esses acompanhantes grupos semanais com palestras, grupos de discussão e de terapia ocupacional; o intuito é o de proporcionar um espaço para que os acompanhantes possam discutir e elaborar suas aflições, bem como desenvolver atividades que o auxiliarão a se integrar e estruturar seu tempo.

- **Programa de atenção às necessidades do acompanhante do paciente internado: grupo de acolhimento aos visitantes dos pacientes internados**

    Esta atividade foi implementada com uma dupla finalidade: de um lado, atender a demanda dos familiares, no sentido de facilitar seu acesso a informações e recursos disponíveis e de outro, minimizar um problema peculiar da nossa instituição. O Hospital São Paulo, como vários outros hospitais universitários e/ou que atendem pacientes do SUS, ainda não equacionou de forma satisfatória a questão das visitas de familiares. O hospital tem horário restrito para as visitas, o que ocasiona um transtorno considerável para os visitantes; muitos destes vêm de regiões distantes e em função de problemas práticos de deslocamento ou por outros motivos, chegam ao hospital muito tempo antes do horário da visita, formando filas de espera à entrada do hospital. Objetivando minimizar o desconforto dos pacientes, uma hora antes de se iniciar o horário de visita, de segunda a sexta-feira, convidamos as pessoas que estão na fila de espera a subir ao nosso espaço no hospital, onde oferecemos um acolhimento físico e emocional: cadeiras para sentarem, disponibilidade de banheiros, água, suco, bolachas e a possibilidade de discutirem suas necessidades emocionais no momento do adoecer de um ente querido. Essa discussão é realizada em uma atividade grupalizada, em média com 30 visitantes, e coordenada por profissionais de saúde mental (2 no mínimo), terminando no momento em que se inicia o horário de visita.

    A detecção precoce de problemas de relacionamento com as equipes de tratamento e a percepção de desestruturação da rede familiar ou da rede de apoio social, em função da doença, são alguns dos itens importantes que puderam ser detectados nestes grupos, permitindo o desenvolvimento de estratégias que prevenissem maiores crises. Essa ação, como as demais, sempre incorpora e tem presente nosso projeto de educação e capacitação. Neste sentido, evitamos fornecer diretamente ou substituir os familiares na obtenção de informações ou outros aportes de que necessitam. Quando necessário podemos acompanhar e catalisar as ações para a realização do fim desejado; por exemplo, quando necessitam obter informações de um médico, intermediamos o contato, tentando ajudá-los a remover os eventuais obstáculos para a consecução do objetivo. Nossa intenção é sempre no sentido de capacitá-los a obter aquilo que necessitam.

- **Programa de atenção aos profissionais de saúde: grupo de orientação e discussão com coordenadores de enfermagem do HSP**

    Este é um grupo com profissionais, que inaugura as atividades com os profissionais de saúde em um modo mais formalizado e institucionalizado. O programa iniciou-se com os profissionais de enfermagem por uma questão de oferta e demanda. Em termos de funcionamento, a atividade tem conjugado a discussão de temas importantes, ao lado do levantamento e discussão das questões práticas que ocorrem no hospital. Sendo as participantes do grupo coordenadoras de enfermagem, é possível uma detecção muito ampla das questões e problemas que ocorrem no hospital. Neste sentido a atividade tem se mostrado de grande utilidade seja para a educação continuada, seja para a detecção precoce de problemas e crises. Por exemplo, foi deste grupo que surgiu o pedido para focalizarmos uma atenção especial às gestantes de alto risco. Estas gestantes constituem a clientela da enfermaria obstétrica do HSP, ficam internadas por períodos prolongados em razão de risco iminente de aborto, risco da própria vida, ou com fetos malformados, demonstrando um sofrimento psíquico muito grande diante de tal situação.

• Ampliação das ações e desenvolvimento de novas ações do Sapis

Uma reavaliação contínua do trabalho do Sapis tem sido feita, pois pretendemos não só ampliar e adaptar as ações já desenvolvidas, como criar novas, para assistir o que não está sendo atendido no hospital. Para isso, várias pesquisas estão em andamento, com o intuito de estabelecer as necessidades dos clientes externos (pacientes e familiares) e internos (profissionais de saúde e técnico-administrativos).

Como ampliação pretendemos colocar profissionais de ligação em todas as 36 unidades de internação do hospital, e no futuro atingirmos as inúmeras unidades ambulatoriais também. Pretendemos desenvolver novos núcleos específicos de interconsulta (por exemplo, em geriatria), ampliar os grupos de discussão e orientação com os profissionais de saúde e abranger também os profissionais técnico-administrativos.

As principais ações que estamos elaborando são o desenvolvimento da Central de Acolhimento do Pronto-Socorro, que pretende oferecer informações e orientações a todo paciente e familiar que procura nosso pronto-socorro, assim como desenvolver uma rede de apoio institucional que cuide, de forma integrada, do processo de internação via pronto-socorro, e o Centro de Suporte e Orientação em Saúde (espaço aberto aos profissionais técnicos e administrativos, estudantes, pacientes e familiares atendendo à demanda de informações e suporte sobre questões de saúde).

• A face humana

Para finalizar, gostaríamos de destacar questões e inquietações que têm sido úteis para o direcionamento de nossas ações.

As grandes mudanças que têm ocorrido na Medicina seja no campo instrumental, seja no campo gerencial, exigem análises e posicionamentos cuidadosos visando garantir a construção e manutenção de uma perspectiva de atenção integral e integrada em saúde. A necessidade de um contraponto à postura tecnicista (uma espécie de religião da técnica) que redunda em um *especialismo*, entendido como uma distorção da autêntica especialização, já foi amplamente ventilada no percurso dos vários capítulos.

As questões de gerenciamento são mais atuais e têm importância e penetração cada vez maior em nosso campo exigindo ampla atenção e reflexão. Palavras como produto, consumidor, *managed care* e outras têm se tornado cada vez mais comuns nos trabalhos e publicações ligados ao campo. A questão do gerenciamento (*management*) é o desafio mais importante colocado à Medicina de nossos dias [Kelleher e cols., 1994].

As investigações baseadas nos custos das intervenções médicas em interconsulta tomam vulto a partir da década de 1970. Diversos estudos foram realizados associando a presença de comorbidade psiquiátrica ao aumento do tempo de permanência do paciente no hospital, no entanto, pouquíssimos estudos foram conduzidos de forma rigorosa, do ponto de vista metodológico, não permitindo que tal conclusão seja estabelecida [Andreoli; Citero; Mari, 2003]. Isto nos permite questionar se a efetividade de um serviço de interconsulta se resume a uma redução do número de dias de internação ou à redução do sintoma psiquiátrico [Citero; Andreoli; Nogueira-Martins e col., 2002].

Hoyle [Hoyle, 1994] destaca que nos anos 80 houve uma escalada de mudanças em nossa atividade, influenciada, entre outros, por mudanças de padrões de reembolso dos procedimentos. Com o advento do gerenciamento de cuidados (*managed care*), a contenção de custos tornou-se, para os serviços, uma missão tão importante quanto a qualidade da oferta de cuidados.

Kornfeld [1996], citando estudos que mostram as repercussões das novas políticas, particularmente na diminuição das verbas e de pessoal, lista algumas recomendações para adaptação às novas realidades que atingem não só a interconsulta, mas todos os centros médicos acadêmicos: atenção aos contratos de gerenciamento do cuidado, criação de unidades médico-psiquiátricas dirigidas por interconsultores como um meio de diminuir os custos do hospital e prover a base financeira para o serviço de interconsulta.

Outra recomendação importante é a de chamar a atenção dos administradores hospitalares para as reais vantagens do trabalho de interconsulta.

Se ainda não podemos estabelecer qual o custo-efetividade da interconsulta, devemos redefinir quais os benefícios finais que esperamos de um atendimento. Nesse sentido entendemos que não somente a melhora sintomatológica psiquiátrica ou a redução de custos hospitalares são objetivados, mas também o incremento do bem-estar subjetivo do paciente, a diminuição da sobrecarga emocional do acompanhante do paciente assim como a dos profissionais de saúde responsáveis por ele (principalmente o médico) [Citero; Andreoli, PBA; Nogueira-Martins and Andreoli, SB., 2002].

É fundamental a redefinição dos benefícios finais, pois a mensurabilidade e/ou a validação para o conjunto das ações pode requerer critérios distintos, de forma que a tendência, na qual os aspectos mais facilmente mensuráveis passem a ser "o critério", em detrimento de aspectos que podem requerer tempos mais longos para mensuração ou não possam ser mensurados de acordo com critérios preestabelecidos, pode provocar uma polarização em favor de intervenções mais superficiais e localizadas, ditadas por interesses de lucro, *performance*, produção e consumo. É preciso atenção a estas questões, pois, uma coisa é levar em conta esses fatores e outra é subordinar nossos projetos e intervenções a eles.

Estes cuidados com o conjunto de benefícios, voltados para todos os envolvidos no processo, caracteriza a preocupação com a face humana que buscamos continuamente ter presente, no conjunto de todas as ações desenvolvidas pelos diferentes programas e serviços que o Departamento têm coordenado e no direcionamento do serviço de interconsulta em saúde mental, agora ampliado no Sapis.

Referências bibliográficas

AACH, R. D. e cols. (1988) Stress and impairment during residency training:strategies for reduction, identification and management. Ann. Intern. Med. 109(2):154-161.

ABDO, C. H. N. (1996) *Armadilhas da Comunicação: o médico, o paciente e o diálogo*. São Paulo, Lemos Editorial.

ADAM, P.; Herzlich, C. (1994) *Sociologie de la Maladie et de la Médicine*, Editions Nathan, Paris.

ADER, R; Cohen, N. (1985) Behaviorally conditioned immunosupression and murine systemic lupus erithematosus, Psychosomatic Medicine, 44, 127, 1985.

ÂNGELO, M.(1989) *Vivendo uma prova de fogo: as experiências iniciais da aluna de enfermagem*. São Paulo. Dissertação (Doutorado) – Instituto de Psicologia, Universidade de São Paulo.

AGOSTO, F. M. e cols. (1998) *Riscos da prática médica*. Da Casa Editora, Porto Alegre.

AGRAS, W. S. (1982) Behavioral Medicine in the 1980s: Nonrandom Connections. Journal of Consulting and Clinical Psychology, 50 (6), 797-803.

AGUIR, V. E., e cols. (2000) Estressores laborales y bienestar psicológico- impacto en la enfermeria hospitalaria Rev ROL Enf 23(7-8): 506-511.

ALEXANDER, F.; Selesnick, S. (1966) *História da Psiquiatria*, Editora Ibrasa, SP, 1968.

ALMEIDA, W. C. (1999) Procedimentos grupais para usos didático e operativo. In: Almeida, W.C. (org) – *Grupos: a proposta do Psicodrama*. São Paulo, Ágora.

ALONSO-FERNANDEZ, F. (1973) *Psicologia Médica y Social*. Ed. Paz Montalvo, Madrid, 1973

ANDREOLI, P. B. A. (1998) *Avaliação dos programas assistenciais em interconsulta psiquiátrica*. São Paulo, Universidade Federal de São Paulo / Escola Paulista de Medicina.

ANDREOLI, P. B. A.; CITERO, V. A,; MARI, J. J. (2003) A systematic review of the cost-effectiveness studies in mental health consultation-liaison interventions at a general hospital. Psychosomatics. 2003, 44(6)

Aquino, E. M. (1993) Saúde e trabalho das mulheres e profissionais de Enfermagem em Hospitais Públicos de Salvador. *Rev. Bras. Enf.* 45:14.

AULISIO, M. P.; ARNOLD, R. M.; and YOUNGNER, S. J. (2000) Health care ethics consultation: nature, goals, and competencies. A position paper from the Society for Health and Human Values-Society for Bioethics Consultation Task Force on Standards for Bioethics Consultation. Ann Intern Med, 133, 59-69.

AZOULAY, E et alii (2000) Half the families of intensive care unit patients experience inadequate communication with physicians. Crit Care Med 2000; 28 (28): 3044-3049.

BALINT, M. (1988) *O médico, seu paciente e a doença*. Rio de Janeiro: Livraria Atheneu.

_____. (1994) *A Experiência Balint*. São Paulo: Editora Casa do Psicólogo.

BARONA, J. L. (1997) Cancer patients and medical practice. Some historical and cultural considerations. Ann N Y Acad Sci, 809, 17-29.

BATISTA, N. A. (1998) Formação do professor de Medicina: desafios e perspectivas. In: Marcondes, E.; Gonçalves, E. L. (org.) – *Educação Médica.* São Paulo, Sarvier.

BAZIRE, S. (2001) Psychotropic drug directory 2001/2002. Bath, UK: Quay Books Division, Mark Allen Publishing Ltd.

BELAR, C. D. (1997) Clinical Health Psychology: A Specialty for the 21st Century; Health Psychology Volume 16(5) September 1997 p. 411-416.

BENETTON, M. J. (1999) *Trilhas associativas: ampliando recursos na clínica da terapia ocupacional.* São Paulo: CETO, 1999.

BERGMAN, I. (1990) *Imagens.*Tradução de Alexandre Pastor.São Paulo: Martins Fontes. 1996.

BIANCHI, E. R. F. (1992) Estresse em Enfermagem: análise da atuação do enfermeiro de centro cirúrgico. *Rev. Esc. Enf. USP*, 26(1): 121-122.

_____. (2000) Enfermeiro hospitalar e o stress. *Rev. Esc. Enf. USP*, 34(4):390-394.

BIANCHINI, M. C. (1999) *Saúde mental e o trabalho do enfermeiro. Dissertação de Mestrado.* Escola de Enfermagem de Ribeirão Preto, USP.

BION, W. R. (1962) *O aprender com a experiência.* Rio De Janeiro: Editora Imago, (1991).

_____. (1977) *La Cesura.* La Tabla y La Cesura.Tradução de Stella Abreu.Barcelona.Gedisa. 1982.

_____. (1992) *Cogitações.* Rio De Janeiro: Editora Imago.

BIRK, L. (1973). *Biofeedback: Behavioral Medicine.* New York: Grune & Stratton.

BLEGER, J. (1965) *Psico-Higiene e Psicologia Institucional.* Porto Alegre: Editora Artes Médicas, (1984).

_____. (1987) Temas De Psicologia 3ª Ed., São Paulo, Martins Fontes.

BOLAND, R. J.; Diaz, S.; Lamdan, R. M.; et al (1996) *Overdiagnosis of depression in the general hospital.* Gen Hosp Psychiatry, 18, 28-35.

BOORSTIN, D. J. (1983) *Os Descobridores.* Editora Civilização Brasileira, Rio de Janeiro, 1989

BORDIN, R; Rosa, R. S. (1998) Médicos: quem somos. In: AGOSTO FM, PEIXOTO R, BORDIN R. (orgs) *Riscos da prática médica.* Porto Alegre: Dacasa Editora.

BORENSTEIN, D. B.; Cook, K. (1982) Impairment Prevention in the Training Years. JAMA 247(19):2700-2703

_____. (1985) Availability of mental health resources for residents in academic medical centers. J Med Educ 60(7): 517-23.

_____. (1985) Should physician training centers offer formal psychiatric assistance to house officers? A report on the major findings of a prototype program. Am J Psychiatry 142(9):1053-7.

BOTEGA, N. J. (1989). No hospital geral: lidando com o psíquico, encaminhando para o psiquiatra. Campinas, Universidade Estadual de Campinas.

_____. (1994) O ensino de psicologia médica no Brasil: Uma enquete postal. *Revista ABP-APAL* 16(2): 45-51.E

_____. (2000) Consultoria psiquiátrica em hospital geral: inviável ou promissora? *Rev. Bras. Psiquiatr.* vol.22 n.3 São Paulo, Set. 2000.

_____. (2002) *Prática psiquiátrica no hospital geral: interconsulta e emergência.* Porto Alegre: Artmed.

BOTEGA, N. J.; NOGUEIRA-MARTINS, L. A. (2002) *Interconsulta Psiquiátrica: Formação Profissional e Organização de Serviços*. In: Botega, NJ (org.) Prática Psiquiátrica no Hospital Geral: Interconsulta e Emergência, Porto Alegre, Artmed Editora, 2002, pp.121-129.

BOTTÉRO, J. (1985) La Magia e la Medicina a Babilonia in Per una Storia delle Malattie, Jacques Le Goff E Jean-Charles Sournia, Edizione Dedalo- Bari, Italia, 1986.

BRENT, D. A. (1981) The residency as a developmental process. J Med Educ, 56, 417-22.

BROWN, D. P. (1987). Hypnosis and Behavioral Medicine. Hillsdale, New Jersey: Lawrence Erlbaum Associates Inc.

BURBECK, R. e cols. (2002) Occupational stress in consultants in accident and emergency medicine: a national survey of levels of stress at work Emerg Med J 19:234-8.

BUTTERFIELD, P. S.(1988) The stress of residency: a review of the literature.Arch intern Med 148:1428-35

CAMPIGLIA, M. C. D. (1998) *A ambigüidade de uma profissão: o sofrimento psíquico na Enfermagem*. São Paulo. Dissertação (Mestrado) – Universidade Federal de São Paulo.

CARR, J. M., FOGARTY, J. P. (1999) Families at the Bedside:an Ethnographic Study of Vigilance. J Fam Pract 1999; 48(6):433-438.

CARVALHO, A. P. L. (2003) *Burnout em médicos de um hospital público municipal* (dissertação de Mestrado em andamento / Unifesp)

CASSORLA, R. M. S. (1997) *O Psiquiatra Na Equipe Médica: Retratos E Caricaturas. Cadernos IPUB* (Saúde Mental No Hospital Geral) 6: 45-58.

CASTRO, D. S. (1999) *Estresse e estressores dos familiares de pacientes com traumatismo crânio-encefálico em terapia intensiva* (Tese Doutorado). EEAN/ Universidade Federal do Rio de Janeiro; 1999.

CATROPA, S. L. M.; Massa, A. M. (1987) *As Vicissitudes No Trabalho Em Equipe Multiprofissional*. Boletim De Psiquiatria, S.P. / Vol. 20: 1-40; Jan/Dez.

CHARLTON, R. C. (1992) Breaking bad news. Med J Aust, 157, 615-21.

CHAVES, E. G. (1994) *Stress e trabalho do enfermeiro: a influência de características individuais no ajustamento e tolerância ao turno noturno*. São Paulo. Dissertação (Doutorado). Instituto de Psicologia, Universidade de São Paulo.

CITERO, V. A. (1997) *O médico clínico e a prática psicológica*. Bol. psiquiatr., 30, 14-22.

_____. (1999). Descrição e avaliação da implantação do serviço de interconsulta psiquiátrica no Centro de Tratamento e Pesquisa Hospital do Câncer A. C. Camargo. São Paulo, Universidade Federal de São Paulo – Escola Paulista de Medicina.

CITERO, V. A.; ANDREOLI, S. B; LOURENÇO, M. T.; e col. (2001) *Pedido de interconsulta psiquiátrica como indicador de efetividade do serviço*. Anais do XIX Congresso Brasileiro de Psiquiatria, Recife, Brasil.

CITERO, V. A.; ANDREOLI, P. B. A.; NOGUEIRA-MARTINS, L. A., e col. (2002) Por que é tão difícil avaliar a efetividade da interconsulta psiquiátrica? [letter]. *Revista Brasileira de Psiquiatria*, 24, 100.

CLARK, D. C. e cols. (1984). Predictors of depression during the first six months of internship. Am.J.Psychiatry 141(9):1095-1098.

Código de Ética Médica-Conselho Federal de Medicina (1988) Folha De São Paulo – Caderno Cotidiano, p. 01, 12/01/92.

COLFORD, J. M.; MCPHEE, S. J. (1989) The ravelled sleeve of care. Managing the stresses of Residency Training. JAMA 261:889-893

CONTEL, J. O. B; SPONHOLZ, JR., A; TAPIA, L. E. R. (1999) Long term psychiatric liaison support group for high-stress facility: the Ribeirão Preto's bone marrow transplant team case (BMTT), J Bras Psiquiatr 1999; 48:121-5.

CRAFT, N. (1997) A very public death. BMJ, 314, 383-4.

CRAWLEY, L. M.; MARSHALL, P. A.; LO, B.; *et al* (2002) Strategies for culturally effective end-of-life care. Ann Intern Med, 136, 673-9.

DAMÁSIO, A. (1994) *O erro de Descartes*, Companhia das Letras, SP.

DEMARCO, M. A. (1989) *Sobre Deuses E Médicos* – O Reencantamento Da Medicina. Junguiana 7: 55-80, *Revista Da Sociedade Brasileira De Psicologia Analítica*, São Paulo.

_____. (1993) *Sendas do Imaginário – Uma perspectiva Arquetípica em Psicossomática* Tese de mestrado apresentada na EPM-Unifesp, 1993. Não publicada.

_____. (1995) Crença e Violência Junguiana 13, *Revista da Sociedade Brasileira de Psicologia Analítica, SP*, 1985, pp 20-30.

_____. (1996) *Psiconeuroimunologia e imaginação* in Boletim de Psiquiatria, pp 34- 39 vol 29 n° 2, 1996

_____. (2001) *Trabalho apresentado no congresso de psicossomática a ser publicado em Psicossomática IV* (No Prelo).

DEJOURS, C. (1988) *A loucura do trabalho: estudo da psicopatologia do trabalho*, S.P.: Cortez-Oboré. 1988.

DELLA NINA, M. (1997) in Tedesco; Zugaib; Quayle, Obstetrícia Psicossomática, Ed. Atheneu, SP. pp. 85-98.

DEWSBURY, D. A. (1991) "Psychobiology" American Psychologist Volume 46(3) March 1991 p. 198-205

DONALDSON, M. S. (2001) Medical Care Research and Review, Vol. 58 N° 3, (September) 255-290.

DURANT, W. (1926) *A História da Filosofia*.Tradução de Luiz Carlos do Nascimento Silva.São Paulo.Nova Cultural. 1996.

DURHAM, E.; WEISS, L. (1997) How Patients Die,Volume 97(12) December pp. 41-46.

EDINGER, E. F. (1999) A Psique na Antiguidade. Editora Cultrix, SP, 2000.

Editor's Choice (2001) British Medical Journal. 322.

EDWARDS, N. e cols. (2002) Unhappy doctors: what are the causes and what can be done? BMJ 324:835-838.

EISENBERG, L. (1986) Mindlessness and brainlessness in psychiatry *British J. Psychiat,* 148, 497-508, 1986.

EIZIRIK, C. L. (1991). Ensinando uma profissão impossível. *Revista ABP-APAL São Paulo*, vol. 16 n.4 pp.133-135. out-dez 1994 .

EKSTERMAN, A. (1992) *Medicina Psicossomática no Brasil* in Mello Filho, Psicossomática Hoje, Artes Médicas, Porto Alegre.

_____. (1996) in *A Medicina da Pessoa*, Perestrello, D., Ed.Atheneu, SP, 1996.

ELLERS, B. (1993) Involving and Supporting Family and Friends in Gerteis M, Levitan SE, Daley J, Delbanco TL (Eds) Thought the Patients Eyes. Jossey-Bass Publishers: San Francisco, 1993.

ELLERSHAW, J.; AND WARD, C. (2003) Care of the dying patient: the last hours or days of life. BMJ, 326, 30-4.

FAGNANI NETO, R. (2003) *Cuidando de residentes de Medicina e outros trainees na área da saúde: a experiência do Núcleo de Assistência e Pesquisa em Residência Médica (Napreme) na Escola Paulista de Medicina/Unifesp*. Dissertação de Mestrado. Universidade Federal de São Paulo.

FALLOWFIELD, L. J.; BAUM, M.; AND MAGUIRE, G. P. (1986) Effects of breast conservation on psychological morbidity associated with diagnosis and treatment of early breast cancer. Br Med J (Clin Res Ed), 293, 1331-4.

FALLOWFIELD, L.; FORD, S.; AND LEWIS, S. (1994) Information preferences of patients with cancer. Lancet, 344, 1576.

FERNANDES, M. H. S. (1986) *A função e inserção do Psicólogo nas Equipes Multiprofissionais*. Boletim de Psiquiatria vol. 19 Nº ½ 21-24.

_____. (2002) *Entre a alteridade e a ausência: o corpo em Freud e sua função na escuta do analista*, Percurso, 29:51-64

FERRARI, H. (1989) *Interconsulta médico-psicológica y relación médico-paciente*. Acta Psiquiát Psicol Amér Lat, 29, 178-186.

FERRARI, H.; LUCHINA, N.; LUCHINA, I. L. (1971) La interconsulta médico-psicológica en el marco hospitalario. Buenos Aires: Ediciones Nueva Visión.

FIRTH-COZENS, J. (1987) Emotional distress in junior house officers. Br. Med. J. 285: 533-536

_____. (1989) Stress in medical undergraduates and house officers Br. J. Hosp.Med. 41, 161-164

_____. (1990) Sources of stress in women junior house officers. Br. Med. J. 302: 89-91

FLETCHER, R. H.; O'MALLEY, M. S.; FLETCHER, S. W. et al (1984) Measuring Continuity and Coordination of Medical Care in a System Involving Multiple Providers. Medical Care 22:403-411.

FOUCAULT, M. (1980) *O Nascimento da Clínica*, Editora Forense Universitária, RJ 1980

FRANCO, G. P. (2002) *Qualidade de vida e sintomas depressivos em residentes de enfermagem do Hospital São Paulo/Unifesp*. Dissertação de Mestrado. Universidade Federal de São Paulo.

FREUD, S. (1912) *A Dinâmica Da Transferência*, Edição Standard Brasileira Das Obras Psicológicas Completas De Sigmund Freud E.S.B., XII, P. 133. Rio De Janeiro: Imago.

_____. (1919) Soll Psychoanlyse na den Universitäten gelehrt werden in Rossmanith, S, The importance and purpose of medical psychology in the study of medicine. Psychother Psychosom, 53, 108-14. 1990

FRIEDMAN, M.; FRIEDLAND, G. W. (1999) *As Dez Maiores Descobertas Da Medicina*. São Paulo: Companhia Das Letras, 2000.

FRIEDMAN, M. M. (1998) Family Nursing: Research, Theory & Practice. Appleton & Lange: Connecticut USA, 1998.

FURLANETTO, L. M.; VON AMMON CAVANAUGH, S.; BUENO, J. R. *et al* (2000) Association between depressive symptoms and mortality in medical inpatients. Psychosomatics, 41, 426-32.

FURLANETTO, L. M.; DA SILVA, R. V.; AND BUENO, J. R. (2003) The impact of psychiatric comorbidity on length of stay of medical inpatients. Gen Hosp Psychiatry, 25, 14-9.

GABA, D. M; HOWARD, S. K. (2002) Fatigue among clinicians and the safety of patients. N Engl J Med 347(160):1249-55.

GALVÃO DE SOUSA, D. (2002) Trabalho de conclusão de estágio de interconsulta em saúde mental do departamento de Psiquiatria da Unifesp-EPM.

GARCIA-SHELTON, L.; VOGEL, M. E. (2002) Primary Care Health Psychology Training: A Collaborative Model With Family Practice Professional Psychology: Research and Practice Volume 33(6) December 2002 pp. 546-556.

GEOCZE, L. (2001) A Interconsulta e as dificuldades em um hospital geral.Trabalho De Conclusão De Estágio De Interconsulta Em Saúde Mental Do Departamento De Psiquiatria Da Unifesp-EPM.

GIGLIO, J. S. (1983) *A situação do ensino de Psicologia Médica no Brasil hoje in Psiquiatria e Higiene Mental*, Knobel M et al. Editora Associados-SP, 1983

GOODMAN, R.; SCOTT, S. (1997) Child Psychiatry. Blackwell Science, Londres.

GREEN, W. H. (1997) *Psicofarmacologia clínica na infância e adolescência*. 2ª edição. Artes Médicas, Porto Alegre.

GRINBERG, L. (1975) *A Supervisão Psicanalítica: Teoria e Prática*. Rio De Janeiro: Imago.

GROESBECK, C. J. (1983) *A Imagem Arquetípica do Médico Ferido*. Junguiana Revista da Sociedade Brasileira de Psicologia Analítica, São Paulo, 1, 72-96.

HAHN, M. S.; Ferraz, M. P. T.; Giglio, J. S. (1999) A saúde mental do estudante universitário: sua história ao longo do século XX. *Rev. Bras. Ed. Med.* 23(2/3):81-89.

HAMMER, J. S.; LYONS, J. S.; BELLINA, B. *et al.* (1985) Towards the integration of psychosocial services in the general hospital: the human services departments. Gen Hosp Psychiatry, 7, 189-194.

HARRIS, K. A. (1998) The informational needs of patients with cancer and their families. Cancer Pract, 6, 39-46.

HOYLE, D. (1994) *ISO9000 Quality Systems Handbook*. Bodenham, England, Butford Technical Publishing.

HOLLAND, J. (2002) History of Psycho-Oncology: Overcoming Attitudinal and Conceptual Barriers *Psychosomatic Medicine* vol. 64(2) March/April 2002 pp 206-221.

HUYSE, F. J.; STRAIN, J. J.; HAMMER, J. S. (1990) Interventions in consultation/liaison psychiatry. Part II: Concordance. Gen Hosp Psychiatry, 12, 221-31.

HUYSE, F. J. e cols. (2000) European Consultation-Liaison Services and Their User Populations: The European Consultation-Liaison Workgroup Collaborative Study; Psychosomatics 41:330-338, August 2000.

JACHNA, J. S.; L. R. G. A. J. (1996) Psychochopharmacology. In Textbook of consultation-liaison psychiatry (ed W. M. Rundell JR), pp. 958-1005. Washington.

JEAMMET, P. e cols. (1982) *Psicologia Médica*, Editora Masson, RJ.

KARASEK, R. A. (1979) Job demand, job decision latitude, and mental strain:implication for job redesign Adm Sci Q 24:285-308.

KELLEHER, D. e cols. (1994) Understanding medical dominance in the modern world in Gabe, J., Kelleher, D., Williams, G. Challenging Medicine. London e New York: Editora Routledge. 1994 pp xi-xxx.

KERBAUY, R. R. (2002) *Comportamento e Saúde: Doenças e Desafios – Psicol*. USP vol.13 no.1 São Paulo, 2002.

KLEINMAN, A.; EISENBERG, L.; AND GOOD, B. (1978) Culture, illness, and care: clinical lessons from anthropologic and cross-cultural research. Ann Intern Med, 88, 251-8.

KONTOS, N.; e cols. (2003) The consultation psychiatrist as effective physician. Gen Hosp Psychiatry, 25, 20-3.

KORNFELD, D. S. (1996) Consultation-liaison psychiatry and the practice of medicine. The Thomas P. Hackett Award lecture given at the 42nd annual meeting of the Academy of Psychosomatic Medicine, 1995. Psychosomatics, 37, 236-48.

_____. (2002) Consultation-Liaison Psychiatry: Contributions to Medical Practice Am J Psychiatry Volume 159(12) December 2002, p. 1964–197

KÜBLER-ROSS, E. (1969) *Sobre A Morte e o Morrer.* São Paulo: Martins Fontes 2002.

KUHN, T. S. (1962) *A Estrutura das Revoluções Científicas.*Tradução de Beatriz Vianna Boeira e Nelson Boeira. São Paulo: Perspectiva. 1982.

KUNKEL, E.; THOMPSON II, T. (1996) The process of consultation-liaison psychiatry service. In Textbook of consultation-liaison psychiatry (ed W. M. Rundell JR), pp. 12-23. Washington.

LABATE, R. C. (1997) *O profissional de saúde frente à paciente mastectomizada: aspectos psicológicos.* Ribeirão Preto. Dissertação (Doutorado) – Universidade de São Paulo/ Escola de Enfermagem de Ribeirão Preto.

LANDMAN, J. (1985) *A Ética Médica Sem Mascara.* Rio De Janeiro: Editora Guanabara.

LAUTERT, L. (1995) *O desgaste profissional do enfermeiro.* Salamanca. Tese, faculdade de Psicologia, Universidad de Salamanca.

LEIGH, H. (1992) Consultation-Liaison Psychiatry 1990 And Beyond. NY And London: Editora Plenum Press.

LESKE, J. S. (1998) Intervention to Decrease Family Anxiety. Crit Care Nurs 1998; 18(4): 92-5.

LEVEY, R. E. (2001) Sources of stress for Residents and recommendations for Programs to assist them. Acad Med 76:142-150.

LIMA, M. R. A. (2001) *A Teoria Como Mecanismo De Defesa De Ego.* Trabalho De Conclusão De Estágio Do Serviço De Interconsulta Em Saúde Mental Do Departamento De Psiquiatria Da Unifesp-EPM.

LIPOWSKI, Z. J. (1983) Current trends in consultation-liaison psychiatry. Can J Psychiatry, 28, 329-338.

_____. (1986) Psychosomatic Medicine: Past and Present – Can J Psychiatry Vol 31,(2-21) feb 1986.

_____. (1996) History of consultation-liaison psychiatry. In Textbook of consultation-liaison psychiatry (ed W. MG. Rundell JR), pp. 2-11. Washington.

LIPSITT, Don R. (2001) Consultation-Liaison Psychiatry and Psychosomatic Medicine: The Company They Keep *Psychosomatic Medicine* 63:896-909 (2001).

LO, B. and SCHROEDER, S. A. (1981) Frequency of ethical dilemmas in a medical inpatient service. Arch Intern Med, 141, 1062-4.

LOGE, J. H.; KAASA, S.; and HYTTEN, K. (1997) Disclosing the cancer diagnosis: the patients' experiences. Eur J Cancer, 33, 878-82.

LUCCHESE, A. C. 2003.*Estudo sobre os Familiares dos Pacientes Internados no Hospital Geral e suas Necessidades.* [Tese de Mestrado]. São Paulo: Universidade Federal de São Paulo/ Escola Paulista de Medicina; 2003.

LUCHINA, I. L. (1982). Hacia Un Modelo Clinico-Situacional. Buenos Aires: Editora Paidós.

MACEDO, P. C. M. (2003) *Qualidade de vida em residentes da Unifesp.* Dissertação de Mestrado (em andamento).

MACHADO, M. H. (1997) *Os médicos no Brasil: um retrato da realidade.* Rio de Janeiro: FIOCRUZ.

MATARAZZO, J. D. (1994) Psychology in a medical school: a personal account of a department's 35-year history. J Clin Psychol. 1994 Jan;50(1):7-36.

MATTOS, P. (2002) *Psicofármacos: interações medicamentosas*. In Prática psiquiátrica no hospital geral: interconsulta e emergência. (ed Botega NJ.), Porto Alegre

MAWARDI, B. H. (1979) Satisfaction,dissatisfactions and causes of stress in medical practice. JAMA 241:1483-1486

McCUE, JD. (1982) The effects of stress on physicians and their medical practice. N Engl. J. Med. 306:458-463.

McEWAN, K. & GOLDNER, E. M. (2001) Accountability and Performance Indicators for Mental Health Services and Supports: a Resource Kit – prepared for the Federal/Provincial/Territorial Advisory Network on Mental Health. Ottawa.

MÉIS, L. e cols. (2003) Braz J Med Biol Res, September 2003, Volume 36(9) 1135-1141

MELLO FILHO, J. (1978) *Concepção Psicossomática: Visão Atual*. Tempo Brasileiro, R.J

_____. (1992) *Psicossomática Hoje*, Artes Médicas, Porto Alegre.

MELTZER, D. (1992) Além da Consciência. *Revista Brasileira de Psicanálise*. 26:397-408.

MENZIENS, I. (1970) *O Funcionamento Das Organizações Como Sistemas Sociais De Defesa Contra As Ansiedades*. Londres: Instituto Tavistock de Relações Humanas.

_____. (1979) *O funcionamento das organizações como sistemas sociais de defesa contra as ansiedades*. Londres: Instituto Tavistock de Relações Humanas. (Tradução e adaptação de Arakcy Martins Rodrigues. Escola de Administração de Empresas de São Paulo, Funcação Getúlio Vargas)

MEREDITH, C.; SYMONDS, P.; WEBSTER, L. *et al* (1996) Information needs of cancer patients in west Scotland: cross sectional survey of patients' views. BMJ, 313, 724-6.

MERQUIOR, J. G. (1985) Michel Foucault ou o Niilismo de Cátedra, Editora Nova Fronteira. S.P., 1985

MILLAN, L. R; DE MARCO, O. L. N.; ROSSI, E; MILLAN, M. P. B.; ARRUDA, P. V. (1999) *Alguns aspectos psicológicos ligados à formação médica*. In: Millan, L. R.; De Marco, O. L. N.; Rossi, E.; Arruda, P. V. O. Universo Psicológico do Futuro Médico. São Paulo: Casa do Psicólogo.

MILLER DE PAIVA, L. (1966) *Medicina Psicossomática, Psicopatogenia e Terapêutica*, Sarvier, SP

MILLS, M.; DAVIES, H. T.; AND MACRAE, W. A. (1994) Care of dying patients in hospital. BMJ, 309, 583-6.

MIYAZAKI, M. C. O. S. e cols. (2002) *Psicologia da Saúde: Extensão de Serviços à Comunidade, Ensino e Pesquisa – Psicol*. USP vol.13 no.1 São Paulo 2002

MOLTER, N. C. (1979) *Needs of relatives of critically ill patients: a descriptive study*. Heart&Lung 1979; 8(2): 332-339.

MORAIS, L. V. (2001) A interconsulta de terapia ocupacional no hospital geral: um espaço para a saúde. *Revista do CETO*, 2001:9-13.

MORENO, M. T. R. (1963) *Vocabulário Filosófico*. Buenos Aires: Editorial Guilhermo Kraft.

MOSSMAN, J.; BOUDIONI, M.; AND SLEVIN, M. L. (1999) Cancer information: a cost-effective intervention. Eur J Cancer, 35, 1587-91.

MUSHIN, I. C.; e cols. (1993) Developing a resident assistance program. Arch. Intern. Med. 153:729-733.

NAVARRO, M. P. et al (1999) *Terapia tematizada grupal por tempo limitado*. In: Almeida, W.C. (org) – Grupos: a proposta do Psicodrama. São Paulo, Ágora.

NEISTADT, M. E. (1987) A occupational therapy program for adults with developmental disabilities.. The American Journal of Occupational Therapy,:433-43 8.

NEMIAH, J. C. (2000) A Psychodynamic View of Psychosomatic Medicine Psychosomatic Medicine Volume 62(3) May/June 2000 pp 299-303.

NOGUEIRA-MARTINS, L. A.; FRENK, B. (1980) *Atuação do profissional de saúde mental no hospital de ensino: a interconsulta médico-psicológica*. Bol. de Psiq. 13(1/4):30-37.

NOGUEIRA-MARTINS, L. A. (1989) *Consultoria psiquiátrica e psicológica no hospital geral: a experiência do Hospital*. São Paulo. Revista ABP-APAL, 11, 160-164.

_____. (1989/90) *Morbidade psicológica e psiquiátrica na população médica*. Bol de Psiq, 22-23:09-15.

_____. (1990) *Tentativa de Compreensão Dinâmica do Funcionamento de uma Unidade de Terapia Intensiva de Traumatismos*. Dissertação de Mestrado. EPM-Unifesp, São Paulo.

_____. (1992) *Interconsulta Hoje*. In: Mello Filho, J. (org) Psicossomática Hoje. Porto Alegre, Artes Médicas, 1992: p. 160-164.

_____. (1993) Ensino e Formação em Interconsulta In *Revista ABP-APAL* 15(2):68-74.

_____. (1994) *Residência Médica: um estudo prospectivo sobre dificuldades na tarefa assistencial e fontes de estresse*. Tese de Doutoramento – Escola Paulista de Medicina.

NOGUEIRA-MARTINS, M. C. F. (1994) *Aspectos psicológicos dos primeiros atendimentos realizados por alunas de Fonoaudiologia: um estudo na área de aconselhamento de pais de crianças deficientes auditivas*. [Tese de Mestrado. Escola Paulista de Medicina] São Paulo.

NOGUEIRA-MARTINS, L. A. (1995) *Os Beneficiários Da Interconsulta Psiquiátrica In* Boletim de Psiquiatria 28(1):22-23.

NOGUEIRA-MARTINS, L. A.; BOTEGA, N. J.; CELERI, E. H. R.V. In Botega N.J. (Org.) (1995) *Serviços De Saúde Mental No Hospital Geral*. São Paulo: Editora Papirus.

NOGUEIRA-MARTINS, L. A., (1996) Saúde Mental do Médico e do Estudante de Medicina Psychiatry On-line Brazil (1) julho 1996 disponível em: www.polbr.med.br/arquivo/saudment.htm

_____. (1998) *Residência Médica: Estresse e Crescimento*. Psychiatry On-line Brazil (3) outubro 1998 disponível em: www.polbr.med.br/arquivo/resid2.htm

_____. (2002) *Saúde Mental dos Profissionais de Saúde*. Psychiatry On-line Brazil (7) abril 2002 disponível em: www.polbr.med.br/arquivo/artigo0402_a.htm

NOGUEIRA-MARTINS, L. A.; STELLA, R. C. R.; NOGUEIRA, H. E. (1997) A pioneering experience in Brazil: the creation of a center for assistance and research for medical residents (Napreme) at the Escola Paulista de Medicina, Federal University of São Paulo. São Paulo Medical Journal 115(6): 1570-4.

NOGUEIRA-MARTINS L. A.; JORGE M. R. (1998) Natureza e Magnitude do estresse na Residência Médica. *Rev Ass Med Brasil* 1998; 44 (1): 21-7.

NOGUEIRA-MARTINS L. A; BOTEGA, N. J. (1998) Interconsulta Psiquiátrica no Brasil: Desenvolvimentos Recentes *Revista ABP- APAL* 20 (3):105-111.

NOGUEIRA-MARTINS, L. A.; NOGUEIRA-MARTINS, M. C. F. (1998) O exercício atual da Medicina e a relação médico-paciente. *Rev. Bras. Clin. Terap.* 24 (2): 59-64.

NOGUEIRA-MARTINS, M. C. F. (1996) *Relação profissional-paciente: um estudo qualitativo.* Boletim de Psiquiatria 29(1): 14-23.

_____. (1998a) *A transição estudante-fonoaudiólogo: estudo qualitativo sobre a vivência dos primeiros atendimentos.* [Tese de Doutorado. Universidade Federal de São Paulo/ Escola Paulista de Medicina]. São Paulo.

_____. (1998b) O ambiente de aprendizagem e a formação de recursos humanos. *BIS: Boletim do Instituto de Saúde.*

_____. (2000) O trabalho com os grupos. In ESCUDER, M. M. L.; NOGUEIRA-MARTINS, M. C. F.; VENÂNCIO, S.I.; Bógus, C.M. (orgs.) – *Aprimoramento em Saúde Coletiva: reflexões.* São Paulo. Instituto de Saúde.

_____. (2001) *Humanização das relações assistenciais: a formação do profissional de saúde.* São Paulo, Editora Casa do Psicólogo, 2001.

_____. (2002a) Humanização na Saúde. *Revista Ser Médico.* 18:27-29.

_____. (2002b) *Oficinas de Humanização.* In VILLELA, W., KALCKMANN, S., PESSOTO, U. C. Investigar para o SUS: construindo linhas de pesquisa. São Paulo. Editora do Instituto de Saúde.

_____. (2002c) *Os médicos e a humanização da assistência.* In: Desgaste físico e mental do cotidiano médico. São Paulo. Editora do Sindicato dos Médicos do Estado de São Paulo.

NOGUEIRA-MARTINS, M. C. F. e cols. (1997) A mental Health service for students at the Federal University of São Paulo / Escola Paulista de Medicina. *Anais do Congresso "The Physician role in transition: is Hippocrates sick?".* Oslo, Norway, May 13-15, Pag 33

NOTO, J. R. S. (1996) *Ensinando A Não Fazer Nada.* Relatório Apresentado Na Jornada De Psicologia Médica, Universidade Federal De São Paulo. (Não Publicado)

NOTO, J. R. S.; AVANCINE MATO (1993) Serviço de Saúde Mental dos Alunos da Escola Paulista de Medicina. In: *Forum Nacional dos Pró-Reitores de Assuntos Estudantis e Comunitários – Dez Encontros.* Publicação da Pró-Reitoria de Assuntos Comunitários da Universidade Federal de Goiás. Goiânia.

NOTO, J. R. S.; e cols. (1997) *Atenção à saúde mental do estudante de graduação na área da saúde.* Documento CEDEM nº 12: 87-95,

NOVAES, M. A. F. P. *Fatores Estressores em Unidade de Terapia Intensiva.* [Tese de Mestrado]. São Paulo: Universidade Federal de São Paulo/ Escola Paulista de Medicina; 2000.

NOVAES-PINTO, R. (2001). *Comunicação do diagnóstico em pacientes com câncer.* Tese de Mestrado. São Paulo, Universidade Federal de São Paulo / Escola Paulista de Medicina.

OBARA, C. S. (2000) *Sintomas depressivos em médicos residentes de primeiro ano da Unifesp – EPM em 1998: diferenciais por especialidade e gênero.* Dissertação de Mestrado. Universidade Federal de São Paulo.

OKEN, D. (1961) What To Tell Cancer Patients. A Study Of Medical Attitudes. JAMA 175: 1120-1128.

OLIVEIRA, A. B. (1981) *A Evolução da Medicina.* Livraria Pioneiro Editora – SP 1993.

OLIVEIRA, J. E. G; Tomé, L. A. (2000) *Um estudo sobre a violência contra médicos nos postos de trabalho da*

Grande São Paulo. Sindicato dos Médicos de São Paulo.

PARKES, C. M. (1998) The dying adult. BMJ, 316, 1313-5.

PEDROSA, L. A; VIETTA, E. P. (1991) Saúde mental das enfermeiras: suas crenças e vivências. In: LABATE RC (org) *Caminhando para a Assistência Integral*. Ribeirão Preto: Scala.

PEREIRA, O. (1991) *O Que É Moral*. São Paulo: Editora Brasiliense.

PETERLINI, M. e cols. (2002) Anxiety and depression in the first year of medical residency training. Med Educ 36(1):66-72.

PITTA, A. (1991) *Hospital, Dor E Morte Como Ofício*. S.P.: HUCITEC.

POCHARD, F.; AZOULAY, E.; CHEVRET, S.; LEMAIRE, F.; HUBERT, P.; CANOUI, P.; GRASSIN, M.; ZITTOUN, R.; LEGALL, J. R.; DHAINAUT, J. F.; SCHLEMMER, B. (2001) Symptoms of anxiety and depression in family members of intensive care unit patients: ethical hypothesis regarding decision-making capacity. Crit Care Med; 29(10): 1893-1897.

POMERLEAU, O. F. (1982) A Discourse on Behavioral Medicine: Current Status and Future Trends. Journal of Consulting and Clinical Psychology, 50 (6), 1030-1039.

PUCCINI, P. T. (2002) *Limites e Possibilidades de uma Proposta de Humanização dos Serviços Públicos e Satisfação dos Usuários na Luta pelo Direito à Saúde*, Tese de mestrado – Unicamp.

Resident Services Committee, Association of Program Directors in Internal Medicine (1988) Stress and impairment during residency training: strategies for reduction, identification, and management. Ann Intern Med, 109, 154-61.

REUBEN, D. B. (1985) Depressive symptons in medical house officers. Arch. Intern. Med. 145:286-288.

RIGATELLI, M. e col. (2002) *C-L Psychiatry and Psychosomatic Medicine are separated disciplines?* International Congress Series, vol. 1241, September 2002, 221-7.

RIVERA Y REVUELTA, J. L. G. De (1999) Concepto Y Definición De La Psicologia Medica. Psiquis 20(3): 87-95.

RODRIGUES, A. L. (1998) *O "stress" no exercício profissional da Medicina – uma abordagem psicossocial*. Dissertação (Doutorado) – Pontifícia Universidade Católica de São Paulo.

ROMANO, B. W. *Princípios para a Prática da Psicologia Clínica em Hospitais*. SP: Casa do Psicólogo, 1999.

ROSSMANITH, S. (1990) The importance and purpose of medical psychology in the study of medicine. Psychother Psychosom, 53, 108-14.

RUANE, T.; BRODY, H. (1987) Understanding and Teaching Continuity of Care. J Med Ed 62:969-974.

SAFRA, G. (1999) *A Face Estética Do Self*. São Paulo: Unimarco.

SAUNDERS, J. M.; McCORKLE, R. (1985) Models of Care for Persons with Progressive Cancer. Nurs Clin N Amer 20:365-377.

SCHNEIDER, P. B. (1986) Psicologia Aplicada a la Pratica Medica – Editorial Paidos – Buenos Aires pp. 270.

SCLIAR, M. (1996) *A Paixão Transformada*, Companhia das Letras, SP, 1996.

SERWINT, J. R.; RUTHERFORD, L. E.; HUTTON, N. *et al* (2002) "I learned that no death is routine": description of a death and bereavement seminar for pediatrics residents. Acad Med, 77, 278-84.

SHIOTSU C. H.; TAKAHASHI, R. T. (2000) O acompanhante na Instituição Hospitalar. *Rev. Esc. Enf. USP* 2000; 34(1): 99-107.

SIFNEOS, P. E. (2000) Alexithymia, Clinical Issues,Politics and Crime *Psychotherapy and Psychosomatics* vol 69 n° 3.

SILVA, A.; BIANCHI, E. R. F. (1992) Estresse ocupacional da enfermeira de centro de material. *Rev. Esc. Enf. USP*, 26 (1): 65-74.

SILVA, V. E. F. (1996) *O desgaste do trabalhador de Enfermagem: relação trabalho de enfermagem e saúde do trabalhador*. São Paulo, 1996. Dissertação (Doutorado). – Escola de Enfermagem, Universidade de São Paulo.

SIMON, R. (1989) *Psicologia clínica preventiva: novos fundamentos*. São Paulo. E.P.U.

SINGER, P. A.; Pellegrino, E. D.; Siegler, M. (2001) Clinical Ethics Revisited. BMC Medical Ethics 2:1.

SMAIRA, S. I. (1998). *Transtornos psiquiátricos e solicitações de interconsulta psiquiátrica em hospital geral: um estudo caso-controle*. Ribeirão Preto, SP, Faculdade de Medicina de Ribeirão Preto/USP.

SMAIRA, S. I. e cols. (2003) Psychiatric Disorders and Psychiatric Consultation in a General Hospital: a case control study. Rev. Bras. Psiquitr 25(1): 18-25.

SMALL, G. W. (1981) House officer stress syndrome. Psychosomatics 22:860-869.

SMITH, J.W. e cols. (1986) Emotional impairment in internal medicine house staff. JAMA 255:1155-1158.

SMITH, R. (2000) A good death. An important aim for health services and for us all. BMJ, 320, 129-30.

SMITH, S. (2001) Why are doctors so unhappy BMJ 322:1073-1074.

SOLOMON, G. F. (1992) Whiter Psychoneuroimmunology, Brain, Behavior and Immunity, 7, 352-366.

SONTAG, S. (1989) *Aids E Suas Metáforas*. São Paulo: Companhia das Letras.

SOUZA, A. R. N. D. (1998) Tese em Psiquiatria Apresentada na UFRJ, Rio de Janeiro, 1998.

SPIKE, J.; GREENLAW, J. (2000) Ethics consultation: high ideals or unrealistic expectations? Ann Intern Med, 133, 55-7.

STANTON, J. E.; CAAN, W. (2003) How many doctors are sick? BMJ 326:S97 .

STARFIELD, B. (1980) Continuous Confusion. AJPH 70:117-118.

STECHMILLER, J. K.; YARANDI, H. N. (1993) Predictors of burnout in critical care nurses. Heart Lung 13:534-41.

STEINBROOK, R. (2002) The debate over residents´ work hours. N Engl J Med 347(16): 1296-1302.

STRAIN, J. J. (1996) Liaison psychiatry. In Textbook of consultation-liaison psychiatry (ed W. M. Rundell JR), pp. 39-51. Washington.

STRAIN, J. J.; HAMMER, J.S.; FULOP, G. (1994) APM task force on psychosocial interventions in the general hospital inpatient setting. A review of cost-offset studies. Psychosomatics, 35, 253-262.

SURJAN, J. (2003) Caso clínico apresentado como trabalho de conclusão do estágio no setor de interconsulta psiquiátrica da Universidade Federal de São Paulo.

SUMMERGRAD, P.; HACKETT, T. P. (1987) Alan Gregg and the rise of general hospital psychiatry. Gen Hosp Psychiatry 9(6):439-445.

SUTHERLAND, V. J.; COOPER, C. L. (1993) Identifying distress among general practitioners: predictors of psychological ill-health and job dissatisfaction Soc Sci Med 37(5):575-581.

TAYLOR, S. E. (1990) Health Psychology: The Science and the Field; American Psychologist Volume 45(1) January 1990 p 40-50.

TEDESCO, S. (2000) *Estudo da validade e confiabilidade de um instrumento de terapia ocupacional: auto-avaliação do funcionamento ocupacional (SAOF)*. {Tese de Mestrado}. São Paulo: Universidade Federal de São Paulo/ EPM, 2000.

TOEWS, J. A. e cols. (1997) Analysis of stress levels among medical students, residents, and graduate students at four canadian schools of medicine. Acad Med 72: 997-1002.

TOKARZ, J. P. e cols. (1979) Beyond Survival – The challenge of the impaired student and resident physician. Chicago, American Medical Association. 125 p.

VALKO, R. J.; CLAYTON, P. J. (1975) Depression in the internship. Dis. Nerv. Sys. 36:26-29.

VAN DER SMAGT-DUIJNSTEE, M. E.; HAMERS, J. P. H.; ABU-SAAD, H. H.; ZUIDHOF, A. (2001) Relatives of hospitalized stroke patients: their needs for information,counseling and accessibility. J Adv Nurs 2001; 33 (3):307-315.

VIANNA, A.; PICCELLI, H. (1998) O Estudante, O Médico E O Professor De Medicina Perante A Morte E O Paciente Terminal. *Rev. Assoc. Med. Bras.* 44 N.1 São Paulo Jan./Mar.

VOLICH, R. M.; FERRAZ, F. C.; ARANTES, M. A. A. C. (1998) Apresentação in Volich, RM; Ferraz, FC; Arantes, MAAC. *Psicossoma II: Psicossomática Psicanalítica*. São Paulo: Casa do Psicólogo pp.7-16.

VOLICH, R. M. (1998) Prefácio in Volich, R. M.; Ferraz, F. C.; Arantes, M. A. A. C. *Psicossoma II: Psicossomática Psicanalítica*. São Paulo: Casa do Psicólogo pp.17-31.

VOM EIGEN, K. A.; WALKER, J. D.; EDGMAN-LEVITAN, S.; CLEARY, P. D.; DELBANCO, T. L. Carepartners Experinces with Hospital Care. Med Care 1999; 37 (1): 33-38.

WALL, E. M. (1981) Continuity of Care and Family Medicine: Definition, Determinants, and Relationship to Outcome. J Fam Prac 13:655-664.

WIGGERS, J. H. e cols. (1990) Cancer patient satisfaction with care. Cancer, 66, 610-6.

WISE, T. (1995) Presidential Address: A Tale of Two Societies Psychosomatic Medicine Volume 57(4) July/August 1995 pp 303-309

WISE, T. N. (2000) Consultation Liaison Psychiatry and Psychosomatics: Strange Bedfellows *Psychotherapy and Psychosomatics* 2000;69:181-183

World Health Organization (1993) Communication Of Bad News. Geneve, World Health Organization.

YAMAMOTO, O. H. e col. (1998) *O psicólogo em hospitais de Natal: uma caracterização preliminar* – Psicol. Reflex. Crit. vol.11 n.2 Porto Alegre 1998

_____. (2002) *O Psicólogo em Hospitais no Rio Grande do Norte* – Psicol. USP vol.13 no.1 São Paulo 2002

Yao, D. C.; Wright, S. M. (2000) National Survey of Internal Medicine: Residency Program Directors Regarding Problem Residents. JAMA 284:1099-1104.

YAO, D. C.; WRIGHT, S. M. (2001). The challenge of problem residents. J Gen Intern Med 2001; 16(7):486-92.

ZILBOORG, G. (1941) A history of medical psychology. Norton & Company. New York.

ZIMMERMANN, D. E. (1992) A formação psicológica do médico. In: MELLO FILHO, J. *Psicossomática Hoje*. Porto Alegre: Artes Médicas.

Sobre os autores

Ana Cecília Lucchese
Psicóloga, Especialista em Psicologia da Saúde e Mestre em Saúde Mental pela UNIFESP. Voluntária do Serviço de Atenção Psicossocial Integrada em Saúde do Hospital São Paulo (SAPIS-HSP) – Departamento de Psiquiatria da UNIFESP-EPM/HSP.
Psicoterapeuta.

Ana Luiza Vessoni
Psiquiatra, professora de Psicologia Médica, professora no curso de especialização em Psiquiatria Social para residentes, psicólogos, terapeutas ocupacionais e assistentes sociais e, supervisora de psicoterapia no programa de esquizofrenia(PROESQ) – Departamento de Psiquiatria da UNIFESP-EPM/HSP.
Doutoranda do Curso de Psicologia Clínica da Pontifícia Universidade Católica (PUC).

Ana Márcia Campos Nori
Terapeuta Ocupacional do Serviço de Atenção Psicossocial Integrada em Saúde do Hospital São Paulo (SAPIS-HSP), supervisora do curso de especialização de Terapia Ocupacional no Programa de Interconsulta – Departamento de Psiquiatria da Unifesp-EPM/HSP.

Ana Paula Lopes Carvalho
Psiquiatra do Núcleo de Atenção e Pesquisa do Programa de Residência Médica (NAPREME) – Departamento de Psiquiatria da EPM-UNIFESP/HSP.
Coordenadora do Serviço de Interconsulta do Hospital Estadual de Diadema.

Artur Filhou José
Psiquiatra, supervisor do ambulatório longitudinal, supervisor ambulatório didático e professor de psicologia médica do 2º ano médico – Departamento de Psiquiatria da EPM-UNIFESP/HSP.

Cristina Sueko Obara
Psicóloga, Especialista em Psicologia da Saúde e Mestre em Saúde Mental pela UNIFESP. Psicóloga do Núcleo de Assistência e Pesquisa em Residência (NAPREME), Professora do 5º ano de medicina – Departamento de Psiquiatria da Escola Paulista de Medicina da UNIFESP-EPM/HSP.

Danielle Herszenhorn
Psiquiatra voluntária do Serviço de Atenção Psicossocial Integrada à Saúde do Hospital São Paulo (SAPIS-HSP) – Departamento de Psiquiatria da UNIFESP-EPM/HSP.

Fátima Lucchesi
Psicóloga do Serviço de Atenção Psicossocial Integrada à Saúde do Hospital São Paulo (SAPIS-HSP) – Departamento de Psiquiatria da UNIFESP-EPM/HSP.

Julieta Freitas Ramalho da Silva
Psiquiatra, Professora Assistente, Chefe da Disciplina de Psicoterapia e Psicodinâmica - Departamento de Psiquiatria da Escola Paulista de Medicina da UNIFESP-EPM/HSP.
Psicanalista, Membro Associado da Sociedade Brasileira de Psicanálise de São Paulo.

Julio Ricardo de Souza Noto
Psiquiatra, Professor Adjunto, Supervisor do Serviço de Interconsulta - Departamento de Psiquiatria da Escola Paulista de Medicina da UNIFESP-EPM/HSP. Coordenador de Assuntos Estudantis da Pró-Reitoria de Graduação da UNIFESP.
Psicanalista, Membro Associado da Sociedade Brasileira de Psicanálise de São Paulo.

Ligia Bruhn de Souza Aranha
Psicóloga voluntária do Serviço de Atenção Psicossocial Integrada em Saúde do Hospital São Paulo (SAPIS-HSP) – Departamento de Psiquiatria da UNIFESP-EPM/HSP.

Luciana Yamaguchi
Psiquiatra voluntária do Serviço de Atenção Psicossocial Integrada à Saúde Hospital São Paulo (SAPIS-HSP) – Departamento de Psiquiatria da UNIFESP-EPM/HSP.

Luiz Antonio Nogueira Martins
Psiquiatra, Professor Adjunto, Coordenador do Núcleo de Assistência e Pesquisa em Residência Médica (NAPREME), Docente responsável pelas disciplinas "Prática profissional e pesquisa em interconsulta em saúde mental e psicologia da saúde" e "Sofrimento psíquico, estresse ocupacional e saúde mental dos profissionais de saúde" no Programa de Pós Graduação em Saúde Mental – Departamento de Psiquiatria da UNIFESP-EPM/HSP.
Psicoterapeuta.

Manuella Rodrigues de Araújo Lima
Psiquiatra voluntária do Serviço de Atenção Psicossocial Integrada à Saúde Hospital São Paulo (SAPIS-HSP) – Departamento de Psiquiatria da UNIFESP-EPM/HSP.

Maria Adelaide T. O. Avancine
Psiquiatra do Serviço de Saúde do Corpo Discente da UNIFESP-EPM, Professora de Psicologia Médica – Departamento de Psiquiatria da UNIFESP-EPM/HSP.
Psicoterapeuta, candidata da Sociedade Brasileira de Psicanálise de São Paulo.

Maria Cezira Fantini Nogueira Martins
Psicóloga do Serviço de Saúde do Corpo Discente da UNIFESP-EPM, Docente responsável pelas linhas de pesquisa Humanização da Assistência e Formação do Profissional de Saúde no Programa de Pós Graduação da Coordenação dos Institutos de Pesquisa da Secretaria de Estado da Saúde – SP.
Psicoterapeuta.

Maria Luiza de Mattos Fiore
Psiquiatra, Supervisora do Serviço de Interconsulta - Departamento de Psiquiatria da Escola Paulista de Medicina da UNIFESP-EPM/HSP.

Mario Alfredo De Marco
Psiquiatra, Professor Adjunto, Chefe do Serviço de Interconsulta, Chefe da Disciplina de Psicologia Médica e Psiquiatria Social, Coordenador do Curso de Psicologia Médica do 2º ano médico, Coordenador Geral do Serviço de Atenção Psicossocial Integrada em Saúde do Hospital São Paulo (SAPIS-HSP) – Departamento de Psiquiatria da Escola Paulista de Medicina da UNIFESP-EPM/HSP.
Analista pela Sociedade Brasileira de Psicologia Analítica (SBPA) e Associação Internacional de Psicologia Analítica (IAAP).

Milton Della Nina
Médico, Supervisor de Psicoterapia Psicanalítica e Professor de Psicologia Médica da Disciplina de Psicoterapia e Psicodinâmica do Departamento de Psiquiatria da EPM-UNIFESP/HSP.
Psicanalista, Membro Efetivo da Sociedade Brasileira de Psicanálise de São Paulo. Full Member da Associação Psicanalítica Internacional (IPA).

Paula Costa Mosca Macedo
Psicóloga, Especialista em Psicologia da Saúde e Mestre em Saúde Mental pela UNIFESP. Psicóloga do Núcleo de Assistência e Pesquisa em Residência (NAPREME), Supervisora dos Programas de Ligação na área de Psicologia e Vice-Coordenadora dos Programas Centralizados do Serviço de Atenção Psicossocial Integrada em Saúde do Hospital São Paulo (SAPIS-HSP) - Departamento de Psiquiatria da Escola Paulista de Medicina da UNIFESP-EPM/HSP.
Psicoterapeuta.

Paula Villas Boas Passos
Psicóloga, do Serviço de Atenção Psicossocial Integrada em Saúde do Hospital São Paulo (SAPIS-HSP) – Departamento de Psiquiatria da UNIFESP-EPM/HSP.

Rafael Fagnani Neto
Psiquiatra do Núcleo de Assistência e Pesquisa em Residência (NAPREME), Professor do 5º ano de medicina – Departamento de Psiquiatria da Escola Paulista de Medicina da UNIFESP-EPM/HSP.

Raul Gorayeb
Psiquiatra, Professor Auxiliar, Coordenador do Centro de Referência da Infância e Adolescência – Departamento de Psiquiatria da Escola Paulista de Medicina da UNIFESP-EPM/HSP.
Psicoterapeuta, candidato da Sociedade Brasileira de Psicanálise de São Paulo.

Renata Novaes Pinto
Psicóloga, Supervisora do Serviço de Interconsulta, Coordenadora dos Programas Centralizados do Serviço de Atenção Psicossocial Integrada em Saúde do Hospital São Paulo (SAPIS-HSP) – Departamento de Psiquiatria da Escola Paulista de Medicina da UNIFESP-EPM/HSP.

Salvador Mário Bianco
Psiquiatra, Supervisor do Serviço de Interconsulta, Professor do curso de Psicologia Médica do 3º ano médico. Supervisor de Psicoterapia – Departamento de Psiquiatria da Escola Paulista de Medicina da UNIFESP-EPM/HSP.
Psicoterapeuta.

Solange Tedesco
Terapeuta Ocupacional, coordenadora do Serviço de Terapia Ocupacional no Serviço de Interconsulta em Saúde Mental e no Serviço de Atenção Psicossocial Integrada em Saúde do Hospital São Paulo (SAPIS-HSP) – Departamento de Psiquiatria da Escola Paulista de Medicina da UNIFESP-EPM/HSP. Coordenadora Técnica do Centro de Estudos de Terapia Ocupacional (CETO).

Tatiane Luize Ceccato
Terapeuta Ocupacional do Serviço de Atenção Psicossocial Integrada em Saúde do Hospital São Paulo (SAPIS-HSP) e da Enfermaria de Psiquiatria. Supervisora do Curso de Especialização em Terapia Ocupacional – Departamento de Psiquiatria da UNIFESP-EPM/HSP.

Vanessa de Albuquerque Citero
Psiquiatra, Médica assistente da UNIFESP-EPM/HSP, Coordenadora dos Programas de Ligação em Saúde Mental e Supervisora do Serviço de Interconsulta em Saúde Mental pelo Serviço de Atenção Psicossocial Integrada à Saúde (SAPIS) – Departamento de Psiquiatria da UNIFESP-EPM/HSP. Professora Assistente Disciplina de Psiquiatria da Universidade Metropolitana de Santos. Psiquiatra Clínica e Psicoterapeuta.